Franz Platzer

Geschichte - Heilsgeschichte - Hermeneutik

Gotteserfahrung in geschichtsloser Zeit

Regensburger Studien zur Theologie

herausgegeben von den Professoren
Dr. Franz Mußner, Dr. Wolfgang Nastainczyk,
Dr. Norbert Schiffers, Dr. Joseph Staber

Band 4

Franz Platzer

Geschichte - Heilsgeschichte - Hermeneutik

Gotteserfahrung in geschichtsloser Zeit

Peter Lang Frankfurt/M.
Herbert Lang Bern
1976

Franz Platzer

Geschichte - Heilsgeschichte - Hermeneutik

Gotteserfahrung in geschichtsloser Zeit

1970

ISBN 3 261 01769 4

©

Peter Lang GmbH, Frankfurt/M. (BRD)
Herbert Lang & Cie AG, Bern (Schweiz)
1976. Alle Rechte vorbehalten.

Druck: fotokop wilhelm weihert KG, Darmstadt

VORBEMERKUNG

Diese Arbeit ist im Sommer-Semester 1974 von der Katholisch-
Theologischen Fakultät der Universität Regensburg als Dis-
sertation angenommen worden.

Mein besonderer Dank gilt Prof. Dr. Norbert Schiffers, der
mich mit aufgeschlossener und steter Gesprächsbereitschaft
in jeder nur möglichen Weise ermunterte und unterstützte.
Dank schulde ich auch Prof. Dr. Norbert Brox, der zugleich
Korreferent dieser Arbeit war.

Nicht zuletzt geht mein Dank auch an Josef Meyer zu Schlochtern,
dem unermüdlichen Diskussionspartner, sowie an Frau Schrauf,
die die Reinschrift des Manuskripts besorgte.

Dürnhart, Mai 1976

Franz Platzer

INHALTSVERZEICHNIS

0. EINLEITUNG

Die Situation der Gegenwart läßt sich weithin als eine Krise des geschichtlichen Bewußtseins charakterisieren. Das noch vor kurzem drängende Problem des historischen Relativismus scheint sich als Problem aufzulösen, insofern das historische Bewußtsein in seinen Grundlagen erschüttert ist und sich zunehmend paralysiert. Der "geschichtslose" Mensch ist keine Prophezeiung einer pessimistischen Kulturdiagnose, sondern bereits ansatzhaft Wirklichkeit. War seit der Krise des Historismus und dem Niedergang der verschiedensten Geschichtsphilosophien problematisch geworden, wie sich die Geschichte als einheitlicher und sinngebender Prozeß vorstellen läßt, ist heute die Frage nach Geschichte als Sinneinheit selber in Verruf gekommen. Die Inkonsistenz überkommener Geschichtsvorstellungen und deren schwindende Wirksamkeit hinsichtlich der Sinnorientierung des Menschen evoziert nun auch den Zweifel an der Sinnhaftigkeit der wertrationalen Betrachtung der Wirklichkeit im ganzen, sei diese Totalität statisch oder als Geschehen gefaßt. Damit verliert aber jede faktische Geschichtsforschung und Traditionsvermittlung ihren Bezug zum praktischen Leben des Menschen. Die Differenz von Handeln und Reflexion, von Leben und Rekonstruktion der Vergangenheit scheint unüberbrückbar geworden zu sein. Denn die der Geschichtsvorstellung immanente Beziehung auf eine letzte Sinneinheit war es gerade, welche Sinnsicherung ermöglichen und Handlungsorientierung gewähren sollte. Darin war der lebenspraktische Bezug zum einzelnen Geschehen wie zum Selbstverständnis des Menschen begründet.

Wenn man sich dessen auch immer bewußt war, daß Geschichte primär Bewußtseinsphänomen ist, so galt dennoch die Überzeugung, daß das in der Vorstellung von konkreter Geschichte implizierte Sinntotum eine unmittelbare Widerspiegelung der Wirklichkeit im ganzen sei. Das trifft selbst dort noch zu, wo Geschichte aus der Vernunft bzw. der Selbstentfaltung menschlichen Wissens abgeleitet wurde. Heute ist nun die Möglichkeit fragwürdig geworden, Wirklichkeit in ihrer letzten und irreduziblen Einheit identifizieren zu können. Der Nachweis von objektiven Zusammenhängen wird allerorts bestritten, und dies nicht nur auf der Ebene bedeutungstragender Einheiten. Objektive Gegebenheiten sind nur insoweit feststellbar, als man um die subjektive Komponente des Feststellungsverfahrens weiß, das als notwendiger und konstitutiver Bestandteil in das Objekt eingeht. Schließlich hat die faktische Entfremdung des Menschen von seiner Vergangenheit, die Differenz von Geschichtsbewußtsein und Geschichtswissenschaft, deutlich werden lassen, daß die Geschichtlichkeit des Menschen, wie immer sie gedacht sein mochte, nicht transzendental aufweisbare Eigenschaft ist. Damit erst wird die Möglichkeit einer echten Geschichtslosigkeit manifest, weil das Geschichtsbewußtsein nicht einfach nur der thematisch reflex gemachte Wirkzusammenhang des Geschehens selbst ist, sondern offensichtlich eine Konstruktion in praktischer Absicht. Diese Einsicht könnte nun aber wieder einen Zugang zur Vergangenheit als Geschichte ermöglichen, weil ja gerade die Form der affirmativen Geschichtsbetrachtung, indem sie das Geschehen unmittelbar mit dem in Geschichte angezielten Sinntotum identifizierte, in ihrer Konsequenz als Objektivismus den praktischen Bezug zum menschlichen Selbstverständnis und damit zur Handlungsorientierung zerstört hatte.

Eine Reaktivierung der Vergangenheit als sinnorientierender Tradition nötigt daher zu einer Thematisierung von Geschichte selbst, weil Vergangenheit ihre unbefragte Selbstverständlichkeit eingebüßt hat. Die Frage muß dahingehend angesetzt werden, ob es sich bei der Vorstellung von Geschichte nur um die Bewußtwerdung eines objektiv sich abspulenden Geschehens handelt, oder ob nicht vielmehr das Thematisieren von Geschichte selbst konstitutiver Bestandteil von Geschichte ist. Im Interesse eines praktischen Bezugs von Vergangenheit zur Gegenwart muß nach dem Objektivitätsanspruch der Geschichte und der in ihr mitgedachten Totalitätsvorstellung als Moment universaler Sinngebung gefragt werden. Eine Vorstellung von Totalität ist zwar Bedingung für Geschichte als Sinngebung, wird aber diese Totalität affirmativ gesetzt und als objektiver Prozeß des Geschehens überhaupt verstanden, wird Geschichte indifferent für das Interesse des Menschen an Sinnsicherung. Geschichte verfällt in einen beziehungslosen Objektivismus. An diesem Punkt ist die Geschichtswissenschaft heute angelangt. Indem man die Traditionsgehalte an einem objektiven Geschehen festzumachen versucht, um sie gerade so zu retten, fallen sie zunehmend in den Status des Uninteressanten und Irrelevanten ab. Alle Versuche einer hermeneutischen Vermittlung kommen prinzipiell zu spät, weil in der Weise der geschichtlichen Darstellung als einem rein objektiven wissenschaftlichen Feststellungsverfahren die Unvermittelbarkeit überkommener Traditionen festgeschrieben scheint.

Will man Vergangenheit für Gegenwart wieder zitierfähig machen, ist eine Besinnung auf die Bedingungen von Geschichtserfahrung und Geschichtsschreibung vonnöten. Einzig eine Reflexion über die Struktur historischer Aussagen ist in der Lage, den Zusammenhang und die Differenz von Handlung und Reflexion, von Geschehen und Rekonstruktion in einer philosophischen Theorie der Geschichte begreifbar zu machen. Nur so wird sich klären lassen, warum eine Vorstellung von Totalität notwendig ist für Geschichtsvorstellung überhaupt, warum aber gerade die affirmative Uminterpretation der Idee der Totalität in ein erfahrbares Geschehen den Sinn von Geschichtsvorstellungen, die Sinnsicherung des Menschen, notwendig ins Leere laufen läßt.

Insofern es hierbei um die Implikate von Geschichtsaussagen selber geht, um deren Bedingungen und inhaltliche Tragweite, steht für Theologie, die ihre Glaubensgrundlage von geschichtlichen Ereignissen herleitet, die Möglichkeit und Sinnhaftigkeit von Glauben selber zur Diskussion. Die Frage nach der Geschichte wird inhaltlich gesehen zur fundamentaltheologischen Frage nach der Verantwortung des Glaubensaktes selbst, insofern nicht nur nach den Bedingungen der Erfahrbarkeit von geschichtlichen Ereignissen gefragt ist, sondern ineins damit nach den Bedingungen der möglichen und aufweisbaren Relevanz von angeblich gemachten Erfahrungen der Vergangenheit für die Gegenwart. Die Frage nach der Geschichte expliziert sich in der Frage nach ihren Bedingungen als Frage der hermeneutischen Vermittlung unmittelbar. In der Wirklichkeit der Geschichte ist ineins die Möglichkeit hermeneutischer Vermittlung schon begründet, wenn aber begründet, dann auch in jeder Weise von Geschichtsvorstellung schon entschieden. Hermeneutik im Sinne einer nachträglichen Adaption von sogenannten feststehenden Überlieferungen ist demnach eine "contradictio in adjecto". Sie kann nicht mehr fruchtbar werden, weil über ihre Möglichkeit in der Weise der Geschichtsvorstellung schon entschieden ist. Die Frage nach den Bedingungen und Voraussetzungen von Geschichte ist somit keine zusätzliche oder ephemere theologische Fragestellung. Sie ist vielmehr eine zutiefst apologetische Frage als Frage nach dem philosophisch verantwortbaren Ausweis des Christentums.

Eine Untersuchung der Struktur historischer Aussagen hat erstmals in stringenter Entfaltung Arthur C. Danto (1) vorgelegt, indem er nachwies, daß die geschichtlichen Ereignisse selbst die Struktur von Erzählzusammenhängen haben. Die Tatsache, daß Geschichte immer erzählt wird, ist keine zufällige Darstellungsweise von geschichtlichen Ereignissen, sondern die einzige Weise, wie geschichtliche Ereignisse überhaupt existieren. Bei historischen Aussagen geht es demnach nicht um die Aneinanderreihung und erzählerische Verknüpfung von Fakten und puren Tatsachen (2), sondern um die Weise, wie sich Ereignisse in der Zeit zu geschichtlichen Ereignissen innerhalb eines Erzählzusammenhanges erstmals konstituieren. Der geschichtliche Gegenstand soll also erst durch die narrative Deskription erzeugt werden.
Hans Michael Baumgartner (3) knüpft an dieser Analyse der historischen Aussagen an und will unter Rückgriff auf Kants Kritik des metaphysischen Denkens den Sinn der Totalitätsvorstellung herausarbeiten, der jeder Geschichtsvorstellung immanent ist, um so den praktischen Bezug von Geschichte auf menschliches Handeln wiederherzustellen. Die Kritik Kants am metaphysischen Denken soll auf das ungebrochen fortwirkende Theorem der metaphysischen Tradition, die Geschichte als objektiven Prozeß denken ließ, angesetzt werden. Die Frage ist, ob sich Totalität so denken läßt, daß sie nicht in einen unheilvollen Objektivismus umschlägt und gerade dadurch die Idee der Totalität, nämlich den Gesichtspunkt der Einheit des Geschehens in Hinblick auf Sinnorientierung, wieder zerstört. Zu diesem Zwecke sollen die Analysen von Danto, wie sie Baumgartner vorstellt und auf seine eigene Konzeption hin

korrigiert und weiterentwickelt, dargestellt werden. Das prätendierte Ziel Baumgartners ist es, Geschichte als regulatives Prinzip zu denken, unter dem alle Geschichtserzählungen als retrospektive Erzählkonstruktionen in praktischer Absicht sich darstellen. Geschichte soll damit im Ansatz auf Sinngebung und Handlungsorientierung bezogen werden. Sollte dieser Versuch konsistent sein, müßten sich von ihm her die materialen Geschichtsentwürfe profangeschichtlicher und heilsgeschichtlicher Art zwanglos aufnehmen und übersetzen lassen. Zugleich würde sich daran die Sinnhaftigkeit solchen Unternehmens ausweisen, historische Aussagen konsequent von ihrer Struktur der Narrativität her zu interpretieren.

An dieser Theorie der Narrativität, wie wir sie kurz nennen, wollen wir kritisch anknüpfen, um mittels der daraus zu ziehenden Konsequenzen die Situation der Gegenwart zu bestimmen. Nur wenn Sinn und Funktion von Geschichtsentwürfen sowie deren Scheitern in der Gegenwart begriffen sind, läßt sich der inhaltliche Sinn der Rede von Geschichtslosigkeit in Ort setzen. Um zu einer an narrativer Theorie ausgewiesenen theologischen Geschichtsvorstellung zu kommen, sollen im Anschluß an diese Situationsanalyse materiale Geschichtsentwürfe in ihren geistesgeschichtlichen Voraussetzungen auf Konsistenz und inhaltliche Reichweite hin geprüft und immer narrativ rückgebunden werden (4).

In der Frage nach dem Ende der Geschichte geht es um den Zusammenhang von Geschichtsentwürfen mit einer Handlungsorientierung in Gegenwart. Die inhaltlichen Fixierungen des Endes der Geschichte bieten sich als Zugang zur Frage nach dem je spezifischen Sinn von Geschichtsentwürfen für Handlungsorientierung deshalb an, weil sich nur an ihnen unmittelbar der dem Geschehen zugesprochene Sinn und die Weise seines Zusammenhanges ablesen läßt. In der Restringierung der Aussagen über das Ende soll einsichtig gemacht werden, welche inhaltlichen Entsprechungen einem je verschiedenen Selbstverständnis in Gegenwart zukommen. Schließlich will die Untersuchung der universalgeschichtlichen Entwürfe und der in ihnen vorausgesetzten Einheitsprinzipien des Geschehens den Sinn universalgeschichtlichen Denkens, sei es rein profan oder theonom konzipiert, für historische Forschung und Selbstverständnis der Gegenwart namhaft machen. Die Relevanz des Problems Geschichte für Theologie, welche sich an ein Ereignis der Vergangenheit gebunden weiß, läßt sich nämlich nur dann sachgemäß situieren, wenn man die konkrete Erfahrung in Geschichte im Zusammenhang des Sinnes von Geschichtskonstruktionen und materialen Entwürfen analysiert. Im Anschluß daran werden theologische Vermittlungen von Weltgeschichte und Heilsgeschichte untersucht, um aus den dabei gewonnenen inhaltlichen Kriterien eine grundsätzliche Verhältnisbestimmung von Heilsgeschichte und Weltgeschichte formulieren zu können, die es erlaubt, auf der Basis der Theorie der Narrativität eine theonome Konzeption von Geschichte als Heilsgeschichte wenigstens

in Grundzügen zu entwickeln. Eine so konzipierte Heilsgeschichte sollte die vorher erzielten Ergebnisse aufnehmen
und angeben können, wie sich in einer sogenannten von Geschichtslosigkeit bedrohten Welt wieder sinnvoll von Geschichte und damit auch von Erfahrungen Gottes in der Geschichte
sprechen läßt. Narrativ entworfene Geschichte muß nämlich
den Bedingungen hermeneutischen Geschehens gerecht werden
und wird gerade darin ihre Stimmigkeit erweisen. Anderseits ist hermeneutische Vermittlung von Vergangenheit zur
Gegenwart nur als narrative Konstruktion von Geschichte möglich, insofern im Entwurf von Geschichte das hermeneutische
Problem schon vorentschieden ist. Eine Hermeneutik, welche
den Forderungen einer Theorie der Narrativität gerecht wird,
ist von uns als konstruktives Pendent zu einer narrativ
konzipierten Heilsgeschichte gedacht.

Intention und Motivation dieser Arbeit zielen auf ein fundamentaltheologisches Anliegen. Im Mittelpunkt des Interesses
steht die Frage, wie in heutiger Situation ein an geschichtliche Ereignisse gebundener Glaube sich vernünftig und ver-
antwortbar so ausweisen läßt, daß er als ureigenste Möglichkeit des Menschen verstanden werden kann. Nur wenn ansichtig
wird, wie der Mensch eine Erfahrung Gottes in Geschichte machen kann, läßt sich eine hermeneutische Vermittlung solcher
Offenbarungserfahrungen erwarten. Eine Erfahrung Gottes in
der Geschichte muß also, wenn sie schon nicht aus der Struktur menschlichen Selbstvollzuges abgeleitet werden darf, mindestens von den Bedingungen menschlicher Erfahrbarkeit her
einsichtig und sinnvoll auf menschlichen Selbstvollzug hin
interpretierbar sein. Der von uns anvisierte Versuch einer
Theologie der Geschichte kommt mithin der Forderung Walter
Benjamins an eine zukünftige Philosophie entgegen, wonach
Philosophie darauf beruhe, "daß in der Struktur der Erkenntnis die der Erfahrung liegt und aus ihr zu entfalten ist.
Diese Erfahrung umfaßt denn auch die Religion, nämlich als
die wahre, wobei weder Gott noch Mensch Objekt oder Subjekt
der Erfahrung ist, wohl aber diese Erfahrung auf der reinen
Erkenntnis beruht als deren Inbegriff allein die Philosophie
Gott denken kann und muß" (5). Damit soll die Erkenntnisbedingung zu keiner Bedingung für die Existenz Gottes werden;
wohl aber gilt, daß die Erkenntnis Gottes logisch auf das
transzendentale Bewußtsein des Menschen zurückgebunden ist,
welches so allererst eine Erfahrung und Lehre von Gott ermöglicht. Die Bedingungen der Erfahrungen sind immer schon
solche der Erkenntnis. Nur wenn man diese Einsichten hinein-
reflektiert in den Ansatz von Offenbarungsreligion überhaupt,
wird man sich der Einwände erwehren können, die von neuzeit-
lichem Bewußtsein gegen Offenbarung vorgebracht werden.

Es geht bei der Frage nach Geschichte um einen rechtfertigen-
den Ausweis im strengen Sinne der Apologetik, weil sich nicht
länger mehr die faktische Übereinkunft von sogenannter natür-

licher Offenbarung und übernatürlicher Heilszusage affirmativ rechtfertigen läßt. Aus diesem Grunde, das sei der Klarheit unserer Zielsetzung wegen angeführt, muß der Inhalt einer konkreten Offenbarung der Struktur menschlicher Geistigkeit gewissermaßen kongenial sein. Es muß eine strukturelle Adäquanz von Bedingungen der Erkenntnis und ihrem möglichen Erkenntnisinhalt vorweisbar sein. Erstes Wahrheitskriterium dieses Offenbarungsinhaltes ist sein Bezug zur Möglichkeit von menschlicher Erfahrung überhaupt, d.h. ein solcher Inhalt muß tendenziell auf der Linie dessen liegen, was sich schon immer einstellte, sofern man die Voraussetzungen und notwendigen Implikate menschlicher Erkenntnis und menschlichen Selbstvollzugs bejaht.

Wenn unser Denken über die Wirklichkeit auch ein Teil dieser selbst ist, welche Einsicht entschieden herausgearbeitet zu haben J. G. Fichte zu danken ist, kann eine Rechtfertigung des Glaubens an Offenbarung und Heilsgeschichte nicht davon absehen. Wenn von Heilstaten und vom Heilshandeln Gottes, von seinem Heilswirken und seinem Heilstun, von seinen Magnalia oder sogar von seinem Sprechen in der Geschichte die Rede ist, muß gerade nach den Bedingungen menschlicher Erkenntnis in all diesen Erfahrungen selber gefragt werden. Daß sich dieses Problem auf dem Boden der Identitätsphilosophie des deutschen Idealismus ebenso wenig lösen ließ wie mittels rationalistischer Apologetik, beweist noch nicht eine grundsätzlich aporetische Situation des Glaubens, sondern fordert allenfalls zu neuem Überdenken heraus. In diesem Sinne kann man hinsichtlich des Geschichtsproblems in seiner Relevanz für den christlichen Offenbarungsbegriff die Forderung Günter Rohrmosers nur unterstreichen, welchem Anliegen diese Arbeit zu dienen sich vorgenommen hat: "Wenn der Glaube an Gott nicht mehr vernünftig einsichtig gemacht werden kann, dann ist das Menschsein, wie Kant bereits deutlich sieht, die nutzlose Leidenschaft, als die es im Sartreschen Atheismus nicht grundlos nach der existentialistischen Uminterpretation erscheint. Nach Kant muß der Mensch eine höchste und letzte Erfüllung seines Seins durch Gott selber erhoffen können, wenn er am Gebrauch und der Verwirklichung der Freiheit in der Welt nicht verzweifeln soll"(6).

1. SINN UND MÖGLICHKEIT VON GESCHICHTSBEWUSSTSEIN ANGE - SICHTS DER NARRATIVEN STRUKTUR HISTORISCHEN WISSENS

1.1 Geschichtsschreibung als eine aus Interessen entworfene Organisation vergangenen Geschehens.

Eine Revision herkömmlicher Geschichtsvorstellungen muß ihre Reflexion notwendig bei den Grundlagen und Voraussetzungen geschichtlicher Daten selber ansetzen. Von einer sprach-analytisch orientierten Philosophie, wie sie sich im angloamerikanischen Bereich vornehmlich etabliert hat, mag sich dieser Ausgangspunkt zudem als eine Selbstverständlichkeit ausnehmen. Jedenfalls setzt gerade der englische Philosoph Arthur C. Danto (1) in seiner kritischen Theorie der Geschichte bei einer Analyse der für historische Aussagen typischen Sätze an, um gerade die Eigenart der historischen Ereignisse selber namhaft machen zu können.

Um zu begreifen, warum Danto sich der Analyse jener Klasse von Sätzen widmet, welche ihm typisch für historische Aussagen sind, nämlich der "narrative sentences", sei dessen Unterscheidung von "science" und "history" vorab kurz skizziert (2). Für Danto besteht die Differenz dieser Wissenschaften einzig in der verschiedenen Art der organisierenden Schemata, da beide auf empirisches Wissen hinbezogen sind. Geschichte jedenfalls kann ohne organisierende Schemata, die in ihrer Konzeption von spezifischen menschlichen Interessen abhängig sind, nicht erfaßt werden. "History tells stories", und das ist ihr spezifisches Charakteristikum. Und insofern ist Historie immer homogen, weil ausschließlich unter den von Geschichtsschreibung angewandten Schemata Ereignisse auftauchen können. Damit fällt der Unterschied zwischen bloßer Deskription und hinzukommender Interpretation dahin. Die Differenz von Chronik und Historie ist nicht mehr haltbar. Wenn aber jede historische Darstellung notwendig immer an organisierende Schemata gebunden ist, kann es keinen vollkomenen Bericht über Vergangenes geben. Historie läßt sich nicht als "reproduction" der "history-as-actuality by means of history-as-record via history-as-thought" konzipieren. Letztlich verbietet sich eine spekulative Geschichtsphilosophie auch aus gerade dem Grunde, der einen perfekten Bericht unmöglich macht. Aus der Struktur der geschichtlichen Ereignisse selbst verbietet sich jede Imitation wie jede Duplikation der Vergangenheit. Diese Einsicht resultiert aus der Homogenität der Geschichte, die wiederum darin grundgelegt ist, daß eben immer nur Geschichten erzählt werden. Vergangene Ereignisse sind demnach schon immer unter bestimmten prinzipiellen Interessen nach spezifischen Schemata geordnet und organisiert. Eine vollkommene Beschreibung eines vergangenen Ereignisses als eines geschichtlichen ist somit a limine ausgeschlossen, denn der immer mitschwingende subjektive Faktor läßt sich niemals eliminieren; er ist konstitutiv für Geschichten überhaupt. Wenn das Erzählen von Geschichten Geschichte und Geschichtsschreibung immer homogen sein läßt, wird auch die Fiktion eines "idealen Chronisten" in sich unmöglich, der als gleichzeitiger Beobachter niederschreiben sollte, "whatever happens, the moment it happens, the way it happens". Den Tatsachen registrierenden Chronisten kann es nicht geben. Geschichtsschreibung läßt sich nicht von idealer Chronik her begreifen, denn ein in idealer Chronik vorgestelltes Ereignis hätte keinen Bezug zu späteren Ereignissen, von denen her die früheren Ereignisse erst ihre Bedeutsamkeit erlangten. Eine Darstellung der vergangenen Ereignisse im Sinne der exakten empirischen Beobachtung würde nichts erzählen und wäre auch keine Geschichtserzählung. In eine solche Darstellung gingen immer nur Sätze der Beobachtungssprache ein. Historie aber enthält primär solche Sätze, unter denen ein Ereignis nicht hätte beobachtet und im Sinne des idealen Chronisten hätte beschrieben werden können. Historie beschreibt nämlich Ereignisse immer nur im Hinblick auf spätere Ereignisse und subsumiert sie nicht unter allgemeine Theorien. Dantos Konzeption einer homogenen Geschichte versteht Geschichte also als narrative Organisation der Vergangenheit.

1.2   Die Struktur der narrativen Sätze und das besondere Verhältnis des Historikers zu den Ereignissen.

Danto ermittelt zunächst die typischen Klassen von Sätzen, welche in historischen Darstellungen und in allen anderen Arten von Erzählungen vorkommen. Diese Klassen von Sätzen nennt er "narrative sentences". Ihre charakterisierende Eigenart besteht darin, daß sie sich auf zwei zeitlich getrennte Ereignisse beziehen und dabei das frühere Ereignis durch ein späteres beschreiben. Dantos Überzeugung ist es nun, daß die "narrative sentences" so sehr dem narrativen Geschichtskonzept entsprechen, welches er entwickelt, daß sich an der Untersuchung der "narrative sentences" die wesentlichen Grundzüge seiner Konzeption der Geschichte herausarbeiten lassen.
Wenn der Historiker ein früheres Ereignis durch ein späteres beschreibt, beschreibt er es nicht als Chronist, d.h. er kann selber nicht gleichzeitig mit dem zu beschreibenden Ereignis sein. Er beschreibt nicht als Augenzeuge und Tatortanwesender, nicht als unmittelbarer Beobachter, sondern nur als Erzähler. Bedingt ist das in der Bezogenheit der beiden Ereignisse im Erzählen. Wäre nämlich der Historiker wirklich Augenzeuge eines Geschehens und völlig gleichzeitig mit ihm, müßte er es, wollte er es beschreiben, auf ein Ereignis in der Zukunft beziehen, welches er noch gar nicht kennt. Also kann es den idealen Chronisten grundsätzlich nicht geben, und zwar kraft der Logik narrativer Sätze. Wohl können auch gleichzeitige Beobachter ein Ereignis beschreiben; aber es ist unmöglich, daß sie es historisch beschreiben. Grundsätzlich und notwendig gilt: narrative Deskription ist in kei-

nem Falle die Art der Beschreibung, unter welcher ein Augenzeuge ein Ereignis beobachten kann. Diese narrative Beschreibungsart ist überall dort am Werk, wo Relationen in der Beschreibung hergestellt, Verbindungen angedeutet oder vermutet, Tendenzen aufgezeigt werden. Jedenfalls ist immer vorausgesetzt in solcher Beschreibungsart, daß das spätere Ereignis, durch das das frühere beschrieben wird, dem Historiker bekannt sein muß. Da das spätere Ereignis (E 2) immer in
der Zukunft von dem früheren (E 1) liegen muß, stellt sich
natürlich die Frage nach dem zeitlichen Standort des Historikers. Ist es möglich, daß E 2 zeitlich gesehen zukünftig ist
in bezug auf den Standpunkt des Historikers, von dem aus er
E 1 mit Hilfe von E 2 beschreiben will? Unter diesem Aspekt
ist es belanglos, ob E 2 noch gänzlich in der Zukunft liegt
oder schon eingetreten ist, jedoch noch zu keinem definitiven
Abschluß gekommen ist, insofern es noch eine potentielle Offenheit aufweist.

Nimmt man einmal die Möglichkeit an, der Historiker könne mit
Hilfe eines zukünftigen Ereignisses ein vergangenes beschreiben, ist das nur möglich, wenn er das Ereignis E 2 wissenschaftlich vorhersagt, d.h. allgemein überprüfbar prognostiziert. Erforderlich ist das insofern, als nur ein exaktes
Vorhersagen eines individuellen Ereignisses brauchbar ist für
eine narrative Konstruktion. Es müßte das Ereignis so und in
genau jenen Beschreibungen prognostiziert werden, in denen
es als Ereignis E 2 auf das Ereignis E 1 bezogen werden könnte. Eine solche Beschreibung zukünftiger Ereignisse scheitert
jedoch an zwei Voraussetzungen. Einmal wird allgemein anerkannt, daß sich ein Ereignis nicht in allen seinen Beziehungen vorhersagen läßt, weil eine solche Theorie linguistisch
so reich sein müßte wie die Umgangssprache selbst, was zugleich bedeutete, daß es sich um keine wissenschaftliche Hy-
pothese mehr handeln kann. Zweitens läßt sich ein Ereignis
immer nur in generellen Beschreibungen vorhersagen, niemals
als Einzelfall. Weil es bei narrativen Beschreibungen auf
die konkreten und individuellen Ereignisse ankommt mit ihren
ganz spezifischen Beziehungen und Designationen, kann keine
sinnvolle Relation in narrativer Konstruktion zwischen Klassen von Ereignissen hergestellt werden. Das Wissen um die Zukunft bleibt immer allgemein und abstrakt. Narrative Konstruktion kann solches Wissen nicht verwenden. Aus diesen Überlegungen schließt Danto, daß narrative Sätze also niemals auf
zukünftige Ereignisse angewandt werden können. Der Historiker
kann nur dann eine Relation zwischen zwei Ereignissen herstellen, wenn beide bereits eingetreten sind.
Aus dieser Analyse der narrativen Sätze ergeben sich entscheidende Konsequenzen für das historische Wissen, Bestimmungs-
stücke, die für es grundlegend sind:
1. Alle Ereignisse, die in einer narrativen Erzählung auftauchen, müssen sich bereits ereignet haben, wenn anders narrative Sätze einen kognitiven und historisch verifizierbaren
Sinn haben sollen.

2. Der konstruierende Historiker kann immer nur in narrativer Konstruktion die Ereignisse aufeinander beziehen, welche
bereits eingetreten sind.
3. Im Gegensatz zu den "scientific theories", denen die Zukunft so verschlossen und eröffnet ist wie die Vergangenheit,
besteht für Geschichte und Geschichtsschreibung eine tiefge-
hende Asymmetrie zwischen Vergangenheit und Zukunft.

Aus dieser Einsicht Dantos begründet Baumgartner seine These
von der grundsätzlichen Retrospektivität der Historie. Die
Retrospektive erweist sich als nicht schon zur Geschichte ge-
hörig und qualitativ nicht durch ein Wissen um die Zukunft
bestimmt. "Da Antizipation der Zukunft im strikten Sinne
nicht sinnvoll zu denken ist, besitzt das, was so genannt
wird, allein den Stellenwert einer Wertung, eines Interesses,
das sich in konkreter Kommunikation bildet" (3).
In dem Begriff der Erzählung als kritischem Begriff einer Geschichtstheorie wird auch die Bedeutung der Antizipation für
historisches Wissen von der Struktur der narrativen Sätze her
restringiert. "Es besteht nicht nur keine Symmetrie zwischen
Antizipation und Retrospektion im historischen Wissen, der
Begriff der Antizipation selbst ist lediglich sinnvoll als
narratives Prädikat. Was daher unter dem Begriff einer durch
Antizipation bestimmten Retrospektive gedacht werden kann,
ist nur die Projektion einer Wertstellungnahme, eines Interesses, das nicht selbst zu eben der Geschichte gehört, die
unter ihm konstruiert wird" (4). Die dem Historiker zugemesse-
ne Antizipation von Zukunft ist demnach nur ein ungenauer
Ausdruck "für die Interessenbedingtheit seiner spezifischen
Konstruktion selbst" (5).
Die Analyse des Erzählbegriffes bringt auch ans Licht, warum
Ereignisse nicht schon auf Grund ihres Ereignischarakters
historisch sind, warum jene Interessen, unter denen sie konstruiert werden, nicht eo ipso schon in den Gang der Geschichte gehören. "Der Historiker steht prinzipiell ebenso außerhalb der Geschichte wie seine Wertungen und Interessen" (6).
Geschichte ist so als verstandene nichts anderes als die "retrospektive, narrative Organisation vergangener Ereignisse
aus grundlegenden Interessen. Daher ist die Konzeption historischer Kontinuität a fortiori durch diese Struktur der
Narrativität bestimmt" (7). Von dieser Überlegung aus stellt
sich die Frage nach dem Zusammenhang der in interessenbeding-
ter Organisation zu einer Geschichte aufgereihten historischen Ereignisse. Also die Frage nach der Kontinuität.

Eine narrative Organisation von Ereignissen beschreibt die
Ereignisse nicht unter jedem möglichen Gesichtspunkt, und
sie verknüpft auch nicht alle möglichen vergangenen Ereignisse, sondern wählt aus. Nur die so ausgewählten Ereignisse
werden aufeinander bezogen. Die Aussage Dantos, "a narrative
leaves things out", meint nicht nur, daß es generell keine
"complete description" aufgrund der prinzipiellen Offenheit

der Zukunft geben kann, weil noch nicht zu erheben ist, welche spezifischen Gesichtspunkte der Organisierung noch eintreten können; vielmehr läßt "a narrative" von vornherein schon eine Unzahl von Ereignissen aus (8). Jedes Ereignis aber, das auf ein anderes bezogen wird, wird nicht nur einem bestimmten Gesichtspunkt zugeteilt, sondern auch einer Zeitstruktur eingeordnet. Danto spricht in diesem Zusammenhang von einer "temporal structure" bzw. einem "temporal whole", in das die Ereignisse eingegliedert werden. Die Erzählung konstituiert daher Zeitstrukturen, Zeitverlaufslinien, denen zwei Eigenschaften wesentlich zukommen: Sie überspringen nicht nur Ereignisse, die ebenso wie die aufgenommenen in einem gleichen Zeitraum liegen, sie blenden vielmehr auch bestimmte Gesichtspunkte der in die Erzählungen aufgenommenen Ereignisse aus, und zwar mitunter äußerst bedeutsame. "Die Zeitstrukturen sind daher hinsichtlich der Zeit, die sie abdecken, diskontinuierlich und in bezug auf die Art ihrer Deskription selektiv. Beide Wesenszüge erlauben in der Konsequenz eine allgemeine Einsicht in die Struktur des historischen Wissens" (9).
Konkret heißt das: Wenn E 1 ein Teil der temporalen Struktur E 1 - E 2 ist, d.h. also E 1 von E 2 her beschrieben wird, ist es durchaus auch denkbar, daß es ein Ereignis E 3 oder dergleichen mehr gibt, von denen aus E 1 beschrieben, d.h. in deren temporale Struktur es aufgenommen werden könnte (als simples Beispiel könnte hier die Franz. Revolution dienen: Vor Marx wurde sie in eine andere temporale Struktur eingereiht als nach Marx). "Die Festsetzung von temporalen Strukturen im Hinblick auf ein bestimmtes Ereignis erfolgt daher ad hoc und ist von den Interessen und den durch diese bedingten Relevanzkriterien des Historikers nicht minder abhängig wie von dem dem Historiker zugänglichen dokumentarischen Material" (10). Damit gibt es eine unbegrenzte Anzahl zeitlicher Strukturen nicht nur in Hinblick auf verschiedene, sondern auch auf dieselben Ereignisse. "Selektivität und Diskontinuität der temporalen Strukturen führen daher zu der Konsequenz, daß es keinen apriorischen Limit für die hinsichtlich eines bestimmten Ereignisses möglichen narrativen Sätze geben kann" (11).

Aufgrund der möglichen Mannigfaltigkeit temporaler Strukturen in narrativen Sätzen erhellt folgende Einsicht in die Struktur historischen Wisssens:
1. Die mögliche Mannigfaltigkeit temporaler Strukturen bedingt eine variable historische, das heißt narrative Organisation der Vergangenheit.
2. Weil die Zukunft noch nicht abgeschlossen vor uns liegt, kann auch nie die Bedeutung eines Ereignisses definitiv ausgemacht sein.
3. Historisches Wissen ist als Organisation der Vergangenheit in Erzählungen eine ständige, durch Interessen und Signifikanzvorstellungen der Historiker bedingte Wiederanordnung der Vergangenheit in temporalen Strukturen. Eine

endgültige Geschichte von x ist nicht möglich (12).

1.3 Historische Kontinuität und die narrative Struktur historischen Wissens.

Wenn die Organisation von vergangenen Ereignissen in temporalen Strukturen wesentliches Charakteristikum historischen Wissens ist, muß der Status der historischen Kontinuität geklärt werden. Das Problem liegt darin, ob sich historische Kontinuität mit der in einem "temporal whole" vorgestellten Kontinuität der Erzählung identifizieren läßt, so daß sie gleichursprünglich mit der organisierenden Erzählung erst gesetzt würde, oder ob die Kontinuität der Erzählung, d.h. deren Zeitstruktur auf schon vorgegebene historische Kontinuität rückführbar ist. Im Geschehen der Wirklichkeit schon vorfindliche Kontinuität wäre im letzteren Fall Bedingung der Möglichkeit von Kontinuität in Erzählungen. Es bleibt zu fragen, ob die temporale Struktur der Erzählungen eine historische Kontinuität voraussetzt oder verbietet. Der Begriff der temporalen Struktur bedarf somit einer genaueren Klärung.

Danto entwickelt den Begriff der temporalen Struktur im Kontext einer Analyse von Prädikaten, durch die menschliches Handeln normalerweise beschrieben wird. Es sind sogenannte "project verbs" (13) wie: writing, R-ing... Wenn einer zum Beispiel an einem Buch schreibt, meint das nicht, daß er sonst nichts anderes mehr tut. Die Kontinuität ist also als ein im Grunde diskontinuierliches Gesamtereignis zu verstehen. Die so beschriebenen Ereignisse, wie: er schreibt an einem Buch, sind je nach Gesichtspunkt diskontinuierlich oder kontinuierlich und werden als temporale Strukturen definiert. Unter der Bedingung, daß das intendierte Ereignis bereits eingetreten ist, das Ereignis also historisch beschreibbar ist, läßt sich das Verhältnis von Kontinuität, Erzählung und "temporal structure" wie folgt bestimmen:"Historische Kontinuität ist gebunden an durch narrative Sätze hervorgebrachte Zeitstrukturen, die unter einem bestimmten übergeordneten Gesichtspunkt mindestens zwei zeitdifferente Ereignisse aufeinander beziehen und als ein diskontinuierliches Gesamtereignis verstehen lassen. Ist historische Kontinuität mithin narrative Organisation von Ereignissen in einer temporalen Struktur, so erweist sie sich im Hinblick auf den Verlauf des Gesamtereignisses in der Zeit als Diskontinuität. An dieser Stelle bestätigt sich noch einmal, daß historische Kontinuität mit einem kontinuierlichen Zeitverlauf von Ereignissen nichts zu tun hat: sie ist Produkt einer narrativen Organisation und Deskription von Ereignissen und nicht Eigenschaft der Ereignisse selbst" (14).
Baumgartner verweist darauf, daß Danto nicht auf das allgemeine Problem des Verhältnisses von kontinuierlichen und diskontinuierlichen Ereignissen in der Zeit abzielt, sondern nur an der Herausstellung der Differenz von "project" und der unter ihm befaßten Ereignisreihe interessiert ist.

Dennoch geht Danto an anderer Stelle indirekt auf dieses Problem ein, insofern er an einer kontinuierlichen Identität als an einer Bedingung festhält, ohne welche die Einheit einer Erzählung nicht gedacht werden kann: Kontinuität ist notwendige Bedingung dafür, daß eine Erzählung eine Einheit und in der Konsequenz eine Erklärungskraft besitzt (15). In einem weiteren anderen Zusammenhang findet Baumgartner das Problem der Kontinuität bei Danto zur Diskussion gestellt, wenn Danto behauptet, eine Erzählung vermöge nur insoweit zu erklären, als ihr ein einheitliches und kontinuierliches Subjekt zugrunde liegt. Kontinuität im Subjekt ist also eine notwendige Bedingung der Einheit von Erzählungen; ist die Erzählung nicht "about the same subject" (16), fehlt ihr auf jeden Fall die Einheit. Doch auch hier fragt Danto nicht nach der Art, wie diese Subjekte zu denken sind. Er behilft sich allein mit dem analytisch-formalen Standpunkt. Scheinbar läßt Danto damit das Problem der historischen Kontinuität offen: Kontinuität wird reduziert auf die formelle Bedingung narrativer Einheit und meint das Sichdurchhalten bestimmter Erzählungselemente, insbesondere des Hauptgegenstandes der Erzählung, dessen Veränderung erklärt werden soll. Die Frage danach, was jene Elemente bzw. jene Hauptgegenstände indessen sind, weist Danto einer historischen Ontologie zur Untersuchung zu.

Baumgartner registriert hier einen Bruch in der Konzeption von Danto. Wenn die historische Kontinuität von einer ontologisch zu klärenden Einheitsbedingung her gedacht wird, kann narrative Organisation nur als nachträglich gegenüber schon vorausliegender historischer Kontinuität erscheinen. Geschichtsschreibung wird dann wieder zum bloßen Aneinanderreihen von in der Kontinuität der Zeit erfolgendem Geschehen. Weil aber "narrativ" und "historisch" vorher identisch gesetzt wurden, stellt dies einen Widerspruch dar, insofern narrative Organisation gerade dadurch ausgezeichnet war, daß sie vom Historiker frei hervorgebracht wird. Dieser Widerspruch stellt sich aber nur dann ein, wenn die als Einheitsbedingung vorausgesetzte "continuity of elements", das Sichdurchhalten in der Zeit, für historische Kontinuität gehalten wird. Meinte Danto mit "continuity" eine Dauer in der Zeit (also die "persistence of elements"), dann hat er das Problem der historischen Kontinuität als solcher nicht gesehen, zumindest nicht eigens problematisiert. Insofern aber Danto den Hinweis auf eine historische Ontologie anbringt, ist wohl offensichtlich von ihm her eine historische Realität vor aller narrativen Organisation gemeint. Dies würde indes implizieren, daß auch die "temporal structures" offenbar schon vorweg existieren und damit die narrativen Zusammenhänge letztlich sich schon vorgängig auf sie beziehen. Narrativität wäre damit wieder nichts anderes als nur die Duplizität, Imitation und Reproduktion der geschichtlichen Ereigniszusammenhänge mit ihren jeweiligen objektiven Identitäten, die selbst schon als Geschichte verstanden wären.

Dabei hatte doch Danto in seinen Erwägungen zum Begriff der
Organisation festgestellt, daß Historie keinesfalls als Reproduktion der Vergangenheit zu verstehen ist. In der Verschiebung des Problems von der narrativen Einheit auf eine
als möglich präjudizierte Ontologie liegt daher ein entschiedener Widerspruch bei Danto. Das veranlaßt Baumgartner,
Dantos Ansatz und Intention gegen ihn selber zu kehren und
das Problem der historischen Kontinuität als Problem der narrativen Konstruktion festzuhalten: "Die Einheit der Erzählung eines 'temporal whole' ist der einzig mögliche Gesichtspunkt, von dem her die Einheit und Kontinuität einer Geschichte konzipiert werden kann. Narrative Organisation mag
Identitäten, Kontinuitäten, sich über Zeitstrecken durchhaltende Subjekte voraussetzen bzw. einschließen oder nicht, historische Identität und Kontinuität ist auf jeden Fall gleichursprünglich mit jener Organisation selbst: Historische Kontinuität wird im selben Sinne wie Geschichte konstruierend
erzeugt" (17).

Die These, Geschichte sei retrospektive Organisation von vergangenen Ereignissen, die in unter Interessensgesichtspunk-
ten entworfenen temporalen Strukturen gedacht werden muß,
ist als grundlegendes Prinzip einer Theorie der Geschichte
konsequent festzumachen.

Baumgartner versucht daher das Verhältnis von Erzählung und
Interesse und das Verhältnis von Kontinuität und narrativer
Struktur über Danto hinaus fortzuführen und zu präzisieren.
Er geht davon aus, daß historisches Wissen nur unter der
Struktur der Narrativität homogen ist und sich demgemäß nur
als narrative Organisation vergangener Ereignisse in temporalen Strukturen, "temporal wholes", verstehen läßt. "Geschichte, Geschichtsschreibung, Geschichtsforschung und Geschichtsbewußtsein konstituieren sich allererst in einer solchen Organisation, ihre Realität ist die der Erzählung. Entsprechend ist eine Bestimmung des Wesens historischer Kontinuität nur von dieser Organisation her anzugehen" (18).
Wenn also die Homogenität der Geschichte wesentlich gekoppelt ist an die narrative Struktur historischer Aussagen,
ist es unmöglich - wenn anders die Homogenität nicht preisgegeben werden soll - , daß Historie auf vorgängige historische Fakten, auf Ereignisse und Ereigniszusammenhänge bezogen werden kann. Ereignisse, welche einer historischen Darstellung zugrundeliegen, können selbst nicht als historisch
aufgefaßt werden. Baumgartner ersetzt deshalb den Terminus
Organisation durch den Begriff der Konstruktion, um den gemeinten Sachverhalt zu präzisieren. Der Terminus Konstruktion
bringt den autonomen Charakter von Historie ebenso wie deren
spezifische Realität als Vorstellungsgefüge besser zum Ausdruck. "Historisches Wissen ist so narrativ konstruierende
Organisation von Ereignissen, die vergangen sind, in temporalen Strukturen, wodurch diese Ereignisse in einen Zusam-

menhang mit anderen Ereignissen einbezogen werden, der im
Hinblick auf den kontinuierlich gedachten Zeitverlauf und im
Hinblick auf das zeitliche Verhältnis der Ereignisse unter –
einander als diskontinuierlicher Zusammenhang erscheint" (19).
Historische Kontinuität ist darum selbst nicht als eine Eigenschaft jener diskontinuierlich zueinander stehenden Ereignisse zu begreifen, sondern ist im Wesen von narrativer Konstruktion solch temporaler Strukturen überhaupt begründet.
D.h. die Kontinuität ist ein Konstituens jener Strukturen,
die durch "narrative sentences" erzeugt werden. Die historische Kontinuität ist also eine dem "temporal whole" innewohnende Eigenschaft. Historische Kontinuität ist der durch
die Erzählung erzeugte Zusammenhang selbst. Weil aber die
temporalen Strukturen zugleich die Einheit einer Erzählung
begründen, kann historische Kontinuität auch als die jeder
Erzählung innewohnende Einheit verstanden werden.

Mit dieser Charakterisierung der historischen Kontinuität
stellt sich nun die Frage nach den Einheitskriterien von
Erzählungen neu. Fest steht, historische Erzählung muß vergangene Ereignisse miteinbeziehen, soll sie nicht als Fiktion
erscheinen. Ferner muß die entworfene temporale Struktur auf
die aufeinander bezogenen Ereignisse passen und darf keinesfalls den Ereignissen widersprechen in ihrer zeitlichen Abfolge.

Zunächst ist es selbstverständlich, daß narrativ hypothetisch
entworfene historische Kontinuitäten applikabel sein müssen
auf eben jene Ereignisse, die sie in die temporale Struktur
einbeziehen. Es muß also dem Gegenstand der Erzählung ein
identischer Gegenstand in der Zeit entsprechen. Dennoch
trügt es, wenn man meint, daß die in einem Kontext genannten
Ereignisse lückenlos in der Zeit aufeinanderfolgen, also als
eine kontinuierliche Abfolge von Ereignissen begriffen werden könnten. Darüberhinaus muß festgehalten werden, daß das
sich durchhaltende Subjekt der Erzählung nicht identisch ist
mit einer Kontinuität in den Ereignissen selber. Vielmehr
ist auch dieses Subjekt eine Abstraktion, die aus schemati-
scher Vorstellung hervorgegangen ist. Der intendierte Zusammenhang in der Zeit meint nicht mehr, als daß z.B. ein namentlich beschriebenes Subjekt immer noch existiert (z.B. Napoleon
als Mitglied des Dreierkonsulats und als Verbannter auf
Helena). Das heißt indes, daß "die Identität in der Zeit,
bzw. über eine Zeitdifferenz hinweg, ebensowenig mit Geschichte wie mit historischer Kontinuität zu tun hat" (20).
Die Identität desselben Subjekts ist nicht geschichtliche
Identität; sie ist nur Grundlage der Geschichte, ohne selbst
schon zur Geschichte zu gehören. "Daß bestimmte Dinge, Personen, Ereignisse in der Zeit dauern, bzw. gedauert haben,
betrifft so nur die Möglichkeit, nicht ihre Wirklichkeit
als Geschichte" (21).

Mit der historischen Kontinuität verhält es sich ebenso wie
mit der Geschichte überhaupt: auch sie verdankt sich einer
retrospektiven, narrativen Konstruktion in Hinblick auf immer wieder antreffbare Subjekte. Sie ist nicht Imitation
oder Reproduktion von deren Dauer in der Zeit; wie die Geschichte ist sie aber ohne Vergangenes und dessen Dauer sinnlos.
Die intendierte Gleichsetzung von historischer Kontinuität
und Identität in der Zeit erweist sich als vollends unbrauch-
bar, wenn man sie nicht auf individuelle Lebensgeschichten,
sondern etwa auf Ereigniszusammenhänge bezieht (wie z.B. die
Franz. Revolution). "Was hier als identisch über die Zeit
hinweg gedacht wird, ist mit Sicherheit nicht das eine oder
andere Subjekt, oder eine Mehrzahl von Subjekten, es ist ein
spezifischer Sinnzusammenhang, der als Intention im jeweiligen Thema der Geschichte festgehalten ist" (22). Wenn auch
hierbei identische Subjekte der Geschichte eingeschlossen
sind, ist dennoch z.B. die "Franz. Revolution" bzw. das
"Mittelalter" nur als jeweils auszufüllende Leerstelle zwischen den Zeitmarken des Anfangs und ihres Endes zu konzipieren. Der Hinweis auf in der Zeit sich durchhaltende Identitäten hat daher nur noch den Sinn, daß der konstruierte
Erzählrahmen auf bezeugte Ereignisse bezogen werden muß;
keinesfalls jenen, daß der "Franz. Revolution" oder dem "Mittelalter" ein identisches historisches Subjekt zugrunde liegt,
das die Kontinuität dieses Ereigniszusammenhangs von sich
aus begründete.

Historische Kontinuität ist demgemäß ein formales Gebilde
konstruktiver Art, das auf beliebige Substrate, sofern sie
nur in der Zeit lokalisierbar sind, bezogen werden kann.
Darin liegt auch die Möglichkeit zu den verschiedensten Erzählungen unter den verschiedenartigsten Gesichtspunkten
beschlossen. Historische Kontinuität ist gleichsam eine dy-
namische Identität, eine Identität im Wandel ihrer selbst.
Als eine durch narrative Konstruktion hervorgebrachte "Identität ist sie aber nicht nur nicht mit dem Sich-durch-halten
bestimmter Individuennamen, Strukturen, allgemeinen Beschreibungen gleichzusetzen, sie ist auch nicht auf irgendwelche
Subjekte in der Zeit direkt zu beziehen. Sie ist die Einheit
eines Erzählzusammenhanges, jenes Schema, innerhalb dessen
die mannigfaltigen Ereignisse, Personen, individuelle und soziale Subjekte allererst geschichtlich miteinander in Berüh-
rung treten und zu Geschichte sich kristallisieren bzw. komponiert werden" (23). Die narrative Konstruktion erweist sich
so als der letzte Grund für historische Kontinuität. Sie ist
autonome historische Synthesis. Es sind demnach bestimmte
sich durchhaltende Substrate in der Zeit ebenso wenig wie
eine absolute historische Vernunft, die die Welt als Geschichte offerieren. Also schlußfolgert Baumgartner: "Historische Kontinuität gibt es, weil und insofern erzählt wird;
da indessen alles Mögliche auch im Hinblick auf dieselben

Ereignisse erzählt werden kann, gibt es nicht die historische
Kontinuität, auch nicht die historische Kontinuität eines
bestimmten Ereigniskomplexes, sondern nur historische Kontinuitäten. Von der Geschichte Napoleons zu reden ist von der
Struktur der Narrativität her ebenso falsch wie von der Geschichte der Französischen Revolution, ganz zu schweigen von
der irrigen Ansicht, die Geschichte der gesamten Vergangenheit, oder die eine universale Geschichte der Welt für möglich zu halten" (24).
Gegenüber Danto, der solche Redeweise darum nicht gelten ließ,
weil die Zukunft prinzipiell immer noch offen sei, argumentiert Baumgartner noch weitreichender: nicht die Uneinholbar-
keit der Zukunft ist hierfür verantwortlich; vielmehr ist es
die Struktur der narrativen Konstruktion, die solches prinzipiell unmöglich macht.

1.4 Der metanarrative Sinn historischer Kontinuitätsvor-
     stellungen.

Da historische Kontinuität transzendentales Formmoment von
Erzählung ist, kann Kontinuität selbst nicht als Prädikat
innerhalb einer Erzählung auftauchen. "Kontinuierlich" bzw.
"nicht kontinuierlich" gehören daher nicht als Prädikate in
den Bereich möglicher historischer Aussagen. Denn historische Aussagen haben kraft der narrativen Struktur notwendig
die Form der Kontinuität. Also kann diesen Prädikaten auch
kein historischer, wohl aber ein metahistorischer Sinn zugeschrieben werden. Wenn daher von einem Ereignis oder Ereig-
niszusammenhang Kontinuierlichkeit prädiziert wird, heißt
das nur, daß es sich um eine mögliche Geschichte handelt,
bzw. daß jenes "x" eine narrative Struktur hat. Der Sinn dieser These läßt sich an einem einfachen Beispiel klar machen.
So ist in dem Satz: "x ist kontinuierlich", die Variable "x"
nicht durch einen Individuumnamen ersetzbar. Man kann wohl
sagen, "Napoleons Leben ist kontinuierlich"; aber es ist
sinnlos zu sagen, "Napoleon ist kontinuierlich" (25).

Die Prädikate der Kontinuität erfordern daher als Subjekt
eine solche Variable, die selbst schon Zeitstrukturen explizit oder implizit zum Ausdruck bringt. Mit der Aussage, daß
eine Zeitstruktur kontinuierlich sei, ist gemeint, daß unter
dem angegebenen Gesichtspunkt (z.B. des politischen Denkens)
sich eine zusammenhängende Geschichte erzählen läßt. Solche Feststellungen fallen nun allerdings nicht mehr in den
Bereich einer historischen Objektsprache, sondern sind der
Metasprache der historischen Reflexion über mögliche erzählbare Geschichten zuzuordnen; dort wird darüber befunden,
ob eine vorliegende Geschichtserzählung verifizierbar und in
sich konsistent ist. "Methodologisch gesehen stehen die Kon-
tinuitätsprädikate daher im Kontext der Bildung und Überprüfung historischer Hypothesen" (26). Die Kriterien, nach denen solche Thesen zu überprüfen sind, entsprechen denen anderer erfahrungswissenschaftlicher Arbeitsweisen. Der empiri-

sche Charakter des historischen Wissens und zugleich dessen
Abhängigkeit von der je aktuellen Kommunikation der an Geschichte und Geschichtsschreibung Interessierten wird dann
offenkundig. Indes bleibt festzuhalten, daß die Kriterien
der Überprüfung, soweit sie nicht formaler Natur sind, nicht
als apriorische gedacht werden dürfen. "Die Vorstellung der
historischen Kontinuität gehört mithin in den Kontext der
hypothesenbildenden und überprüfenden historischen Reflexion,
die nicht selbst Geschichten erzählt, sondern Erzählrahmen
für Geschichten entwirft bzw. beurteilt" (27).
Jetzt allerdings wird für Baumgartner die Situation kompliziert. Folgende Situation ist eingetreten: Es wurde behauptet, jeder narrative Ausdruck schließe bereits Kontinuität
ein. Wenn daher von einem grammatischen Subjekt (Franz. Revolution) Kontinuität ausgesagt wird, handelt es sich um
eine rein tautologische Feststellung, weil ja die temporale
Struktur bereits in jedem "temporal whole" notwendig mitgegeben ist. Demnach wäre eine Aussage wie: die Franz. Revolution verlief diskontinuierlich, sinnlos, wenn sie auf derselben Ebene stünde wie die im "temporal whole" immer schon
mitausgesagte und gesetzte Kontinuität. Wenn daher die Aussagen über die Nicht-Kontinuierlichkeit der Franz. Revolution nicht unsinnig sein sollen, ist das Kontinuitätsprädikat
näher zu analysieren.
Versteht man Kontinuität als Gegensatz zu Diskontinuität, so
erscheint sie als eine Aussage über die spezifische Verlaufs-
form einer grundsätzlich schon als Kontinuität vorkonzipier-
ten Geschichte. Es wird anscheinend eine über die allgemeine
Erzählbarkeit hinausreichende Qualifikation des Erzählbaren
hinzugesagt. Kontinuität wäre so als Gegensatz zu Diskontinuität zu sehen, als handelte es sich hier um die spezifisch
historische Kontinuität, die als Implikat der Erzählstruktur
nicht hinreichend bestimmt ist. Diese Konsequenz stünde im
Widerspruch zu der vorher behaupteten These, daß "historische
Kontinuität schon und nur als Implikat der narrativen Struktur gedacht werden kann" (28). Eine Präzisierung hinsichtlich der inhaltlichen Relevanz des Prädikats "ist diskontinuierlich" ist daher erforderlich. Wenn nämlich Kontinuität mit
der narrativen Struktur schlechthin schon gesetzt ist, müßte
Diskontinuität die Nichterzählbarkeit einer Geschichte beinhalten. Insofern aber von einem narrativen Satzsubjekt sowohl Kontinuität wie Diskontinuität sinnvoll ausgesagt werden, könnte daher eine Geschichte nicht schon deshalb kontinuierlich sein, weil und insofern sie erzählt wird; denn eine diskontinuierliche Geschichte hat offensichtlich nicht
minder den Charakter von Erzählbarkeit.
Wenn von einem "x" ausgesagt wird, seine Geschichte sei diskontinuierlich, "x" aber ein "temporal whole" ist und als
Kontinuität gedacht werden muß, folgt daraus,"daß von der
durch den narrativen Ausdruck x bezeichneten kontinuierlichen temporalen Struktur Diskontinuität ausgesagt wird" (29).
Soll dabei kein Widerspruch herauskommen, muß sowohl das
Prädikat "ist diskontinuierlich" als auch die im Subjekt

implizierte Kontinuität eingeschränkt werden. Global formuliert hätte das folgend zu geschehen: "das 'temporal whole' ist nicht unter jeder möglichen Hinsicht eine Kontinuität, es bezeichnet eine Zeitstruktur, die unter bestimmten Gesichtspunkten diskontinuierlich ist" (30). Unter besonderen Voraussetzungen kann es also vorkommen, daß eine faktisch erzählte und so als Kontinuität dargestellte Geschichte sich eben nicht mehr erzählen läßt. Wenn von der Geschichte der Franz. Revolution z.B. Diskontinuierlichkeit prädiziert wird, setzt das voraus, daß die Franz. Revolution bereits vorgängig als Sinnzusammenhang entworfen und so immer schon kontinuierlich ist. Nur unter besonderen Gesichtspunkten erscheint sie als Bruch oder einfach als Diskontinuität. Das Prädikat "ist diskontinuierlich" ist daher nur dann korrekt angewandt, wenn es zugleich mitangibt, unter welchem Gesichtspunkt es auf ein kontinuierliches "temporal whole" bezogen ist. "Eine Geschichte von x ist diskontinuierlich nur hinsichtlich eines jeweils anzugebenden Gesichtspunktes D, der selbst wieder den Sinn einer kontinuierlichen narrativen Struktur besitzt. Daraus folgt, daß das Prädikat Diskontinuität tatsächlich im strengen Sinn Nicht-Erzählbarkeit meint: die Geschichte von x ist durch die Geschichte von D nicht zu ersetzen, die letztere deckt sich nicht mit der ersteren, die erstere läßt sich durch die zweite nicht erzählen, obgleich beide erzählbare Geschichten darstellen. Diskontinuität entspringt daher aus dem Vergleich kontinuierlicher Geschichten und ist als metanarratives Prädikat gegenüber dem Kontinuitätsprädikat sekundär und abgeleitet" (31). Zugleich wird deutlich, daß von einem "temporal whole" nur unter bestimmten, explizit zu machenden Einschränkungen Kontinuität prädiziert werden kann. Kontinuität meint Erzählbarkeit einer Geschichte in einer bestimmten Hinsicht, namentlich in der durch die Bezeichnung der Zeitstruktur bereits zum Ausdruck gebrachten. Die Zeitstruktur korrespondiert notwendig mit den Hinsichten der Erzählung. Diskontinuität besagt indes Nichterzählbarkeit unter bestimmten Rücksichten und Standpunkten, welche aber für sich selber mögliche erzählbare Geschichten repräsentieren.

Von diesen Überlegungen aus läßt sich die Struktur des Urteilsvorgangs näher beschreiben und festlegen, wie er sich vorfindet in den genannten Kontinuitäts- bzw. Diskontinuitätsurteilen. Das Urteilssubjekt, um wieder auf das Paradigma der Franz. Revolution zu kommen, "die Geschichte der Franz. Revolution" oder allgemein: "die Geschichte von x" (wobei "x" eine zeitliche Struktur ist wie im Falle der Franz. Revolution) repräsentiert den Vorentwurf einer möglichen Erzählung. Die Kontinuität derselben ist zunächst nur problematisch durch den inneren Bezug des bezeichneten 'temporal whole' auf die zeitdifferenten Anfangs- und Endpunkte mitgesetzt. Diese vorentworfene Kontinuität ist damit in Wirklichkeit nichts anderes als die in jedem narrativen Ausdruck apriori mitgesetzte Synthesis von mindestens

zwei zeitdifferenten Ereignissen. Sagt man nun im Urteil, ein
Urteilssubjekt sei kontinuierlich, wird damit die schon vorgegebene Kontinuität, die immanente Zeitstruktur des Urteilssubjekts bestätigt. Die Geschichte von "x" ist demnach in der
Tat erzählbar, mindestens in einer bestimmten genauer anzugebenden Hinsicht. Wird hingegen Diskontinuität behauptet, beinhaltet dies,eine Geschichte ist in der vorentworfenen Kontinuität unter bestimmten Gesichtspunkten nicht erzählbar.
Dabei bleibt die Kontinuität des Urteilssubjekts problematisch
ohne daß sie grundsätzlich aufgehoben wäre, weil nämlich sonst
die Aussage von der Diskontinuität selber wieder ihren Sinn,
weil ihren Bezugspunkt verlöre.
Es stehen sich also Kontinuitätsurteil und Diskontinuitäts-
urteil gegenüber; ihr Gegensatz wird von Baumgartner als sub-
konträr begriffen: "im Hinblick auf ein bestimmtes kontinuierliches 'temporal whole', welches das Urteilssubjekt repräsentiert, kann daher gleichzeitig Kontinuität wie Diskontinuität, wenn auch in verschiedener Hinsichts ausgesagt werden"
(32). Dies schließt nicht aus, daß beide Urteile grundsätzlich
wahr sind; nur wenn eines nachweislich falsch ist, muß das
andere notwendig richtig sein. Das liegt daran, daß beide
Urteile keine Allquantoren enthalten dürfen, weil das beinhalten würde, sie umschlössen alle nur möglichen Gesichtspunkte. So ist die Franz. Revolution unter einem bestimmten Gesichtspunkt ebenso sicher kontinuierlich wie unter einem anderen diskontinuierlich. Weil eben Allquantoren nicht vorkommen können, besagt eine festgestellte Diskontinuität nicht
den Ausschluß einer jeden möglichen Kontinuität.
Kontinuitätsurteile wie Diskontinuitätsurteile sind prinzipiell partikular und nur auf der Ebene der Empirie einander
entgegengesetzt. Nur in dieser Entgegensetzung sind sie
diskutier- und entscheidbar. Was die Bedeutung beider Vorstellungen betrifft, so ist die Kontinuitätsvorstellung die
notwendige Voraussetzung der Diskontinuitätsvorstellung;
ohne jene kann letztere nicht sinnvoll gedacht werden. "Im
Gegensatz zur Diskontinuität gehört Kontinuität der Struktur
nach bereits zum Urteilssubjekt, von dem Diskontinuität allererst ausgesagt wird: sie ist ein Implikat der narrativen Konstruktion, in deren Rahmen Diskontinuität allein verstanden
und festgestellt werden kann" (33).
Die Kontinuität gehört a priori zu jeder faktischen Erzählung. Sie ist gleichursprünglich mit der hypothetischen Konstruktion selber hypothetischer Erzählschemata, d.h. mit der
narrativen Konstruktion temporaler Strukturen. Der Begriff
von Diskontinuität kann ursprünglich nicht als Gegenbegriff
zur Kontinuität gebildet werden. Diskontinuität kann erst
auftreten in dem Augenblick, wo die konkreten Erzählungen
überprüft werden. Überprüft müssen sie deshalb werden, weil
die Kontinuität aus dem hypothetisch konstruktiven Charakter
der Kontinuität folgt. Hier erst kann sinnvoll das Gegen-
satzpaar Kontinuität und Diskontinuität eingeführt werden als
subkonträrer Gegensatz, weil es nur sinnvoll in bezug auf
die hypothetische Gesamtkonstruktion des narrativen Zusammen-

hangs ist. Gerade darin beweist sich der hypothetisch kon-
struktive und partikulare Charakter der Kontinuitätsvorstellung. Kontinuität als Gegenbegriff zu Diskontinuität bekommt
daher auch keinen über den Kontext der narrativen Konstruktion hinausgehenden Stellenwert.
Damit ist eine wesentliche Einsicht für die Kontinuität der
Geschichte selbst gewonnen: sie erweist sich als Implikat
narrativer Konstruktion und zeigt gerade dadurch ihre prinzipielle Einschränkung auf bestimmte Ereignisse und Gesichtspunkte. Die Möglichkeiten hinsichtlich der Ausdrücke, die für
das Urteilssubjekt in Frage kommen, werden dadurch von vorneherein eingeschränkt. Das Urteilssubjekt ist immer als temporale Struktur zu verstehen. So wie sich von der Kontinuität
als dem einzig möglichen Zusammenhang einer Geschichte von
"x" nicht sinnvoll sprechen läßt, so ist es ebensowenig sinnvoll, von der Kontinuität des Mittelalters zu sprechen, der
Vergangenheit, der Geschichte des Christentums oder der Geschichte des Volkes Israel.

Im Hinblick auf die Erzählung ist also Kontinuität ein transzendentaler Begriff; dennoch muß sich die Anwendung der Erzählung unter den Kriterien des empirischen Wissens vollziehen. Wie der Begriff Diskontinuität, der schon die Konzeption von Kontinuität voraussetzt, so darf auch die Kontinuitätsvorstellung keine Allquantoren enthalten; sie kann weder
Ausschließlichkeit noch Universalität beanspruchen. Sie ist
hinsichtlich ihres Gebrauchs sowohl intensiv wie extensiv
partikular. Mit der Bestimmung der Kontinuität ist nur die
Erzählbarkeit einer Geschichte gemeint. Zugleich ist damit
die Möglichkeit angesprochen, viele andere Geschichten über
dieselbe Sache erzählen zu können.
Die Aussagen "die Kontinuität der Geschichte" bzw. "die Geschichte ist kontinuierlich" sind keineswegs als materiale
Urteile über einen als real gegebenen und erfahrbaren objektiven Gegenstand zu werten; vielmehr sind sie unter dem Gesichtspunkt der narrativen Konstruktion lediglich als analytische Strukturaussagen über den Charakter des historischen
Wissens zu verstehen.
Geschichte existiert demnach nur in Geschichten; historische
Kontinuität nur in partikularen und mannigfaltigen Kontinuitäten, die als narrative Konstruktionen ausschließlich auf
schon vergangene Ereignisse bezogen werden können. Historischer Kontinuität eignet daher immer der Charakter der Retrospektivität, Konstruktivität und Partikularität.

1.5   Historische Kontinuität in der Differenz zur Kontinui-
       tät als sittlich-praktischer Stellungnahme.

Zu einer subtilen Differenzierung sieht sich Baumgartner genötigt, wenn er den üblichen Sprachgebrauch von Kontinuität,
die sich auch auf die Zukunft erstrecken soll, absetzen will
von der historischen Kontinuität, die sich kraft der Struktur

narrativer Konstruktion nur auf Vergangenheit beziehen kann.
Daß es sich bei diesem Gebrauch des Wortes um einen anderen
Kontext handeln muß, in dem ein Zusammenhang gegenwärtiger
bzw. zukünftiger Handlungen bzw. Handlungsentwürfe mit solchen der Vergangenheit zum Ausdruck gebracht werden soll,
entwickelt Baumgartner an einer gängigen Argumentationsfigur
des politischen Lebens. So ist jede Regierung bei einem Re-
gierungswechsel, wenn die Politik ihrer Vorgängerin allgemein nicht so schlecht angesehen wurde, bemüht, ihre eigenen
Vorstellungen, Handlungsentwürfe und Zielsetzungen als kontinuierliche Fortführung früherer Politik zu bezeichnen. Sowohl die Opposition wie die Regierung arbeiten mit dem Hinweis auf die Kontinuität, wenngleich natürlich mit verschie-
denem Wertakzent. Hier ist Kontinuität nicht im Sinne historischer Kontinuität gemeint und kann deshalb nicht als
Grundlage für historisches Wissen beansprucht werden.

Daß sich diese beiden Kontinuitätsvorstellungen ungeachtet
ihrer faktischen Unterschiede ineinander verschieben können,
liegt wohl daran, daß beide "einen wie immer lebensmäßig
interessierenden, handlungsorientierenden bzw.-legitimieren-
den Zusammenhang von Ereignissen in der Zeit meinen" (34).
Solche Interpretation hat zur Folge, daß die historische
Kontinuität im Horizont einer Lebenspraxis verstanden wird,
der es ausschließlich auf die Wiederholung identischer und
aus ihrem spezifischen Kontext herausgelöster Handlungszie-
le ankommt.

Die Idee der historischen Kontinuität jedenfalls läßt sich
nicht von dieser Idee der sittlich-praktischen Stellungnahme her begreifen. "Sie hat darum auch - entgegen den theologischen wie auch den personal-biographisch -ethischen Entwürfen - nichts mit der sittlichen Idee der Treue, sei es
der Treue Gottes oder der Treue des Menschen zu sich selbst
zu tun" (35). Historische Kontinuität ist im Gegenteil nur
als transzendentales Implikat der Struktur von Erzählung zu
fassen, als implizites Produkt der freien narrativen Konstruktion solcher Zusammenhänge vergangener Ereignisse, die
den Ereignissen als Ereignissen der Vergangenheit nicht eo
ipso schon zukommt. Gleichwohl bleibt wahr, daß auch diese
Konstruktion von Geschichte und Kontinuität eine solche
praktischen Interesses ist.

1.6 Der Sinn historischer Kontinuität

Mit dem Erzählen von Geschichten ist immer schon historische
Kontinuität gesetzt. Ineins damit liegt darin der Anspruch
auf Wahrheit ebenso wie der Bezug auf Sinnorientierung. Wenn
aber die Hinwendung zur Vergangenheit freie Entscheidung
sein soll, ist in der Frage nach der Motivation für solche
Hinwendung die Frage nach dem Interesse an Geschichte, und
d.h. an retrospektiver Konstruktion von Vergangenheit, gestellt. Warum der Mensch Interesse an solchen Erzählungen
überhaupt haben kann, muß jenseits aller Sonderinteressen,

die auf die eine oder andere Weise die Geschichte entwerfen
lassen, geklärt werden. In der Frage nach dem Sinn des historischen Wissens steht zugleich jene Intention zur Diskussion, die den Gedanken historischer Kontinuität erstlich
motiviert und hervorbringt. Will man den Sinn konkreter Geschichtserzählungen eruieren, muß man um das Interesse an
Kontinuität als dem Interesse an narrativer Konstruktion
wissen. In Auseinandersetzung mit Jürgen Habermas stellt
Baumgartner fest, daß wohl immer ein Handlungsinteresse jeder geschichtlichen Konstruktion immanent ist. Da aber das
Handlungsinteresse des Menschen auch anders als durch Hinwendung zur Vergangenheit befriedigt werden kann, kommt dem
Handlungsinteresse auch kein transzendentaler Stellenwert
in Hinblick auf Geschichtskonstruktion zu. Wo immer Geschichte erzählt wird, ist ein Interesse an Handlungsorientierung
mitgesetzt. Nicht aber läßt sich sagen, "daß immer dann, wenn
ein Interesse an Handlungsorientierung vorliegt, notwendiger-
weise auch Geschichten erzählt werden" (36). Das Interesse
an Handlungsorientierung ist zwar notwendige Bedingung für
eine Erzählung, nicht jedoch hinreichende. Daß aber Handlungsorientierung immer in Zusammenhang mit Geschichte steht,
daraus läßt sich nach Baumgartner folgern, daß eine vorgängige Bewertung des Vergangenen und des in ihm intendierten
Zusammenhangs im Blick auf Handlungsorientierung vorliegen
muß; denn nur so ist verstehbar, wie Geschichte im Sinne
einer Orientierung für das Handeln überhaupt in das Blickfeld treten kann (37). Das Interesse an Kontinuität hat also
den Stellenwert einer regulativen Idee, unter der dem konstruierten Zusammenhang des Vergangenen nicht nur überhaupt
Bedeutung zugesprochen, sondern insbesondere auch im Sinne
einer Handlungsorientierung zugetraut wird.

Baumgartner will mit Hilfe transzendentalphilosophischer
Überlegungen aufzeigen, wie man über die pure Behauptung der
Faktizität historischer Konstruktion hinauskommen und zugleich ein Verständnis dafür gewinnen kann, warum der Be-
deutungsgehalt von Kontinuität und Geschichte so oszillie-
rend ist und in sich die Tendenz zu Objektivierung und Hypo-
stasierung trägt. Dazu hebt er ab auf den Stellenwert der
Idee der Totalität und ihre Relevanz für die Rekonstruktion
historischen Wissens. Baumgartner bestimmt die Idee der Totalität im Sinne von Kant, wonach allem menschlichen Erkennen ein Zug zum Ganzen des Erkenn- und Wißbaren innewohnt
und demgemäß alles Einzelne, Bestimmte und Begrenzte auf das
Ganze als das Grenzenlose bezogen ist. Unter Totalität ist
die Idee der Totalität zu verstehen. Ohne sie ist keine einzelne Erkenntnis möglich, selber aber besitzt sie keinen
spezifischen Gegenstand, kein Objekt, auf das es als sein
An-sich-sein gerichtet wäre. Diese Idee rufe im Menschen ein
Streben hervor, das als solches konstitutiv für den menschlichen Geist ist und durch das hindurch in allem Einzelnen
das Ganze, in jedem Erkannten das Unerkennbare, in jedem
Endlichen das Absolute gesucht wird, in jedem Fragmentari-

schen der umschließende Sinn. Insofern dieses Streben aber
konstitutv für den menschlichen Geist ist, ist es auch das
darin mitenthaltene Interesse an Aufhebung des Einzelnen und
Isolierten. "In diesem Sinne ist das durch die Idee der Totalität mitgesetzte Interesse am Zusammenhang des Ganzen ein
transzendentales Interesse des menschlichen Wesens" (38).
Baumgartner bezieht nun diese Einsicht auf Vorstellungsge-
halte wie Geschichte und Kontinuität, wobei das immanente
Interesse an Zusammenhang deutlich wird. Die konstitutive
Idee der Totalität entwirft einen Zusammenhang, in dem nicht
nur das Vergangene als Einzelnes und bestimmtes Einzelnes
in ein Ganzes aller möglichen Bestimmungen eingebracht, sondern auch das Vergängliche am Vergangenen selbst in eine Unvergänglichkeit aufgehoben wird. Dies läßt Baumgartner den
Stellenwert der Vorstellung von Kontinuität und Geschichte
präzis bestimmen: "Damit hätten Geschichte und Kontinuität
nicht nur den Stellenwert einer Sinnidee, die einem fundamentalen Interesse des menschlichen Wesens entspricht; dieses Interesse selbst ließe sich vielmehr als ein Interesse
an der Unvergänglichkeit alles Vergänglichen in der Präsenz
eines alles umfassenden systematischen Wissens qualifizie-
ren. Angesichts des Vergehens in der Zeit wäre die Idee der
Totalität nichts anderes als die Idee eines universalen Zusammenhanges, kraft dessen das Vergängliche, alle vergangenen Ereignisse, im Ganzen eines Unvergänglichen als an der
Totalität alles Vergänglichen bewahrt sind. Genau   dieses
Interesse am Unvergänglichen als an der Totalität alles
Vergänglichen ließe sich als jenes Interesse denken, welches
dem Vorstellungsgehalt Kontinuität zugrunde liegt" (39).
Unter dieser Rücksicht läßt sich Kontinuität als Idee begreifen und als solche regulative Idee ist sie konstitutiv für
historisches Wissen.
Damit nicht der Eindruck entsteht, historisches Wissen wäre
schließlich doch transzendental im Wesen des Menschen begründet, was dem bisherigen Argumentationsgang von Baumgartner
widersprechen würde, ist auf das Verhältnis von Totalität
und Kontinuität noch näher abzuheben. Die Idee der Kontinuität ist nämlich nicht identisch mit der transzendentalen
Idee der Totalität. Sie läßt sich von der Idee der Totalität
im strengen Sinne nicht ableiten. Identisch sind sie in der
beiden gemeinsamen Figur des unendlichen Strebens. Aber auch
in diesem Punkte bleiben sie noch different, weil sich Kontinuität nicht auf ein gegebenes Einzelnes fixieren läßt,
insofern sie sich letztlich auf ein nicht fixierbares Vergangenes bezieht. Jedenfalls läßt sich festhalten, daß die Vorstellung von historischer Kontinuität die Idee der Totalität
als ihre notwendige Voraussetzung hat, ohne sich von letzte-
rer ableiten zu lassen. Daraus erhellt, warum dem Verlangen
nach Totalität auch in anderer Weise entsprochen werden kann,
so z.B. durch die Idee eines ungeschichtlichen Gottes. Die
Idee der Totalität läßt sich auch in der Applikation auf die
Zeit nicht bruchlos zur Idee der Geschichte überführen, obgleich jene immer notwendige Voraussetzung für diese ist.

Aus der Tatsache aber, daß die Idee der Totalität immer notwendiges Implikat der Idee der Kontinuität ist, läßt sich einsichtig machen, warum Kontinuität ebenso auf das Ganze der Geschichte wie auf das Wesen des Menschen bezogen ist. Aus demselben Grunde wird evident, warum Kontinuität der Geschichte je nach Gesichtspunkt als freie Konstruktion, als regulative Idee oder als transzendentales Interesse an universaler Sinngebung erscheint. Das Interesse an Geschichte ist also nicht einfachhin das Interesse an der jeweils erzählbaren Geschichte. Über den Rekurs auf die regulative Idee der Totalität wird deutlich, warum Geschichte nicht über den Weg der Geschichtlichkeit bzw. den vorweg schon akzeptierten Prozeß der Geschichte zu einem transzendentalen Phänomen hochstilisiert zu werden braucht, was den Begriff der Geschichte heillos aporetisch machte. Das Interesse an Geschichte gründet eben nicht selbst in Geschichte, sondern im Streben nach Totalität des menschlichen Geistes. Andererseits erklärt sich aus der konstitutiven Bedeutsamkeit der Totalitätsidee für die Geschichte die Beirrung, wonach geschichtliches Wissen mit dem Wesen des Menschen eo ipso gegeben sei. In der durchgehaltenen Differenz von Totalität und Kontinuität wird darüberhinaus der Charakter der Geschichte als freie Konstruktion einsichtig, insofern die Totalitätsvorstellung nur und ausschließlich notwendige Voraussetzung für die Konzeption von Geschichte und Kontinuität ist. Die Kontinuität der Geschichte bringt somit "ausschließlich ein universales, als Ingrediens der Idee der Totalität legitimiertes Interesse zum Ausdruck, das sie als Idee gerade nicht realisieren kann, da ein dieses Interesse befriedigender Gegenstand bestenfalls imaginiert, nicht jedoch als datum noch als dabile gedacht werden kann" (40). Was sich durch Kontinuität als Erzählbares fassen läßt, sind ausschließlich partikulare Geschichten und Erzählzusammenhänge. Die Idee der Kontinuität ist daher, wie Baumgartner sagt, als eine Utopie anzusehen, um deretwillen erzählt wird, welche aber im Erzählen selbst nicht eingelöst werden kann. Die Vorstellung von Geschichte als Artikulation eines grundlegenden Interesses und von Kontinuität als ebenso grundlegendem Interesse nach Art einer regulativen Idee kann nur in der Begrenzung auf partikulare Zusammenhänge in der Vergangenheit realisiert werden. Gerade aber in dieser Begrenzung bleiben sie wirksam. In den erzählten Geschichten artikuliert sich noch das Interesse an Sinngebung, das als Idee konstitutiv für menschliches Wissen im ganzen ist. Dem Menschen ist somit immer schon der Bezug zur Totalität, zum Ganzen der Wirklichkeit eigen. Wird dieses Bezogensein auf die Ereignisse in der Zeit übertragen, artikuliert es sich in konkreten kontinuierlichen Geschichten. Damit umschließen Geschichte und Kontinuität sowohl Geschichten wie <u>die</u> Geschichte, aber eben nur insoweit, als beide verschiedene Aspekte dasselbe darstellen (41).

1.7 Eine kritische Rezeption der Theorie der Narrativität der Geschichte und das Problem der freien Zuwendung zur Vergangenheit.

Für einen theologischen Versuch einer konkreten Heilsgeschichte wie für eine theologische Hermeneutik dürfte als fundamentalste Einsicht die Feststellung des grundsätzlich konstruktiven Charakters des historischen Wissens und der historischen Kontinuitäten sein. Wenn man die Differenz von Geschichte und Geschehen, insbesondere des vergangenen Geschehens konsequent durchführt, läßt sich auch die historische Kontinuität von der ebenso denknotwendigen nicht-historischen Kontinuität des Geschehens als eines Nacheinanders abheben. Dies hat zur Folge, daß Heilsgeschichte ihre Differenz zur Profangeschichte nicht darin hat, daß sie im Gegensatz zur Profangeschichte nicht die Kontinuität des Geschehens wiedergibt. Auch die Profangeschichte.gibt nicht den Geschehensablauf wie er an sich ist; sie ist veilmehr ebenso konstruktiv wie Heilsgeschichte oder Kirchengeschichte. Die Differenz liegt einzig auf der Ebene der inhaltlichen Konstruktion und der darin sich aussprechenden differierenden Vorstellung von dem universalen Sinntotum. Mag sich Profangeschichte noch so sehr um Universalität bemühen, sie wird dennoch niemals den Status der Narrativität ihrer Aussagen überspringen können. Darum kann so gesehen Weltgeschichte auch nicht den eigentlichen Horizont oder das Pendant zu einer Heilsgeschichte darstellen. Zugleich kommen aber beide längst in der Weise überein, daß sie dem Geschehen in der Zeit Orientierung in Hinblick auf ein letztes Sinntotum zumessen.

Wenn also Geschichte immer retrospektive Konstruktion ist, die immer nur ein Sinntotum urgiert, das sie aber selber nie einlösen kann, wird mithin die Frage einer Hermeneutik neu zu stellen sein. Hermeneutik kann sich nicht mehr unmittelbar auf die Geschichte berufen, welche schon immer einen Zusammenhang gewährleistete, gleichgültig ob sie Geschichte als Seins- oder Sinngeschehen begriff, als einen theologischen oder anderswie gearteten Prozeß verstand (42). Konkrete Tradition, wie immer man sie bewertet, läßt sich nicht mit dem Geschehen an sich identifizieren. Die Partikularität aller narrativen Konstruktionen verbietet es. Schließlich ist auch mittels einer Gottesvorstellung weder die Heilsgeschichte noch die Geschichte als Gewirk Gottes unmittelbar zu identifizieren, weil sie die Aussagekraft von narrativen Aussagen übersteigt. Der unmittelbar affirmativen Geschichtsvorstellung ist abzusagen.

Aller positivistischen Verdächtigung der historischen Ereignisse, wonach sie nichts als pure Fakten wären, bietet die Einsicht in die Narrativität der Geschichtsschreibung Widerhalt. Insofern nämlich etwas als historisches Ereignis identifiziert ist, ist es schon immer und mit Notwendigkeit in der einen oder anderen Weise hingeordnet auf Sinn- und

Handlungsorientierung. Der Bedeutungsüberhang kommt also nicht erst nachträglich hinzu, sondern ist konstitutives Moment jedes in ein "temporal whole" aufgenommenen Ereignisses. Die Rede vom "brutum factum" ist innerhalb einer konkreten Geschichtserzählung sinnlos, wenn sie wertneutrale und bedeutungsleere Fakten meint.

Aus dem fiktiven Charakter jeglicher Geschichtskonstruktion folgt schließlich neben der Unmöglichkeit, mit einer konkreten Geschichtserzählung den Prozeß der Geschichte darstellen zu wollen, auch die äußerste Fragwürdigkeit historischer Beweise selbst. Schließlich steht jedes historische Argument im Rahmen einer konkreten Erzählung und gibt somit nur partikulare Auskunft. Insofern sich die Geschichte aller Geschichten als integratives Ganzes nicht erstellen läßt, ist auf der historischen Ebene selbst dem Relativismus nicht zu steuern. Die Rechtfertigung eines historischen Arguments kann einzig aus der es erst ermöglichenden historischen Perspektive selber gewonnen werden.

Diese unmittelbar sich ergebenden Konsequenzen einer narrativen Theorie der Geschichte lassen aber noch gänzlich das Problem der freien Applikation außer acht. Baumgartner hat die freie Applikation der Idee der Totalität auf das Geschehen wohl in ihrer Notwendigkeit herausgearbeitet, ohne anzugeben, wodurch der Mensch dazu veranlaßt sein könnte, sich der Vergangenheit als Geschichte zuzuwenden. Zunächst setzt die Hinwendung zur Vergangenheit als Applikation der Idee der Totalität auf das Geschehen der Vergangenheit die positive Interpretation und Bejahung der transzendentalen Struktur der menschlichen Geistigkeit voraus. Natürlich kann man sagen, daß der Mensch dieses Verhältnis von Einzelnem und Totalität schon immer vollzieht. Aus dem strukturellen Bezogensein folgt allerdings noch nicht die Bejahung dieses Bezugs. Wer die Totalität nicht als Sinntotum zu denken vermag, wird auch keinerlei Veranlassung finden, sich vom Ganzen der Wirklichkeit her Sinnorientierung zu erhoffen, geschweige denn die Idee der Totalität auf das Geschehen in der Zeit zu applizieren. Wer der Totalität als Idee keinerlei Sinn zumißt, wird die Sinnhaftigkeit der Sinnkategorie selber bestreiten. Damit fällt auch die Bedeutung und Sinnhaftigkeit des einzelnen Geschehens und Faktums dahin, weil die sie in die Unendlichkeit und Gültigkeit aufhebende Beziehung zum Sinntotum ins Leere läuft. Welt und Geschehen werden darin pure Faktizität. Sinn kann es dann nur in der Weise in der Welt geben, daß man sich konkrete Ziele steckt, die aber gerade nicht als sinnvoll im Sinne einer letzten Bedeutsamkeit und damit in der Weise der sittlichen Beanspruchbarkeit ausgegeben werden dürfen. In letzter Konsequenz führt dies dazu, daß sich nicht einmal mehr eine Sinnmotivation dafür findet, warum Leben im Gegensatz zum Nichtsein eine Prävalenz hat. Aber dieses Wollen hat ohne Bezug auf ein Sinntotum nur so viel an Gültigkeit, als ihm der einzelne und die Gemeinschaft, in der er lebt, zugesteht. Das Verhältnis zur Wirklichkeit im ganzen als Frage der Wertinterpretation des

Ganzen der Wirklichkeit ist der Angelpunkt für das Selbstverständnis des Menschen. Auch wenn das Ganze immer schon in der Idee gegeben ist, ist mit der Idee als solcher noch nicht die Bejahung des Ganzen und damit der wertgerichtete Hinbezug alles Endlichen auf es mitgesetzt. Die inhaltliche Weise der Vorstellung der Idee der Totalität entscheidet darüber, ob Wirklichkeit im ganzen sinnorientierend für den Menschen sein kann. Wenn Baumgartner die Idee der Kontinuität aus der transzendental notwendigen Idee der Totalität her begreift, ohne sie von ihr unmittelbar ableiten zu wollen, scheint uns die Problemlage zu kurz skizziert zu sein. Wohl läßt sich Kontinuität in ihrem Sinn nur von der Idee der Totalität begreifen. Aber es ist durchaus nicht so, daß nur die Idee der Totalität auf das Geschehen angewendet werden müßte, damit Geschichte herauskommt. Die freie Applikation stellt nicht einfach nur das fehlende Zwischenglied zwischen der notwendigen Idee der Totalität und ihrer Applikation auf das Geschehen dar. Vielmehr setzt die Hinwendung zur Geschichte eine die Idee der Totalität selber affizierende Werthaltung voraus, nämlich die positive Interpretation dieses transzendentalen Hinbezugs alles Einzelnen auf ein Ganzes der Wirklichkeit. Denn nur die Bejahung menschlicher Geistigkeit als sinnvolle Struktur läßt die Totalität als letzte Sinnutopie figurieren und wirksam werden. Das aber ist Voraussetzung dafür, daß diese Idee der Totalität auf Geschichte angewandt werden kann. Wir glauben diese Differenzierung gegen Baumgartner anbringen zu müssen, weil sie bedeutsam wird für die Analyse der sogenannten Geschichtslosigkeit. Für Baumgartner, so hat es wenigstens den Anschein, besteht die Differenz zwischen Geschichte und Geschichtslosigkeit einzig darin, ob die Idee der Totalität auf das Geschehen angewendet wird oder nicht. Geschichtsloses Denken im Sinne einer Kosmosspekulation oder eines statisch verstandenen Gottesbegriffes stellt sich gewissermaßen als die andere Seite ein und derselben Medaille heraus. Unter dieser Voraussetzung ist es beispielsweise in der Tat ziemlich unsinnig, den Gott der Philosophen gegen den Gott der Geschichte ausspielen oder auch nur in Ansatz bringen zu wollen. Etwas ganz anderes indes ist eine Geschichtslosigkeit, die gewissermaßen prinzipiell geworden ist, d.h. in der eine mögliche freie Applikation der Idee der Totalität auf das Geschehen seinen Sinn verloren hat und daher grundsätzlich als Möglichkeit nicht mehr in Erscheinung tritt. Dies ist dann der Fall, wenn der strukturelle Hinbezug des Einzelnen auf eine Idee der Totalität nicht mehr als sinnrelevant gesehen und bejaht wird und so die Idee der Totalität pure Erkenntnisbedingung ist, die nun keinerlei Indiz für die Situation menschlicher Sinnsicherung mehr sein kann. Die erkenntnismäßig immer vorausgesetzte Idee der Totalität hat keine Relevanz mehr für Sinnorientierung und kommt daher auch nicht als Sinnutopie zu Gesicht. Erst unter dieser Bedingung kommt eine prinzipielle Geschichtslosigkeit zum Tragen, welche möglicherweise erst in der Neuzeit realisierbar geworden ist, insofern jetzt die Fragen nach Sinn- und Handlungsorientierung nicht mehr in einem Hinbezug auf letzte Sinnhaftigkeit gestellt werden. Rechnet man zumindest mit dieser Möglichkeit, stellt sich menschliches Selbstverständnis und sein Zusammenhang mit der Geschichte in einem wesentlich anderen Licht dar. Dies ist charakteristisch für Neuzeit überhaupt: die Interpretation der Wirklichkeit fällt totaliter auf das Selbstverständnis des Menschen zurück, insofern sich die Strukturen der Wirklichkeit auch nicht mehr aus einer Analyse des Subjekts freilegen lassen; denn für die Erfahrung der Wirklichkeit im ganzen entscheidet schon immer die Wertstellungnahme des Menschen zu sich selbst im Ganzen der Wirklichkeit. Was sich aufweisen läßt, ist allenfalls eine Konvenienz von positiv interpretierten Strukturvollzügen mit material entworfenen Vorstellungen und Wertungen der Wirklichkeit. Es ließe sich vielleicht so formulieren, daß der Mensch in seinem faktischen Lebensvollzug immer schon will, daß gilt und zählt, was er duldet und leidet; und diesen letzten Geltungswillen übernimmt er positiv und wendet ihn auf die Wirklichkeit überhaupt an, weil sich nur so die in jedem Handeln getroffene Sinn- und Wertentscheidung nicht selber auflöst. Damit würde der transzendental aufweisbare Hinbezug von Einzelwirklichkeit auf Totalität seine Funktion und Relevanz aus einem praktischen Willen zu Sinn erhalten. Nur wo Sinn akzeptiert wird als wirklich und real, auch wenn er immer nur partikular erfahren werden kann, kann die Figur des unendlichen Strebens menschlichen Geistes sinnsichernd und handlungsorientierend wirksam werden. Nur unter dieser Voraussetzung kann die Dynamik auf Unendlichkeit, die die Sinntotalität selber nie einzulösen in der Lage ist, als letzte Gebrochenheit und Fragmentarität menschlicher Situation interpretiert werden. Die transzendental aufweisbare Figur des unendlichen Strebens kann für sich allein gesehen auch als pure Erkenntnisbedingung abgetan werden. Zumindest läßt sie sich für den Aufweis einer letzten Sinnhaftigkeit nur im Sinne einer strukturellen Entsprechung heranziehen.

In Hinblick auf die Differenz von geschichtlicher und ungeschichtlicher Weltbetrachtung hat das nun erhebliche Konsequenzen. Die entscheidende Zäsur verläuft nämlich nicht, wie Baumgartner vermutet, zwischen einer nur statisch gedachten Totalität und einer auf das Geschehen bezogenen Totalität. Die entsprechende Differenz liegt früher. Sie liegt genau dort, wo über die Sinnhaftigkeit des Strukturvollzugs menschlicher Geistigkeit und menschlichen Selbstvollzugs entschieden wird, dort, wo der Mensch bereit ist, sich zu bejahen und von Sinn her zu entwerfen. Genau an diesem Punkte liegt die Trennlinie von Ungeschichtlichkeit als einer auf Sinn verzichtenden Selbstinterpretation und einem auf Sinn gerichteten Selbstverständnis, welch letzteres sich in den Spielarten von geschichtlich und statisch darbietet. Die freie Applikation auf die Geschichte ist mithin nur eine materiale Differenzierung eines sinngerichteten Selbstverständnisses,

das gerade den Menschen auch in seinem Werden und Getrieben-
sein, seinem Handeln und seinem Herstellen, seinem Tun und
seinem Erleiden werthaft im Sinne einer letzten Geltung interpretieren will. Die Rechtmäßigkeit der Applikation der
Idee der Totalität auf das Geschehen in der Zeit ist darin
zu sehen, daß der Sinngedanke schon aus sich heraus eine
Tendenz auf Universalität und so auch auf Applikation auf
das Geschehen hat. Zwischen geschichtlichem Selbstverständnis und metaphysisch-statischem Selbstverständnis obwaltet
somit nur ein gradueller Unterschied. Daß der Übergang jedenfalls fließend ist, beweist sich zumindest aus der faktischen Verknüpfung griechischer Philosophie mit dem Christentum (43). Die im christlichen Denken festgehaltene natürliche Gotteserkenntnis wie die grundsätzlich mögliche Verknüpfung mit dem Mythos belegen diese Tatsache nur zu gut (44)

Nur wenn man sich der entscheidenden Nahtstellen und Differenzen bewußt ist, läßt sich die Situation der Moderne genügend klar charakterisieren und gerade so ein möglicher Anknüpfungspunkt für christliches und geschichtliches Denken
mittels einer Theorie der Narrativität erhoffen. Daß dabei
ineins die Fragen nach der Möglichkeit von Offenbarung in
Geschichte, die Relevanz von Aussagen über ein als letztes
Sinntotum erhofftes Prinzip und dessen mögliche Manifestationen in Geschichte wie auch deren Vermittlung zur Diskussion stehen, dürfte hinlänglich deutlich sein. Unter dieser
Rücksicht sollen die weiteren Themen angegangen und mittels
der Theorie der Narrativität auf die sie ermöglichenden Bedingungen rückgeführt werden. Gerade an der Untersuchung der
materialen Entwürfe von Geschichte und ihrer sie tragenden
Voraussetzungen sollte sich eine Basis für eine theologische Bestimmung von Geschichte erarbeiten lassen.

2. GESCHICHTSLOSIGKEIT ALS SIGNATUR EINER IDENTITÄTSKRISE

2.1 Geschichtslosigkeit als Physiognomie einer sich aus technischer Rationalität verstehenden Gegenwart.

Der "Verlust der Geschichte" (1) wird heute allerorts be - klagt. Die Geschichtslosigkeit gewinnt immer mehr an Raum, je mehr der Sog einer hochspezialisierten Industriegesellschaft um sich greift und alle Lebensbereiche absorbierend vereinnahmt. Je rapider sich die Veränderungen der Umwelt vollziehen, um so mehr verliert die Gegenwart die Signatur des Geschichtlichen, um so mehr entschwindet das Bewußtsein des Gewordenen (2). Diese Geschichtsmüdigkeit, welche ihren signalisierenden Anfang mit den Erschütterungen des Ersten Weltkriegs nahm, hat sich heute zu einem universalen Phänomen entwickelt, und zwar in zweifacher Hinsicht. Zum einen belegt es rein räumlich alle industrialisierten Nationen mit Beschlag, zum anderen greift diese Haltung der Indifferenz zur eigenen Vergangenheit auf alle Bereiche des geistigen Lebens über, so daß heutigentags die offizielle Geschichtswissenschaft in eigentümlicher Frontstellung zum Bewußtsein der Gegenwart steht. Vielfach wird die Geschichtswissenschaft zudem geradezu verantwortlich gemacht für diesen Zustand, weil sie ihn angeblich ursächlich mitheraufgeführt habe. In dieser Selbstanklage der Historiker liegt indes die Hoffnung begraben, es könne und dürfe um der Humanität des Menschen willen nicht wahr sein, daß der Mensch auch geschichtslos leben kann. In jedem beklagten Bruch der Gegenwart mit der Vergangenheit bzw. mit der konstatierten Geschichtslosigkeit ist immer schon ein bestimmtes Interesse an Geschichte, an Kontinuität und Tradition impliziert.

Die von Alfred Weber (3) und Hans Freyer (4) als strukturell bedingt angesehene Geschichtsmüdigkeit und Traditionsverdrossenheit, insofern sich der Mensch von seinen natürlichen Grundlagen entfernt hat und von den sogenannten "sekundären Systemen" erdrückt wird, muß noch differenzierter gesehen werden. Sicher ist wohl der Zusammenhang von Geschichtslosigkeit mit der Tatsache, daß der Mensch als personale Einheit durch die "sekundären Systeme" in eine funktionale Größe aufgelöst ist. Er wird nur mehr entsprechend seinen spezifischen Funktionen gewertet. Man subsumiert ihn unter die jeweilige Bedürfniskategorie der Gesellschaft: als Arbeiter, Konsument, Wähler und dergleichen mehr. Der einzelne findet sich in eine Vielzahl solcher funktionaler Systeme eingespannt, die die Einheit seines Lebensbewußtseins in heterogene Ebenen schneidet. Nicht als Person, sondern als Träger fachlicher und sozialer Fähigkeiten und Qualifikationen wird er angesprochen: er wird reduziert auf seine sachliche Dimension (5). Max Weber (6) hat in seiner Analyse des Typs bürokratischer Herrschaft darauf aufmerksam gemacht, wie sehr diese in allen Lebensbereichen der modernen

31

Gesellschaft zu einer Funktionalisierung des Menschen führt. Die "sekundären Systeme" haben sich über alle geschichtliche Herkunft und ihre Grundlagen absorbierend gelegt und das Alltagsleben in ihren Bann geschlagen. Zweckmäßigkeit und zweckrationales Verhalten sind als einziger Wert übriggeblieben. Dies alles vermag der Mensch zudem überhaupt nicht mehr zu überschauen. Sein Erfahrungsbereich ist eindimensional geworden (7) bzw. auf die technisch-zweckrationale Ebene verengt, der nicht mehr zu entrinnen ist (8). Folge dieser Situation ist ein Desinteresse des Menschen an ausgreifenden Vorgängen und ihren Auswirkungen, eine Unfähigkeit, seine unmittelbare Umwelt zu erfassen oder gar abzuschätzen (9).

Die gegenwärtige Situation läßt sich kurz dahingehend mit Alfred Heuß charakterisieren, daß die "Geschichte als Wissenschaft" die "Geschichte als Erinnerung" vernichtet hat (10). Dieser Analyse pflichten die Historiker und Philosophen fast ausnahmslos bei. Zugleich wird mit ebensolcher Einmütigkeit diese Situation der Geschichtswissenschaft des 19. Jahrhunderts angelastet, die durch ihre erdrückende Objektivität die Kluft zwischen Wissenschaft und Leben ursächlich hervorgerufen haben soll. Daher rührt auch die negativ-abschätzige Beurteilung, mit der das Wort Historismus allerorts bedacht wird. Von den Philosophen, die sich um die Legitimation des philosophischen Gedankens gebracht fühlen, von den Historikern, die sich aus dem Lebensbewußtsein der Menschen hinauseskamotiert sehen, und nicht zuletzt von den Theologen, die nicht nur um die Einmaligkeit und Unüberbietbarkeit von christlicher Offenbarung, sondern um die Möglichkeit von Offenbarung überhaupt bangen, wird deshalb mit geballter Energie eine Überwindung des Historismus gefordert; schließlich soll dieses alles wie ein Moloch verschlingende Wesen Historismus eben auch noch für die konstatierte Geschichtslosigkeit verantwortlich zeichnen.
Aus diesen Überlegungen heraus scheint es angebracht, das eigentliche Anliegen dieser Forderungen klarzustellen. Eines kann man schon vorab festhalten: Sowohl die lauthals geforderte Überwindung der Geschichtslosigkeit wie die seit der Aufklärung bis in die Zeit zwischen den Weltkriegen entworfenen Geschichtsphilosophien haben eines gemeinsam: sie haben ihren Ursprung in einer Krisenerfahrung (11). Die Forderung aber, die Geschichte wiedergewinnen zu sollen, d.h. die verlorene Kontinuität der Geschichte als Erinnerung auf der Ebene der Wissenschaft wiederherzustellen, muß zunächst als leeres Desiderat angesehen werden. Schließlich ist ja gerade problematisch, daß das erinnernde Subjekt und die historischen Fakten auseinandergefallen sind. Soll also eine solche Beziehung wieder instauriert werden, muß vorab nach dem Interesse an Geschichte selbst gefragt werden; zum anderen muß die Herkunft dieses Problems selbst geklärt sein. Möglicherweise ist es gar nicht der Historismus, dem diese fatale Situation zu danken wäre. Vielleicht ist er nur ein frühes

Opfer einer geänderten Welterfahrung des Menschen, die erst
heute im Bewußtsein der breiten Öffentlichkeit zum Austrag
kommt.

Wo und als was man Geschichtslosigkeit erfährt, daran wird
am ehesten offenkundig, zu welcher Art von Tradition man zu-
rückfinden möchte. Nach Gadamer wird zunächst Diskontinuität,
also Geschichtslosigkeit als Bruch mit überkommener Tradition ansichtig. Die Geschichte ist im Augenblick der Existenz
nur im Modus ihrer Entzogenheit präsent. Gerade darum aber
kann der Augenblick der Existenz für ihn nicht in Antithese
zur Kontinuität der Geschichte gebracht werden. Nur aus der
Erfahrung des Augenblicks baut sich die Erfahrung der Geschichte auf (12). Befragt man die Erfahrung der Diskontinuität auf ihren sie zur Gegebenheit bringenden Träger, so ist
es nach Gadamer nicht irgendeine metaphysische Realität,
sondern einzig das Medium der Sprache. Das Phänomen der
Sprachlichkeit erhält seine zentrale Stellung dadurch, "daß
es nicht nur das Verfahren der historischen Interpretation
beherrscht, sondern ebenso die Form ist, in der von jeder
Vergangenheit Vergangenes tradiert wurde " (13). Aufgabe des
Menschen ist es, diese Vorgabe aufzuarbeiten, in den konstatierten Bruch die Kontinuität wiederherzustellen. Kontinuität ist also Aufgabe angesichts einer krisenhaften Erfahrung.
Kontinuität und Geschichtszusammenhang soll also sein. Woran
aber liegt es, daß Gadamer eine Situation konkret als Krise
erfährt? Einmal ist es die Situation, daß der philosophische
Gedanke selbst in eine äußerst prekäre Lage gekommen zu sein
scheint. Daraus resultiert die Tatsache, daß dem Menschen von
heute Hilfestellungen fehlen, um sich aus der depravierenden
Rolle des bloß ersetzbaren Rädchens befreien zu können. Darum will Gadamer zurück zur Geschichte. Geschichte ist nämlich die Welt des Menschen. "Ihr Studium hält die Amplitude
des Menschseins offen", sie ist das "Gedächtnis des Lebens"
(14). Offensichtlich ist es die Angst vor dem Zerfall der
Wertrelationen und Sinnfigurationen, die den Rückgriff auf
Vergangenheit motiviert, die Angst, daß sich das, was man
gemeinhin als die sittliche Entwicklung und personale Entfaltung des Menschen bezeichnet, wieder zurücknehmen könnte
in die Barbarei. Kritisch anzumerken wäre nur, ob in einer
solcherart konstatierten Geschichtslosigkeit und des zugleich damit insinuierten Heilungsprozesses die Dringlichkeit des Problems genügend ernst genommen ist, insofern
ziemlich selbstverständlich unterstellt wird, die Vergangenheit könnte wieder dieselbe Funktion erfüllen wie früher,
vielleicht sogar in selbiger Weise. Wird nicht zu wenig bedacht, daß es die Hinwendung zur Vergangenheit als zu einer
eigenen Vor- und Lebensgeschichte nicht mehr so selbstverständlich geben kann, weil der Vergangenheit keine homogene
Gegenwart mehr gegenübersteht, wie es vergleichsweise in
früheren Epochenkrisen der Fall war? Für den "traditionslos"
Nachgeborenen mag dabei die Gegenwart durchaus auch als
Problem empfunden werden. Die Einsicht in die Genese und das

Wissen um die Herkünftigkeit der als Problem empfundenen Situation rechtfertigen aber noch nicht die These von der möglichen Reintegrierbarkeit dieser Situation in die überkommene Tradition, wie dies eine so selbstsichere Betrachtung der Krise und die ihr geratene Bewältigung es nahezulegen scheinen. Die Frage ist vielmehr, ob eine solche Reintegration innerhalb des Koordinatensystems, in der die Krise wahrgenommen und situiert wurde, vollführbar ist. Man muß also nach geeigneten Alternativen suchen, die die gegenwärtige Situation in ihrer Ernsthaftigkeit sachgemäß markieren helfen. Das archaisierende Anrufen der Vergangenheit als der alles heilenden Tradition könnte sich mithin eher als ein Regressionsphänomen entpuppen, denn einen wirklich brauchbaren Lösungsvorschlag darstellen. Soviel an unbestreitbarer Wahrheit darf indes festgehalten werden, daß es sich bei dem Problem der Geschichtslosigkeit um den verzweifelten Versuch der Sinnsicherung des Menschen in seiner Freiheit und Sittlichkeit handelt (15).

2.2 Geschichtslosigkeit als Kategorie geschichtlicher Selbstinterpretation und die Theorie der Narrativität der Geschichte.

Nachdem wir versucht haben, die Situation der Gegenwart, ihre Voraussetzungen und Implikate aufzuzeigen, müssen diese Ergebnisse vor der Theorie der Narrativität der Geschichte sondiert und ausgewertet werden.

Baumgartner ist einer der wenigen, der das Schlagwort von der Geschichtslosigkeit unserer Zeit, das weithin gleichsam als kultur- und zeitdiagnostisches Leitwort steht, nicht einfach nachzusprechen bereit ist. Im Hinblick auf die von ihm angezielte Thematik des Zusammenhanges von Interesse an Kontinuität und Geschichte beunruhigt ihn speziell die Frage nach dem Verhältnis des Interesses von Kontinuität zu einer angeblich als möglich behaupteten Erfahrung, von der aus sich die These von der Geschichtslosigkeit bzw. vom Verlust der Geschichte abheben und rechtfertigen lasse (16). Es gilt den formalen Zusammenhang herauszuarbeiten. Ist das geleistet, werden wir versuchen, die entwickelten formalen Gesetzmäßigkeiten auf die vorhin erhobenen Phänomene und Entwicklungen der Neuzeit anzusetzen, um so einen Begriff von dem Faktum zu bekommen, das sich hinter dem dubios-schillernden Wort "Geschichtslosigkeit" verbirgt. Baumgartner hebt in seiner Fragestellung darauf ab, "ob das Interesse an Kontinuität einer Erfahrung der Geschichte als Krise entspringt, oder ob umgekehrt die behauptete erfahrene Geschichtslosigkeit bereits von einer vorgängigen Konstruktion eines geschichtlichen Zusammenhanges abhängig ist, der das Interesse an Kontinuität bereits zugrunde liegt" (17). D.h. es wird gefragt, ob die erfahrene Geschichtslosigkeit sich nicht doch nur darauf bezieht, daß eine bestimmte Erfahrung nicht mehr von den bisherigen Geschichtsentwürfen und Konstruktionen eingeholt und begriffen werden kann.

Als erste Einsicht einer solchen Analyse zeigt sich, daß die Erfahrung der Geschichtslosigkeit keinesfalls ursprünglich ist in dem Sinne, daß sie nicht schon selbst ein Derivat einer Konstruktion eines bestimmten geschichtlichen Selbstverständnisses wäre. "Geschichtslosigkeit hieße dann, ein bestimmtes als geschichtslos interpretiertes Phänomen kann selber in Geschichte, so wie sie bisher konstruiert wurde, nicht einbezogen werden; oder anders gewendet: die bestimmte geschichtliche Selbstinterpretation desjenigen Bewußtseins, welches Geschichtslosigkeit konstatiert, ist durch jenes Phänomen in Frage gestellt" (18). Gerade der Nachsatz, daß durch ein bestimmtes Phänomen bisherige Geschichtskonzeptionen in Frage gestellt sind, ist ein relevanter Gedanke, unter dem nicht zuletzt unsere vorangegangenen Bemühungen um die Fragen der Geschichtslosigkeit und Entwurzelung herkömmlicher Tradition zu lesen wären. Für Baumgartner jedenfalls ist es Hinweis genug, die Frage nach der Geschichte und Geschichtslosigkeit unter dem Gesichtspunkt von Konstruktion und praktischem Interesse neu zu stellen. Von einer Theorie der Narrativität der Geschichte aus muß zwar die Darstellung der als geschichtslos erfahrenen Realitäten akzeptiert werden. Daraus folgt aber einzig, daß bestimmte Realitäten in einer ganz bestimmten Erzählung nicht auftauchen, niemals aber, daß sie grundsätzlich nicht in den Rahmen einer Erzählung eingehen können. Von daher kann auch die These absoluter Geschichtslosigkeit nur als illusorisch angesehen werden (19). Die These von der Geschichtslosigkeit ist daher eine metahistorische Aussage, deren Inhalt sich daraufhin reduzieren läßt, daß der Gesichtspunkt bisherigen Geschichtsverständnisses ein bestimmtes Phänomen nicht mehr zuläßt. Es entpuppt sich die These der Geschichtslosigkeit nicht als ein Prädikat einer bestimmten Epoche oder eines bestimmten Phänomens, sondern als Selbstverständnis des Betrachters. In all den Reklamationen bezüglich eines drohenden Geschichtsverlustes zeigte sich doch gerade dies, daß es um ein bedrohtes Selbstverständnis derer geht, die darum klagen. Ein bestimmtes geschichtliches Selbstverständnis steht also dahinter, wenn behauptet wird, mit einem bestimmten Ereignis sei ein Bruch eingetreten. Damit gelangt man genau an den Punkt, der sich als die entscheidende Rücksicht darstellt, wenn über Geschichte und Geschichtslosigkeit verhandelt wird: "Mit der These von der Geschichtslosigkeit ist ... weniger die theoretische Diskussion eines möglichen Zusammenhangs von Geschichte und Gegenwart angezeigt als vielmehr die Diskussion von Stellungnahmen unter Wertgesichtspunkten" (20). Der Erfahrung der Geschichtslosigkeit liegt also bereits jenes Interesse an Kontinuität der Geschichte zugrunde, das durch die Erfahrung der Geschichtslosigkeit angeblich erst begründet werden soll; das Prädikat 'geschichtslos' ist also keine theoretische Aussage, sondern eine der praktischen Wertung. Damit ist auch eine Entschärfung der Situation

eingetreten, denn die Bedrohung der Geschichte und die mit
ihr assoziierte Bedrohung des Humanum sind nicht identisch;
es geht nämlich nicht um die Bedrohung der Geschichte überhaupt, sondern um eine bestimmte Konstruktionsvariante von
Geschichte, die gemeinhin Verbindlichkeit beansprucht hatte.
In der als universal behaupteten Krise manifestiert sich nur
der negative Reflex der als universal ausgegebenen Wertvorstellung. Geschichtslosigkeit ist also nur Indiz für die Un-
durchführbarkeit einer bestimmten Geschichtskonstruktion.
Das durch die Erfahrung der Geschichtslosigkeit angeblich
motivierte Interesse an Kontinuität ist in Wirklichkeit dieser Erfahrung schon als grundlegend immanent. Das Interesse
an Kontinuität läßt sich nicht auf der Ebene der Geschichtserfahrungen selbst diskutieren, sondern nur "auf der Ebene,
auf der Sinn und Bedeutung des Geschichte entwerfenden Wissens im ganzen in Frage steht" (21). Wenn aber das Interesse
an geschichtlicher Konstruktion grundlegender ist als die
Erfahrung von Geschichtslosigkeit und diese erst auf dem
Boden jenes Interesses in gleichsam zweiter Instanz wahrgenommen wird, ist die Frage nach dem, was Geschichte und Kontinuität grundsätzlich sei, erst über den Weg des ursprünglichen Interesses auszumachen. Darin wird aber auch "Geschichtslosigkeit" erst in ihrer Tiefendimension eigentlich
erfahrbar. Auf jeden Fall ist einsichtig, daß das Interesse
an der Geschichte nicht selbst in einer geschichtlichen Erfahrung liegt, sondern einer solchen Erfahrung gegenüber immer schon transzendental ist. Wenn daher von geschichtlichen
Erfahrungen geredet wird, ist in den Begriffen von Erfahrung
das praktische Interesse an historischer Konstruktion bereits objektiv gesetzt und in eine quasi objektive Wirklichkeit eingegangen, woraus dann Historie und Geschichtsphilosophie begründet werden sollen.

Um das die Erfahrung der Geschichtslosigkeit ermöglichende
praktische Interesse und dessen Ursprung namhaft machen zu
können, um so das Problem deutlich werden zu lassen, warum
in überkommener Tradition keine Sinn- und Handlungsorientierung für Gegenwart mehr gesehen wird, muß auf die inhaltliche Valenz von ehemals sinnsichernden Geschichtstraditionen
und Geschichtsphilosophien abgehoben werden. Wenn eine Rückkehr zu vergangener Zeit, in der Geschichte noch existenz-
vergewissernd war, als Möglichkeit obsolet geworden ist,
andererseits die Funktion, die solche Traditionsvermittlung
zu leisten in der Lage war, nämlich die Sicherung des Humanum, notwendig bleibt, muß die veränderte Situation klar
erkannt werden, um die Frage nach Geschichte richtig stellen zu können. Wenn das Interesse an geschichtlicher Konstruktion grundlegender ist als die konkrete Erfahrung von
Geschichte, ist die Frage nach der Möglichkeit von Geschichte als Tradition auf die Frage nach der Motivation für die
Hinwendung zu Geschichte zurückzubiegen. Nur so läßt sich
erheben, inwieweit eine Zuwendung zu Vergangenheit als Ge-

schichte im Sinne der Konstruktion von Geschichte sinnvoll und möglich ist. Nach den Einsichten narrativer Theorie wären nicht veränderte Motivationen, sondern einzig die Bedingungen der Konstruktion von Geschichte in der Neuzeit gewandelt. Der Situation der Geschichtslosigkeit kann somit nur gesteuert werden, wenn sich die dieser Situation zugrundeliegende Veränderung der Voraussetzungen eruieren und dingfest machen läßt.

3. URSACHEN UND VORAUSSETZUNGEN DES VERLUSTS DER SINNORIENTIERENDEN FUNKTION DER VERGANGENHEIT

3.1 Das historistische Denken und das Desinteresse an der Geschichte.

So wenig mitunter genau geklärt ist, welche spezifischen Kennzeichen das historistische Denken dominierend charakterisieren (1), ist es doch eine ausgemachte Sache der Philosophen, Historiker und Theologen, daß diese immer negativ apostrophierte Geisteshaltung als wenigstens teilursächliche Verantwortlichkeit für die Situation Gegenwart herangezogen wird. Für eine Standortvergewisserung in der Gegenwart scheint es daher angemessen, sich der Herkunft dieser Denkhaltung zu vergewissern, zu prüfen, ob die so leicht von der Zunge gehende Schuldverteilung auf die letzten Jahrhunderte wirklich mehr als "ideenpolitische" Funktion hat.

Es wird immer wieder behauptet, daß die Geschichtslosigkeit der Gegenwart, der Rückgang des geschichtlichen Sinnes in der Gegenwart geradezu aus den Leistungen des historistischen Denkens insbesondere des 19. Jahrhunderts hervorgetrieben wurde. Wolfgang Mommsen steht gleichsam als Kronzeuge für dieses Selbstverständnis der Geisteswissenschaftler, wenn er schreibt: "Dadurch, daß sie (scil. die Geschichtswissenschaft des 19. Jahrhunderts) objektive, 'wissenschaftliche' Geschichte schrieb, lähmte sie die 'Erinnerung' als unreflektierte Bewahrung vergangenen Geschehens. Dies war in erster Linie eine Folge des ins Absolute gesteigerten <u>historistischen</u> Denkens, das die objektive, 'verstehende' Erfassung vergangenen Lebens, als eines an sich und für sich selbst Werthaften und eigenen Lebensgesetzen Gehorchenden, zum obersten Prinzip historischer Arbeit erhob" (2). Natürlich rühmt auch Mommsen wie jeder andere Kritiker des historischen Denkens die unendliche Bereicherung, welche der Historismus mit sich brachte, indem er vergangenes Sein aus seinen eigenen Voraussetzungen zu verstehen suchte. Man könnte auch mit Reinhard Wittram von einer "Verflüssigung alles Festen" sprechen (3). Daß indes dieses methodische Prinzip die Geschichte zu einer musealen Unverbindlichkeit degradierte, wird in zweierlei gesehen. Einmal im Verlust der religiösen Überzeugung, wie sie noch bei Ranke exemplarisch war, bzw. im Verlust des Vertrauens in den Sinn der Geschichte. Zum anderen in der Verabsolutierung dieses methodischen Prinzips, welches in sich die Tendenz zu schulbildender akademischer Fragestellung beinhaltete und damit zu einer Diskrepanz des institutionalisierten Forschungsbetriebes mit den Fragestellungen der Gegenwart führte.

Richtig ist wohl, wie Mommsen behauptet, daß die Frage des geschichtlichen Bezugs zur Gegenwart im 19. Jahrhundert deshalb weithin unerkannt geblieben sei, weil man ein Geschichtsbewußtsein hatte, das einen letzten Sinn und ein Ziel jenseits des pragmatischen Geschehens in sich trug (4). Diese Analyse ist aber dennoch falsch akzentuiert, was sich folgenschwer auswirkt. Nicht deshalb, weil man noch an einen übergeordneten Sinn glaubte, blieb der Bezug von Vergangenem zur Gegenwart und die damit involvierte Problematik verborgen, sondern weil man noch in der Lage war - sicherlich bedingt durch die wirtschaftliche und politische Entwicklung und die Zugehörigkeit der Träger des historischen Bewußtseins zur wohlsituierten Oberschicht -, bewußtseinsmäßig bzw. gefühlsmäßig an einen übergeordneten Sinn zu glauben, konnte man an der Beziehung zur Vergangenheit festhalten, und zwar gerade mittels der historischen Methode (5). Man hatte gleichsam die Methode der historischen Forschung unterlaufen, indem sie eingebettet wurde in ein idealistisches Gesamtkonzept. Daß sich daher die lebensmäßige Verknüpfung der Gegenwart zur Vergangenheit in antiquarische Unverbindlichkeit paralysierte, ist nicht der historischen Methode anzulasten, die angeblich verabsolutiert worden ist (als könnte man sich eine relative historische Forschung vorstellen!), sondern dem Umstand, daß eben der metaphysische Horizont nicht mehr zum Allgemeinbewußtsein gehörte und sich mehr und mehr auflöste. Wenn gerade die Ereignisse seit 1914 in Deutschland und Europa den metaphysischen Voraussetzungen der Geschichtsschreibung den letzten Stoß gaben, so ist das eher als ein Aufbrechen einer längst herangereiften geistigen Mentalität zu verstehen, denn als ursächlicher Eingriff. Es sind nämlich die Unternehmungen des Historismus und die geschichtsphilosophischen Entwürfe des 18. und insbesondere des 19. Jahrhunderts geradezu als Dämme gegen die Flut einer positivistischen Welt zu verstehen. Das Ergebnis, vor dem wir heute stehen, eine völlige Orientierungs- und Sinnlosigkeit, ist nie und nimmer deren Folgewirkung. Vielmehr dokumentiert es in durchschlagender Manier die Erfolglosigkeit solcher Versuche, die Welt mittels übernommener Geschichtsvorstellung als Sinn zu retten. Von daher ist es eine falsche Interpretation der gegenwärtigen Situation, wenn man sich im Anschluß an Troeltsch daran machen wollte, den Historismus zu überwinden (6). Ebenso hilflos wie unfruchtbar ist in diesem Zusammenhange die Forderung Mommsens, die Geschichtswissenschaft müsse der Entstehung der modernen Massengesellschaft dadurch Rechnung tragen, daß sie die Wirtschafts- und Industriegeschichte und schließlich die Sozialgeschichte in die Geschichtsschreibung einbegreife. Damit soll sie in der Lage sein, die Geschichte der heutigen Gesellschaft als die "einer individuellen Totalität" schreiben zu können (7). Daß damit der Mensch gegen die Unterdrückung im modernen Räderwerk der Gesellschaft gerettet werden könne, ist Utopie, weil dabei die allenthalben festgestellte Ungeschichtlichkeit mehr als ein geistesgeschichtlicher Betriebsunfall denn als faktisch wirksame und unwiderlegliche Mentalität der Moderne ausgegeben wird.

In negativer Assoziation wird dem Historismus der Betrieb

der Historie um ihrer selbst unterschoben (8). Das Bewußtsein der Geschichte mußte sich einer jeden Wertung entsa-
gen; der Wertrelativismus ist um die Jahrhundertwende die
Grundstimmung der gelehrten Welt, und zwar nicht nur in der
Geschichtswissenschaft. "Je mehr die historisierende Betrachtung in den Geisteswissenschaften dominierte, um so mehr
traten auch dort die negativen Seiten des Historismus hervor" (9). Auch Waldemar Besson expliziert so von einem geistigen Selbstverständnis der Wissenschaften aus ihr sie be-
gleitendes und scheinbar aus ihnen folgendes negatives Ambiente. So gehört ihm auch die Verkennung der Bindung des
Historikers und seiner Fragestellungen zu den Charakteristiken einer antiquarischen, sprich: historistischen Geschichtsbetrachtung. Wohl mag richtig sein, daß das Bewußtsein der
Historiographie nichts oder nur wenig über den Zusammenhang
der politischen und sozial-wirtschaftlichen Umstände mit
der Art und Weise der Geschichtsschreibung und des Geschichtsbewußtseins vermerkte, wie Georg G. Iggers in einer ziemlich
ausgreifenden Studie nachwies (10); dennoch scheint das Ur-
sache-Folgeverhältnis verwechselt zu sein, wenigstens hinsichtlich der idealtypischen Struktur-Momente der Entwicklung. Wenn ein Zusammenhang besteht, dann doch der, daß aus
einem Interesse an einer gegenwärtigen Situation diese gegenwärtige Situation einer Rechtfertigung bedurfte, und diese
konnte gerade durch die Vorstellung eines historistischen
Verständnisses der Geschichte am ehesten geliefert werden.
Was konnte denn z.B. der deutschen Kleinstaaterei dienlicher
und nützlicher sein als die vor allem von W.v. Humboldt und
Ranke inaugurierte Vorstellung der Geschichte als Ausbildung
von Individualitäten (11)? Ein Legitimationsbedürfnis hat
hier den Legitimationsgrund aus sich heraus geboren. Auch in
staatspolitischer Hinsicht war es nicht der Historismus, welcher die normative Kraft des Staates in Frage stellte. Vielmehr war der Historismus gegenüber dem schon seit Vico immer
stärker bewußt werdenden Einbezug alles Normativen in die
Vorstellung des Gewordenseins, näherhin des aus Machbarkeit
Gewordenen, ein Gegengewicht zur totalen Verrelativierung.
In diesem Punkte ist die Stoßrichtung historischen Denkens
nicht im Gegensatz zur Aufklärung zu sehen. Denn deren rationale Wesenseinsichten sollten ja gerade durch ihre Einbeziehung in das geschichtliche Denken als philosophische gegenüber der alles nivellierenden Kraft der Einsicht des Gewordenseins und der damit einhergehenden Aufhebung gerettet
werden. Nicht anders sind unter dieser Rücksicht die geschichtsphilosophischen Entwürfe hegelscher Prägung zu werten (12).

Nach Meinecke ist der vermeintliche Ursprung des Historismus als Erwachen der Innerlichkeit zu sehen, welche die Aufklärung unterschwellig begleitete und im Bürgertum seinen
sozialen Anhalt hatte. Das auslösende Moment wird bei
Descartes mit der Wendung des philosophischen Denkens vom

Objektiven der Welt zum Subjekt und der Analyse des Bewußtseins angesetzt. In dieser Hinneigung zu den subjektiven
Problemen sieht Meinecke die Vorläufer einer kommenden Gei-
stesrevolution (13).
Hier ist kritischer Vorbehalt anzumelden. Wohl kann kaum bestritten werden, daß die Philosophie Descartes' einen wesentlichen Wendepunkt in der Entwicklung der Geistesgeschichte
markiert. Dennoch ist die Qualifizierung dieser Entwicklung
zu berichtigen. Das Problem, welches sich der Philosophie
der Neuzeit stellte, ist eine Sinnsicherung, die nötig wurde,
nachdem dem Kosmos und der Wirklichkeit überhaupt ihre metaphysische Perspikuität verlorengegangen war. Philosophiegeschichtlich zeigt sich das daran, daß aus dem Substanzbegriff
der Scholastik bei Descartes ein Quantifizierungsprinzip
geworden ist. Die Welt ist zur puren Gegenständlichkeit ab-
gesunken. Sie gibt keine Sinnkoordination mehr her. Darum
die Hinwendung zum Subjekt. Es sollte im Menschen selbst die
Sinnsicherung, welche vormals ein metaphysischer Kosmos lei-
stete, gewonnen werden. Aus diesem Interesse entstand die
Spaltung der res cogitans und der res extensa. Und was sich
heute als pure Geschichtslosigkeit darbietet, ist im Grunde
nichts anderes als das geschichtliche Eingeständnis, daß
solchermaßen versuchte Rettung der Sinnorientierung des Menschen gescheitert ist. Die res cogitans ist heute auf die
res extensa zurückgefallen. Alle Versuche in dieser Zeit-
spanne dienten letztlich nur dem einen Zweck, dem Menschen
einen Eigenbereich neben der res extensa im Raum eines Geistes zu retten. Darum kann man mit Recht sagen, daß die Probleme der Gegenwart die der Neuzeit sind. Die heutige Situation ist keine Folge geistesgeschichtlicher Fehlentwick-
lungen, insbesondere des Historismus, sondern das Ergebnis
der neuzeitlichen Entwicklung der Naturwissenschaften und
die mit ihnen einhergehende "Destruktion des intentionalen
Weltbildes" (E. Topitsch). Daher kann es in der Tat keinen
Weg zurück auf der Linie Dilthey, Ranke, Goethe, Herder
und W.v. Humboldt geben, um nur einige markante Namen zu
nennen. Auch nicht zu Hegel. Am ehesten ist eine Anknüpfung
an die Tradition der Aufklärung, an Kant und in seiner Art
auch an Schillers Thesen hinsichtlich der Weltgeschichte
möglich. Für die Theologie gilt dies a fortiori. Man stellt
den Angriff gegen die verkehrte Front, wenn man glaubt,
den Historismus im Sinne von Troeltsch überwinden oder sich
von ihm abwenden zu sollen (wie die dialektische Theologie
mit Barth (14)), oder gar meint, ihn in eine Existentialon-
tologie hinein aufheben zu können; denn diese Art geistesgeschichtlicher Betrachtung gleicht einer Symptomkurierung.
Noch Martin Heidegger ist ein letzter Versuch, sich gegen
die Ungeschichtlichkeit der Neuzeit zur Wehr zu setzen (15).

Besson scheint die Krisis des Historismus, wie sie sich vornehmlich nach 1918 anzeigte, bereits überwunden; in der Tatsache, daß es trotz 1945 ein Bewußtsein deutscher Nation
gibt, sieht er einen Beleg für die Richtigkeit der überper-

sönlichen Individualität. Und im Entstehen neuer Nationen und
Staaten gewinnt der von Meinecke als dynamisch charakteri-
sierte Historismus für ihn an Glaubwürdigkeit. Zudem hält er
fest, daß mit dem Historismus die Geschichte als Wissenschaft
eigener Art steht und fällt, und zwar auch dann, wenn sie
selber zum Gegenstand historischen Fragens geworden ist. In
seiner Individualitätenlehre ist ihm der Historismus nicht
nur konservativ, sondern auch aufgeschlossen für die Tendenzen und Kräfte des Neuen (vgl. W.v. Humboldt, der darauf hofft
daß dem Weltgeist der Atem ständiger Selbstdarstellung und
Ausprägung nicht ausgeht). Demgegenüber ist aber sogleich
einzuwenden, daß hier offensichtlich die Krise der Gegenwart
nicht begriffen wird, weil sie immer noch aus der ideenge-
schichtlichen Perspektive des Historismus selber gewonnen ist.
Die Frage des Historismus und seiner Überwindung ist nicht
schon mit dem Hinweis gelöst, daß er auch für zukünftige Entwicklungen offen ist. Bleibt doch immer für diesen Ansatz wesentlich, daß Geschichtsschreibung ihrem Wesen nach Ästhetik
sei, welche nur die Linien und die Ausprägung des Geistes
nachzuvollziehen habe. Gerade dieser metaphysische Fundus,
aus dem sich alle historische und geisteswissenschaftlich-
hermeneutische Konzeption speist, ist der zur Unlöslichkeit
geschürzte Knoten heutiger Geisteswissenschaften. Die Optik ,
unter der auch Besson das Problem angeht, ist die der längst
im breiten Bewußtsein abgedankten Sinnperspektive früherer
Zeit. Dementsprechend interpretiert Besson auch die von
Troeltsch anvisierte Überwindung des Historismus als den zu
überwindenden Wertrelativismus. Das Problem wird nur in der
Alternative gesehen, wie historisierendes Denken sich mit
überzeitlichen Werten vereinbaren lasse. Mit Karl Mannheim
scheint ihm der Ausweg dahin vorgezeigt zu sein, wie die einmal in die menschliche Erkenntnis eingebrochene Zeitlichkeit
als Konstitutivum menschlicher Erkenntnis so gefaßt werden
könne, daß das Ewige in den unmittelbaren Zeitaufgaben erfaßt wird (16). Und in getreuer Nachzeichnung von Mannheims
und Meineckes Position versucht Besson die Standortgebunden-
heit der Werterkenntnis dadurch zu lösen, daß er die individuelle Lebensaufgabe als gottgewollte und damit absolute aufzufassen gewillt ist. Völlig außerhalb der Argumentation erscheint die Tatsache, daß es heute zunächst nicht so sehr um
die Prävalenz dieses oder jenes Wertes unmittelbar geht, sondern daß das Denken in Werten und in Sinnzusammenhängen selber bestritten wird. Der einzige Anknüpfungspunkt für Geschichte und damit der einzige Konstruktionsgesichtspunkt
von Geschichte ist die Erfahrung des Unwertes, des Übels und
der Sinnlosigkeit. Dies sind die Prämissen, von denen ausgegangen werden muß, wenn Geschichte noch als relevant für die
Gegenwart erfahren werden soll.

Wenn heute von den Neo-Positivisten wie Hans Albert (17) und
Ernst Topitsch (18) betont wird, daß europäisches, insonderheit deutsches Denken dort angelangt sei, wo anglo-amerika-
nisches Denken längst verweilt, und in diesem Zusammenhange

von Albert alle Versuche des hermeneutischen und ideenge-
schichtlichen Denkens als Immunisierungsstrategien apostro-
phiert werden, thematisiert gerade dieser Angriff unsere
These: die geschichtsphilosophischen Theorien wie der Historismus fungierten in Wirklichkeit als Damm gegen die Wertre-
lativierung, gegen den drohenden Nihilismus, der sich mit
der Neuzeit einzustellen begann, als die Welt ihre metaphysische Perspikuität verloren hatte.

Schließlich läßt sich in der Grundrichtung des Historismus
ein starkes normatives Element belegen, wie auch Wittram
konstatiert (19). Er tritt entschieden der fast zum Gemein-
platz gewordenen Auffassung entgegen, wonach der Historismus
die Auflösung aller verbindlichen Normen bewirkte (Troeltsch
sprach davon, daß der Historismus alles in seinen Bann geschlagen habe, für Meinecke führte er zum "Inferno der Wert-
anarchie"). Somit kann eine Überwindung des Historismus nicht
in einer Erlösung von ihm, wie sie Troeltsch von der Philosophie erhoffte, prätendiert werden. Damit stellt sich vor
einen Versuch inhaltlicher Überwindung der Geschichtslosigkeit das Akzeptieren und Namhaftmachen der Unsicherheit des
Wertens in unserer Zeit. Zum anderen aber ist auch noch, um
zu einer präziseren Fassung des ohnehin immer diffus blei-
benden Zustandes der Gegenwart zu kommen, die Frage nach der
Funktion der Geschichtsphilosophien seit Beginn der Neuzeit
und ihrer philosophischen Implikationen zu stellen.

Als vorläufiges Resümee läßt sich festhalten, daß die gegenwärtige Situation der Geschichtsverdrossenheit, der Unwirk-
samkeit der überkommenen Traditionen und des totalen Wertrelativismus sich nicht als Folge historischer Methode begreifen läßt. Das Ziel kann also nicht die Überwindung des
Historismus in dem Sinne sein, daß man die kritische historische Forschung in Zweifel zieht. Noch darf man hoffen, daß
sich jenseits und in den historischen Fakten so etwas wie
ein absoluter Wert gegenüber der Verrelativierung des einzelnen Faktums herauskristallieren lasse. In alledem sind
die Bedingungen und Funktionen geschichtlichen Denkens nicht
gesehen. Darum kommt die Möglichkeit, den Wertgedanken selber
in Frage zu stellen, gar nicht ins Blickfeld der Überlegungen. Die Situation der Geschichtslosigkeit der Gegenwart
wird falsch veranschlagt, weil man die Frage nach Vergangenheit in der mehr oder weniger säkularisierten Vorstellung
von dem Weltgeschehen als Niederschlag metaphysischer Potenz
traktiert. Dabei ist gerade dieses Erfassen der Wirklichkeit
und des Geschehens vom Blickpunkt einer umfassenden Sinntotalität her in der Neuzeit verbaut. Zumindest ist der ästhetische Zugang von den Einzelfakten zur Einheit des Sinnganzen nicht mehr akzeptiert. Um die Spezifika der mit der Neuzeit angebrochenen Situation wenigstens umrißhaft markieren
zu können, soll noch explizit auf die geschichtsphilosophischen Entwürfe eingegangen werden, die das Weltganze als
Sinneinheit mit dem aktiv schöpferischen Handeln des Menschen

verkoppelten.

3.2 Ursprung und Funktion der neuzeitlichen Geschichtsphilosophien in Hinblick auf Sinnorientierung und Handlungsinteresse des Menschen.

Unter Geschichtsphilosophie verstehen wir in diesem Zusammenhang die im 18. und 19. Jahrhundert entstandenen philosophischen Sinndeutungen des vergangenen Geschehens von einem als sinnvoll verstandenen eigenen Lebenszusammenhang her. Insofern nicht nur das philosophische Geschichtsverständnis des Historismus, welches sich von W.v. Humboldt, Goethe und den Romantikern und auch ein gut Stück von der Aufklärungsphilosophie eines Kant her entwickelt hatte, heute in Trümmer gegangen ist, sondern auch die Geschichtsphilosophien im engeren Sinne, deren Linie von Herder zu Fichte, Schelling, Hegel und schließlich zu Marx führte, ihre Voraussetzung verloren haben, soll gerade deren Scheitern zu einer Erfassung der heutigen Situation dienen (20). Weil heute die Möglichkeit, 'Vernunft in der Geschichte' zu entdecken, als eine uneinlösbare Forderung und völlige Überziehung der menschlichen Erkenntnisfähigkeit angesehen wird, ist auch die Möglichkeit einer menschlichen Sinndeutung der Geschichte in der Form philosophisch-systematischer Gesamtdeutung der Geschehnisse als eines lebendigen Ereigniszusammenhangs mit teleologisch-eschatologischem Schlußpunkt für menschliches Selbstverständnis vorüber (21). Dennoch darf hier die Einstellung Iring Fetschers festgehalten werden, daß die Einsicht in die Unlösbarkeit des Problems noch kein Argument für dessen Eliminierung darstellt (22).

Den Ursprung neuzeitlicher Denkweise und damit neuzeitlichen Geschichtsverstehens datieren Kurt Rossmann und auch Hannah Arendt wohl zu Recht mit Galilei: "Es ist vielleicht keine Übertreibung zu sagen, daß die Neuzeit in dem Augenblick anfing, als Galilei mit Hilfe des Teleskops seinen Blick in das Universum richtete, und dabei entdeckte, daß - entgegen aller sinnlichen Erfahrung des irdischen Alltags - die Sonne sich nicht um die Erde, sondern die Erde sich um die Sonne dreht"(23). Diese Entdeckung involviert zwei erhebliche Konsequenzen. Einmal ist die für antikes Denken und mittelalterliches Naturerkennen unbefragt gültige Entsprechung von natürlicher Wirklichkeit und menschlicher Sinneserkenntnis in Zweifel gezogen worden. Damit ist die Sinneswahrnehmung in keiner Weise mehr die universal gültige Wahrheitserkenntnis. Hans Blumenberg, der dieses Ergebnis schon in den nominalistischen Zersetzungserscheinungen des aristotelischen Weltbildes angelegt findet, sieht in der Erfindung des Fernrohrs von Galilei den Zusammenbruch der Macht der "kosmologischen Metaphorik über das geschichtliche Selbstbewußtsein". Die Konsequenz beschreibt er auf ähnliche Weise wie Arendt: "Es gibt ... keine Möglichkeit mehr, etwas über

die Stellung und den Rang des Menschen in der Welt auf eine
andere Weise als dem Selbstbewußtsein des Menschen zu erfahren" (24). Somit gibt es auch keinen archimedischen Punkt
außerhalb der Erde, der diese aus den Angeln heben ließe.
Eine notwendige Korrektur des Standpunktes war erforderlich
geworden. Aus dieser Situation entsprang insgesamt zweierlei
im Laufe der folgenden Zeit. Es ist einmal das Mißtrauen gegenüber den Sinneswahrnehmungen, welches das naturwissenschaftliche Experiment gebar und sich für den naturwissenschaftlichen Fortschritt so befördernd auswirken sollte. Zum
anderen entstand daraus, wenn auch nicht unmittelbar, sondern
erst in Folge dieser vorangegangenen Erschütterung, der moderne Geschichtsbegriff, nicht nur der der engeren Geschichtsphilosophie, sondern auch der des historischen Denkens.

Zunächst geht ihm die Entwicklung der modernen Philosophie
voran, welche Nietzsche mit unübertrefflicher Präzision die
"Schule des Mißtrauens" genannt hat. Ist doch der Philosophie
des 17. Jahrhunderts sowohl der Zweifel an der Realität der
Außenwelt und die Verschiebung der Wirklichkeitserfahrung von
einer den Sinnen gegebenen wirklichen Welt zu dem bloßen
Wahrnehmen von Objekten gemeinsames Spezifikum. "Das was man
gewöhnlich als den Subjektivismus der modernen Philosophie
bezeichnet, kann man auch als die im Begriff vorweggenommene
Weltentfremdung moderner Menschen sehen", kommentiert Arendt
diese Situation (25). Diese Weltentfremdung bzw. die ins
letzte zugespitzte Subjektivität hat heute, nach mehreren
Jahrhunderten, erst ihren vollen Durchbruch erziehlen können,
wenigstens in Deutschland. Dazwischen stehen die philosophiegeschichtlichen Versuche bis hin zum Existentialismus und
zur Fundamentalontologie eines Heidegger (26). Jedenfalls
ist die Bewegung und Stoßrichtung mit der Philosophie des
17. Jahrhunderts eindeutig vorgezeichnet und die Endphase bereits in Klarheit antizipiert. Was diese Weltentfremdung
schon für Descartes bedeutet, faßt sich prägnant in seiner
Formel: "De omnibus dubitandum est" zusammen. Wie sehr dieser Grundsatz zu unterscheiden ist von jenem methodischen
Zweifel, der allem Denken innewohnt, kennzeichnet Arendt mit
der ihr eigenen Treffsicherheit: "Er (scil. Descartes) zog
mit dieser Formel gleichsam das Fazit der gerade gemachten
Entdeckungen, insofern in der Tat sowohl die Vorstellung von
'eingeborenen Wahrheiten' wie das Vertrauen auf ein 'inneres
Licht der Vernunft' hinfällig werden, ist erst einmal das
selbstverständliche Zutrauen in die Adäquatheit unserer fünf
Sinne für die Erfassung der Welt erschüttert. Die Erschütterungen des Zutrauens mußte den Glauben an Gott gleichermaßen
erschüttern wie das Vertrauen in die Vernunft, weil das Erfassen sowohl göttlicher wie menschlicher Wahrheit still-
schweigend im Bilde der sinnlichen Offenbarung der Welt verstanden worden war: ich öffne die Augen und erblicke das
Licht, ich lausche und höre den Ton, ich bewege meinen Kör-
per und berühre die Konsistenz der Welt. Bezweifelt man die
grundsätzliche Wahrhaftigkeit und Zuverlässigkeit dieses

Bezugs - ... - dann verlieren alle traditionellen Metaphern
für das menschliche Erfassen übersinnlicher Wahrheiten ihren
Sinn; wenn unsere Augen uns täuschen, dann haben wir auch
den Sinn verloren, mit dem wir den platonischen 'Himmel der
Ideen' wahrnehmen, und wenn wir uns auf unsere Ohren nicht
mehr verlassen können, können wir auch nicht mehr die Stimme
des Gewissens vernehmen, die in unserem Herzen spricht" (27).

Damit ist in prägnanter Weise der Umschwung zum Ausdruck gebracht, welcher sich mit Beginn der Neuzeit ereignete. Die
heutige Geschichtslosigkeit und der heute erfahrene Sinnver-
lust sind nur der innere Fluchtpunkt dieses Umschwungs. Von
daher ist gerade auch im 17. Jahrhundert verständlich, wenn
ein Hobbes in Berufung auf neuerlich gemachte Entdeckungen
der Naturwissenschaften die bisherige Philosophie als baren
Unsinn anprangerte. Worauf es daher der Philosophie des 17.
Jahrhunderts ankam, ist der Versuch, ein von Gott unabhängi-
ges Fundament im Weltlichen zu finden, ein Fundament, das
selbst dann noch seine Gültigkeit haben würde, wenn Gott
nicht existierte, das aber andererseits, selbst wenn er existierte, auch von ihm nicht geändert werden könnte (28). Es
mußte also, nachdem die Erkenntnis übersinnlicher Dinge in
Frage gestellt war, ja überhaupt jede Sinnorientierung vom
Ganzen der Wirklichkeit her problematisch wurde, eine Sinnsicherung im menschlichen Bereich gefunden werden. Denn man
war damals nicht geneigt, die für heute kennzeichnende Gleichgültigkeit gegenüber einer festen Ordnung aufzubringen und
der Verbindlichkeit einer über den Tod hinausreichenden Unvergänglichkeit heutige Gelassenheit entgegenzusetzen. In
dieser Situation, in der dem religiös fundierten Vertrauen
allmählich der Boden entzogen wurde, entsprang als äquivalen-
ter Ersatz aus dem Glauben die Geschichte, welche dieselbe
Funktion übernehmen sollte: dem Menschen seine Unsterblichkeit zu sichern. Doch zunächst deutete nichts darauf hin,
daß Geschichte diese Funktion übernehmen würde. Ein zweites
Moment neben der Skepsis gegenüber jeder menschlichen Erkenntnis kam jetzt noch hinzu, welches von dem Mann ausgesprochen
wurde, der gewöhnlich als Ahnherr des modernen geschichtlichen Bewußtseins angesehen wird: Giambattista Vico (29). Mit
seiner Formel, der Mensch könne nur das erkennen, was er
selber gemacht habe, eröffnete sich eine neue Erkenntnismög-
lichkeit für den Menschen, nachdem die unmittelbare Erkennbarkeit der Wirklichkeit entfallen war. Diese pragmatische
Forderung impliziert wiederum ein zweifaches. Einmal ist sie
das unmittelbare Pendant zu der subjektivistischen Folgerung
aus der Kritik der menschlichen Erkenntnisfähigkeit. Allerdings verschiebt sich dabei der Akzent menschlichen Wissen-
wollens wesentlich: jetzt ist nicht eigentlich mehr die Erkenntnis des puren Faktums, der statischen Wirklichkeit angezielt, sondern - unter der Rücksicht des Machens - der
Prozeß des Entstehens von Wirklichkeiten; nur wenn man weiß,
wie etwas entstanden bzw. gemacht worden ist, kann man es
begreifen. Die Dinge selber sind belanglos. Hier liegt be-

reits beschlossen, wenn Karl Marx im 19. Jahrhundert sagen kann, die Geschichte sei die einzige Wissenschaft. Ein zweites Moment muß dabei noch festgehalten werden, auf das wohl zunächst das Augenmerk gerichtet war. Es ist die Betonung der Fähigkeit des Menschen etwas herzustellen und die damit verbundene Begeisterung für die Herstellbarkeit und die progressive Beherrschbarkeit der Welt. Die technische Entwicklung der Neuzeit hat in dieser Haltung, welche eben exemplarisch von Vico ausgesprochen wurde, ohne daß er selbst unmittelbar über Neapel hinaus hätte Wirkung erlangen können, ihr bleibendes Fundament. Und aus diesem Bewußtsein heraus sind die Philosophien der Aufklärung erwachsen, welche einen Fortschritt in jeder Hinsicht erwarteten und dabei den Menschen selbst miteinbezogen, insofern er auf eine unbegrenzte Perfektibilität hin offen sein sollte.

Daß die Philosophie des 17. und 18. Jahrhunderts aber die erstrebte Sinnsicherung nicht zu gewähren in der Lage war, zeigte sich schlaglichtartig mit dem Ereignis der Franz. Revolution - die noch der junge Hegel so emphatisch gepriesen hatte - und ihren Folgen. Nicht überall läßt sich, wie Arendt betont, die Abkehr von der Politik und der Sinnsicherung durch Machbarkeit und die Hinwendung zur Geschichte so deutlich zeigen wie bei Kant. Er blieb indes auf halbem Wege stehen, weil ihm das Faktum des menschlichen Handelns und die Erfahrungen des Leidens in der Geschichte noch nicht abhanden gekommen waren. Dennoch zeigt sich gerade hier exemplarisch die "Flucht in das 'Ganze' vor der Sinn- und Hoffnungslosigkeit des Einzelnen, und ganz konkret eine Flucht aus der Verzweiflung an der Französischen Revolution und ihren Errungenschaften in eine Region, in welcher diesem wie allen anderen Ereignissen doch noch ein Sinn und eine während Bedeutung zugestanden werden kann"(30). Dies war nur unter der Bedingung möglich, daß man absah von der Eigenart menschlichen Handelns und einen Geschichtsbegriff entwickelte, der das Geschehen auf der Welt als einen von unsichtbarer Hand geleiteten und zu einem Ziel getriebenen Herstellungsprozeß höherer Ordnung begriff.
Nachdem offenbar die Sinnsicherung durch ein Handeln im Politischen gescheitert war, blieb nur noch die Flucht in die Versöhnung der Geschichte in einem metaphysischen Sinnganzen. Von daher auch die offenkundige Funktion dieser Geschichtsentwürfe im engeren Sinne, wie Rossmann sie sehr klar dargestellt hat: "Was Hegels wie Fichtes und Schellings geschichtsphilosophischen Entwürfen und Konstruktionen bei aller Unterschiedlichkeit ihrer Thesen und Gehalte gemeinsam zu eigen ist, das ist jener hybride Anspruch auf eine totale Sinndeutung der Geschichte, unter dem diese als Ausfaltung und Erscheinungswirklichkeit der an die Stelle Gottes und der transzendenten Wahrheit absolut gesetzten Vernunft in ihrer dialektischen Bewegung gedeutet und begriffen werden soll" (31). Ähnliches könnte dann auch für Marx gesagt werden, wenngleich bei ihm wieder das Moment des Handelns als ein Her-

stellen auftritt. Denn nur so kann Handeln sachgemäß in einem Geschichtsprozeß angesetzt werden. Eine von Fetscher dazu gemachte Beobachtung offenbart schlaglichtartig wiederum die Funktion all dieser Versuche, gleich ob dabei die Zukunft als gewollt, gesollt oder als notwendig verstanden wird. Selbst dort, wo die Entwicklung in die Zukunft als notwendige vorgestellt wird, glauben deren Vertreter, sie sittlich begründen zu müssen und an den freien Mitwirkungswillen der Betroffenen appellieren zu sollen, ohne darin einen Widerspruch zu entdecken. Die Notwendigkeit ist also auch eine Form der gewollten Entwicklung (32).

Ein Sinnwille liegt also all diesen Versuchen zugrunde, auch wenn sie mit noch so objektivierender Begrifflichkeit und objektivem historischen Anspruch auftreten. Ihr Ziel ist die Sinnsicherung mittels eines metaphysischen Horizontes. Dazu Rossmann: "Mit Hegels und Marx' einander komplementären totalen Geschichts- und Seinsdeutung erschöpft sich eigentlich das, was mit Recht im engeren Sinne als Geschichtsphilosophie zu bezeichnen ist ... Der christlich-theologische Anspruch einer, wenn auch säkularisierten, Theodizee steckt hinter beiden geschichtsphilosophischen Konzeptionen als totalen Sinnauslegungen" (33). Diese Interpretation ist insofern zu korrigieren, als es primär nicht um die Rechtfertigung Gottes oder einer anderen metaphysischen Macht als solcher geht. Vielmehr ist um der Sinnsicherung des Menschen willen diese Rechtfertigung der Wirklichkeit als (säkularisierte) "Theodizee" nötig geworden. Es handelt sich also um verobjektivierte Konstruktionen menschlichen Erkenntnis- und Sinninteresses. Die heutige Situation indes ist dadurch gekennzeichnet, daß dem modernen Bewußtsein die Voraussetzungen verlorengegangen sind, welche eine Verobjektivierung und positiv-objektivierte metaphysische Verankerung und Behaftung vormals ermöglicht haben. Es mag durchaus sein, und vielleicht ist es nur durch solche Sinnentwürfe möglich, daß für eine Sinnorientierung und Handlungsführung auch weiterhin Vergangenheit und Zukunft in einer in der Gegenwart sich kreuzenden Sinneinheit und Wertrelation zu konstruieren sind. Nur muß eines feststehen: es gibt Sinnentwürfe dann nur als postulatorische und so als ein erzählendes Angebot, niemals als argumentative Größe objektiver Gegebenheit. Es geht darum, die intentionale Weltbetrachtung aufrechtzuerhalten, sie aber als aus Lebensinteresse freigesetzte zu verstehen, als mögliche Sinnsicherung positiver Setzung des Menschen, und nicht als Ableitung aus einer vorliegenden Wirklichkeit. Der Kritik menschlicher Erkenntnis, wie sie durch die Neuzeit eingeleitet wurde, ist auch nicht mittels einer Geschichtsphilosophie zu wehren. Auch in der Geschichte gibt es den offenkundigen Sinn der Wirklichkeit nicht. Was sich finden läßt, sind einzig die Selbstinterpretationen und Wertsetzungen der Menschen - mögen sie auch objektivistisch naturrechtlich mißverstanden sein -, und nur zu ihnen kann sich Gegenwart

48

in Beziehung setzen.

Mit der Einsicht in die historische Bedingtheit aller menschlichen Kenntnisse und Äußerungen schwand auch die naive Überzeugung, welche in der Vernunfterkenntnis der Aufklärung noch vorhanden war, der Mensch könne ohne weiteres einen geschichtsphilosophischen Standort beziehen, um von ihm aus das Ganze der Entwicklung zu überblicken. Wenn alles menschliche Erkennen in bezug auf die Welt des Geistes immer imprägniert ist von der historischen Bedingtheit des Erkennenden, kann es auch nur eine zeitbedingte Deutung geben. Eine Geschichtsinterpretation ist dann immer bestenfalls, um mit Hegel zu sprechen, "ihre Zeit in Gedanken gefaßt", eine Selbstinterpretation der Zeit, nicht aber gültige Auslegung der Welt des Geistes und der Geschichte, die sich philosophisch deduzieren ließe. Diesem Dilemma zu entgehen, gibt es zwei Möglichkeiten. Für das Verstehen der Geschichte als Prozeß, also für die Geschichtsphilosophien im engeren Sinne, erfolgt die Lösung dadurch, daß man sich schon am Ende der Geschichte wähnt. Fetscher schreibt dazu: "Nur wenn die Gegenwart schon selbst die Endzeit ist, kann der historische Bedingtheit des eigenen Denkens der abschließenden Gültigkeit der Geschichtsdeutung nichts anhaben. In dieser Lage glaubten aber die großen Geschichtsphilosophen wie Hegel und Comte tatsächlich zu sein, und selbst Marx meinte noch, er stehe wenigstens am Anfang eines abschließenden Zeitalters, dessen Züge die Gegenwart bereits deutlich ahnen ließe. Wem dagegen der Horizont der Zukunft prinzipiell offen ist, der wird außerstande sein, mehr als stets überholbare und vorläufige Geschichtsinterpretationen zu geben. Im Lichte unvorhersehbarer künftiger Ereignisse kann die Vergangenheit und unsere Gegenwart völlig veränderte Bedeutung erlangen und die Perspektiven von Grund aus umstürzen" (34). Die Kritik von Fetscher ist dahingehend zu verdeutlichen, daß solche Entwürfe immer nur eine Deutung und historische Perspektivenbildung von der Gegenwart aus sein können, daß aber niemals ein objektiver Richtungssinn der Geschichte namhaft zu machen ist. Damit bekommt jede Aussage über Zukunft und Ende der Geschichte einen wesentlich veränderten Stellenwert. Solche Aussagen sind von der Gegenwart und ihrem Interesse an Geschichtskonstruktionen aus zu begründen und anzusetzen. Es darf also mithin nicht deduktiv von jenem Ende her argumentiert werden in Hinblick auf gegenwärtiges Handeln, sondern solche Aussagen müssen immer von ihrem sinnpostulatorischen Status her verstanden sein.

Eine zweite Möglichkeit, die philosophische Einsicht als geschichtsphilosophische zu retten, liegt im historistischen bzw. hermeneutischen Denken vor. W.v. Humboldt hat mit seltener Klarheit die Voraussetzungen dieses Denkens herausgestellt. Er kann die Einheit der Geschichte nur dadurch retten, daß er ihren Integrationspunkt außerhalb ihrer selbst verlegt. So kann auch der Geschichtsschreiber als Geschichtsphilosoph die Erscheinungen in der Welt - denn nur solche

gibt es - nicht als durch bloße Naturgesetze gewirkt erklären
sondern unzweideutig gibt es einen Punkt, "auf dem der Geschichtsschreiber, um die wahre Gestalt der Begebenheiten zu
erkennen, auf ein Gebiet außer ihnen verwiesen wird" (35).
Alles, was sich in der Welt vorfindet, ist Ausdruck einer
höheren Idee; daher kann das Ziel der Geschichte nur "die
Verwirklichung der durch die Menschheit darzustellenden Idee
sein, nach allen Seiten hin, und in allen Gestalten, in welchen sich die endliche Form mit der Idee zu verbinden vermag,
und der Lauf der Begebenheiten kann nur da abbrechen, wo beide einander nicht mehr zu durchdringen imstande sind" (36).
Die Möglichkeiten des Erkennens erschöpfen sich in reiner
Ästhetik, indem das Streben einer Idee, "Dasein in der Wirklichkeit zu gewinnen", zur Darstellung gebracht wird. Der
höhere Integrationspunkt ist eine Weltregierung der Ideen.
Der Niederschlag und Ausdruck dieser Verwirklichung der
Ideen ist "Individualität", oder, wie es später bei Dilthey
heißen wird, "Leben". Wenn es also nicht rational in der
Geschichte zugeht, zum anderen aber immer wieder verschiedenste Variationen einer Ausprägung von selbigen Ideen (wenigstens ihrem Gehalt nach) die Wirklichkeit der Geschichte
ausmachen, ergibt sich folgendes: das Erfassen der Geschichte und ihres Sinnes kann nur in einem "Ahnden" oder "Einfühlen", einem kongenialen Nachvollzug geschehen, ist also we-
senmäßig verschieden von allem anderen Erkennen. Von dieser
Voraussetzung ermißt sich auch die Rolle und Aufgabe des
Umgangs mit der Geschichte: "Sie dient nicht sowohl durch
einzelne Beispiele des zu Befolgenden, oder zu Verhütenden,
die oft irre führen, und selten belehren. Ihr wahrer und
unermeßlicher Nutzen ist es, mehr durch die Form, die an den
Begebenheiten hängt, als durch sie selbst, den Sinn für die
Behandlung der Wirklichkeit zu beleben und zu läutern" (37).
Zugleich aber ist mit dem Verlust der Voraussetzungen solchen
Geschichtsverstehens, wo die Hörsamkeit und das Erleiden
Gottes bzw. der Ideen nur in einer hinnehmend vernehmenden
Vernunft möglich und der Zweck primär einzig ein neues Verstehen sein soll, ein Kernproblem heutiger Theologie ange-
schnitten: sie will sich der Gegenwart stellen, supponiert
aber den Menschen ein Bewußtsein, das spätestens mit dem En-
de des letzten Jahrhunderts zunehmend sich verflüchtigte.

3.3 Gesellschaftliche Produktions- und Reproduktionsbedin-
     gungen und der Verlust der Sinngeborgenheit des Men-
     schen.

Die heutige Situation des Gescheitertseins aller affirmativen Welt- und Geschichtsentwürfe muß noch in einen Zusammenhang mit den sie bedingenden Denk- und Verhaltensmustern der
gesellschaftlichen Produktion und Reproduktion gebracht werden. Der weithin behauptete Konnex zwischen zunehmender In-
dustrialisierung und Technisierung mit dem Verlust der Sinn-
geborgenheit und der zunehmenden seelischen Verarmung des
Menschen erfordert eine präzisere Fassung. Die Veränderung

von überkommenen sozio-ökonomischen und sozio-kulturellen
Bedingungen steht zwar in einem kausalen Verhältnis mit dem
Scheitern der hergebrachten Sinn- und Handlungsorientierungen. Zu fragen bleibt aber, nicht zuletzt aus theologischem
Interesse, ob dadurch jede wertintentionale Weltbetrachtung
unmöglich wurde, oder ob sich damit nur die ohnehin falsche
affirmative Identifizierung von wertintentionaler Weltbetrachtung mit der Wirklichkeit unmittelbar in ihrer Fiktionalität und Widersrpüchlichkeit offenbarte.

Die geistige Krise der Gegenwart läßt sich schlaglichtartig
mit dem zügigen Diktum der "Entzauberung der Welt" charakterisieren. Das Bewußtsein von dem Vergänglichsein der Welt
und ihrer Strukturen affiziert in zunehmendem Maße die breite Schicht der Bevölkerung bis hinein in ihr innerstes Ge-
fühlsleben. Mithin ist zu bedenken, daß mit dem Terminus
"Entzauberung" keinerlei romantisierendes Ambiente gemeint
ist. Gemeint ist, daß die Welt ihren greifbaren und sichtba-
ren Sinn eingebüßt hat, daß der metaphysische Bedeutungsüberhang des faktischen Vorfindlichen sich zunehmend zersetzt
hat. Die Welt läßt sich weder als Kosmos noch als Geschichte
unmittelbar mit Sinn behaften. Eben dies ist spezifisches
Charakteristikum der Gegenwart: der metaphysische Überhang
der Wirklichkeit hat auf jeden Fall insoweit seine Valenz
eingebüßt, als die einfache Vorfindlichkeit derselben noch
keinerlei Verweischarakter auf Sinn mit sich führt. Ein zweites Moment scheint wesentlich an der Zersetzung des intentionalen Weltbildes mitgewirkt zu haben. Nebst der schon aufgewiesenen Bedeutsamkeit der Relativierung menschlicher Erkenntnis in der Neuzeit und der damit gegebenen Schwierigkeit der Verwendung von auf höhere Sinnzusammenhänge verwei-
senden Symbolen ist durch die Veränderung der gesellschaftlichen Produktion und Reproduktion das Gros der Symbole
selbst verloren gegangen. Die aus der unmittelbaren Lebens-
erfahrung gewonnenen Symbole und die mit ihnen gewonnene
Wertstellungnahme zur Wirklichkeit sind heute entfallen.

Was aber ist unter den negativ apostrophierten verobjektivierten wertintentionalen Weltbildern nun genau zu verstehen? Ernst Topitsch ist dieser Frage nachgegangen(38). Vorab ist ein Terminus zu klären. Wenn Topitsch von einer intentionalen Weltbetrachtung bzw. einem soziomorphen Weltbild spricht, ist immer eine verobjektivierende affirmative
Interpretation der Wirklichkeit gemeint. Also ein Weltbild,
das die faktisch bestehende Wirklichkeit bis in ihre fein-
sten Konturen unmittelbar deutet. An der vorfindlichen Wirklichkeit sollen die Sinn- und Bedeutungsstrukturen unmittelbar abgelesen und einsichtig gemacht werden können. Die
schlechthinnige Identifizierung einer entworfenen und geglaubten Sinntotalität mit der vorfindbaren Totalität der
Wirklichkeit unmittelbar ist Thema seiner Untersuchung. Spezifikum so verstandener intentionaler Weltbilder ist für
Topitsch die Möglichkeit der "Rückbeziehung". Dies meint,
es gebe ein "Weltgesetz" (woher es auch immer sei) bzw.

"normative Urbilder der Dinge", aus denen sich Anleitungen
für das menschliche Tun ableiten lassen. Wenn infolge solch
intentionaler Weltauffassung Sein und Geschehen als durch
den Willen eines einzelnen Prinzips bestimmt und verursacht
angesehen und dieses Prinzip als der Inbegriff aller Wert-
haftigkeit angenommen wird, ist damit eo ipso die Frage
nach dem Werthaften, nach Gut und Böse, gelöst (39).

Worin aber liegt nun der Ursprung und das Problem der soziomorphen Weltanschauungskonstruktionen? Zunächst läßt sich
sagen, sie gehen auf die Notwendigkeit zurück, eine wertrationale Welt zu verteidigen: Dies wurzelt in einer tieferen und
bedeutsameren Schicht der Auseinandersetzung des Menschen
mit seiner Welt, in den elementaren Beziehungen des wertenden und handelnden Menschen zu seiner Umwelt (40). Die intentionale Betrachtung der Welt geht also auf die elementaren
Handlungen und Beziehungen der Menschen zurück. Sie soll eine
Handlungsorientierung liefern. Wird aber nun die Wirklichkeit
versöhnt in einem letzten Prinzip, das zugleich Maßgabe jeg-
lichen Wertens ist, weil der Inhalt und die Gründung jedwe-
den Wertes selbst, folgt eine eigenartige Verdrehung der ursprünglichen Wertintentionen und mithin ihre Pervertierung
ins Gegenteil. Im alltäglichen Leben macht es keine Schwierigkeit, weil der einzelne Mensch intuitiv immer die eine
oder andere Werthaltung einnimmt und nicht deduktiv ableitet.
Für die philosophische Reflexion indes erhebt sich eine un-
überwindbare Schranke: "Was die Logodizee rechtfertigt oder
entschuldigt, das muß das ethische Denken verbieten oder ver-
urteilen und umgekehrt" (41). Für das letzte und wertgebende,
weil wertbegründende Prinzip, sei es nun Gott oder anders
genannt, muß eine Handlungsweise gerechtfertigt werden, die
gerade dem Menschen aus jenem Prinzip heraus verboten sein
soll. Damit ist die Schwierigkeit aufgedeckt, welche vor
allem jede christliche Theologie immer und immer wieder be-
lastet hat: die Rechtfertigung Gottes vor dem Übel und dem
Leid in der Welt. Der Versuch von Leibniz, der Voltaire
seinen "Candide" schreiben ließ, muß als gescheitert angesehen werden.

Dieses Problem ist nun u.E. nicht in der intentionalen Weltbetrachtung als solcher grundgelegt. Nicht schon die Betrachtung der Welt als Schöpfung trägt dieses Dilemma ein.
Vielmehr ist es die Verobjektivierung der aus einer bestimmten Werthaltung geborenen intentionalen Weltbetrachtung zu
einem objektiven Weltverhältnis eines letzten Prinzips. Hier
bewährte sich die Argumentation scholastischer Philosophie,
wenigstens als Argumentationsfigur, wenn dort gesagt wird,
es müsse eine Formalidentität von Wesen und Dasein Gottes
auf Grund der Analyse des Kontingenten gefordert werden:
also das "factum quod". Niemals aber könne der "modus quo"
der Verwirklichung Gottes eingesehen werden. Das beinhaltet
aber, daß vom "modus quo" niemals eine Rückbeziehung abgeleitet werden kann. Der postularische Charakter der Gottes-

erkenntnis verbietet es, Gott in eine positive und damit
handhabbare Gegebenheit umzuinterpretieren. In dem von
Topitsch herausgearbeiteten Zusammenhang würde das für Theologie heißen: Auch Wertungen und Glaubensgehalte, die nur dadurch wirklich sind, daß sie im Bewußtsein wirksam werden,
dürfen nicht in der Gestalt objektiver, von unserer Einschätzung unabhängiger Gegebenheit auftreten.

Diese Verobjektivierung einer intentionalen Deutung brachte
es schließlich auch mit sich, daß sozio-morphe Vorstellungen
als qualitative Prädikate dem integrierenden Gesamtprinzip
zugeeignet wurden. Damit war zum einen das notwendige Scheitern derselben in der Neuzeit mitangelegt, zum anderen involvierte es auch die Möglichkeit des ideologischen Mißbrauchs
intentionaler Weltdeutung. Eine soziomorph-kosmische Weltauffassung liegt dann vor, wenn der Kosmos bzw. das letzte
Prinzip der Wirklichkeit intentional gedeutet und als so gedeutet auf das menschliche Leben, Wollen und Handeln zurück-
bezogen und ihm übergeordnet wird. Eine solche Weltvorstel-
lung bietet immer eine vollständige Welterklärung. Als ein
in seinem empirisch-pragmatischen Charakter eindrucksvolles
Beispiel führt Topitsch folgendes an: die Beachtung einer
sozialen Ordnung und sakraler Vorschriften ist dergestalt
korrelativ der Aufrechterhaltung der Natur, daß jede Störung
des Mikrokosmos eine entsprechende Anomalie im Makrokosmos
nach sich zieht. Naturkatastrophen sind Strafen oder Folgen
von menschlichen Verfehlungen, und die Elemente beruhigen
sich erst, wenn Recht und Sitte wiederhergestellt sind. In
all diesen Fällen gründen sich Handlungsweisungen auf Annahmen über Handlungsfolgen (42). Soziomorph ist auch die Vorstellung,der Herrscher der Welt oder das Prinzip ihrer Entwicklung seien durch widrige Umstände in ihrem Schaffen ge-
hindert, so daß zur Realisierung wertvoller Ziele fragwürdi-
ge Methoden und Nebenfolgen in Kauf zu nehmen sind. Von
gleicher Struktur ist die Vorstellung, die Verwaltung des
Universums könne sich nicht um Kleinigkeiten kümmern und for-
dere in manchen Fällen sogar das Leiden der Gerechten. Ebenso soziomorph ist die Annahme, das Übel diene der kosmischen
Vernunft als Mittel der Erziehung, der Strafe oder der Prüfung. Anders gewendet findet sie sich auch noch in der Vorstellung bezüglich der ungleichen und unvernünftigen Vertei-
lung des Glücks und Unglücks in der Welt entgegen den Er-
wartungen des Verdienstes, nach der die ausgleichende Ge-
rechtigkeit im Jenseits eintreten soll.

Von dieser Warte aus läßt sich schließlich auch zeigen,
warum in der Neuzeit dieser metaphysische Kosmos als objektive Größe scheitern mußte. Völlig unbeschadet der schon früher aufgewiesenen Zusammenhänge gilt sicher auch der von
Topitsch herausgestellte. Die empirischen Sachverhalte, welche in unmittelbarer Korrelation zu dem intentional gedeute-
ten letzten Prinzip der Wirklichkeit standen, lassen sich
mit zunehmender Erkenntnis der naturwissenschaftlichen Zusammenhänge nachprüfen und in entsprechenden Theorien falsi-

fizieren oder verifizieren. Von der fortgeschrittenen Einsicht in die Zusammenhänge des empirisch feststellbaren Geschehens mußte die Unhaltbarkeit solcher Annahmen des biomorphen und intentionalen Weltbildes, insbesondere zunächst in der Unbrauchbarkeit ihrer Vorhersagen, irgendwann offen zutage treten (43).

In der Verbindung normativer Weltbilder mit neuzeitlicher Naturwissenschaft, welche Topitsch für die Philosophie der Aufklärung aufzeigt, kommt zweierlei zum Vorschein. Einmal die Möglichkeit eines ideologischen Gebrauchs von intentionaler Weltbetrachtung in ihrer verobjektivierten Form; zum anderen ist es ein weiterer Beleg unserer These, daß alle neuzeitliche Philosophie ihren Sinn und Zweck darin hatte, den Sinnkosmos für die Menschen aufrechtzuerhalten. Ihr Ziel war also das einer Hemmung des Sinnverfalls und nicht das einer selbstherrlichen Übernahme der vorher objektiv vorgegebenen Sinnsicherung. Durch die Amalgamierung normativer Weltbilder mit dem naturwissenschaftlichen Denken war es nämlich für einige Zeit gelungen, die Destruktion der intentionalen Weltbilder aufzuschieben. Darin liegt auch die Ursache und die Möglichkeit für das Hervorschnellen von physiko-theologischen Gottesbeweisen im 18. Jahrhundert (44). Ein Zeichen dafür, wie sehr man sich an diese neue Möglichkeit einer Sinnsicherung gegenüber der Bedrohung durch die Neuzeit klammerte.

Insgesamt läßt sich also nach den Darlegungen von Topitsch feststellen, daß die Philosophie der Aufklärung bestrebt war, den Gesetzesbegriff der neuzeitlichen Naturwissenschaften mit der traditionellen Idee der normativen Weltordnung zu vereinen, mit dem Ziele, die metaphysische Sinnsicherung aufrechtzuerhalten. Genau diese Funktion zeigte sich schon bei Hannah Arendts Darlegungen über die politisch-praktischen Philosophien des 18. Jahrhunderts. Dasselbe Dilemma liegt auch noch beim Marxismus vor, insofern die Grundkategorien des historistischen Materialismus der intentionalen Weltanschauung entlehnt und darum auch mit denselben Schwierigkeiten behaftet sind (45).

Noch ist nicht zur Sprache gekommen, seit wann und worin die Kritik am intentionalen Weltbild besteht, insbesondere welche Verknüpfung diese Kritik mit der Entwicklung neuzeitlicher Technik und Wissenschaft hat. Kritik an dem Versuch, eine wertrationale "wahre Wirklichkeit" aufzubauen, hat es bereits im Altertum gegeben. In eindrucksvollster Form findet dies Topitsch bei Thukydides, dessen Illusionslosigkeit sondergleichen ihn befähigt, "der unleugbaren Brutalität des Geschichtsverlaufs ruhig ins Auge zu schauen. Jede metaphysische Hinterwelt ist hier verschwunden, nicht nur der Volksglaube mit seinen Göttern ..., sondern auch jede philosophische Spekulation wie göttliche Vorsehung oder sittliche

Weltordnung" (46). Daneben gibt es eine solche Kritik noch im griechischen Skeptizismus und im antiken Atomismus, die aber - wie die des Thukydides - im ganzen wirkungslos geblieben ist. Erst das Heraufkommen der modernen Welt veränderte diese Situation, deren schlechthin Neues sich bereits im 14. Jahrhundert entwickelte, nämlich die neue Naturwissenschaft und die Gesellschaft der industriellen Arbeit. "Damit ist nicht nur eine neue und außerordentlich erfolgreiche Form der Welterklärung auf den Plan getreten, sondern auch eine Macht, die in menschheitsgeschichtlich kürzester Zeit den gesamten Prozeß der sozialen Produktion und Reproduktion des Lebens von Grund auf umgestaltet hat. Die Erkenntnisziele, Erklärungsmethoden und Gedankenmodelle der modernen Wissenschaft sind von denjenigen der intentionalen Weltauffassung prinzipiell verschieden und erlauben deren Betrachtung und Analyse aus kritischer Distanz, doch vielleicht noch folgenreicher ist die Tatsache, daß die technische Anwendung der Forschungsergebnisse und die dadurch verursachte Umbildung der Gesellschaftsstruktur zu tiefgreifenden Änderungen in eben jenen primitiven und elementaren Lebenssituationen geführt hat, denen die Analogien des intentionalen Weltbildes entlehnt waren. Es ist daher kein Zufall, daß die entscheidende Krise jenes Weltbildes, die auch das Ende der Produktivität der traditionellen Philosophie in sich begreift, mit der industriellen Revolution des vorigen Jahrhunderts zusammenfällt" (47). Die neuzeitliche Naturwissenschaft als die große Gegnerin der anthropomorphen Naturdeutung, wie sie sich seit dem Spätmittelalter und besonders seit dem 17. Jahrhundert entwickelt hat, will von sich aus weder das Universum verklären noch soziale Normen geben. Sie will lediglich Regelmäßigkeiten des tatsächlichen Geschehens feststellen. Sie betrachtet eine Erscheinung als erklärt, wenn diese aus bestimmten, ihr vorangegangenen Ereignissen mit Hilfe allgemeiner Regeln erschlossen werden kann. Das psychologische Gefühl der Vertrautheit spielt keine Rolle mehr. Die Ausschaltung der Handlungsmodelle aus dem wissenschaftlichen Versuch ist aber nun nur eine der Ursachen des Verblassens der intentionalen Weltauffassung im modernen Milieu. Ebenso wirksam ist die Veränderung der sozialen Umwelt. Die gegenwärtige Gesellschaft ist kein übersichtliches Ganzes mehr wie die Familie oder Sippe oder selbst das Imperium. Sie bildet eigentlich keine innere hierarchische Stufung der Ränge, sondern besteht in Wechselbeziehungen - einer Tauschgesellschaft wie Adorno sagen würde -, die kein Leitbild für einen übersichtlich gegliederten "Kosmos" abgeben können (48).

Überblickt man die von Topitsch herausgearbeiteten Zusammenhänge, wird einsichtig, warum wir den Begriff "wertintentional" differenzierten. Die herangezogenen Phänomene und Problemanalysen konnten nämlich nur zeigen, daß alle verobjektivierenden wertintentionalen Weltbilder notwendig an der neuzeitlichen Wissenschaft ebenso wie an ihrer eigenen Widersprüchlichkeit zum Scheitern verurteilt sind. Die von Topitsch unterschwellig vorgetragene Kritik an jeder Art von wertintentionaler Weltbetrachtung überzieht die von ihm herangezogenen Prämissen (49). Andererseits aber konnte der Zusammenhang von technischer Weltbewältigung mit dem Zerbröckeln der überkommenen objektivierenden Weltbilder in seiner inneren Konsequenz einsichtig gemacht werden. Mit der verlorengegangenen Möglichkeit, aus dem Umgang mit der Wirklichkeit Symbole für eine dahinterliegende metaphysische Bedeutung zu gewinnen, mußten die objektivierenden Gesamtdeutungen und Totalerklärungen schließlich notwendig wirkungslos werden. Nimmt man noch die Einsicht hinzu, daß sich heute die Vorstellung eines Prozesses selber als Fiktion herausstellte, ist auch die Möglichkeit, eine affirmative Gesamtschau der Wirklichkeit mittels eines wie immer gearteten Geschehensprozesses vorzustellen, entschwunden. Aus alledem folgt indes nicht, daß jede Weise von Sinnerfahrung in der Welt hinfällig und nichtig zu nennen wäre, sondern eben nur die in neuzeitlicher Philosophie angezielte Weise. Ebenso haben sich natürlich die Fragen nach einer Theodizee in der daraus entstandenen Form als unnatürliche Problemstellungen erwiesen. Zugleich indiziert der Ursprung dieser intentionalen Weltbilder aus den elementaren Beziehungen des wertenden und handelnden Menschen zu seiner Umwelt gerade die eigentliche Sachhaltigkeit und Legitimität des Anliegens selbst. Der Mensch, will er sich in seiner Existenz bejahen, sieht sich zu einer Hinbeziehung auf ein Sinntotum genötigt. Mithin könnte daher aus dem Scheitern der affirmativen Vorstellungen Gottes die einzige Weise angezeigt sein, in der unter den Bedingungen der Neuzeit die Vorstellung eines letzten Sinnprinzips zu denken ist.

3.4 Die gegenwärtige Geschichtslosigkeit als Zusammenbruch verobjektivierter Wertsetzungen.

Wenn es stimmt, daß eine Krise geschichtlichen Bewußtseins letztlich auf eine vorgängige Wertstellungnahme zum Ganzen der Wirklichkeit zurückzuführen ist, muß sich gerade von einer systematischen Überlegung narrativer Geschichtskonzeption erhellen lassen, was sich mit dem Eintritt der Neuzeit ereignete, wenn von Geschichts- und Traditionslosigkeit die Rede ist. Wenn zudem stimmt, daß nicht eine historistische Weltbetrachtung oder die Betrachtung der Welt als Geschichte überhaupt als Ursache namhaft gemacht werden kann für die so dringlich empfundene Krise der Gegenwart, muß es möglich sein, diese Situation wenigstens idealtypisch auf einen Begriff zu bringen. Wenn es weiter so ist, daß diese Geschichtslosigkeit nichts zu tun hat mit der Geschichtsfremdheit einer Kosmosspekulation, welche ihrerseits nur als eine andere Form des in jeder geschichtlichen Weltbetrachtung zum Zuge kommenden und sich auslegenden Interesses an Totalität zu betrachten ist, dann scheint die Geschichtslosigkeit gewissermaßen als Wirklichkeit hinausdefiniert zu sein, es sei denn, sie ließe sich aus den Ursprüngen von Geschichte selber begreifen. Dazu sei nochmals auf einige entscheidende Punkte unserer bisherigen Überlegungen aufmerksam gemacht. Es hat sich gezeigt, daß alle Reklamationen bezüglich Geschichtslosigkeit aus einem ganz bestimmten Lebensinteresse und einer ganz bestimmten Wertstellungnahme zur Welt und zum Menschen entsprungen sind. Ferner wurde offenkundig, daß alle Versuche geschichtsphilosophischer Art eben auch dem Sinnstreben des Menschen, dem Verlangen nach der Beständigkeit bestimmter Werte entspringen. Deutlichstes Indiz dafür ist, daß selbst die Theorien von Geschichte, die eine Notwendigkeit der Entwicklung involvieren, im Hinblick auf die Betroffenen gleichfalls ethisch-moralisch begründet werden. Es liegt also eine Verwechslung in der Forderung der Rückkehr zur Tradition zugrunde, wenn man glaubt, das Selbstverständnis des Menschen nur auf der Ebene bisheriger Geschichtskonstruktion retten zu können. Man hat nämlich dabei übersehen, daß es etwas anderes ist, an einer Wertvorstellung festzuhalten, und wieder etwas anderes, diese Wertvorstellung in einer Geschichtskonstruktion gleichsam gegenständlich werden zu lassen. Daher kann auch die Frage nach dem Interesse an Kontinuität nicht auf der Ebene der Geschichtserfahrungen diskutiert werden, weil in ihnen das vorgängige Interesse schon konstitutiv eingegangen ist, sondern nur auf der Ebene, wo Sinn und Bedeutung die Geschichte entwerfenden Wissens im ganzen in Frage stehen. Das einzige, was rechtens aus der Entfremdung des modernen Menschen von seinen geschichtlichen "Ursprüngen" geschlußfolgert werden darf, ist dies, daß die überkommenen Sinnangebote, welche demselben Interesse an Kontinuität erwachsen sind, aus welchem heraus die Erfahrung der Geschichtslosigkeit als bedrängend empfunden wird, in ihrer objektiv gegebenen und gesetzten Form nicht mehr eine Antwort darstellen. Gerade die überkommene Tradition ist in der Form ihres Überkommenseins keine Instanz mehr, welche wirksam für die "Amplitude des Menschseins" angerufen werden könnte. Das Paradoxe dieser Situation hat Theodor W. Adorno sehr prägnant gefaßt, wenn er den Widerspruch, vor den Tradition heute stellt, so formuliert: "Keine ist gegenwärtig und zu beschwören; ist aber eine jegliche ausgelöscht, so beginnt der Einmarsch in die Unmenschlichkeit" (50).

Warum kann der Mensch von heute die Sinnangebote der Vergangenheit so nicht mehr akzeptieren? Da es sich bei Geschichte um Konstruktionen von "Geschichten" in praktischer Absicht handelt, um eine freie Hinwendung zur Geschichte aus praktischer Absicht, folgt: die vorgängigen Wertstellungnahmen zur Wirklichkeit bestimmen die inhaltlich-materiale Komposition von Geschichte. Allen Geschichtsentwürfen und konkreten Geschichtserzählungen ist indes die Idee der Totalität immanent, die Idee eines letzten Sinntotums, das selber nicht realisierbar ist. Diese Idee, um derertwillen überhaupt Geschichte und auch kosmologische Entwürfe gemacht wurden,

wurde naiv identifiziert mit dem Ganzen der Wirklichkeit.
Wird aber das Sinntotum als real gegeben angesetzt, ist es
einzig die Aufgabe, die innere Gesetzmäßigkeit bzw. die Pläne des letzten Prinzips zu kennen, um eine Sinnorientierung
zu gewinnen. Alle Werte, an denen der Mensch festhielt und
auf die er zusteuern wollte, waren in diesem letzten Prinzip
verankert. Die erfahrene Wirklichkeit wurde als Ausdruck,
Selbstverwirklichung oder Offenbarung einer metaphysischen
Potenz verstanden. Was mit Beginn der Neuzeit eintrat, ist
nun die Unmöglichkeit, vom Ganzen der Wirklichkeit her zu
denken, weil wir nicht ihr Schöpfer sind und daher keinen
Zugang zu ihr haben. Mit der Zuwendung zur Geschichte als
dem vom Menschen Gemachten - in der Überzeugung, irgendwie
sei die Welt weiterhin das Feld der Tätigkeit des letzten
Sinntotums - hoffte man auf diesem Wege den über die Erkenntnistheorie versperrten Zugang zum Ganzen der Wirklichkeit
wieder zu bekommen. Daher unsere These, die neuzeitlichen
Geschichtsentwürfe hätten nur den Sinn gehabt, die Verunmög-
lichung einer Sinnsicherung im objektiv Gegebenen, wie sie
sich mit der Neuzeit anbahnte, zu verhindern. So läßt sich
der Übergang, welcher heute an sein Ende zu kommen scheint,
dahingehend charakterisieren, daß die Wirklichkeit ihren unmittelbaren "wertrationalen" Ausdruck verloren hat. Der metaphysische Sinnüberhang der Dinge und Ereignisse ist abge-
gangen wie eine Lawine. Von der Warte narrativen Geschichtsverständnisses aus würde das heißen, das illegitimerweise
verobjektivierte Sinntotum ist wieder in den ihm sachgemäs-
sen und philosophisch einzig verantwortbaren Status einer
Utopie zurückgeführt. Wenn schon eine Setzung einer Utopie,
dann muß sie auf der Ebene des existentiellen Lebensvollzugs,
mit Kant gesprochen, auf der Ebene der praktischen Vernunft
beantwortet werden, nicht aber kann sie eine Lösung finden
im rein Theoretischen. Inhaltlich zusammengefaßt läßt sich
daher sagen, sowohl von der Einsicht in die Unmöglichkeit
derWirklichkeit als ganzer als auch von seiten systematischer Überlegungen zur Geschichte in narrativer Theorie, daß
der Standpunkt der Wirklichkeit als ganzer nicht mehr eingenommen werden kann. Das Sinnganze der Wirklichkeit darf
nicht mehr argumentierend angesetzt werden. Sinntotalität
läßt sich nur auf der Ebene menschlichen Lebens und Sinnwollens als verantwortete Utopie postularisch entwerfen.

Wenn es also keinerlei spekulativen Zugang zur Wirklichkeit
gibt und so sich jede Weise der Erfahrung von Wirklichkeit
nach Maßgabe einer aus praktischem Interesse entworfenen
Weltsicht konstituiert, kann der technisch rationale Umgang
mit der Wirklichkeit nicht als Gegeninstanz für ein wertin-
tentionales Verstehen von Wirklichkeit herangezogen werden.
Es handelt sich um zwei Weisen, die je und je ihr Recht haben können. An ihrer Funktion entscheidet sich ihre Legitimität.

Legitimität von wertintentionaler Weltbetrachtung ermißt
sich daran, ob sie den Menschen in dem, was er ist, und d.h.

in dem, was er sich erhoffend zutraut, eine echte Hilfe und Befreiung leistet. Die Rechtfertigung liegt einzig darin, ob solche inhaltlichen Wertstellungnahmen in einem sachgemäßen Verhältnis zu dem stehen, was der Mensch schon immer mit Notwendigkeit vollzieht und vollziehend bejaht. Die üblich gewordene Bestreitung theistischen Weltverständnisses aus der anscheinend wirklichkeitsgerechten neutralen Beurteilung der Welt als reiner Vorfindlichkeit basiert auf einer Verkennung der Voraussetzungen menschlicher Erkenntnisfähigkeit. Der sogenannte Verzicht auf Deutung ist selber schon eine Deutung, und die angebliche Bestätigung solchen Denkens aus der Erfahrung der Wirklichkeit ist nur Folge der vorher getroffenen Entscheidung. Denn die vorher getroffene Entscheidung ist konstitutiv für die Weise der Erfahrung selbst (51).

Geschichte und Geschichtsbewußtsein hängen also konstitutiv von der Einstellung des Menschen zur Wirklichkeit ab, sind nur auf der Voraussetzung erfahrbar, daß der Wirklichkeit über ihre reine Vorfindlichkeit hinaus Sinn zugemutet wird. In jeder Erfahrung von Geschichte ist schon immer eine positive Entscheidung getroffen hinsichtlich der Sinnvalenz von Ereignissen und Fakten. Die Ereignisse und Fakten können allenfalls den Sinn liefern, der ihnen zugetraut wird. Nicht behauptet soll allerdings sein, daß sie immer auch den an sie herangetragenen Anspruch im einzelnen zu erfüllen vermögen.

Wenn daher Geschichtswissenschaft die Diskrepanz zum Geschichtsbewußtsein wieder aufheben will, muß sie die Daten und Akten vergangener Epochen als das werten, was sie immer auch sind: Sinnentwürfe zum Zwecke einer eigenen Sinnsicherung. Wenn und insoweit es den Historikern gelingt, die darin angezielten Wertsicherungen zum Vorschein zu bringen, ist ihnen die Möglichkeit einer Anknüpfung an das Sinnstreben und das Suchen nach Handlungsmaximen in der Gegenwart eingeräumt. Auf dieser Ebene , und nur unter dieser Rücksicht, läßt sich dann ein Resümee aus der Geschichte ziehen, insofern man sie auf die Gegenwart bezieht, Nicht als eine notwendige Entwicklung - wie Schiller vorschlug, denn so müßte ein Schein aufrechterhalten werden, der nur unter nicht mehr vorhandenen metaphysischen Voraussetzungen gewährleistet ist -, sondern eben bewußt als postularische Setzung eines Sinnes des Gesamten der Wirklichkeit, die ihre Rechtfertigung aus der praktischen Vernunft zieht. Dieser Gesamtsinn braucht dann nicht als Logodizee mit den als sinnlos erfahrenen Gegebenheiten versöhnt zu werden, weil er sich ja als Utopie formuliert. Von einer aus praktischem Interesse entworfenen Utopie kann schlechterdings nicht zurückargumentiert werden. Ihre Legitimität kann diese Utopie einzig und allein auf der Ebene ihres Ursprungs ausweisen, auf der Ebene des praktisch-existentiellen Selbstverständnisses und Handlungsinteresses.

Der Standpunkt vom idealiter konzipierten Sinntotum ist also

nicht zu beanspruchen, weil er eine Setzung ist. Das aber
heißt für den Glauben an Gott als das letzte Sinnprinzip von
Wirklichkeit, daß nur eine restringierte Vorstellung von
Gott aufrechterhalten werden darf, insofern der Standpunkt
Gottes sich auch von einem Offenbarungsglauben her nicht einnehmen läßt. Es läßt sich im eigentlichen Sinne auch nicht
von Gott zurückargumentieren. Für einen zentralen Vorstellungsgehalt der Theologie, die Schöpfung, ergibt sich somit,
daß die Frage, wie Gott in der Zeit geschaffen haben könne,
unsinnig ist. Wenn indes in der Theologie aber dennoch seit
der Väterzeit davon gesprochen wird, Gott habe aus Liebe geschaffen, ist es keine Argumentation - als solche wäre sie
sinnlos -, sondern nur der Versuch sich klarzumachen, wie
das Verhältnis des Menschen zur vorfindlichen Wirklichkeit
sich zu gestalten habe in Hinblick auf die von ihm formulierte Utopie Gott. Nur auf dem Wege, auf dem die Vorstellung
Gottes als eines letzten Sinnprinzips verantwortet werden
kann, läßt sich zurückargumentieren; es kann nicht herausge-
lesen werden, was nicht schon von vornherein in diese Vorstellung investiert wurde. Unter diesen Voraussetzungen können Offenbarungen, die dafür mitunter vindiziert werden,
eben auch nur innerhalb ihres legitimen Rahmens verantwortet
werden. Sie sind aus Erfahrung verantwortete Deutungen der
Menschen auf ein letztes Sinntotum, die ihren Ursprung in
dem schon oft genug erwähnten Zentrum menschlichen Sinnstrebens haben. Insofern man diese Deutungen glaubte und sie gerade so als eine Antwort und erlösende Interpretation menschlicher Not erfuhr, sind sie berechtigterweise als Offenbarungen Gottes verstanden und interpretiert worden. Da der
Standpunkt Gottes nie eingenommen werden kann, weil man nie
die Möglichkeit Gottes in sich einzusehen vermag und darum
seine Wirklichkeit nicht einfachhin in ihrer Positivität denken darf - das ist der bleibende Gewinn der Kritik am Gottesbeweis von Anselm von Canterbury -, kann Offenbarung weder
einfach faktizistisch festgestellt noch deduktiv aus einem
Gottesbegriff abgeleitet werden (52).

Nachdem die Bedingungen namhaft gemacht sind, unter denen
allein verantwortlich von Wirklichkeit gesprochen werden
kann, bleibt zu klären, wie sich in dieser Situation noch
eine Zuwendung zur Vergangenheit als existenzvergewissernder
Sinnsicherung vollziehen läßt. Denn nur unter der inhaltlich
aufgewiesenen Möglichkeit von Geschichte läßt sich nach Erfahrungen in Geschichte fragen. Da christliches Offenbarungsverständnis einen konstitutiven Bezug zu Geschichte besitzt,
insofern es von gemachten Erfahrungen des Menschen mit Gott
ausgeht, kann nur auf der Ebene dieser Fragestellungen eine
Glaubensaussage verantwortet und ihr Sinn erhellt werden.
Ineins damit ist die Frage zu erschließen, wie unter den neuzeitlichen Bedingungen hermeneutische Vermittlung möglich
ist, die auf ungerechtfertigte autoritäre Ansprüche ebenso
verzichten muß wie auf einen wie auch immer vorgestellten ob-

jektiv erfahrbaren Sinnzusammenhang, der affirmativ in einem
letzten Prinzip festgehalten und einsichtig gemacht werden
könnte. Aus den bisherigen Überlegungen wird deutlich, daß
die inhaltliche Weise der Vorstellung eines letzten integrierenden Gesamtprinzips nicht in Parallelität zu einer
rein formalen und neutralen Geschichtsvorstellung stehen
darf. Die Erfahrung in Geschichte, auch die Erfahrung einer
als geoffenbart geglaubten Ereignisfolge kann nicht jenseits
des Interesses und der darin beschlossenen Wertstellungnahme
des Menschen liegen, das allererst zu einer Hinwendung zu
Geschichte überhaupt motiviert. Damit dürfte sich auch das
Verhältnis von sogenannter Profangeschichte und Heilsgeschichte neu bestimmen, setzen sie doch wenigstens eine wert-
intentionaleInterpretation von Wirklichkeit voraus, die allererst den Zugang zu Geschichte ermöglicht. In dem Problemkomplex Geschichte ist immer schon auch mitentschieden, wie
von Gott, wenn er ein Gott der Geschichte sein soll, gesprochen werden kann. Die Konstitutionsbedingungen von Geschichte
terminieren jedes Denken und jede Aussage auch der Theologie.
Methodisch soll daher im weiteren Verlauf unserer Arbeit so
vorgegangen werden, daß die Vorstellungsmuster von Geschichte
sowohl in Profangeschichtsschreibung wie in theologischer Ge-
schichtsdarstellung auf ihre impliziten Voraussetzungen hin
geprüft werden. Ziel und Interesse bleibt immer ein theologisches: die unter den Bedingungen der Neuzeit mögliche Hinbeziehung der Gegenwart auf Vergangenheit als einer sinnver-
sichernden Heilserfahrung, wie sie christlicher Glaube zu
Gehör bringt. Oder anders formuliert: es geht darum, wie
christlicher Glaube als an in der Vergangenheit erfolgten
Geschehnissen konstitutiv gebundener für die Gegenwart sinnvoll und relevant zu artikulieren ist.

4. DIE VORSTELLUNG VOM ENDE DER GESCHICHTE UND DEREN RELEVANZ FÜR MENSCHLICHE SINNGEBUNG UND HANDLUNGS - ORIENTIERUNG

4.0 Skizzierung des Problemzusammenhanges.

Da die Vorstellung vom Ende der Geschichte in einem unmittelbaren Zusammenhang mit der Erfahrung der Vergangenheit als sinnorientierender Tradition steht, Geschichtsphilosophie nicht eigentlich an der Vergangenheit, an dem "wie es eigentlich gewesen", interessiert ist, sondern danach fragt, worauf es mit dem geschichtlichen Prozeß hinauswolle, wird gerade die Frage nach dem Ende zum Identifizierungspunkt dessen, was mit Geschichte für den Menschen gewonnen sein soll (1). Dies gilt umso mehr, als es auch konkreter Geschichtsschreibung um das Wesen der Geschichte geht, d.h. um den das menschliche Sein umgreifenden transzendenten Zusammenhang, um eine Bestandsaufnahme menschlichen Selbstbewußtseins und menschlicher Sinngebung und Sinnerfahrung (2). Eine neutrale Geschichte gibt es nicht. Auch wenn heutige Geschichtsschreibung sich nicht mehr anmaßt, Vorstellungen über die Zukunft zu entwerfen, hat sie doch immer schon die Frage nach dem Ende implizit mitbeantwortet. Es besteht eine ebenso merkwürdige wie frappierende Situation für den Historiker: Die Frage nach dem Anfang der Geschichte ist wissenschaftlich gesehen eine sinnvolle Fragestellung. Für das Verständnis von Geschichte wirft sie nichts ab. Hingegen ist die Frage nach dem Ende der Geschichte wissenschaftlich gesehen eine unsinnige Fragestellung. Sie kann nämlich nicht zum Gegenstand der Geschichtswissenschaft werden. Dafür aber entscheidet sie über die Geschichtsauffassung selbst (3). Dieser Zusammenhang von Vergangenheit und antizipierter Zukunft liegt somit genau auf der Linie narrativer Geschichtsauffassung, wonach Antizipation von Zukunft sensu stricto nicht sinnvoll zu denken ist, insofern solche Antizipation nur den Stellenwert einer Wertung hat. Wenn die Frage nach dem Ende der konkrete Ort ist, wo der Zusammenhang von Geschichte als Sinngebung menschlicher Existenz und menschlichen Selbstverständnisses formulierbar ist, wird dieser Topos auch zum markierbaren Fixpunkt des Zusammenhanges von theologischem und philosophischem Weltverständnis. In dem in der Frage nach dem Ende involvierten Zusammenhang als der Frage nach dem Sinn menschlicher Existenz im ganzen ist nämlich zugleich und ineins der Topos gefunden, an dem die Rede von Gott einen ausweisbaren und kognitiv vermittelbaren Sinn erhält. Aus diesen Gründen bietet sich die Frage nach dem Ende des Geschehens als natürlicher Einstieg für ein theologisch konzipiertes Geschichtsverständnis an. Dies soll in einem Dreischritt geschehen: Am Scheitern geschichtsphilosophischer Entwürfe in ihrer sinnsichernden Funktion der Neuzeit, an einer versuchten Übereinkunft von Weltgeschichte und Heils-

geschichte und schließlich an einem theologisch entworfenen
"Ende" der Geschichte. Die von uns unternommene kritische
Restringierung soll gerade die inhaltlichen und strukturellen Möglichkeiten für eine an Hand narrativer Theorie entworfene Heilsgeschichte namhaft machen helfen. Zum anderen aber
soll sie die in der Rede von Geschichte implizierte Zielab-
sicht in Hinblick auf die Existenzvergewisserung in Gegenwart deutlich kennzeichnen, um von dort her die Korrelation
von inhaltlich vorgestelltem Ende und menschlichem Selbstverständnis darzulegen.

4.1 Das erwartete Ziel der Geschichte als Implikat des
    Versuchs, sich im Irdischen Sinnsicherung zu verschaf-
    fen.

Spezifisches Charakteristikum neuzeitlichen Denkens ist für
Hannah Arendt (4) - auf deren Darstellung der Neuzeit wir
in diesem Punkte zurückgreifen wollen - die Tatsache, daß
es ein Denken in Prozessen ist. Dies aber heißt: sobald man
ein in sich stimmiges System entwarf, hatten die Tatsachen
offensichtlich nichts eiligeres zu tun als sich ihnen zu
fügen, d.h. sie zu beweisen. Das System mußte nur logisch
stimmig sein, dann konnte man ein und denselben geschichtlichen Vorgang nach Hegelscher Freiheitsdialektik, nach Marx-
scher Klassenkampf-Gesetzmäßigkeit, nach Spenglerschem Sich-
ablösen von Kulturen oder nach dem Schema von "challenge
and response" im Sinne Toynbees erklären. Dieses miteinander
Konkurrieren wäre indes weniger dramatisch, würde nicht einem jeden solcher Systeme und Gesetzmäßigkeiten eine typische Form des politischen bzw. moralischen Handelns entsprechen, die sich dann ausschließlich auch in der Wirklichkeit
bewähren und dort ihre Bestätigung finden.

Grob skizziert ist in solch prozeßhafter Darstellung Ge-
schichte ein ablaufender Prozeß, in dem alles einzelne auf-
taucht und verschwindet, in welchem jegliche Tat und jedes
Ereignis nur dadurch Sinn und Bedeutung erhalten, daß sie zu
einem verstehbaren Teil des Ganzen werden. Und gerade dieses
Denken unterscheide die Gegenwart von der Vergangenheit (5).
Kennzeichen dieser Prozesse ist, daß sie vielleicht in ihren
Stationen mittelbar wissenschaftlich nachgewiesen werden
können. Der unmittelbaren Anschauung sind sie nicht gegeben.
Es handelt sich immer um einen unsichtbaren Prozeß, der
gleichsam im Rücken der Menschen handelt, ein "Fallnetz",
durch den der jeweils greifbare Vorgang seinen Sinn und seine Bedeutung erhält. Für Geschichtswissenschaft geht es dann
primär um das funktionell Exponenthafte; einzelwissenschaft-
liche Detailuntersuchungen können nur diesem Zwecke dienen.
Unentschieden darf für eine formale Analyse die inhaltliche
Ausrichtung und materiale Ausfüllung des Exponenthaften
bleiben. Und Redensarten wie die Entzauberung der Welt oder
der Weltentfremdung sind nur "romantisierte Bilder von der
Vergangenheit" für die Tatsache, daß dem einzelnen Ereignis

und Handeln nur noch innerhalb eines Prozesses Sinn zufliessen kann. "Der Prozeß, der alles zum Exponenten erniedrigt - ... -.hat sich ein Monopol auf Sinn und Bedeutung angeeignet, so daß der Einzelne oder das Besondere nur dann und nur dadurch sinnvoll sein können, daß sie als bloße Funktionen in diesem Prozeß verstanden werden" (6).

Um die Bedeutung dieses Zusammenhangs für unsere Überlegungen herauszuarbeiten, wollen wir kurz der historischen Genese des modernen Geschichtsbegriffs, wie ihn Arendt sieht, nachgehen. Für Arendt ist es eine ausgemachte Sache, daß der moderne Geschichtsbegriff nicht seinen Ursprung im jüdisch-christlichen Zeitbegriff hat (7). Zumindest aber steht soviel für sie fest, daß lineares Denken im Sinne der Vorstellung eines göttlichen Heilsplans nicht notwendig identisch ist mit jeder Art von linearem Denken. So haben wir heute nach ihrer Meinung auch eine lineare Zeitvorstellung, allerdings ohne die Vorstellung von Anfang und Ende als deren Implikat zu begreifen. Vielmehr entspricht diesem heutigen linearen Denken ein ins Unendliche nach rückwärts und ebenso nach vorwärts verlängerbares Zeitschema. Dabei kann man in die sich ins Unendliche erstreckende Vergangenheit zurückgehen und sie nach Belieben und Maßgabe der historischen Forschung anreichern. Gerade mit der Durchsetzung der christlichen Zeitrechnung seit Ende des 18. Jahrhunderts sei eigentlich kein Raum mehr für eschatologische Erwartung und prädestiniertes Ende. Diese Art von Zeitrechnung ermöglicht eine Art irdischer Unsterblichkeit (8). Darüberhinaus lehnt Arendt die Herleitung des neuzeitlichen Geschichtsbewußtseins aus christlichen Vorstellungen auch deshalb ab, weil für sie "nichts weniger wahrscheinlich ist als eine graduelle Umwandlung religiöser Kategorien in säkulare Begriffe, wie sie die Verteidiger einer ungebrochenen Kontinuität der Geistesgeschichte annehmen" (9). Unbeschadet der Diskussion, ob es eine Umwandlung von transzendenten Vorstellungen in immanente geben kann, hält sie an einem historisch nachweisbaren Faktum fest, das Säkularisierung markiert, nämlich an der Trennung von Staat und Kirche, von Religion und Politik. Es ist die Tatsache, daß auf einmal der Staat ohne die absolute Strafandrohung für die Zeit nach dem Tode für die einzelnen Bürger auskommen mußte und zum anderen die Kirchen natürlich auch ihre staatliche Hand verloren. Daß mit diesem Vorgang sich die Entstehung des neuzeitlichen Geschichtsbegriffs innigst verbindet, soll nachdrücklichst betont werden. Nur darf er nicht als aus graduell umgewandelter Eschatologie hervorgegangen verstanden sein. Philosophisch gesehen hatte das zur Folge, daß man jetzt eine Sicherheit im menschlichen Bereich suchte, eine Sicherheit, die auch bei eventueller Nicht-Existenz Gottes noch ihre Haltbarkeit bewiese. Die Philosophie des 17. Jahrhunderts selbst trennte auf das Entschiedenste das Politische vom theologischen Denken. Indiz ist Arendt dafür der Umstand, daß die Männer, die die neuzeitliche Welt instaurieren halfen, beileibe keine ge-

heimen oder unbewußten Atheisten waren. In bezug auf die
Entstehung des neuzeitlichen Geschichtsbewußtseins und der
Hinwendung zum politischen Handeln sieht sie die vielleicht
wichtigste Folge der neuen Entwicklung darin, "daß der Glaube an die individuelle Unsterblichkeit - die Unsterblichkeit
der Seele oder die Wiederauferstehung der Leiber - seine
öffentlich allgemeingültige Verbindlichkeit verlor" (10).
Und diese Vakanz menschlichen Sinnstrebens mußte gleichsam
nach neuen Äquivalenten suchen, mußte eine neue, wenn auch
jetzt irdische Unsterblichkeit aus sich heraustreiben (11).
Nach Arendt bahnt sich damit der Weg zu einer entschlosse-
nen Hinwendung zur Politik, die jetzt eine entscheidende Relevanz für den Menschen gewinnt. Das neuzeitliche Bewußtsein
ist der verzweifelte Versuch, dem Menschen nach Wegfall seiner metaphysischen Sicherungen, wenigstens im breiten Öffent-
lichkeitsbewußtsein, wieder eine Art von Sinn in der Hinwendung zur Geschichte zu verschaffen, welche eine gewissermas-
sen irdische Unvergänglichkeit gewährleisten sollte. Die
entscheidende Wende beim Übergang zur Neuzeit besteht nun
darin, daß die Welt vergänglich blieb, zugleich aber jetzt
auch der Mensch seine Unsterblichkeit verlor. Das Ergebnis
dieser Umwandlung allerdings scheint erst heute, nach Jahrhunderten, im öffentlichen Bewußtsein voll zum Durchbruch
zu kommen. Diese lange Übergangsepoche wurde von den Menschen durch Sinnsurrogate überbrückt, indem die verlorene
Unvergänglichkeit jetzt der Geschichte untergeschoben wurde.
Und hier ist auch der Ursprung für den neuzeitlichen Geschichtsbegriff zu suchen: in der Unfähigkeit des Menschen,
sich mit dieser Endlichkeit abzufinden. "Auf jeden Fall
verdankt unser Geschichtsbegriff, der ausschließlich ein
neuzeitlicher ist, seinen Ursprung jener Übergangsepoche,
in der das religiös fundierte Vertrauen auf ein unsterbli-
ches Leben seinen Einfluß auf den weltlichen Bereich des
Politischen verloren hatte, die neue Gleichgültigkeit aber
gegen alle Fragen, die Unsterblichkeit und Unvergänglichkeit angehen, noch nicht geboren war" (12).

Für den Geschichtsbegriff der Neuzeit ist also zweierlei
konstitutiv: einmal lebt dieser Geschichtsbegriff, der trotz
seines verfrühten Vorläufers Vico erst im letzten Drittel
des 18. Jahrhunderts voll zum Bewußtsein kam und durch Hegel
seine begriffliche Vollendung erfuhr, von der Vorstellung,
"daß Wahrheit dem Zeitprozeß selbst innewohne und in ihm
sich offenbare, und von dieser Überzeugung ist in irgendeinem Sinne das gesamte moderne Geschichtsbewußtsein geprägt,
ob es sich nun in Hegelschen Begriffen ausdrückt oder nicht"
(13).
Zum zweiten gilt, er umfaßt notwendig "die Menschheit als
Ganzes, deren Geschichte Hegel dann als eine ununterbroche-
ne, kontinuierliche Entwicklungsgeschichte des Weltgeistes
deuten konnte" (14). Damit bekommt auch der Begriff Mensch
eine andere Bedeutung eingefärbt. Nicht mehr der Logos ist
das Spezifikum, das ihn vor aller übrigen Natur auszeichnet,

nein, es ist die Geschichte.

Historisch gesehen liegt zwischen dem Urprung der Neuzeit und dem Sichausbilden des modernen Geschichtsbewußtseins im 19. Jahrhundert eine Zeit politischer Philosophien. Erst deren Niedergang, bedingt durch die Erfahrung der Franz. Revolution, entließ den neuzeitlichen Geschichtsbegriff. Arendt diskutiert diesen neuzeitlichen Geschichtsbegriff gerade an Marx, weil dieser am Handeln interessiert war. Um es vorweg zu nehmen: Der Fehler von Marx liegt nicht darin, daß er das Handeln in den Mittelpunkt seiner Überlegungen stellt. Sein entscheidendes Manko ist vielmehr in der typischen Verwechslung abendländischer Geschichtsphilosophie von Herstellen und Handeln zu sehen. Marx hatte versucht, den Menschen als ein tätiges Wesen zu begreifen, d.h. zu politisieren, und zwar dadurch, daß er sein Handeln als "Geschichte-machen" verstand. Die Änderung, welche bei Marx sich einstellt gegenüber Hegel und Vico, besteht darin, daß bei jenen der eigentliche Sinn der Geschichte erschaut wurde, während er bei Marx im Schema eines Handwerkers erblickt wird, der das Modell seines Herstellungsprozesses vorher exakt und eindeutig entwirft. Dieser Entwurf muß im Handwerker schon vor dem Prozeß der Herstellung vorhanden sein, um sich bei der Arbeit daran orientieren zu können. "Dadurch wird das, was bei Vico erkennbare Wahrheit und bei Hegel der eigentliche Sinn der Geschichte gewesen war, zu einem handhabbaren, herstellbaren Zwecke, für den bestimmte, im Wesen dieses Zweckes liegende Mittel mobilisiert werden müssen" (15). Diese Verwechslung von Sinn und Zweck liegt auch schon bei Hegel vor, insofern dort die Handelnden unbewußt immer die in der Geschichte liegenden eindeutigen Zwecke realisieren, um die Entwicklung des Weltgeistes bzw. den Fortschritt im Bewußtsein der Freiheit zu ermöglichen. Weil aber Hegel am Handeln nicht interessiert war, sondern am Verstehen und an der Versöhnung des Geistes mit dem Wirklichen, kamen diese Konsequenzen nicht zum Austrag. Der kritische Umschwung kam erst zustande, als Marx den modernen Geschichtsbegriff auf die Klasse unmittelbar und von dort auf das Politische (= Gesellschaft) anwandte, als er von einem Verstehen von Geschichte zu einer Entdeckung der angeblich notwendigen gesellschaftlichen Prinzipien menschlichen Handelns hinüberglitt und ihm das Interpretieren der Welt dazu dienen sollte, sie gesellschaftlich zu verändern. Die unter der Hand vollzogene Verwandlung von Handeln und Herstellen ist als notwendiges Implikat nicht nur bei all den Konstruktionen nachweisbar, die von letzten und umfassenden gesellschaftspolitischen Zielsetzungen reden, sondern dieses Mißverständnis von Handeln ist auch schon Ingredienz der Tradition der politischen Philosophie gewesen. Bei Marx ist nur diese Vorstellung konsequent zu Ende gedacht, insofern mit dem Erreichen des angeblichen Endzieles auch die Geschichte aufhört.

Wie es historisch dazu kam, daß man sich vom Handeln zum

Herstellen wandte, ist eng mit den Ergebnissen der Franz.
Revolution und der von ihr hervorgerufenen Enttäuschung
verbunden. Arendt konstatiert im Anschluß daran eine Abkehr
vom Handeln, von der Politik zur Geschichte. Das aber ist
Kennzeichen beinahe aller großen Philosophen gewesen, daß
sie sich vom Handeln abwandten, weil es weniger Beständigkeit hat als das kleinste und primitivste Herstellen. Nichts
ist flüchtiger und vergeblicher als Handeln, können wir
doch nicht einmal wissen, was aus unserem Handeln wird: einmal in Gang gesetzt, ist es unrückführbar, man weiß die Zukunft nicht, man kennt die Folgen nicht. Im 19. Jahrhundert
glaubte man eben dieser Schwierigkeit Herr zu werden, indem
man die spezifischen Charakteristiken des Handelns beiseite
ließ und ignorierte (16).

Mit diesem Aufweis des Problemzusammenhanges geschichtlichen
Denkens lassen sich entsprechende Markierungsdaten für eine
Hinwendung zu Geschichte ablesen. Zunächst einmal ist die
Vorstellung eines Prozesses als Beschreibung der Wirklichkeit des Geschehens hinfällig geworden, wie auch immer er
gedacht sein mag. Verstand man die Geschichte als einen
"natürlichen Gang" des Geschehens, der auf ein Ziel zuläuft,
hat ihn gerade die Erfahrung der Neuzeit im politischen Handeln zerstört. Ganz abgesehen davon, daß die Vorstellung
eines Prozesses selber, unabhängig von ihrer Anwendung auf
bestimmte Bereiche der Wirklichkeit, sich als ein Phantom erwies. Es gibt keine feststellbaren Prozesse. Was sich vorfindet, sind Ereignisse, die sich nach bestimmten Schemata so
in einer Erzählung verbinden lassen, daß es ein stimmiger und
einsichtiger Zusammenhang wird. Hat man einmal eingesehen,
daß die Handlungen der Menschen eben nicht einem prätendier-
ten Ziele, einem vorgegebenen Zwecke folgen, ist menschliche
Sinnsicherung nicht schon allein dadurch zu erreichen, daß
man den Direktiven der "natürlichen Ordnung" folgt. Bei all
diesen Versuchen wurde darüberhinaus unterschlagen, daß der
Mensch in seinem Tun und Handeln gar nicht in der Lage ist,
in bewußtem Engagement den vorgegebenen Zwecksetzungen des
"Geschichtsverlaufes" zu folgen, weil er immer nur handeln
kann, und das heißt nichts weniger, als daß er Abläufe in
Gang setzt, deren Ende er nicht abzusehen vermag. Daran kann
auch der Versuch, nun die Zwecke gleichsam selbst zu setzen
und der Vorgegebenheit der Natur zu entreissen, nichts ändern. Denn menschliches Handeln ist nicht in der Lage, das
Ziel der Geschichte selbst herzustellen, weil der Mensch
nicht in der Weise des Handwerkers über sich und die Welt
als beliebig verformbares Material verfügen kann. Ganz zu
schweigen davon, daß solchermaßen vorgenommene Zwecksetzung
politischen Handelns in gar keiner Weise in der Lage ist,
den Sinn für den Menschen zu retten, nämlich Unsterblichkeit und Unvergänglichkeit, um dessentwillen er sich dem
Handeln und der Geschichte zugewandt hatte. Die Alternative
vor der wir demnach zu stehen scheinen, ist so trivial wie

markant: entweder verzichtet der Mensch auf Sinnsicherung, weil sich alle diesbezüglichen geschichtsphilosophischen Versuche als unzulänglich herausstellten, oder aber der Mensch akzeptiert eine solche Möglichkeit, dann leistet diese gerade nicht, was sie leisten sollte: die Sinnsicherung des Menschen als eines Wesens, das handelt. Die Frage ist daher, ob es nur jene einzige Möglichkeit für den Menschen gibt, Gleichgültigkeit jenen Fragen gegenüber aufzubringen, wie sie mit Beginn der Neuzeit möglich geworden zu sein scheinen. Aber gerade hier muß man an Kant erinnern, insofern er darauf beharrte, daß ohne eine metaphysische Vorstellung letztlich der Sinn menschlicher Freiheit als zu Sittlichkeit beanspruchter nicht einsichtig gemacht werden kann. Der Ausblick auf das Ende als einer möglichen Konizidenz von "Glückseligkeit" und "Glückswürdigkeit" bliebt konstitutiv für das Verstehen und die sinnvolle Realisierung von Sittlichkeit. Der Ausblick auf das Ende ist in jeder Vorstellung von Geschichte als Prozeß korrelativ dem Selbstverständnis des Menschen in der Gegenwart. Ist man aus Interessegründen am Handeln des Menschen interessiert, d.h. daran, daß der Mensch tätig mitarbeitet an der Gegenwart und sich für einen bestimmten Einsatz entscheidet, wird ihm das Ende und Ziel der Geschichte als eine bestimmte Zwecksetzung vorgestellt, deren Erfüllung dann Sinnsicherung für den Menschen bedeutet. Ist man aber wie Hegel an einer Versöhnung der Widersprüche in der Wirklichkeit interessiert, wird also nicht an veränderndes, sondern systemkonformes Handeln gedacht, entwirft sich das Ende der Geschichte notwendig als Vollendung eines sich in Eigengesetzlichkeit abspulenden Prozesses. Will man dagegen eine Veränderung in der Gegenwart herbeiführen, wird dem Menschen das Ende als ein von ihm selber zu erstellendes und zu bewirkendes Ziel, besser: als ein Endzweck, vorgestellt. Oder anders gewendet: ob sich der Mensch als unterdrückt oder befreit begreift, daran ermißt sich, wie der Geschichtsprozeß in seinem Ende zu denken ist.

Das Geschichtsbewußtsein verdankt sich also einem Sinnwillen des Menschen, einem positiven Selbstverständnis des Menschen hinsichtlich des Sinnes seiner Existenz im ganzen. Insofern die Hinwendung zur Geschichte, näherhin das Vorstellen von Geschichte als Herstellungsprozeß, in unmittelbarem Zusammenhang mit dem Menschen als handelndem Wesen begriffen werden muß, legt sich natürlich die Frage nahe, ob sich nicht Geschichte, d.h. die Erfahrung von Wirklichkeit als sinneinheitlicher Prozeß notwendig aus der Faktizität des Handelns des Menschen ergibt? Dabei kann es zunächst gleichgültig bleiben, wie im einzelnen genau Geschichte erfahren und verstanden wird. Geschichte wäre nicht Funktion des Sinnwillens des Menschen aus positiver Entscheidung, woher diese auch immer ihren Grund nehmen mag, sondern notwendiges Implikat menschlichen Handelns selbst, Implikat dessen, daß der Mensch immer schon zweckrational handelt und auf Ziele hin angelegt ist. Gesetzt den Fall, diese Vermutung träfe zu, wäre eine Geschichtslosigkeit undenkbar - sie könnte nur aus einer Verdrängung oder Regression herrühren. Für die Theologie folgte noch ein weiteres: Wenn es im Handeln um die Sinnfrage des Menschen schon immer im ganzen und zumal mit Notwendigkeit ginge, wäre die Einheit von Weltgeschichte und Heilsgeschichte immer schon eine prinzipielle. Sie duldete letztlich keine Differenz und keine nachträgliche Identifizierung. Heilsgeschichte könnte allenfalls offenkundig werden lassen, was der Mensch in seiner Geschichte schon mit Notwendigkeit betreibt.

4.2 Das Ende der Geschichte als vorstellungsnotwendiges Korrelat der finalen Freiheit menschlichen Handelns.

Nachdem gezeigt werden konnte, daß zwischen dem vorgestellten Ende der Geschichte und dem handelnden Selbstverständnis des Menschen in der Gegenwart eine Beziehung obwaltet, die gerade die Weise angibt, wie Geschichte als Sinnsicherung menschlichen Handelns und menschlicher Existenz gedacht wird, muß jetzt auf die Möglichkeit abgehoben werden, Geschichte ursprunghaft aus der Struktur menschlichen Handelns selber zu begreifen. Artikuliert sich das Wesen der Geschichte in ihrer Funktion gerade in der vorgestellten Weise des Endes der Geschichte, ist die Frage nach dem Ende der Geschichte ineins eine Frage nach der Wirklichkeit menschlichen Handelns, näherhin nach der dieses Handeln ermöglichenden Freiheit des Menschen. Den dankenswerten Versuch eines solchen philosophischen Aufweises hat der phänomenologisch orientierte Philosoph Ludwig Landgrebe vorgelegt (17). Daß wir uns dieser Untersuchung zuwenden, hat darüberhinaus zwei wesentliche Gründe. Einmal, weil Landgrebe auf den Zusammenhang der Frage nach dem Ende des Weltgeschehens als der philosophischen Frage nach dem Sinn menschlicher Existenz überhaupt abhebt und gerade so die philosophische Frage nach Gott stellt. Zum anderen, weil dieser Aufweis sich an Kant orientiert, der die Prozeßhaftigkeit des Geschehens als Fiktion durchschaute, zugleich aber die Sinnhaftigkeit menschlichen Handelns weiterhin von einer letzten Sinnhaftigkeit her rechtfertigen wollte.

Landgrebe will an Hand von Kant das Problem des Endes der Geschichte als unausrottbar philosophisches demonstrieren. Den programmatisch zusammengefaßten Ausgangspunkt seines Anliegens formuliert er wie folgt: "Die Frage nach dem Ende der Geschichte ist nicht eine unter anderen Fragen derjenigen denkenden Betrachtung des Weltgeschehens, für die sich erst seit Voltaire der Titel einer Philosophie der Geschichte eingebürgert hat; sie ist vielmehr diejenige Frage, durch die sich aus dem allgemeinen Weltgeschehen dasjenige der menschlich-gesellschaftlichen Welt als ein eigener Gegenstand der Besinnung überhaupt erst abgehoben hat" (18).
Kant seinerseits hatte die Unabweislichkeit dieser Frage

nach dem Ende der Geschichte zunächst geschichtsphänomenologisch begründet. Sie ist eine der Grundfragen des Menschen. Das: "Was darf ich hoffen?" läßt sich nicht verdrängen oder abweisen. Die Bedeutung dieser Frage erhellt daraus, daß sie auf das Ende des Geschehens zielt, in das der Mensch als handelnder immer schon eingewebt und verstrickt ist, als Frage nach dem Sinn des Handelns zumal. Als solche Frage indes ist sie heute nicht nur weitgehend aus der Philosophie, sondern auch aus dem Bewußtsein der Menschen geschwunden. Für die breite Öffentlichkeit hat sich die Frage nach dem Ende der Geschichte einfach auf die Möglichkeit einer Selbstvernichtung und damit eines faktischen Abgangs der Menschheit hin verengt. Stellt man hingegen die Frage in dem von Kant insinuierten Kontext, so müßte sich zeigen, "ob jene Trennung des Problems der Weltgeschichte von dem des Heilsgeschehens, die mit dem Verzicht der Philosophie auf die Frage nach dem 'Ende' erfolgt ist, philosophisch überhaupt verantwortet werden kann" (19). Schließlich war es Kant, der erstmals entschieden darauf aufmerksam gemacht hat, daß die für Geschichtsphilosophie relevanten Fragen nach dem Ende der Geschichte, nach deren Anfang und Ende, nach Ziel und Zweck, nicht objektivistisch zu verstehen sind. Nur im Zusammenhang mit der Struktur des menschlichen Handelns lassen sie sich stellen.

Für Kant gilt, ob es nun ausdrücklich von ihm selbst exakt formuliert ist oder nicht, daß Ende und Endlosigkeit selbst notwendige Vorstellungen sind, denen aber in der Erfahrung kein möglicher Gegenstand entspricht. Auf die Geschichte angewandt heißt das: Geschichte kann zwar nur teleologisch gedacht, an Hand eines teleologischen Prinzips verstanden werden; dieses Telos aber selber ist kein Gegenstand möglicher Erfahrung. Wie die Idee des Endes verschiedentlich bei Kant gedacht wird, kann zunächst außer acht gelassen werden. Wesentlich ist der von Kant herausgearbeitete Zusammenhang dieser Idee mit dem praktischen Handeln der Menschen. Gilt nämlich die These, daß die teleologischen Prinzipien, mit deren Hilfe die Geschichte philosophisch verstanden werden kann, nicht aus einer theoretischen Kenntnis des Geschichtsverlaufs gewonnen sind, sei es empirisch, sei es aus Prinzipien der theoretischen Vernunft, sondern daß es sich dabei um notwendige Vorstellungen hinsichtlich des praktischen Handelns und Orientierens des Menschen handelt, so ist wenigstens vorläufig wieder eine Brücke sichtbar zwischen Weltgeschichte und Heilsgeschehen. Es handelt sich also um eine Vermittlung zwischen Enderwartung und faktisch eintretenden Wirkungen des Handelns mittels eines teleologischen Prinzips (20).

Die Funktion des teleologischen Prinzips in der Geschichtsphilosophie Kants muß daher genauer analysiert werden, will man den Zusammenhang von Telos der Geschichte und Handeln des Menschen einsichtig machen. Dies ist zudem deshalb nötig,

weil fast jede geschichtsphilosophische Position der Gegenwart in ausschließlicher Auseinandersetzung mit Hegel gewonnen ist (21). Darüberhinaus wird ein wesentlicher Gesichtspunkt in Kants Geschichtsphilosophie deutlich, der nicht
hoch genug veranschlagt werden kann: die Unterscheidung zwischen der Leistung des Subjekts in der Vorstellung der Geschichte und der den vergangenen Ereignissen zugrundeliegenden Qualität. Im Rückgriff auf dieses Prinzip will Landgrebe
zu einer ursprünglicheren Position geschichtsphilosophischen
Denkens gelangen, als es im Anschluß an Hegel möglich ist.

Zunächst ist für Kant in Ansehung dessen, was sich in der Geschichte darbietet, die Möglichkeit verbaut, Geschichte als
wohlgelungene Schöpfungsordnung zu identifizieren - eher ist
sie schon ein unaufhörlicher Einwurf dagegen -, noch kann er
dem Optimismus der Aufklärung huldigen, die das Zeitalter
der Vernunft und damit das Ziel der Geschichte in der Gegenwart angebrochen sah. Sein klassisches Wort vom Menschen als
dem "so krummen Holze" ist deutlicher Beleg für seine Auffassung. Will man aber dennoch Geschichte darstellen und soll
sie sich als mehr erweisen denn menschliche Dummheit, ist ein
Leitfaden dafür zu suchen. Kant hatte es satt, sich mit den
"Schlackhalden" vergangener Jahrhunderte herumzuquälen und in
rein antiquarischem Interesse sich Geschichte angedeihen zu
lassen, wie es die zeitgenössische Geschichtsschreibung tat.
Wenn er daher trotz seiner Restringierung der menschlichen
Möglichkeiten an einem vollkommenen staatsbürgerlichen Zustande festhält, so ist ihm das nicht schöne Vorstellung,
sondern ein handlungsleitendes Ziel. Landgrebe zeigt durch
Rückblendung auf die "Kritik der Urteilskraft" und die "Kritik der reinen Vernunft", daß sich Kants Behauptung von einer Zweckmäßigkeit der Naturanlagen zwar nur von einem
Zweckzusammenhang unter der Voraussetzung eines Endzwecks
aufrechterhalten lasse, daß aber dieser Endzweck der Natur
außerhalb der Natur zu suchen sei. Und diesen Endzweck lo-
kalisiert Kant im kategorischen Imperativ. Damit gibt es
einen notwendigen Zusammenhang zwischen diesem Endzweck und
dem sittlichen Handeln des Menschen. Da der sittliche Imperativ den Menschen durch alle und in allen Situationen trifft,
in allen geschichtlichen Bedingungszusammenhängen ihn ein-
fordert, hat sittliches Handeln nur dann Sinn, wenn der
Mensch von der Überzeugung und dem Vertrauen einer letzten
Übereinstimmung der durch das Sittengesetz geforderten Zwecke
mit dem Zweckzusammenhang der Dinge überhaupt getragen ist.
Es handelt sich demnach für Kant beim Endzweck nicht um ein
regulatives Prinzip der Beurteilung historischer Zusammenhänge, wie es zur Beurteilung der theoretischen Naturerkennt-
nis notwendig ist, sondern um eine praktische Gewißheit, um
eine Zuversicht, "deren der Mensch für sein sittliches Han-
delnkönnen bedarf, das von ihm durch die Stimme des kategorischen Imperativs unbedingt gefordert ist. Durch diese Zuversicht ist er davor bewahrt, diese seine der Forderung des

Sittengesetzes unterstellte Existenz als eine absurde ansehen zu müssen" (22).

Von dieser Rückbeziehung her stellt sich die teleologische Konzeption der Geschichte, die den Begriff des Endzwecks zu ihrem Leitfaden hat, folgend dar: der Begriff des Endzwecks ist kein regulatives Prinzip der Beurteilung zum Zwecke der theoretischen Erkenntnis von Wirkungszusammenhängen. Das Ergebnis einer teleologischen Geschichtsbetrachtung kann nicht zu einem Ergebnis wie in der naturwissenschaftlichen Erkenntnis führen. Es geht nicht um die Notwendigkeit des Verlaufs, sondern es soll durch diesen Leitfaden nur eine Richtschnur für das Handeln der Menschen gewonnen werden. Diese soll den Menschen dazu anhalten, jenen weltbürgerlichen Zustand herbeizuführen, auf den hin die Geschichte angelegt ist.

Damit aber ist jeder teleologischen Geschichtserkenntnis ihre Grenze angewiesen, andererseits aber auch der Tatsache Rechnung getragen, daß Geschichte immer Geschichte der menschlichen Freiheit ist. Der Mensch kann also seinem Handeln nur dann einen Sinn abgewinnen, wenn er so handelt, als wäre die Geschichte überhaupt als sinnvoll anzusehen. Wäre hingegen das Ziel eine theoretische Gewißheit, würde dem Menschen sein Freiheitsimpuls absorbiert (23).

Wohl scheint hinlänglich nachgewiesen, daß es den Prozeß der Geschichte nicht gibt und daß Geschichtskonstruktion und Endziel der Geschichte wesentlich gekoppelt ist mit dem Handeln des Menschen. Das Problem ist aber, ob sich a priori ein umfassender Leitfaden für Geschichtsschreibung gewinnen läßt. Ist denn für den Historiker schließlich nur wichtig, was sich jener teleologischen Betrachtung einreihen läßt? Kann nicht auch nach anderen Gesichtspunkten Geschichte konstruiert werden, und zwar gerade auch von einem bestimmten Handlungsinteresse heraus? Ist es zudem so, daß wir in der Geschichte nur insoweit Fakten finden, als sie auf ein Endziel hinzeigen und hintendieren, als wir bereits aus Prinzipien a priori die Einsicht eines Endziels geliefert bekommen, dann stellt sich unweigerlich das Problem, warum überhaupt noch eine Betrachtung der Geschichte sinnvoll sein soll. Ungeachtet dieser Schwierigkeit bezüglich teleologischer Betrachtung darf wohl als entscheidende Einsicht Kants festgehalten werden, daß es bei einem bloß empirischen Anblick nur Geschehnisse, niemals jedoch Geschichte gibt. Einzig Kausalverknüpfungen sind auszumachen. Die Tatsache, daß Geschichtsschreibung auch nach anderen Richtlinien verfahren kann, will wohl auch noch Kant akzeptieren, wenn auch nur mit Blick auf ein zu erreichendes Endziel. Einen Selbstzweck und Selbstwert der Epochen kann er nicht veranschlagen. Für Kant wird hier die Sache kompliziert. Da es für ihn keinen Leitfaden aus der Empirie geben kann, er zugleich aber auch weiß, daß man anders Geschichte schreibt - als rein empirisch abgefaßte Historie -, bleibt unbeantwortet, wie der Zusammenhang für

eine bloß empirische Geschichte sich vollzieht. Es läßt sich
also überhaupt nicht ausmachen, wie sich nach Kant eine rein
empirische Betrachtung - ohne Leitfaden - der Geschichte
vollziehen könnte, ist doch der Leitfaden konstitutiv für
Geschichte überhaupt.Wie sich also empirische Geschichte konstituiert, von wo aus sich erst die Frage der Teleologie
stellen läßt, bleibt unbeantwortet. Damit nämlich ein Zusammenhang von Begebenheiten als Geschichte konstituiert werden
kann, ist zuvörderst die Differenz von Geschehen als mögli-
chem Gegenstand von Geschichte und bloßer Natur vorauszusetzen. Nun ist aber für Kant in der Erfahrung immer nur der
Zusammenhang der Natur aus Bedingungen der Kausalität gegeben. Von Kants Begriff der Erfahrung her ist demnach überhaupt nicht einzusehen, wie es neben der Betrachtung der Geschichte am Leitfaden der Teleologie überhaupt noch eine Betrachtung der Geschichte als empirischer geben kann, wo doch
in der Erfahrung nichts anderes als die Natur unter der Verknüpfung der Kausalität auftritt (24).

Wenn allerdings Landgrebe in seiner Kritik an Kant die Forderung erhebt, es müsse einen Unterschied von Naturereignissen
und solchen, die wir als geschichtliche ansprechen, geben,
ist zunächst Vorsicht geboten. Lassen sich denn die Ereignisse in der Zeit immer so auseinanderdividieren, daß sich
eine säuberliche Scheidung von Naturereignissen und solchen
Ereignissen, die in Potenz auf Geschichte stehen, durchführen läßt? Liegt es tatsächlich an den Ereignissen selbst,
in ihrer ontischen Qualität, daß sie als Gegenstand der Geschichtsbetrachtung auftreten können, insofern sie als sinn-
lich erscheinende Geschehnisse bereits spezifisch auf den
Menschen als Handelnden bezogen erfahren werden? Also eine
Erfahrung, der zwar sinnliche Anschauung zugrundeliegen muß,
die aber nicht auf subjektive Beurteilung zurückgeführt
werden kann. Schließlich wäre noch im Gegenzug zu Landgrebe
bei Kant anzufragen, ob mit der Möglichkeit auch einer empirischen Geschichte sich nicht eine Korrektur des Verhältnisses von Leitfaden und Beziehung auf das Ende, von sitt-
lichem Imperativ und Konstitution der Geschichte aufdrängte?
Wäre es nicht naheliegend zu sagen, daß der sittliche Imperativ für die Vorstellung von Geschichte und die damit auch
mitvorgestellten Endes nicht zureichende Ursache sein kann,
wenn anders nicht geleugnet werden soll, daß es auch Geschichtsschreibung und Geschichtsbewußtsein gibt, das sich
in anderer Weise konstituiert? Schließlich ist nicht einzusehen, wie ein Leitfaden der Geschichte nur aus Prinzipien
a priori gewonnen werden kann, wenn dieser Leitfaden schließlich konkretes Geschehen miteinbegreifen soll. Nach diesem
Zusammenhang ist gerade dann zu fragen, wenn man die Einsicht Kants akzeptiert, daß die Vorstellung von Geschichte
und deren Ende immer in einem korrelativen Verhältnis, noch
mehr, in einem Verhältnis a priori zum Handeln des Menschen
in der Gegenwart steht, wenn ferner als evident gelten darf,
daß der Prozeß der Geschichte nie einer der empirisch er-

forschbaren Kausalität ist. Vergleicht man dieses Ergebnis
mit den von uns vorher herausgestellten inhaltlichen Beziehungen des Endes der Geschichte mit dem wertenden Selbstverständnis der Gegenwart, ebenso mit der Rolle von Geschichtsphilosophien als Sinnsicherung des Menschen in seinem Handeln, zentriert sich die Frage nach der Möglichkeit von Geschichtserfahrung auf die Bedingungen des menschlichen Handelns. Es bleibt zu fragen, ob Geschichte schon immer ineins
mit dem Handeln des Menschen gesetzt ist und sich die Verschiedenheit der Geschichtsvorstellung nur aus einem verschiedenen Selbstverständnis des Menschen als handelndem ergibt, oder ob nicht vielmehr die Erfahrung von Geschichte
überhaupt von einem wertstellungnehmenden Moment des handelnden Menschen abhängt. Letztere Möglichkeit beinhaltete, daß
Erfahrung von Geschichte als Sinn- und Orientierungszusammenhang eben nicht transzendental im Wesen des Menschen als handelnder Person begründet ist. Die von Landgrebe angesteuerte
Revision geschichtsphilosophischen Denkens, das in der Nachfolge Hegels Geschichtsphilosophie nur im Modus der theoretischen Erkenntnis zu betreiben vermochte, will gerade im
Rückgriff auf Kants teleologische Prinzipien die Vorstellung
des Zusammenhanges und des Endes der Geschichte auf die
Praxis des Handelns zurückbinden. Kants Gedanken hinsichtlich seines teleologischen Leitfadens, an den Landgrebe anknüpfen will, lassen sich dabei folgend zusammenfassen:
"Handle so, als ob es in Deiner Macht stünde, zur Verwirklichung des Endzweckes der Geschichte beizutragen" (25).

Landgrebe unternimmt den Versuch, unter Rückgriff auf Husserl
und Heidegger, das von Kant ungelöst hinterlassene Problem
aufzuarbeiten, daß seine Maxime noch keinen Grund dafür angibt, wie es möglich ist, "daß in der empirischen Geschichte
diejenige Kontinuität herrscht, die überhaupt im Unterschied
zur Natur und ihrem Geschehen von einer Geschichte als Weltgeschichte zu sprechen gestattet" (26).

Kant hat nur gezeigt, daß wir Geschichte unter einem teleologischen Prinzip verstehen können, das seinerseits nur von
praktisch regulativer Bedeutung sein kann. Der Grund für
das Ungenügen dieser Lösung ist in der transzendentalen
Ästhetik Kants zu sehen, die keinerlei Möglichkeit abwirft,
die Geschichte als teleologische Einheit eines Geschehens
zu begreifen. Wenn nun der Zusammenhang von Geschichte und
deren Endausblicken wesentlich innerlicher zu sehen ist, als
es Kant tat, indem er über das Sittengesetz die Teleologie
der Geschichte und das Handeln der Menschen verzahnte, ist
darauf abzuheben, wo bei Kant die Ursache für dieses Defizit
liegt. Für Landgrebe rührt es daher, daß Kant das Subjekt
immer nur als ein vorstellend-denkendes, nicht jedoch als
ein handelndes begreift. Für Kant war die Zeit nur als apriorische Form des Bewußtseins gegeben, und seine Fragen hinsichtlich der Zeit beziehen sich ausschließlich auf die Bestimmungsmöglichkeiten des Zeitinhaltes innerhalb dieser

apriorischen Form (27). Dementsprechend entfaltet Landgrebe seine These - daß es Geschichte nur durch das Handeln des Menschen gibt (28), und zwar mit dem Ziel, Kant selbst noch auf das Problem hin zu hinterfragen, wie es überhaupt möglich sei, daß Vergangenes sich als Vergangenes und damit Geschichte als solche sich erstlich konstituiere. Erst dann ist die Frage nach dem Ende der Geschichte zu beantworten, wenn ein Begriff von Zeit gewonnen ist, der das Subjekt als handelndes konstitutiv bereits einbezogen hat. Landgrebe widmet sich also der Frage, ob sich Geschichte reduzieren lasse auf die Zeitlichkeit der Ereignisse, insofern sie sich nacheinander einstellen. Die Form der Zeit als bewußtseinsmäßiges Nacheinander, wie sie seit Aristoteles - mit Ausnahme von Augustinus, dessen Ansatz auch hier nicht geschichtswirksam geworden war - begriffen wurde, soll noch auf ihre Bedingungsmöglichkeit hinterfragt werden. Es geht Landgrebe um die "zeitliche Selbstkonstitution der transzendentalen Subjektivität", die ihm ohne die ursprunghafte Einbeziehung des Handelns des Menschen selbst nicht vollziehbar ist. Zeit und Zeitlichkeit des menschlichen Daseins ist demnach nur zu begreifen und zu erschließen vom Handeln des Menschen her, vom Denken eines handelnden Subjektes her (29).

Demgemäß kann Geschichte nur als Entfaltung der zeitlichen Struktur des Handelns begriffen werden, Geschichte ist also wesentlich bedingt und konstituiert vom Handeln des Menschen. Darum kann über das Ende als Sinn und Ziel des Geschehens auch nur vom Handeln her entschieden werden. Wäre dem aber so, könnte in der Tat Weltgeschichte und Heilsgeschichte als in ihrem Ursprung identisch aufgewiesen werden. Zum anderen aber wäre zugleich eine sinnvolle Restringierung weltgeschichtlicher und heilsgeschichtlicher Entwürfe und Aussagen auf ihren Kern hin unternommen.

Die Möglichkeit einer Befragung des Bewußtseins des Nacheinanders unserer Vorstellungen sieht Landgrebe in dem Aufweis des retentionalen Bewußtseins seines Lehrers Husserl gegeben. Was mit retentionalem Bewußtsein gemeint ist, erhellt besonders in dessen Abhebung vom Bewußtsein der Erinnerung. Fragt man, wie Erinnerung möglich ist, und d.h. wie eine Reproduktion möglich ist, in der das Bewußte als Gewesenes gewußt wird, ferner, wie die Vorstellung von etwas als "gewesen" möglich ist, so ist die Antwort darauf das retentionale Bewußtsein des Soeben. Konkret meint das, etwas wird deshalb als ein Nacheinander erfahren, weil ein Sagen z.B. von etwas in das Soeben entgleitet und von da wieder in ein Soeben usf... . Das Gesagte entzieht sich also immer weiter vom Präsenten in das Soeben und das Soeben des Soeben. Die Erfahrung solchen Entfernens ist es, welche uns von der Zeit als der Form eines Nacheinander unserer Vorstellungen sprechen läßt. So sind die einzelnen Phasen des Gesprochenen für eine Strecke lang noch zu behalten; sobald wir es aber verloren haben, müssen wir neu ansetzen und uns des mittlerweile Entglittenen ausdrücklich erinnern. Damit aber ist nicht weniger gesagt, als daß Zeit primär erfahren wird als die Form, "in der wir uns des Entgleitens des jeweils Präsenten bewußt werden" (30). Zeit ist also nicht in der Form der Linie vorstellbar, wie bisherige Geschichtsphilosophie das zu tun pflegte und damit in unhaltbare Aporien sich verstrickte. "Denn Gegenwart ist nicht der Jetztpunkt, der einfach von einem anderen abgelöst wird, sondern sie ist ineins Bewußtsein des Gegenwärtigen und des noch behaltenen Soeben" (31). Aber nicht nur das Soeben ist primär konstitutiv für die Gegenwart, sondern auch das unmittelbare Erwarten des zukünftigen Sogleich, welches Husserl die "Protention" nennt. Solcherart ausgerichtete Intentionalität wird manifest, wenn z.B. die Erwartung enttäuscht und als Folge solchen Nichteintretens sich Überraschung oder Erschrecken einstellt. "Die Protention steht ... zur ausdrücklichen Erwartung als einem Vorvergegenwärtigen im Ausmalen und sich Ausdenken in analogem Verhältnis wie die Retention zur Erinnerung" (32). Noch ist nicht geklärt, worin gerade der Grund für die Möglichkeit liegt, das Jetzt als ein uns entgleitendes zu verstehen. Landgrebe greift dazu auf Gedanken von Heidegger in "Sein und Zeit" zurück, wo die Zeit ursprünglich als "inzwischen" und "bis dann" charakterisiert ist. Demnach wird etwas deshalb als entgleitend ansichtig, weil es für eine Absicht gebraucht und veranschlagt wird. Weil unsere Zurüstung auf ein bestimmtes Ziel das Behalten des Jetzt erfordert, gerade deshalb wird etwas als entgleitend erfahren. Ineins mit der Klärung des von Husserl nicht untersuchten Zusammenhangs von Retention und Protention ist damit Landgrebe auch ein entscheidender Fortschritt gegenüber Kant gelungen: die Zeit selbst ist in die Struktur des Menschen hineingenommen, und zwar des Menschen, der handelt, d.h. der vorblickt und sich Zwecke setzt (33).

Weil also der Mensch in seiner Handlungsstruktur immer schon in einem Vorgriff das Sogleich sich herbeiholt, entspringt Zeit, und das Verlangen nach Behalten des Jetzt, das in das Soeben absinkt, läßt es als ein entgleitendes erscheinen. Der Mensch als wesensmäßig handelnder und die darin sich ereignende Zeitlichkeit lassen erst eine Unterscheidung von Vergangenem, Gegenwärtigem und Zukünftigem zu. Wiewohl in diesem Behaltenwollen immer schon die ausdrückliche Erinnerung motiviert ist, so ist sie doch nicht einfachhin damit auch schon gegeben. Wie die Erfahrung des Entgleitens in das Soeben in der Notwendigkeit gründet, zielgerichtet handeln zu müssen, so entspringt auch die ausdrückliche Erinnerung dessen, was aus dem unmittelbaren Bewußtsein ausgeschieden ist, dem Zwecke der Handlungsorientierung. Damit ist die Struktur der Erinnerung wesentlich von der Handlungsstruktur des Menschen her bestimmt und bedingt. Dann aber ist die Frage nach der Struktur der Zeit der Geschichte als eine Frage nach der Struktur der Erinnerung zu stellen. Und damit erweist sich die Struktur des Menschen als die eines handelnden konstituierend für Geschichte. An die Geschichte ist demnach nach Landgrebes Konzeption nur über die Struktur der Erinnerung heranzukommen, die ihrerseits wesentlich an das Handeln des Menschen geknüpft ist. Offenkundig ist daher der Zusammenhang von bestimmten Vorstellungen über das Ende der Geschichte, über Kontinuität und Einheit der Geschichte mit dem Handlungsmoment des Menschen (34).

Von daher stellt sich die Frage nach der Konstitution von Geschichte nicht in der üblichen Art, indem man fragt, wie aus einem Geschehen Geschichte werden könne, insofern dabei ein lückenloser Zusammenhang kausalen Geschehens supponiert wird. Vielmehr ist die Frage umgekehrt anzusetzen: Wie kommt es von der Erfahrung der Zeitlichkeit unseres Daseins in der Welt zur Vorstellung eines lückenlosen Prozesses, der als kausal verknüpfter Kontinuität vorstellt?

Die Kontinuität der Geschichte ruht weder in einem kontinuierlichen Kausalgeschehen oder einer "Universalzeit", denen Geschichtszeit zuzuordnen wäre, "sondern sie beruht in ihrer Finalität, die aber nicht die Finalität einer göttlichen Vorsehung ist, sondern über die in der Freiheit des Handelns entschieden wird. Die in der Situation gegebenen, schon daseienden Tatsachen werden daraufhin befragt: Wohin führen sie, was ermöglichen und was verschließen sie an Möglichkeiten für unser Handeln?" (35). Daß das Geschehen unter solchem teleologischen Sinn angegangen wird, ist nicht als willkürliche äußere Zutat anzusehen. Dies resultiert vielmehr daraus, daß das vergangene Geschehen den Rahmen und den Kontext der Bedingungen abgibt, unter denen wir in der jeweiligen Gegenwart zu handeln haben. Und so ordnet sich auch das Geschehen als kontinuierlicher Zusammenhang auf die Gegenwart hin. Die Vorstellung des Nacheinander mit datierbarem zeitlichen Abstand ermißt sich an der erinnernden Besinnung, die von der Besinnung auf die Möglichkeiten des Handelns in der Gegenwart auf die Bedingungen des Gewordenseins der momentanen Situation zurückfragt. Das Handeln des Menschen in Freiheit ist es also, welches in Besinnung auf das Handlungsmögliche geschichtliche Ereignisse in einer einheitlichen Geschichte durch rückerinnernde Besinnung entstehen läßt. Von daher wird ersichtlich, wieso Geschichte zum einen nicht eo ipso schon ein kontinuierlich ablaufendes Kausalgeschehen voraussetzt, sondern der finalen Struktur des Handelns zugeordnet ist, zum anderen, wieso der vorgestellte Zusammenhang der Geschichte als Sprünge machende Erinnerung den Zusammenhang erst konstruiert. Wenn also Geschichte sich erst im Vollzug des Handelns und unter dessen konkomitierenden Bedingungen des Vorblicks und der rückblickenden Besinnung erstmals konstituiert, ergibt sich von selbst, daß damit ihre Kontinuität jeweils immer neu hergestellt wird, aus welchem Grunde Geschichte auch immer wieder neu geschrieben werden muß (36). Was sich schon im verantwortungsvollen Ausblick und Rückblick, der die besinnende Rekonstruktion der Geschichte hervorruft, andeutete, wird jetzt von Landgrebe noch expliziter in Rückgriff auf Kant entwickelt: nicht das

Handeln als bloßes Handeln ist es, welches den Sinn und die
Kontinuität von Geschichte prinzipiell erhellt und konstituiert, sondern das Handeln unter dem Anspruch dessen, was
Kant als Sittengesetz vorgestellt hat: "Ihm zu genügen ist
das Wagnis, aus dem allein geschichtliches Ereignis entspringt
Es bedeutet, sich stellen einem Anspruch und einer Forderung,
deren Erfüllung in ihren Konsequenzen nicht-berechenbare
Möglichkeiten des Machenkönnens in sich schließt, und die
auch in aussichtslosen Situationen gilt, denen sie ihr 'trotzdem' entgegenstellt" (37).

Die Frage nach dem Ende der Geschichte kann demnach auch nicht
theoretisch beantwortet werden, weil dieser Vorstellung vom
Ende keinerlei empirische Objektivität zugrundliegt, weil ihr
kein kognitiver Gehalt als solcher zuzusprechen ist. Sie ist
einzig zu beantworten in ihrer konkreten Bezogenheit auf das
Ereignis eines Handelns, das zielgerichtet ist. Die Vorstellung eines Endes oder besser letzten Zieles der Geschichte
ist somit nur als Äquivalent eines Handelns zu verstehen,
das sich als zu Sinnvollem verpflichtet gerufen weiß. Ob
durch eine so oder so getroffene Entscheidung ein bestimmtes
letztes Ziel erreicht wird oder nicht, ist dabei nicht die
Frage. Sondern die Erwartung auf eine Sinnerfüllung ist es,
welche als vorstellungsnotwendiges Korrelat immer den Bezug
zum Ende, zum Ganzen mitsetzt. "Sie ist die Hoffnung, angesichts des Eschatons als eine unerschütterliche Gewißheit
in gänzlicher Ungewißheit. Hier ist der Punkt, in dem die un-
trennbare Verknüpfung von 'Weltgeschichte und Heilsgeschehen'
zu suchen ist" (38).

Mit diesem Ergebnis wäre in der Tat die Versöhnung von Geschichtsphilosophie und Geschichtstheologie gewiesen; es zeigte sich sogar eine letzte Identität, die sich in der Frage
nach dem Sinn, der sich als gesollter durch das sittliche Bewußtsein zu Gehör bringt, darstellt. Nach der Analyse von
Landgrebe kann dieser Entscheidung keiner ausweichen, weil
menschliches Handeln immer von einem letzten Sinnwillen getragen ist. Ob sich indes eins damit auch schon notwendig
die Konstruktion und das Entspringen von Geschichte einstellt,
muß zunächst offen bleiben. Die Rede von der Geschichtslosigkeit hat schließlich auch ihre Berechtigung. Die schon
früher aufgezeigte Korrelation der Vorstellung des Endes der
Geschichte mit dem Selbstverständnis des Handelns in der Gegenwart wäre nach der These Landgrebes eine prinzipielle
Struktur des menschlichen Seins selbst. Merkwürdigerweise
hebt aber nun Landgrebe nicht auf die inhaltliche Seite des
Endes der Geschichte ab. So konsequent die Erfahrung von Geschichte aus dem Imperativ des sittlichen Bewußtseins herge-
leitet ist, müssen doch Bedenken angemeldet werden hinsichtlich der Weise des Zusammenhangs von absolutem Anspruch des
Gewissens und kategorialer Vorstellung von Geschichte. Wohl
ist es unbestreitbare Tatsache, daß die Funktion von Geschichte die der menschlichen Sinnsicherung ist, oder in der

Terminologie Landgrebes, daß die Erwartung einer letzten Sinnerfüllung Ursprung und Zusammenhang von Geschichte ist. Gleichzeitig aber stellt nicht jede Weise der Geschichtsvorstellung ein sinnvolles Korrelat zur Situation des Handelns in der Gegenwart dar. Daß sich heute weitgehend eine Abwendung von Geschichte als Tradition ineins mit dem vielfach angekündigten Ende des metaphysischen Denkens vollzieht, sollte Anlaß zur Korrektur geben. All diese Fakten sprechen nämlich dagegen, daß sich Geschichte und damit Hoffnung auf eine letzte Sinnerfüllung allein und notwendig schon aus dem menschlichen Handeln selbst ergeben. Die von Landgrebe analysierte Handlungssituation ist hier einem phänomenologisch gesehen verständlichen, aber nichtsdestoweniger fatalen Irrtum erlegen. Sie erklärt nämlich Erfahrung von Geschichte aus einem bestimmten Selbstverständnis menschlicher Freiheit heraus, aus der Voraussetzung, Freiheit würde sich nur sinnvoll vor dem Angesicht des kategorischen Imperativs verstehen lassen. Und gerade das ist bereits ein von bestimmter Wertung her entworfener Freiheitsbegriff. Es läßt daher für die erzielte Übereinkunft von Weltgeschichte und Heilsgeschichte auch vermuten, daß es sich hier um nichts anderes handelt, als um eine faktische Identität, welche aus einem christlich verstandenen Freiheitsbegriff entwickelt wurde. In Wirklichkeit stellt sich ein anderes Ergebnis ein, als es Landgrebe vorlegt. Geschlußfolgert kann in Anbetracht der Situation des geschichtlichen Denkens lediglich werden, daß eine von einem Eschaton, d.h. von einem letzten Sinn herkommende Interpretation die einzige Weise ist, die Freiheit des Menschen sinnvoll unter einem Anspruch der unbedingten Verpflichtung und damit in ihrem Vollmaß zu sehen, weil die als Eschaton erwartete Zukunft den einzelnen Menschen als handelnden und nicht als herstellenden begreift. Man kann es auch anders sagen: das Handeln des Menschen, das nie den Sinn der Geschichte herzustellen vermag, kann als freiheitliches und damit verantwortetes Tun einzig dann vor dem Verlaufen in die Leere und Sinnlosigkeit gerettet werden, wenn es vor den Anspruch und die Hoffnung einer letzten Sinnhaftigkeit gestellt wird, die gerade es selber nicht zu leisten vermag. In diesem und nur in diesem Fall koninzidieren Weltgeschichte und Heilsgeschichte. In Hinblick auf geschichtsimmanente Deutungen des Weltgeschehens mag diese an einem Eschaton entwickelte Vorstellung von Geschichte durchaus den Vorrang haben, da sie dem Phänomen menschlichen Handelns als einzige gerecht wird. Um es noch einmal zu formulieren: es folgt aus der Tatsache, daß der Mensch handeln muß, weder die Notwendigkeit einer Geschichtsvorstellung mit immanent erreichbarem Ziel, noch ein Geschichtsverständnis und ein Geschichtszusammenhang, die ihr Einheitsprinzip in einem nicht-geschichtlichen Eschaton haben. Nur wenn der Mensch sein Tun und Lassen unter einem letzten Sinn stehend begreifen will, muß er dieses sein Handeln, wie immer es verstanden wird, in einen Geschichtszusammenhang bringen, wobei das damit vorgestellte Ende des Geschehens als Fluchtpunkt des Geschehenszusammenhanges die Weise des Selbstverständnisses menschlichen Tuns thematisch macht und verojektivierend expliziert. Daher kann auch die Einsicht Kants, Aussagen über Ende und Endlosigkeit seien keine zu verobjektivierenden Sachverhalte, nicht darüber hinwegtäuschen, daß Ende und letzte Zukunft dennoch inhaltlich in Korrelation zum Selbstverständnis des in konkreter Alltäglichkeit handelnden Menschen stehen und somit auch in ihrer inhaltlich vorgestellten Weise bedeutsam sind. Weil der Gewissensanruf eben immer konkret ist, entspricht ihm auch eine konkrete Vorstellung vom Ende der Geschichte. Daß die Vorstellung von einem Ende immer die Funktion einer Sinngebung hat, beinhaltet noch nicht, daß man diese in immer gleicher und inhaltlicher Selbigkeit wahrnimmt. Wer nämlich das Ende nur als Eschaton zu denken vermag, kann in der Gegenwart z.B. auch nicht einen anderen Menschen zum Zwecke der Erreichung des Endzieles vereinnahmen. Wer dagegen das Ende als inhaltsleere Katastrophe vermutet, kann von ihm für die Gegenwart auch keine inhaltlichen Sinn- und Handlungsorientierungen erhalten. Der kategorische Imperativ eines Kant, der Handeln aus reinem Pflichtbewußtsein fordert, also außer der Forderung der Legalität und der Forderung nach Eigenzweck der Person nichts beibringt, hat sein spätes Pendant in der existentialistischen Forderung nach Eigentlichkeit. Nur deshalb, weil man die Vorstellung vom Ende zur Inhaltsleere formalisierte und so den ursprünglichen Zusammenhang von Geschichtsvorstellung und Selbstverständnis in Gegenwart zur Unkenntlichkeit reduzierte, wurde eine scheinbare Übereinkunft von Geschichtsvorstellungen in der Existenz des Menschen als eines handelnden Wesens möglich. Systematisch könnte man es auch gegenläufig formulieren: Will man Geschichte aus dem Wesen des Menschen erheben, kann Geschichte niemals mehr als inhaltlich vorgestellte Größe auftreten, Geschichte kann keine Existenzvergewisserung mehr sein, sondern allenfalls je und je die Möglichkeiten des "Daseins" entwerfen. Damit aber ist am Ende der von Landgrebe am Prinzip der Teleologie entworfene Zusammenhang zwischen dem Handeln und der Vorstellung eines Endes der Geschichte in seiner eigentlichen Bedeutung in Hinblick auf das Selbstverständnis des Menschen gerade durch den Versuch, Geschichte gleichsam als ein Handlungsexistential zu begreifen, selbst in Frage gestellt. Daher muß nun gefragt werden, ob sich der vermeintliche Zusammenhang von Handeln und Geschichte mittels einer Phänomenanalyse des Handlungsaktes als notwendig aufweisen läßt.

Diese geforderte Untersuchung hat Hans Michael Baumgartner durchgeführt (39). Er faßt Landgrebes Theorie von Geschichte als Theorie des menschlichen Handelns auf, in der alle wesentlichen Probleme und konstitutiven Begriffe des Geschichtswissens durch Rekurs auf das Ereignis des Handelns und seiner Komponenten geklärt werden. An dieser Konzeption interessiert zunächst das Verhältnis von Retrospektive und Retro-

aktive. Wird doch in dieser phänomenologischen Theorie eine
unmittelbare Zusammengehörigkeit von handlungsorientieren-
der Besinnung (welche auf die Handlungsmöglichkeiten reflektiert durch Rückgang auf die Genese der Handlungssituation)
und durch Erinnerung geleitetes, den Zusammenhang immer neu
herstellendes Handeln unterstellt. Im Hinblick auf die Entstehung geschichtlicher Kontinuität scheinen erinnernde Besinnung und an Interpretation anknüpfendes Handeln gleich-
rangig am Werke zu sein. Wiewohl auch für Baumgartner ein
Zusammenhang zwischen Handeln und Konstruieren der Geschichte als Kontinuität gegeben ist, bleibt dennoch die Frage, ob
nicht durch eine Analyse des Verhältnisses beider zueinander
sich einstellen könnte, daß Handeln - wie unbestreitbar es
dazuzugehören scheint - zumindest nicht exklusiv verantwortlich für Geschichtszusammenhänge zu machen ist. In diesem
Falle würde die Erklärung von Geschichte und geschichtlicher
Kontinuität aus der Struktur des Handelns nicht mehr tragen.

Der zweite Punkt der Kritik Baumgartners gilt dem Begriff
des Handelns selbst, insofern dieser von Landgrebe nur als
teleologischer durchgeführt ist. Er ist an einem Mittel-
Zweckverhältnis orientiert und so nur als Explikation eines
angezielten Unternehmens zu verstehen. Von daher erfolgt
auch die Korrektur des Handlungsbegriffes durch Baumgartner,
insofern ihm nicht finales Handeln allein konstitutiv bedeutsam ist für eine Konstruktion der Geschichte in praktischer
Absicht (40).

Der Konzeption Landgrebes, soweit sie sich auf den Handlungs-
begriff bezieht, haftet somit ein doppeltes Manko an: er ist
unzureichend für die Erfassung des materialen Substrates von
Geschichte, das sich beileibe nicht aus rein säuberlich
scheidbaren instrumentellen Handlungen zusammensetzt. Entscheidender ist aber der andere Einwand Baumgartners, daß
sich von der verengten Vorstellung des Handelns als Herstel-
len(wollen) keine klare Bestimmung des Geschichte konstruierenden praktischen Interesses abheben lasse (41).

Es ist eine vorschnelle Behauptung Landgrebes, konkretes Handeln begründe durch sich selbst schon Geschichte und geschichtliche Kontinuität. Konkretes Handeln schafft wohl
durch seine Anknüpfung an eine Situation einen zeitlichen
Zusammenhang. Damit wird aber das Handlungsereignis selbst
noch nicht ein geschichtliches. Erst in einer es aufgreifen-
den Erinnerung, die sich im Kontext einer neuen Situation
bildet, wird der Gegenstand einer Sprünge machenden Erinnerung geschichtliches Ereignis. Gerade das gleitende Ineinander des begleitenden Bewußtseins bei Handlungen (von Soeben und Sogleich) mit dem geschichtlichen Zusammenhang von
Vergangenheit, Gegenwart und Zukunft ist die empfindliche
Nahtstelle von Landgrebes Theorie. Kommt doch das Soeben als
Vergangenes für das Handeln erst in der ausdrücklichen Erinnerung zum Bewußtsein. Wenn also das aktuelle Bewußtsein
des Jetzt, welches sich aus dem Soeben und Sogleich rekru-

tiert, nicht geschichtliches Bewußtsein, sondern höchstenfalls Voraussetzung desselben ist, kann auch das Ereignis des Handelns selbst nicht schon ein geschichtliches sein. Es vermag damit auch die Überbrückung zwischen dem Soeben und der Vergangenheit nicht zu leisten, auch nicht zwischen dem Sogleich und der Zukunft. Letztlich deshalb, weil dieser zu überbrückende Hiatus vom Menschen als handelndem gar nicht mitgesetzt wird.

Die Beziehung eines Handlungsereignisses zur Geschichte liegt also wesentlich darin, daß es in eine erinnernde Konstruktion von Geschichte aufgenommen werden kann, aber nicht muß. Daher auch die Ungewißheit hinsichtlich seiner Bedeutung im Rahmen einer Geschichte. Von der völligen Absehung bis zum entscheidenden Fix- und Kulminationspunkt hin stehen alle Möglichkeiten offen. Allerdings wird gerade die Linienführung solcher Konstruktion von einem bestimmten Handlungsinteresse der die Geschichte konstruierenden Menschen bedingt sein. Der Ursprung der Geschichte jedenfalls darf nicht im Ereignis des Handelns selbst gesucht werden, sondern erst in der Erinnerung des Handelns und der jeder Erinnerung innewohnenden retrospektiven Konstruktion in einem unter bestimmten Sinnvorstellungen entworfenen Zusammenhang. Und dies in praktischer Absicht. "So ergibt sich die paradox anmutende Konsequenz, daß Geschichte und ihre Kontinuität ohne den Bezug auf in einem konkreten Handeln zu realisierende Intentionen sinnvollen menschlichen Lebens nicht gedacht werden kann, und dennoch nicht durch den Vollzug des Handelns selbst schon realisiert wird" (42).

Baumgartners Kritik an Landgrebe ist nun trotz entschiedener Ablehnung des Versuchs, Geschichte auf die zeitliche Selbstkonstitution der transzendentalen Subjektivität zurückzuführen, nicht eigentlich als Frontstellung zu werten. Vielmehr ist eine nähere Präzisierung des Ursprungs von Geschichte anvisiert. Festgehalten bleiben wesentliche Einsichten Landgrebes: Ort der Geschichte ist die erinnernde Besinnung; dies jedoch nicht derart, als wäre mit dem Wissen um Vergangenes dieses auch schon zur Geschichte aufgespreizt. Erst erneute Rekonstruktion des Vergangenen als Geschichte läßt sie ihre neue Qualität erhalten. Wohl gehört die geschichtliches Wissen entwerfende Retrospektive, die in Absicht auf gegenwärtige Legitimation von Handeln einen Sinnzusammenhang des Vergangenen mit dem Gegenwärtigen herstellt, zum Wesen des Menschen. Aber nicht als Notwendigkeit, sondern immer nur als Möglichkeit. Weder eine transzendental verstandene Handlungsstruktur noch ein konkretes Ereignis bringen eo ipso schon geschichtliche Konstruktion des Vergangenen zuwege. Richtig daran ist, daß die Zeitlichkeit des Daseins für die Modalitäten zeitlicher Erscheinung als Vergangenes, Gegenwärtiges und Zukünftiges verantwortlich ist; ferner, daß die Erinnerung in Auswahl und Sprüngen eben diese Dimension aufnehmend Geschichte konstituiert und so jeder Vorstellung von Geschichte als prozessualem Geschehensablauf entschieden widerspricht. Baumgartners Überbietung besteht in einer präziseren Lokalisierung des Ursprungs von Geschichte, indem er die von Landgrebe richtig beschriebene Konstruktion aus Erinnerung abhebt von dem Ereignis des Handelns. Damit ist nicht das Handeln als Ereignis der Ursprungsort der Geschichte: "sie ereignet sich nicht, sondern wird in das bruchstückhaft Erinnerte hineingesehen. Darum liegt ihr Ursprung auch nicht in irgendwelchen Ereignissen, sondern in einer bestimmten und nicht-notwendigen Einstellung zu diesen" (43). Dem phänomenologisch richtig beschriebenen Akt der Konstruktion von Geschichte und dem dabei involvierten Zusammenhang mit dem Handeln, der Retroaktive, steht die ebenso unbestreitbare Tatsache entgegen, daß nicht jedes Handeln zugleich auch schon Geschichte hervorruft. Daß aber andererseits Geschichtskonstruktion in praktischer Absicht vollzogen wird, thematisiert und belegt nur die These, daß Geschichte Konstruktion ist.

Wenn also Geschichte nicht schon mit dem Handeln überhaupt gesetzt ist, wenn weiter Geschichte einem praktischen Interesse an Handlungs- und Sinnorientierung entspringt, wird die von Landgrebe indizierte Übereinkunft von Weltgeschichte und Heilsgeschichte auf der von ihm angegebenen Weise hinfällig. Eine Übereinkunft von Weltgeschichte und Heilsgeschichte würde vielmehr darin liegen, daß nach narrativer Theorie Geschichtsdenken überhaupt eine besondere Weise darstellt, das menschliche Streben nach Totalität zu erfüllen. Wenn es also so ist, daß Aussagen über die Zukunft wesensmäßig über die inhaltliche Konstruktion von Geschichte handlungsorientierend wirken, dann explizieren Aussagen über das Ende gerade die inhaltliche Art und Weise, wie in Gegenwart Handlungsorientierung erwartet wird. Zukunftsaussagen sind ihrer Qualität nach Funktionsgrößen innerhalb eines narrativ entworfenen Geschichtszusammenhanges. Der Zusammenhang von Aussagen über das Ende der Geschichte und Handeln des Menschen in der Gegenwart gilt demnach nur gegenläufig zur These Landgrebes: überall wo Aussagen über das Ende der Geschichte sich vorfinden, stehen diese ihrer Funktion nach im Zusammenhang mit der Lebenspraxis des Menschen und haben nur insoweit Rang und Wert, als geschichtliche Konstruktion überhaupt in bezug auf das Handeln und Orientieren des Menschen relevant sein können. Diese Einsicht war schon bei Kant zutage getreten, wenn er den Aussagen über das Ende der Geschichte keinerlei objektiven bzw. empirischen Sinn zuerkennt. Ihr Sinn erschöpft sich in der handlungsorientierenden Relevanz für die Gegenwart. Daher ist auch die These irrig, eschatologisches Denken rufe geschichtliches auf den Plan. Kants tiefgreifende Einsicht bestand gerade darin, daß er das sittliche Bewußtsein für die teleologische, und das heißt für ihn: für die geschichtliche Konzeption von Welt verantwortlich machte. Wenn Landgrebe auch in Anschluß an Kant den Zusammenhang von Geschichte und Handeln in seinem Ursprung falsch lokalisierte, konnte er doch die Funtkion des Endes für eine am Handeln interessierte Gegenwart genau angeben. Er hat implizit gezeigt, welches Interesse in der Gegenwart den Menschen zur Hinwendung auf Geschichte und zur eschatologischen Konstruktion von Geschichte veranlassen kann. Es ist das Interesse des Menschen, sein Handeln aus sittlich verantworteter Freiheit übernehmen zu wollen. Das heißt auch, daß der Mensch sein Handeln in und trotz aller Vorläufigkeit als sinnvoll und gültig verstehen will. Eine solche Selbstexplikation menschlichen Seins involviert als ihr inhaltliches Korrelat eine Vorstellung vom Ende, das einer sich aus dem kategorischen Imperativ heraus verstehenden Sittlichkeit gemäß ist. Und dieses Ende der Geschichte wird nicht allein schon durch zweckgerichtetes und intentionales Handeln hervorgebracht, sondern einzig und allein durch die Interpretation dieses Handelns aus Sittlichkeit heraus. Nimmt man hinzu, daß der Mensch nicht nur in seinem intentionalen Handeln, sondern auch in seinem Leiden und Tun ernst genommen werden will, und zwar mit derselben Ernsthaftigkeit, die Sittlichkeit erheischt, wird sich eine Konstruktion von Geschichte inhaltlich ebenso danach richten wie die ihr korrelierende Endvorstellung.

Damit wäre über Kant der Zusammenhang von Enderwartung und Selbstverständnis in der Gegenwart, wie er sich in jedem Geschichtsdenken auffinden ließ, in ein philosophisch ausweisbares Verhältnis gebracht. Will man sich daher über die Frage nach dem Ende der Geschichte zu einer theologischen Konzeption von Geschichte vorarbeiten, muß nach der inhaltlichen Relevanz von explizit theologischen Aussagen über das Ende des Geschehens gefragt werden.

4.3 Eschatologie als Frage nach der absoluten Zukunft Gottes für den Menschen.

Aussagen über das Ende der Geschichte haben den Rang von Wertstellungnahmen in der Konstruktion von Geschichte, werden aber gerade über diesen Umweg bedeutsam und entscheidend für das Selbstverständnis des Menschen als eines in Gegenwart handelnden. An der inhaltlichen Weise des Selbstverständnisses menschlichen Daseins ermißt und entwirft sich die Vorstellung vom Ende der Geschichte. Wenn daher Christentum ein bestimmtes Bild vom Menschen hat, muß dem Christentum auch eine spezifische Vorstellung vom Ende eigen sein. Insofern christliches Daseinsverständnis den Menschen von Gott her begreift, wird sich das Ende der Geschichte ebenfalls von Gott her entwerfen. Die Frage nach der Eschatologie wird damit zugleich und ineins eine Frage nach dem christlichen Selbstverständnis, eine Frage danach, wie der Mensch sein Handeln und Tun von Gott her verstehen kann. Diesem Anliegen soll im Anschluß an die vorher erfolgte restringierende Analyse der Aussagen über das Ende die Untersuchung eschatologischen Denkens dienen.

Implizit wird damit das Thema angeschnitten, wie sich eschatologische Aussagen zur Situation der Neuzeit, die sich von Subjektivität her versteht, verhalten, wie eschatologische Aussagen Sinn und Bedeutung haben können angesichts des verlorenen objektiven metaphysischen Sinnhorizonts. Indem gezeigt wird, wie und warum eschatologische Aussagen alles theologische Reden durchziehen, müßte sich solcher Aufweis wenigstens implizit als philosophisch ausweisbare Explikation christlichen Daseinsverständnisses manifestieren. Soll der Gottesgedanke seine Wirkkraft hinsichtlich der konkreten Situation menschlichen Handelns nicht verlieren und sich dadurch via facti selbst destruieren, muß gerade an der Frage nach dem "Ende" die "differentia specifica christiana" offenkundig werden. Wenn nicht einfach traditionelles Gedankengut repristinierend festgehalten werden soll, muß gezeigt werden, wie der Mensch von heute gerade im Glauben an einen Gott letzte Erfüllung und Sinnsicherung seiner eigenen Existenz sehen kann, wenn anders er nicht am Gebrauch seiner Freiheit verzweifeln soll. Und gerade daran wird sich entscheiden, ob und inwieweit eschatologische Aussagen Sinn und Bedeutung für Gegenwart haben.

Daß wir uns an Karl Rahner orientieren, hat u.a. seinen Grund darin, daß Rahner explizit auf die anthropologische Dimension aller theologischen Aussagen abhebt (44). Schließlich legt sich eine solche Beschränkung insofern nahe, als es unmöglich ist, die heute dicht sprudelnden Neuansätze einer eschatologisch ausgerichteten Theologie so zu sondieren, daß eine für unsere Belange brauchbare und sachgemäße Diskussion möglich wäre. Denn diese Versuche sind insgesamt ebenso zahlreich wie divergierend. Insofern es einzig um die Strukturmomente eschatologischer Aussagen und deren Relevanz für die gegenwärtige Existenz geht, um das Verstehen von Gegenwart und Vergangenheit in bezug auf die Wirklichkeit im ganzen und den gläubigen Selbstvollzug eines sich von Gott her verstehenden Lebens, wird implizit auch schon strukturell und inhaltlich der Zusammenhang von Geschichte und Glauben behandelt. In der speziellen geschichtstheologischen Frage nach dem Ende geht es also nicht nur um eine Frage unter anderen theologischen Problemen, sondern es steht die Valenz theologischer Aussagen selber mit an zur Diskussion.

Bei der Frage nach der Eschatologie geht es nach Rahner um die Zukunft des Menschen, allerdings um die Zukunft als rein theologische Frage, und nicht etwa um eine inhaltliche Bestimmung dessen, was einmal sein kann oder sein wird. Es soll also die Frage bedacht werden, die der Mensch nicht neugierig stellt, sondern die er selber ist (45). Es steht nicht der Inhalt der Zukunft zur Debatte, allenfalls die Frage nach der Frage der Zukunft selber; denn wenn überhaupt, so kann wohl der Theologe als Lehrer der "docta ignorantia futuri" nur über jene sachgemäß aussagen. Drei Gründe lassen

Rahner die Frage nach der Zukunft als theologische stellen. Einmal ist es die Theologie von ihrem eigenen Wesen her, insofern nämlich der christliche Glaube das hoffende Bekenntnis zur absoluten Zukunft des Menschen besagt; weiter, weil er bekennt, daß die absolute Zukunft der Welt nicht als eine bloße Möglichkeit angeboten, sondern in Jesus Christus unfehlbar zugesagt ist; schließlich, weil die Annahme der absoluten Zukunft, so sehr sie Gott und seine Tat ist, vom Menschen nur in seiner Geschichte durch ein verantwortliches und richtiges Verhältnis zu seiner von ihm zu tuenden innerweltlichen Zukunft erfolgen kann (46). Auf einen kurzen Nenner gebracht heißt das, daß wir das mit dem Worte Gott Intendierte nur meinen und begreifen können, "wenn wir uns als die auf eine absolute Zukunft Verwiesenen begreifen" (47).

Wenn auch noch nicht geklärt ist, was absolute Zukunft beinhaltet, so gilt von der gemachten generellen Bestimmung für die Theologie, daß wir nur dann erfassen, was Jesus Christus als das fleischgewordene Wort Gottes ist, wenn wir ihn als den wiederkommenden glauben, der gerade in seiner Wiederkunft das Wort der absoluten Selbstzusage Gottes an die Welt ist. Nur wenn die Offenbarung Gottes als Verheißung angenommen und so die Hoffnungsstruktur des Glaubens offenkundig gemacht ist, begreifen wir, was "glauben" ist. Schließlich sind auch die Sakramente in ihrem Wesen nur erfaßt, wenn sie auch als "signa prognostica" verstanden werden. "Wenn man das Wesen des Christentums als Liebe zu Gott und den Menschen bestimmt, dann darf man nicht übersehen, daß diese Liebe von der hoffenden Erwartung lebt und leben muß, daß ihr aus der Zukunft des geliebten Gottes und des geliebten Menschen noch entgegenkommen muß, was diese Liebe legitimiert, endgültig und selig macht" (48). Überall dort aber hat sich der Mensch auf eine absolute Zukunft hin entworfen - ob er es nun reflex religiös thematisiert oder nicht -, wo er "in absoluter Verantwortung liebt, selbstlos dem Menschen dient und die Unbegreiflichkeit und Enttäuschungen seines Daseins willig annimmt, d.h. in einer letzten Hoffnung auf einen unbegriffenen Sinn" (49). Handelt es sich aber beim christlichen Glauben um die Hoffnung auf eine faktische Zukünftigkeit, wie immer sie letztlich auch vorgestellt sein mag, verbietet sich jeglicher Versuch einer existentiellen Deutung der Eschatologie, die alles auf den eschatologischen Augenblick im Jetzt reduzierte, indem alle Zukünftigkeit als reale Ausständigkeit a limine als für den Glauben irrelevant dekretiert wird.

Wie stellt sich nun Rahner die absolute Zukunft als formaltheologische Aussagen strukturierende vor? Programmatisch ist dafür folgender Satz: "Der Inhalt der christlichen Verkündigung besteht in der offengehaltenen Frage nach der absoluten Zukunft und in sonst eigentlich nichts" (50). Mehr inhaltlich gewendet zeigt sich sogleich die Tragweite dieser These hinsichtlich möglicher theologischer Aussagen, und damit hinsichtlich der möglichen Erkennbarkeit Gottes überhaupt: "... nur in der radikalen Offenheit der Frage, also in der Zertrümmerung jedes Götzen einer Antwort, die die radikale Weite der Frage nicht erfüllt und doch dem Fragen Halt gebieten will, weiß man überhaupt, was mit Gott gemeint ist" (51). So können und dürfen alle Einzelaussagen im Christentum nur mehr verstanden sein als Modalität dieses Wagnisses, nirgendwo haltzumachen und die Erfüllung menschlicher Existenz (das "Heil") in nichts anderem zu suchen, als in dem, "das keinen Namen trägt, ausständig zukünftig ist und ewiges Geheimnis bleibt, das nur die Liebe annehmen kann" (52).

Wenn aber gilt, daß die Einzelaussagen des Christentums nur als Ausdruck und Modalität eines Wagnisses auf absolute Zukunft hin zu verstehen sind, muß auch stimmen, daß es sich in der Erkenntnis Gottes, der ja nur von der Zukunft her begriffen werden kann, um eine Wertsetzung handelt, die in einem vollzogenen Selbstverständnis einer Wertung der Wirklichkeit auf letzte Sinnhaftigkeit hin ihren Ursprung hat. Dem entspricht die theologische Aussage von der Selbstmitteilung Gottes an den Menschen, insofern sie die einzig mögliche inhaltliche Vorstellung solchen Wagnisses ist, welche auf die absolute Zukunft hin baut und sie als geglaubte Ankünftigkeit erhofft. Auferstehung wäre dann zu denken als vollzogene Antwort auf die Hoffnung des Menschen.

In einer zweiten Überlegung analysiert Rahner den Menschen als ein bereits innerweltlich aufweisbares auf Zukunft hin begriffenes Wesen, in der er sich selber gestaltend einer unerschlossenen Zukunft aussetzt. Allein, diese Wertung neuzeitlicher Situation kann für uns nicht als ein gewissermaßen untheologisches, weil allgemein aufweisbares und nachprüfbares Charakteristikum hingenommen werden. Denn nur für den, der sich schon auf eine absolute Zukunft hin entwirft, ist der Mensch gewissermaßen das transzendental offene Wesen. Zudem sind die Überlegungen Rahners an dieser Stelle sehr eng verbunden mit dem Modell des Prozesses einer Geschichte (53). Daß dabei das Problem des Verhältnisses von einer absoluten Zukunft zu einer innerweltlichen nicht unberührt bleibt, wird noch näher zu erörtern sein, insbesondere auch im Hinblick auf die Qualifizierung der Aussagen, die sich mit dem Ende der Geschichte und der Welt befassen. So viel steht jedenfalls fest, für Rahner können sie nicht primär inhaltlich eschatologische Sachverhalte sein; vielmehr treten sie immer nur in dem Verhältnis des Menschen auf absolute Zukunft hin in funktionaler und modifizierend-qualifizierender Art auf. Was aber ist nun die spezifische christliche Pointe eschatologischer Aussagen?

Die Zukunft kann und muß dasein als eine undurchschaute und unverfügbare, schreibt Rahner, weil sich sonst kein Raum erschlösse für echte kreatürliche, sich anvertrauende Hoffnung. Damit ist er einer verobjektivierenden Vorstellung Gottes zuvorgekommen. Er hat sich damit von vornherein jeglicher Ideologiekritik entzogen, insofern er eben nicht die

geglaubte Existenz Gottes mit projektiven Entwürfen, die der
Mensch sich von Gott macht, verwechselt, Denn alles, "was man
vom Menschen weiß, weiß man von ihm selbst her und nicht von
Gott her, den man immer nur vom Menschen her weiß..." (54).
Und dies gilt auch für eine Theologie der Offenbarung, weil
wir nicht nur gezwungen sind mit menschlichen Begriffen zu arbeiten, sondern eben auch dem Menschen nicht mehr gesagt ist,
als daß dieses unumgreifliche Geheimnis in Jesus Christus
bleibend da ist und sich uns in absoluter Selbstmitteilung
im "Geist" mitteilen will zur absoluten Unmittelbarkeit vor
dem unbegreiflichen Gott. Rahner ist sich in all seiner Rede von Gott bewußt, daß es auch offenbarungstheologisch gesehen dem Menschen nicht möglich ist, den Standpunkt Gottes
einzunehmen und von ihm her den Menschen zu denken (55).
Dennoch bleibt wahr, daß die absolute Zukunft dasein muß,
wenn auch im Modus der Entzogenheit und Verborgenheit, so
daß auf sie vorgeblickt werden kann, denn nur so wird sie ein
wirklich aktuelles Moment am Daseinsverständnis des Menschen.
Nicht darf dabei vergessen werden, daß man Gott, als die erhoffte absolute Zukunft, weder als eine aktuelle Vorfindlichkeit noch als zuhandenen vorausberechenbaren Vorentwurf des
Menschen mißverstehen darf. Denn, so könnte man hinzufügen,
Gott ist nur begriffen, wenn er als absolute Zukunft erhofft und nicht erschlossen wird. Eine Hoffnung aber übersteigt von Hause aus immer den bildlich-objektiven Vorstellungsgehalt. Ausgesagt kann daher von Gott als der absoluten Zukunft nur das eine werden, daß sie die Vollendung des
ganzen Menschen sein kann und sein soll, daß er das Heil
sein wird, das uns in Christus schon gegeben ist. Die eigentlich inhaltliche Füllung durch die christliche Offenbarung
der Eschata besteht nur darin, "daß es sich für den einzelnen und für die Menschheit, in der und zu der gehörend nur
vom Heil geredet werden kann, um die Vollendung jenes Heils
handelt, das dem Menschen und der Menschheit in Christus
Jesus schon von Gott im Glauben zugesprochen und zugeteilt
ist" (56).

Diese schlechthinnige Verborgenheit involviert nicht nur
eine Verborgenheit bezüglich der Fixierbarkeit des Endes einer physikalischen Zeitstrecke, sondern beinhaltet vielmehr
eine notwendige Verborgenheit aller Eigentümlichkeiten der
Vollendung. Ohne dies wären Glaube und Hoffnung des Menschen
nicht echt. Sie würden letztlich auf eine gnoseologische
Defizienz des Menschen reduziert, die zu überwinden prinzipiell möglich wäre. Von daher verbietet sich eine Harmonisierung der Aussagen der Schrift über das Ende dergestalt,
daß wir einiges wissen, anderes aber nicht (57). Damit wird
keine Einschränkung der Vorsehung Gottes supponiert, insofern grundsätzlich nicht zu bestreiten ist, daß Gott als
solcher zukünftige Ereignisse wissen kann. Was Rahner anzielt, ist die Tatsache der faktischen Einschränkung einer
Offenbarungsmöglichkeit "quoad nos" (58). Dennoch drängt
sich da die Frage auf, was es noch für einen kognitiven

Sinn haben soll, Gott die Möglichkeit eines Vorauswissens zuzuschreiben, wenn im gleichen Atemzug der Sinn solcher Prärogative Gottes wieder zurückgenommen wird, im Bewußtsein, daß eben der Mensch die Stelle Gottes nicht einzunehmen vermag. Was soll solche Redeweise noch einbringen, wenn die Zukunft Gottes eben nur in der glaubend-hoffenden Erwartung und Hinnahme zur Gegebenheit werden kann. Dann bleibt in der Tat nur die eine Frage als sinnvoll zurück, wie es möglich ist, "daß eine Aussage ein Zukünftiges so anwesend sein lassen kann, daß ihm, insofern es in unserem Dasein drohend oder erlösend anwest, ein ganz spezifischer Verborgenheitscharakter zukommt" (59).

Für Rahner gehört nun zu den Existentialien des Menschen seine wesentliche Geschichtlichkeit, insofern dem jeweiligen Selbstverständnis gerade der Rückblick in die Vergangenheit und der Ausblick auf die Zukunft eignet. Wenn Rahner es als selbstverständlich ansieht, daß der Mensch anamnetisch seine Vergangenheit behält und prognostisch die ausständige Zukunft schon anwesend sein läßt und daher für ein "geschichtsloses" Selbstverständnis des Menschen nur die Möglichkeit einer "gleichgültigen Vergessenheit" übrig bleibt, muß dem von unserer Sicht entgegengetreten werden. Lebt doch jedes geschichtliche Verständnis von der Voraussetzung einer Wertung der Wirklichkeit auf ein letztes Sinntotum hin, näherhin von einer Interpretation des menschlichen Sinnwillens gerade in seinem Handlungsvollzug. Wie dem auch sei, interpretiert man den menschlichen Sinnwillen und das menschliche Handeln als realen Sinnvollzug, dann ist implizit in der Gegenwart des Daseins dessen Verwiesenheit auf die Zukunft mitgesetzt. "Erkenntnis der Zukunft" ist dann, "soweit sie noch ausständig ist, ein inneres Moment des Selbstverständnisses des Menschen in seiner Gegenwart und - _aus ihr heraus_" (60).

Wie sehr im Denken Rahners sein anthropologischer Ansatz zur Geltung kommt, erhellt daraus, daß jetzt der Inhalt des Wissens über die echte Zukunft dasjenige wird, was zum Verständnis des jetzigen Daseins notwendig ist. Das eschatologische Wissen expliziert sich als eschatologische Gegenwart. Es ist nicht additiv hinzugefügtes Einzelwissen, sondern inneres Moment des Selbstverständnisses des Menschen selbst. Damit ist aber zugleich eine Beschreibung der erhofften Vollendung in ihrer eigenen Phänomenalität ausgeschlossen. Demnach ist dieses Wissen einmal ein Moment des Selbstverständnisses der Gegenwart des Menschen, welches Selbstverständnis ein konstitutives Moment am Sein des Menschen als personalem Geist ist. Zum anderen erhält dadurch dieses gewußte Zukünftige notwendig teil an dem Charakter dieser Existenz in das Unvorhergesehene hinein, insofern dieses Selbstverständnis wesentlich Selbstverständnis des Freien und Wagemutigen, des sich auf das Unverfügbare Einlassenden ist. Mit anderen Worten: der Mensch lebt de facto von einem Sinnentwurf des Ganzen, der im Sinnwillen seiner Existenz als einer sich auf das Unverfügbare einlassenden gegründet ist. Weil von Gott nur über den Menschen gewußt werden kann, wenn der Mensch sich als personale Existenz will und vollzieht und gerade darin letzte Verbindlichkeit beansprucht, setzt der Mensch notwendig auf die absolute Zukunft als demjenigen, das diesen Sinnwillen auffängt (61). In seinem Handeln als Person formuliert der Mensch somit jene Idee der Totalität, welche sich auch als Ursprung geschichtlicher Konstruktion ausgewiesen hatte. Das Interesse an einem Sinntotum ist es, das menschlicher Existenz nicht nur in ihrer Erkenntnisdynamik zueigen ist, sondern ineins damit auch in ihrem Selbstvollzug, insofern es sich dabei um die Artikulation jenes absoluten Sinnes handelt, um dessentwillen überhaupt gehandelt wird.

Eschatologische Aussagen sind also keine 'echten' historischen Aussagen, sondern nur modifizierende Wertstellungnahmen im Rahmen einer Gesamtdeutung der Wirklichkeit zum Zwecke der Sinn- und Handlungsorientierung des Menschen in seiner Gegenwart. Genau diesen Rang haben Aussagen über die Zukunft im Rahmen einer narrativen Konzeption von Geschichte. Die philosophisch terminierte Valenz findet sich de facto immer auch schon als immanent in Rahners theologischen Aussagen. Und insofern diese Aussagen über die Zukunft bzw. das Ende der Geschichte wertstellungnehmend die konkrete Geschichtserzählung der Vergangenheit in ihrer Komposition bestimmen, erweisen sie sich zugleich als symbolischer Ausdruck jenes Interesses, das allen realisierbaren Geschichten überhaupt zugrundeliegt. Es ist das Interesse an Unvergänglichkeit, das Interesse an einem Sinntotum, das, alles Vergängliche aufnehmend, dem menschlichen Sinnwollen korrespondiert. Aussagen über das Ende sind im Grunde dann nichts anderes als der material spezifisch ausgelegte, aber frei entworfene universale Sinn, um dessentwillen der Mensch überhaupt Aussagen über Geschichte macht. Indem der Mensch sich als zu sittlicher Entscheidung aufgerufene Person verstehen will, keinerlei realisierbare Wirklichkeit diesem Anspruch zu genügen vermag, formuliert der praktische Vollzug des Menschen als eines sittlichen Wesens eine Utopie, um deretwillen er überhaupt sittlich handelt, die aber im Handeln selber nicht eingelöst werden kann. Und insofern der Mensch sich gläubig-hoffend auf diese absolute Utopie oder Zukunft als real ausständiger einläßt, umso mehr wird er freigesetzt, sich als sittliches Subjekt zu vollziehen. Genau das war der Fall bei der Formulierung von Geschichten, deren auslösendes und sie tragendes Interesse ebenfalls eine Utopie formulierte, um deretwillen erzählt wird: es war das Interesse an Sinngebung, das als Idee der Totalität konstitutiv für menschliches Wissen ist. Insofern der Mensch als handelnder und zu sittlicher Entscheidung aufgerufener verstanden sein will, entspricht ihm generell als Utopie eine absolute Zukunft eines handelnden Gottes, der sich in Liebe in der Geschichte dem Menschen mitteilt. Insofern der Mensch sittlich handelt, verhält er sich zur Zukunft Gottes wie die partikulare Geschichte zur Idee der Geschichte. Inhaltlich formuliert heißt das, der personalen Entscheidung korrespondiert die Utopie der liebenden Selbstmitteilung Gottes. Nur unter dieser Voraussetzung wird wirklich die Geschichte der Welt und das Handeln und Sinnstreben des Menschen unüberbietbar ernst genommen. Von dieser Voraussetzung aus verlohnt es sich erst, in der Geschichte Ausschau zu halten nach der Selbstmitteilung Gottes. Aussagen über das Ende der Geschichte haben damit über die Komposition und damit die Erfahrung von Geschichte den Wert einer Sinn- und Handlungsorientierung. Daß es sich dabei um keine willkürliche Interpretation von Rahner handelt, läßt sich eindeutig belegen: "Das Christentum stellt also dem Menschen die _eine_ Frage, wie er sich im Grunde verstehen wolle: ob als handelndes Wesen nur _im_ Ganzen, das mit dem Ganzen als solches nichts zu tun hat, obwohl ein Vorgriff auf das Ganze als asymptotischer Horizont immer die Bedingung der Möglichkeit meines Erkennens und Handelns ist, oder als empfangend-handelndes Wesen _des_ Ganzen, das es auch mit dieser Bedingung seines Erkennens, Handelns und Hoffens als _solcher_ zu tun hat und im zukunftsschaffenden Handeln innerhalb des Ganzen dieses Ganze, die absolute Zukunft selbst auf sich zukommen, für sich Ereignis werden läßt. Das ist im letzten die einzige Frage, die das Christentum stellt" (62).

Hier handelt es sich um eine der entscheidendsten Aussagen der Eschatologie. Das Problem der Gottesfrage expliziert sich also als eine Frage der Wertstellungnahme zum Ganzen der Wirklichkeit, die erkenntnistheoretisch mit den Mitteln reiner Vernunft nicht zu entscheiden ist. Sie ist als Implikat menschlichen Selbst- und Weltverständnisses zu erheben, als inneres Moment des faktischen menschlichen Sinn- und Handlungswillens. Von daher wird auch ersichtlich, wie die Rede von der Selbstmitteilung Gottes als ungeschaffener Gnade immer schon als innerstes Prinzip menschlichen Selbstvollzuges gedacht werden muß, ohne von Gott her die innere Möglichkeit derselben einsehen zu können. Mit Recht kann man von daher sagen, daß es bei der Offenbarung um ein Wachsen des Gottesbildes geht, insofern es die modifizierende Selbstinterpretation des Menschen auf ein letztes Geheimnis hin ist, das als zukommendes Heil geglaubt wird. Und insofern jede Geschichtserzählung eine letzte Sinnutopie "der Geschichte" formuliert, kann von Gott als dem Herrn der Geschichte gesprochen werden als der materialen Spezifizierung dieses letzten Sinns. So ist im Christentum der Sinn und die Bedeutung der Gegenwart begründet in der hoffenden Offenheit auf das Näherkommen der absoluten Zukunft.

Dementsprechend gestaltet sich auch das Verhältnis von innerweltlichen Zukunftsentwürfen zur absoluten Zukunft Gottes (63). Wenn Gott als absolute Zukunft nur so gedacht werden kann, daß er sich in freier Selbstmitteilung dem Menschen als Heil schenkt, ist das Verdikt über jedes kategoriale Ereignis innerhalb der Welt als Einzelmoment an ihr insofern gesprochen,"als totale Vollendung der Gesamtwirklichkeit per definitionem nicht von einem Moment partikularer Art dieser Wirklichkeit bewirkt werden kann" (64). Daß es dem Menschen nicht nur nicht verwehrt, sondern vielmehr geboten ist, sich nicht nur in der Vergangenheit und Gegenwart je neu auszulegen, sondern auch seine Zukunft schöpferisch zu gestalten, liegt gerade darin, "daß der Christ diesen Grund, die Herkünftigkeit solcher frei-schöpferisch gewirkter Zukunft Gott nennt, weil sie nicht aus dem leeren Nichts kommen kann, und daß der Christ, eben um diese echte Zukunft in ihre eigene Wirklichkeit hinein freizusetzen, Gott nicht versteht als ein Moment an der Geschichte, sondern gerade als die Bedingung echter Zukunft, die diese nicht zu bloßer Evolution degradiert, auch dort und dann nicht, wenn diese Zukunft nicht Gott selber als die absolute ist" (65).

Auf unseren Ansatz gebracht, Theologie von "unten" zu betreiben, würde sich dies etwa so ausnehmen: In den Handlungsentwürfen der Menschen und ihren realen Zielsetzungen als schöpferischer Gestaltung der Welt, die letztlich auch den Menschen als Teil dieser Welt miteinschließt, ist Gott immer schon als die alles ermöglichende Utopie bzw. absolute Zukunft implizit vorausgesetzt. Eine Theologie von "unten" müßte demnach so vorangehen, daß sie in ihrem Eingehen auf die Nöte, Sorgen und Handlungen Gott als den absoluten Fluchtpunkt und immer schon mitgesetzten Ermöglichungsgrund menschlichen Selbstvollzuges aufzuweisen versucht. Wenn Sinnerfahrung und Sinnentwerfen letztlich einen Wert haben sollen, dann doch nur unter der Bedingung, daß eine letzte Sinngebung, die der Mensch selber nicht aus sich heraus zu leisten imstande ist, all sein Tun schon immer in ermöglichender Selbstmitteilung umgriffen hat. Gott als die absolute Zukunft wäre also die Utopie des Menschen, um deretwillen er gegen das Leid protestiert, um deretwillen er sich aber auch in der Gestaltung einer menschenwürdigeren Welt abmüht. Schließlich kann dem Menschen eine sittlich-personale Existenz nur zugemutet werden, weil Gott als der sich immer schon mitteilende Grund ein hoffend-gläubiges Über-sich-hinaus-Gehen ermöglicht.

Wie sehr dies im Horizont Rahners liegt, wenn auch in umgekehrter Blickrichtung, beweist folgendes Zitat: "Weil der Mensch sich um eine Zukunft herstellbarer Art... nur kümmern kann, indem er sie übergreift in das grundsätzlich Ganze unbegrenzter Möglichkeit, ist in seiner innerweltlichen Sorge immer (wenigstens implizit und oft auch vielleicht verdrängt) die Frage nach der möglichen Begegnung mit eben diesem unendlichen Ganzen als solchem gegeben, mit der absoluten Zukunft" (66). Insofern der Christ die absolute Zukunft erhofft für alle und jeden, ist anderseits den berechtigten innerweltlichen Zukunftsbestrebungen dort eine

Schranke gesetzt, wo eine Generation als Preis einer kommenden Zukunft eingesetzt wird. Ferner ist ein intangibler Raum
der Würde menschlichen Lebens dort aufgespart, wo der einzelne keinen greifbaren Beitrag zur Annäherung der innerweltlichen Zukunft mehr zu leisten vermag. In der christlichen Vorstellung von der Einheit der Gottes- und Nächstenliebe, insofern die positive Beziehung zum Menschen unerläßliches We-
sensmoment für die Vermittlung zu Gott ist, wird dem Menschen sein Verhalten in der Welt in der nötigen Ernsthaftigkeit zur vollen Gegebenheit gebracht. Darin sieht Rahner den
spezifischen Unterschied und die unüberbrückbare Kluft zu
allen sich als absolut verstehenden Zukunftsentwürfen innerweltlicher Art (67). Sieht man genauer zu, wird das Postulatorische von Rahners Ansatz wieder offenkundig: weil Rahner
will, daß der Mensch als handelnder und leidender in seinem
Handeln und Leiden in der Welt als mit letzter Sinnhaftigkeit
begabt begriffen sein soll, kann es nicht sein, daß der
Mensch sich gänzlich an innerweltliche Vollendung verausga-
ben darf. Das heißt, der Mensch formuliert eine Utopie, um
deretwillen es ihm möglich wird, wenn sie als geglaubte hof-
fend angenommen ist, den Menschen in den Rang der Würde
menschlicher Person und Freiheit zu setzen. Dann aber löst
sich die Frage nach der Geschuldetheit oder Ungeschuldetheit
einer Vollendung für den Menschen auf, wie sie in der Theologie über Jahrhunderte hinweg traktiert wurde und wird, weil
der Mensch eben erst dann voll erfaßt und begriffen ist in
seinem letzten Sinnwillen, wenn er sich als das Wesen der
Offenheit auf die freie Liebe Gottes hin versteht; "dann
braucht man keine Voll-endung und keinen 'finis' für eine
solche Kreatur zu konstruieren, der dieser geschuldet wäre.
Nur das Ungeschuldete der Liebe kann diese Kreatur wirklich
vollenden" (68).

Aus all dem erhellt, daß die Frage nach der Zukunft Gottes
und der innerweltlichen Zukunft nicht alternativ gestellt
werden kann (69). So viel aber bleibt gültig, daß sich der
Mensch nicht nur insoweit aus moralischer Verpflichtung in
der Welt den Forderungen zu stellen habe, als ihm die Welt
als Material zur Übung der christlichen Tugenden tauglich
wäre. Vielmehr bleibt wahr, daß die konkrete Geschichte in
ihrer Leibhaftigkeit der Ort ist, an dem die Endgültigkeit
und die absolute Zukunft entschieden werden. Da Aussagen
über das Ende der Geschichte immer generelle Qualifizierung
desselben sind, insofern gesagt wird, daß es einmal ein Ende gebe, daß dieses Ende auch Endgültigkeit habe und daß es
sich dabei um das handle, worauf alles Geschehen aus war,
können solche Aussagen nur den Wert von Sinn- und Handlungsorientierungen für die Gegenwart haben. Damit fällt auch die
Frage nach der Inhaltlichkeit der Vollendung dahin, sei es,
daß sie als Vollendung der Welt und des Menschen gedacht
wird, sei es, daß sie als gemeinschaftliche vorzustellen ist
(70). Denn auch diese Aussagen fallen als konkrete Vorstellungen unter die restriktiven Prämissen einer narrativen

Konzeption von Geschichte. De facto findet sich diese formale Restringierung auch bei Rahner, indem er alle eschatologischen Aussagen von der Hand weist, welche nicht auf Aussagen über die christliche Existenz, so wie sie jetzt ist, zurückgeführt werden können (71).

Betrachtet man die Thesen Rahners zur Eschatologie, wird der für Geschichtsphilosophie formal aufgezeigte Zusammenhang von Aussagen über das Ende der Geschichte mit dem Selbstverständnis des Menschen in der Gegenwart nur bestätigt, und zwar auf der von narrativer Theorie restringierten Ebene. Wenngleich noch nicht eindeutig gemacht ist, wie inhaltlich über den Umweg der Konstruktion von Vergangenheit als Geschichte Aussagen über die Zukunft handlungs- und sinnorientierend für die Gegenwart wirken, wie sich ferner Erfahrung in Geschichte rechtfertigen läßt, so daß die Selbstinterpretation des Menschen auf Gott hin nicht der puren Zufälligkeit und Beliebigkeit eines voluntaristischen Dezisionismus anheimfällt, bleibt doch so viel wahr, daß der Weise des menschlichen Selbstverständnisses in der Gegenwart eine adäquate Vorstellung von Zukunft entspringt. Rahner erweckt zwar mithin den Eindruck, insbesondere in seinen frühen Werken, als ließe sich - ähnlich wie bei Landgrebe - die Notwendigkeit einer eschatologischen Vorstellung aus dem Wesen menschlicher Freiheit mit Stringenz deduzieren. In seinen theologischen Schriften, die wir zu Rate zogen, wird indes ganz deutlich, daß es sich bei der Analyse der menschlichen Freiheit nicht um eine Analyse des Aktvollzugs selber handelt, sondern um eine - wiewohl dem Aktvollzug konveniente - wertgerichtete Interpretation, die sich mithin nur als tradierte und durch Vergangenheit vermittelte einstellt. Diese Wertsetzung identifiziert den Menschen mit seiner Freiheit, die als sittlich zu verantwortende vorgestellt wird. Soll daher - und das ist die Figur Kants und Landgrebes - diese zu Sittlichkeit beanspruchte Freiheit Sinn haben, muß ein dem Anspruch korrelatives Eschaton vorgestellt werden. Nur wer den Mut hat, menschliche Freiheit auf letzten Sinn hin zu interpretieren, wird zu einer eschatologischen Hoffnung gedrängt. Andernfalls würde der Mensch über seine eigenen Verhältnisse leben, weil eine so beanspruchte Freiheit in letzter Konsequenz nur ein Heroentum vorgaukelte, das in sich sinnlos ist. Wollte man eschatologisches Denken konsequent ausschalten, implizierte dies, daß der Mensch in seiner Freiheit auch nicht mehr sittlich beansprucht werden kann. Allenfalls Handlungsregularitäten können ihm vorgesetzt und zugemutet werden, denen aber immer die Willkür des dezisionistischen Abkommens eignet.

Gegenüber dem geschichtsphilosophischen Denken, und das bleibt auch gültig für an Hegel anknüpfende Eschatologien, muß festgehalten werden, daß menschliche Freiheit nicht auf sinnvolles Herstellen hin interpretiert werden darf. Der

Mensch fiele nämlich dann seiner eigenen Eschatologie wieder
zum Opfer, insofern er nur soweit Sinnsicherung und Handlungsorientierung zumal erhalten könnte, als er faktisch die
Möglichkeit hätte, Wirklichkeit im ganzen und überhaupt in
zweckrationales und intentionales Handeln einzubeziehen. Da
der Mensch aber dies gerade selbst nicht zu leisten vermag,
weil ihm die Wirklichkeit der Welt und die eigene Freiheit
nicht in der Weise überantwortet sind, wie es ein auf Herstellung angelegtes Verhalten nötig hätte, läuft gerade jede solche Sinnsicherung letztlich ins Leere. Die geschichtsphilosophischen Sinnsicherungen sind faktisch deshalb gescheitert, weil sie eine unsachgemäße Vorstellung vom Menschen entwickelten und entwickeln mußten, insofern sie das
Eschaton nur immanent zu denken vermochten. Also nicht eigentlich der Prozeß des Geschehens hat Hegels spekulativen
Entwurf überrollt. Vielmehr konnte der Eindruck der faktischen Widerlegung nur dadurch entstehen, weil der spekulative Entwurf falsche Voraussetzungen machte, nämlich die aporetische Prämisse, daß sich Sinn linear herstellen lasse,
was zur Folge hatte, daß die Ambivalenz und Unzulänglichkeit
menschlicher Freiheit einfach übersehen und negiert wurden.
Und eine Sinnsicherung, die den Menschen in einer Freiheit
voraussetzt, die er selbst nicht ist, kann ihr versprochenes
Ergebnis nicht einlösen. Anderseits muß man betonen, daß
eine am Menschen in seiner tatsächlichen Vorfindlichkeit
orientierte Eschatologie nicht durch den sogenannten historischen Verlauf widerlegt werden kann. Insofern Aussagen
über das Ende der Geschichte nicht auf derselben Ebene als
die der Vergangenheit liegen, sondern nur als metahistorische Aussagen virulent werden können, weil sie über die Konstruktion von Vergangenheit das Selbstverständnis des Menschen in der Gegenwart beeinflussen, liegt auch die Rechtfertigung von eschatologischen Vorstellungen einzig und allein
auf der Ebene des faktischen Lebensvollzugs in der Gegenwart. Es geht bei der eschatologischen Qualifizierung darum,
als was sich der Mensch in der Gegenwart verstehen und begreifen will, es geht darum, ob es ein Verständnis des Menschen gibt, das ihn zu sich selber befreit und ihm eine
letzte Sinn- und Handlungsorientierung gewährt. Und dies
nicht nur in diesem und jenem Aspekt menschlicher Wirklichkeit, sondern in der Ganzheit menschlicher Existenz, in seinem Handeln und seinem Leiden, in seinem Tun und seinem Versagen.

Nachdem das Relationsverhältnis von Zukunft und Gegenwart
manifest geworden ist, soll die Konvenienz des christlich
entworfenen Eschatons zur Realität unserer Existenz kurz
verdeutlichtwerden. Daß Gott nicht nur formal als absolute
Zukunft zu begreifen ist, wie es eine Analyse des menschlichen Freiheitsvollzuges nahezulegen schien, läßt sich gerade an der Situation des Menschen als handelndem Wesen verständlich machen. Daß Gott nur die absolute Zukunft für den

Menschen sein kann, wenn er der schon immer absolut liebende
und verzeihende ist, resultiert aus der Situation des Handelns, in der der Mensch steht. In einer selten deutlichen
Form hat Hannah Arendt die Situation des Menschen gekennzeichnet, wenn sie darauf hinweist, daß dem Handeln des Menschen
das gegenseitige Vergeben adäquat ist (72). Nur so läßt sich
menschliche Identität durchhalten. Da das Handeln immer Bewe-
gungen in Gang setzt und Ergebnisse zeitigt, die der Mensch
weder beabsichtigt noch auch nur vorausahnend einkalkulieren
kann, wäre der Mensch ohne Verzeihen gewissermaßen auf eine
einzige Tat beschränkt, an der er bis an sein Lebensende zu
tragen hätte. Wenn der Mitmensch einem nicht verzeihen würde,
bliebe der einzelne eingespannt in dieses Gewirk des eigenen
Handelns; denn Verzeihen kann einem immer nur ein anderer.
Das Verzeihen wie auch das Versprechen sind im Vermögen des
Handelns verwurzelt. Und diese Einsicht, daß dem Handeln das
Verzeihen korrespondiert, ist nicht erst eine neuzeitliche.
Schon Jesus von Nazareth hat diesen Zusammenhang gesehen
und in seiner Predigt deutlich werden lassen. Wenn Arendt
diese christliche Verkündigung in Verbindung mit ihrer Analyse des Handelns bringt, wozu sie durch ihre Unterscheidung
von Handeln und Herstellen gelangt, dürfte für den Theologen
ein wichtiger Fingerzeig für eine mögliche Transposition der
christlichen Inhalte in die Gegenwart gegeben sein. Wie der
Fähigkeit, Dinge herzustellen, die Fähigkeit des Zerstörens
entspricht, so entspricht der Fähigkeit des Handelns die Fähigkeit des Verzeihens. Und weil der Mensch nie über den
Status des Handelns hinauskommt, kann eine menschengerechte
Forderung nur die des Verzeihens sein, und zwar des "siebzig-
mal siebenmal", des "immer wieder". Legt man diese Einsicht
der theologischen Qualifizierung der menschlichen Situation
zugrunde, entwirft sich Gottes zukünftiges Handeln als das
liebend-verzeihende Zukommen Gottes auf den Menschen, ja als
das immer schon ihm Zuvorgekommensein. Wenn Gott dem Menschen absolute Zukunft sein soll, muß diese Zukunft in ihrer
inhaltlichen Vorstellung der Situation des Menschen gerecht
werden. Und das heißt, wenn der Mensch als handelnder Geltung bekommen soll, darf er nicht unter das Gericht eines
Herstellungsprozesses fallen, sondern muß auf wirkliche Verzeihung hoffen können, und zwar dergestalt, daß die Folgewirkungen, die mit menschlichem Tun verbunden sind, aufgehoben und recht gemacht werden. Der Hoffnung des Menschen, die
sich auf die Geltung und Unverrechenbarkeit der eigenen Existenz einläßt, ist nur eine Vorstellung von einem schon immer in Liebe und Verzeihung entgegenkommenden Gott adäquat.
Und genau diesen Sachverhalt meinen wir, wenn wir von einer
strukturellen Adäquanz von Selbstvollzug und inhaltlichen
Vorstellungen von Heil und Offenbarung sprechen.

Aus dieser Einsicht folgt gleichermaßen, daß ein Verständnis
vom Aufbau des Gottesreiches nur innerhalb dieser prinzipiellen Restringierung möglichen Handelns zu erwarten ist

und eschatologische Forderungen naturgemäß nur innerhalb dieser Bandbreite veranschlagt werden können. Wenn Gott das schon in jedem Handeln transparent gemachte und immer angezielte, weil schon immer das es ermöglichende Sinntotum ist, kann er nur gedacht werden als der, der durch sein Kommen die von Hause aus unmöglich für den Menschen ins Lot zu bringende Welt in ihre Ordnung setzt. Damit ist aber auch eine entschiedene Absage all den Vorstellungen erteilt, die im Ende der Welt oder der Geschichte den notwendig zu erreichenden Fluchtpunkt linearer menschlicher Entwicklung zu sehen vermeinen. Gewiß, es gibt sogenannte innerweltliche Fortschritte, aber niemals wird der Mensch sich über diese seine Schwelle hinwegsetzen können, daß all sein Handeln letztlich kein Herstellen im technisch-fabrizierenden Sinn ist, es bleibt, um mit dem NT zu sprechen, "Stückwerk".

Verzeihen hat nur dort einen Sinn, wo es beansprucht wird mit der letzten Tiefe menschlicher Hoffnung. Wer auf einen anderen nicht hofft, wird von ihm auch keine Verzeihung erwarten. Umgekehrt kann man wirklich auf einen anderen Menschen nur bauen, wenn man von ihm hofft, auch Verzeihung zu erlangen. Denn eine absolute Bürgschaft, die des Verzeihens nicht bedürfte, vermag der Mensch nicht zu geben. Was aber heißt auf einen Gott des Verzeihens zu setzen anderes, als an einen Gott der Liebe zu glauben? Wenn weiter gilt, daß Gott als das absolute Sinntotum immer schon meine personale Sinnkonstituierung ermöglicht, muß auch wahr sein, daß er sich darin immer schon als der verzeihende anbietet. Und gerade von hier aus wäre zu bedenken, was Selbstmitteilung Gottes in den Gnadengaben bedeutet. Die menschliche Existenz ist also gezeichnet von der unüberwindbaren Situation, nie über eine fragmentarische Sinnkonstitution im Wollen und Tun hinauszukommen; anderseits ist Sinn immer nur denkbar in einem Vorentwurf auf eine letzte integrierende und festmachende Sinntotalität, die aufgrund menschlichen Ungenügens als immer schon entgegenkommende gedacht werden muß. Dann aber würde sich auch hier die Folgerung einstellen, die, vom Menschen her gedacht, besagt, daß eschatologische Aussagen keine Offenbarungsinhalte von grundsätzlich dem Menschen nicht zugänglichen Erfahrungen beinhalten können.

Die Einsichten einer narrativen Theorie von Geschichte sind so auch in einer Dimension eschatologischen Denkens zum Tragen gebracht. Geschichtlich denken heißt nämlich somit, von vornherein Welt auf Gott hin transzendieren, insofern eben nur unter dieser Voraussetzung den Erfahrungen in der Welt Sinn beigemessen werden kann, zumindest in letzter Konsequenz, so daß sich der Blick in die Vergangenheit ebenso wie der Ausblick auf das Ende verlohnt. Eine Möglichkeit der Verbindung und Übereinkunft von Weltgeschichte und Heilsgeschichte, wie sie Landgrebe erstrebte, wurde auf der Ebene des Handelns wieder neu erreicht. Mit einer Einschränkung: es ist dies nur eine mögliche, und keine notwendige, weil der Mensch dieses sein Handeln auch interpretieren

kann als eben nicht auf letzte Sinnintegrität ausgerichtet.
Dem vorgelagert ist immer eine Wertstellungnahme zum Ganzen
der Wirklichkeit, die nicht theoretisch abgeleitet, sondern
nur im Vollzug des praktischen Handelns eingelöst werden
kann. Darin zeigt sich auch die andere Frage nach dem Zusammenhang von christlich-jüdischer Gottesvorstellung und Geschichte beantwortet. Die von Karl Löwith herausgearbeitete
Alternative, daß eschatologisches Denken im Gegensatz zu
geschichtlichem stehen müsse, fällt wegen eines falschen
Verständnisses von eschatologischen Aussagen dahin. Insofern
Schöpfungsglaube bzw. jüdisch-christlicher Gottesglaube dem
einzelnen Menschen (sei es auch nur in der Rolle des Mit-
glieds eines Volkes) eine Verheißung zuspricht und ihn gerade dadurch in seinem konkreten Tun ernst nimmt, verweist
er ihn mit Notwendigkeit auf Geschichte.

5. WELTGESCHICHTE ALS THEMA DER THEOLOGIE

5.0 Skizzierung des Problemfeldes.

5.0.1 Die Relevanz des Themas Weltgeschichte für die Theologie.

Wenn schon gesagt wird, daß wir von unserer Freiheit nur durch und von der Geschichte wissen (1), gilt a fortiori für die Theologie: von der Tatsache, daß der Mensch in Christus sein Heil finden kann und es in ihm schon gewirkt hoffen darf, wissen wir auch nur aus der Geschichte. Zur Diskussion muß daher das Problem stehen, wie philosophisch ausweisbar und inhaltlich relevant mit dem Terminus "Geschichte" und dessen affinen Gehalten umgegangen wird, oder korrekter: nur umgegangen werden könnte.

Es soll gezeigt werden, daß sich die Vorstellung einer Weltgeschichte nur als eine fiktive halten läßt. Damit ist noch nichts gegen einen solchen Versuch eingewendet, wenn er eben als Fiktion verantwortet wird. Nur: die Geschichte ist ihres objektivierten Scheins beraubt und kann ihn auch nicht im Glorienschein einer Heilsgeschichte wieder aufmontiert bekommen. Zum anderen könnte sich in theologischer Auseinandersetzung zeigen, daß bisherige Versuche der Vermittlung von Gegenwart und Vergangenheit von einem falschen Ideal der historischen Ereignisse ausgingen. Wie es auf der Ebene unmittelbar metaphysischer Weltsicht keine Rückkehr zur Tradition überhaupt gibt, so kann es auch keine Rückkehr zu dem aus und durch sich selber schon weltgeschichtlich bedeutsamen Ereignis mittels einer neu etablierten Weltzusammengehörigkeit geben. Faktische Dependenz konstituiert noch keine Geschichte, weil Geschichte ihren Ort nur im Sinnwillen menschlichen Selbstverständnisses haben kann.

Daß Theologie an der Klärung dessen interessiert sein muß, ob und wie von einem universalen Zusammenhang gesprochen werden kann, resultiert schon aus der vorher aufgezeigten Tatsache, daß über konkrete Geschichtsschreibung schon immer von der Vorstellung des Endes her entschieden ist. Die Frage nach einem realen Zusammenhang des Geschehens in der Welt stellt sich dann schärfer in der Frage der Heilsgeschichte. Der Höhepunkt liegt gleichsam im christologischen Problem, in der Frage, wie sich eine universale Bedeutung Christi aussagen läßt. Nicht übergehen läßt sich dabei, und das liegt im Vorfeld der Christologie, wie in einer Welt ein Heilshandeln Gottes neben anderem Geschehen identifiziert werden soll, wenn zu gleicher Zeit gilt, Welt sei als ganze Schöpfung Gottes. Der Gedanke einer Universalgeschichte qua Weltgeschichte nötigt sich gerade von der Vorstellung eines Schöpfergottes selbst her auf. Schließlich, und das sei dazu

nur am Rande vermerkt, geriert sich Profangeschichte weithin
so, als sei es das Natürlichste von der Welt, Geschichte als
Universalgeschichte zu betreiben. Will man in Theologie das
Niveau des eigenen Anspruchs auch nur momenthaft reflektieren, muß der Begriff Geschichte als Geschehenseinheit problematisiert und begriffen werden.

5.0.2 Weltgeschichtsschreibung und Philosophie der Ge-
schichte.

Die brisanteste philosophische Argumentation gegen mögliches
theologisches Geschichtsdenken zentriert um das Thema Subjekt
der Geschichte. Insofern Geschichtsschreibung wie Theologie
nicht umhinkönnen, mit solchen Begriffen zu hantieren, stehen sie auch mit auf der Anklagebank, wenn über die neuzeitlichen Geschichtsphilosophien zu Gericht gesessen wird. Man
kann es drehen und wenden wie man will: das Subjekt der Geschichte steht überall dort zur Debatte, wo über Vergangenheit erzählt und geschrieben wird. Daher ist auch das Thema
Subjekt der Geschichte unausrottbar. Wenn von Geschichte gesprochen wird, ob mit, gegen oder ohne Hegel, bleibt die
"Menschheit" auf die eine oder andere Weise Subjekt der Geschichte. Denn woran sollte der Mensch sonst Interesse haben,
wenn nicht an sich selbst?

Wenn man auch, wie Heinz Heimsoeth sagte, "ein solches Lebe-
wesen Menschheit, das in einer alle Religionen und Zeitalter
übergreifenden Gesamtbewegung sich darlebt und entwickelt",
heute nicht mehr akzeptieren kann (2), ist dennoch für Theologie und Geschichtsschreibung die philosophische Frage nach
dem Thema "Menschheit" offenzuhalten. Auch wenn Jakob Burckhardt Geschichtsphilosophie - und damit auch Geschichtstheologie, sofern sie sich an konkrete Vergangenheit halten
will - als "Kentaur", als eine "contradicito in adjecto" bezeichnet (3), und dabei Hegelsche Geschichtsphilosophie im
Auge hat, bleibt dennoch seine eigene Geschichtsschreibung
eine vom Thema der Frage nach dem Sinn des Geschehens bestimmte, und dies auch und gerade dann noch, wenn er "Geschichte" als das Geschehen begreift, in dem es vornehmlich
um das "Unglück" der Menschen geht (4). Selbst die These,
daß in der Menschenwelt nicht die Gattung - wie im Tierreich
sondern das "Bastardentum" die interessante, weil einzig
fruchtbare Erscheinung sei (5), ist noch eine auf das Ganze
des Geschehens getroffene philosophisch-wertstellungnehmende
Position. Schließlich kann sich Geschichtsschreibung vom philosophischen Thema Weltgeschichte weder durch eine integrierende Harmonisierung der verschiedenen Geschichtsphilosophien
im Stile Erich Rothackers beruhigen lassen, der "sämtlichen
historischen Kräften einen sinnvollen logischen Ort" in der
"Gewinnung produktiver Lebensstile" zu geben versuchte und
so individuelle Tat und geschichtliche Identität zu einer
Ganzheit verschmolz (6), noch kann sie sich durch eine Desa-
vouierung der Vorstellung "Menschheit" als ideologischer

Größe vom Thema Weltgeschichte dispensieren. Weder die Tatsache, daß sich die Vorstellung eines Subjekts der Geschichte, sofern es affirmativ verstanden wird, als eine ideologische Selbstermächtigung politisch handelnder Gruppen zu exklusivstem Herrschaftsanspruch mißbrauchen läßt (7), noch der Nachweis, daß es sich bei dieser Identität, die solcher Vorstellung immanent ist, um eine Identität der Erzählung handelt (8), rechtfertigen die Abweisung der philosophischen Frage nach dem Sinn und Zusammenhang des Geschehens im ganzen, wie Hermann Lübbe meint schlußfolgern zu sollen. Der Geschichtsschreibung ist in ihrem Anspruch und ihrem notwendig mitgesetzten Thema nicht genüge getan, wenn man ihr die "Geschichte" zuweist als "ein Interferenz-Phänomen menschlicher Handlungen", als "eine Gemengelage divergierender und nach Glück und Zufall auch konvergierender Resultate unserer Aktivitäten und Passivitäten" (9). Daß Geschichte dies und nichts anderes sein soll, stellt für sich bereits eine philosophische Wertsetzung dar, die durch Geschichtsforschung eben nur so weit bestätigt wird, wie eben jede andere stimmige Theorie auch. Zudem bliebe zu fragen, wie Geschichtsschreibung so noch einen Sinn haben könnte für die Lebensfrage des Menschen.

Einer ähnlichen Argumentation wie bei Lübbe begegnet man bei Odo Marquard (10). Seine These: Anstatt den Menschen zu erlösen, pervertierte Geschichtsphilosophie in einem "terroristischen Humanismus" (11) an dessen Ende "die Durchsetzungsdisziplin eines Protagonistenkollektivs und ihrer Folgezumutungen" steht" (12). Indem Geschichtsphilosophie den Menschen "Erlösung" bringen wollte und dies gleichsam "menschheitsinnenpolitisch" (13) in Szene setzte, verlor sie den Menschen gerade dadurch, daß - nach der Abdankung Gottes als Subjekt der Geschichte - die jetzt vakant gewordene Stelle des Täters der Geschichte durch den Menschen selbst besetzt werden mußte: Der Mensch, nun zum Absoluten geworden, wird unanklagbar. Eine Position also, die ihm gerade auch die Möglichkeit der Sinnsicherung nimmt. Es sei die These in ihrer Rechtmäßigkeit dahingestellt, ob Geschichtsphilosophie sozusagen nur als Erbfolgeerscheinung der Theodizee auftrete. Die Frage nach Geschichtsphilosophie müßte dann jedenfalls auch eine Frage nach der Theodizee sein. Aus dem Scheitern beider Ansätze, der Theodizee und der Geschichtsphilosophie folgt aber durchaus noch nicht die faktische Widerlegung der Fragestellung selbst. Vielleicht ist gerade der affirmative Umgang mit der Wirklichkeit Grund dafür, warum Geschichtsphilosophien zum Scheitern verurteilt sind. Indirekt gesteht wohl auch Marquard zu, daß das Thema der Geschichtsphilosophie nicht einfachhin zugunsten einer Anthropologie, die den Sinngedanken eliminierte, entschieden werden dürfe, weil sonst der Mensch unter seinem Niveau leben würde. Die von ihm empfohlene Haltung der Skepsis, die sich zwei Philosophien - die Geschichtsphilosophie und die Anthropologie - zum Zwecke der Distanzierung von und der möglichen Emigration aus beiden hält (14), vermag nicht zu überzeugen. Die Haltung der "Epoché", welche ihm vorschwebt, ist irrational. Denn irgendwie hat der Mensch im faktischen Lebensvollzug die Frage nach Sinn - wenn auch nicht entschieden - immer schon als zu entscheidende gesetzt. Das Thema des Menschen, sein Sinn in Hinblick auf Geschehen und Bedeutung der Vergangenheit, bleibt faktisch virulent. In der Bejahung seiner Existenz hat sich der Mensch schon immer für Sinn entschieden. Daher will es nicht einleuchten, daß dieses Thema nicht auch theoretisch an der erfahrenen Wirklichkeit expliziert werden dürfte. Dies und nichts anderes ist die Zielfrage, unter der wir das Thema "Geschichte" als "Weltgeschichte" angehen.

5.1   Möglichkeit und Problematik der Vorstellung von Weltgeschichte als universaler Einheit des Geschehens.

5.1.1 Das "genus humanum" als Subjekt der Weltgeschichte.

Zum Thema Weltgeschichte und ihren philosophischen Implikaten hat sich Alfred Heuß auf dem Historikertag von 1967 in Freiburg in einem Hauptreferat geäußert. Die sich dort an das Referat anschließende Diskussion basierte auf der gemeinsamen Voraussetzung, daß es eine weltgeschichtliche Kontinuität nicht gibt, welche alle anderen Kontinuitäten umgreifen könnte. Einzig das Korreferat von Oskar Köhler könnte mit der Vorstellung von einer "menschheitlichen Homogenität" in eine andere Richtung weisen, ebenso wie dessen geäußerte Skepsis gegenüber der seltenen Einmütigkeit der anderen Historiker in der Fragwürdigkeit einer Weltgeschichte (15). Wir wollen uns an Alfred Heuß halten, der seinen Vortrag "Möglichkeiten einer Weltgeschichte heute" zusammen mit zwei weiteren Artikeln unter dem Titel "Zur Theorie der Weltgeschichte" veröffentlichte (16). Der dritte Artikel daraus, der sich mit dem Thema: "Max Weber und das Problem der Universalgeschichte" befaßt, verdient deshalb Aufmerksamkeit, als es hier um das Verhältnis von Erkenntnis und Objekt geht und gerade so Geschichte als Erinnerung thematisiert wird.

Max Weber war einer der ersten Forscher, die sich von der Weltgeschichtsschreibung des 19. Jahrhunderts absetzten. Einer Weltgeschichte, die in der antiken und orientalischen Geschichte nur einen Vorspann der europäischen Geschichte zu sehen vermochte, wird bei ihm jede Verbindlichkeit abgesprochen (17). Webers universale Soziologie trägt zudem den Historismus bis ins Extrem aus, als bei ihm "Geschichte als Aggregatzustand absolut zu denkender Verfügbarkeit" verstanden wird (18). Wie es zu dieser Situation kam, in der Weber auf den Plan tritt, schildert Heuß an dem Vorstellungsgehalt Geschichte als Erinnerung. Geschichte ist in ihrer Urform "kollektive Erinnerung". Erinnerung aber ist ein reflexiver Vorgang und erfordert ein Subjekt, das sich erinnert. Insofern ein Subjekt in der Erinnerung zeitliche Daten auf sich selber zurückwendet, vergewissert es sich selbst in der Geschichte. So ist auch eine kollektive Erinnerung immer auf ein bestimmtes Subjekt bezogen. "Geschichte ist so eine Form der Vergewisserung des Menschen, nämlich der Vergewisserung seines in der Zeit verlaufenden und als solchen bewußten Seins, und bezogen auf diese, auch schon dem Individuum zukommende Bestimmung, soweit sie die überpersönlichen Einheiten menschlichen Handelns und menschlicher Zuständigkeit betrifft" (19). Geschichte als Erinnerung weist aber eine spezifische Eigentümlichkeit auf, nämlich ein Hinausgehen über den Kreis des ursprünglich Gewußten und Wißbaren, insofern sie dazu ergänzt, was sich historisch gesehen überhaupt nicht wissen läßt, sei es aus okkasionellen Gründen, sei es aus prinzipiellen Unmöglichkeiten. So ist z.B. ein Anfang des Geschehens für das Gefüge des Erinnerns unentbehrlich und wird in einer einfügenden oder anfügenden Konstruktion hinzugedichtet. Wenn auch in Wirklichkeit nichts zu berichten wäre, verlangt das Erinnerungsbedürfnis dennoch Auskunft über das Herkommen des Menschen. Insofern es sich in der Erinnerung um die Selbstvergewisserung des Menschen in der Vergangenheit handelt, kann auf die Herkünftigkeit nicht verzichtet werden. Erinnerung geht hier unvermittelt und nahtlos in Offenbarung über. Je nach Verfassung des Erinnerungsträgers wird solchem Wissen sanktionierte Verbindlichkeit zugesprochen. "Die 'Ursprünge' haben dann dogmatische Gewißheit, bequem abzulesen etwa der biblischen Fundierung jeglicher christlichen Universalgeschichte. Aber die Zurückführung der Geschichte auf 'Offenbarung' vermag noch einen anderen 'Vorteil' zu erbringen. Sie erhellt nicht nur das Dunkel der verdeckten Vergangenheit, sondern auch das der unerforschbaren Zukunft" (20).

Von daher liegt es nahe, daß die Erinnerung sich mit Elementen anreichert, die außerhalb historischer Reichweite liegen, die aber dazu dienen, aus einem Wissen über Gegenstände des Historischen Einblick in das Wesen des Menschen zu erhalten, in seine Herkunft und seinen Fluchtpunkt. Erinnerung weiß also immer mehr, als sie historisch wissen dürfte, auch dann, wenn sie nicht in eine Offenbarungsreligion übergeführt wird (21). Geschichte aber als Zustand der selbstvergewissernden Erinnerung erfährt nun gerade seit Beginn des 19. Jahrhunderts eine Modifikation, welche sie in ihrem Wahrheitsanspruch prinzipiell in Frage stellt. Mit Hilfe heuristischer Kritik und neuer Methoden wurde es möglich, mehr historisches Material herbeizuschaffen, als es für die Erinnerung bedurft hätte. Die Geschichte selbst wird jetzt beliebig und ungeschützt. Damit ist zugleich die Geschichte aus der Erinnerung entlassen und nicht wie die Erinnerung an die Position eines bestimmten Subjekts gebunden. Geschichte muß jetzt den Anspruch erheben, überall verstanden zu werden. Umgekehrt wird jetzt auch dort nach Geschichte gesucht, wo kein Auftraggeber dazu anhält. Die Pluralität der Erscheinungen zieht aber noch ein weiteres nach sich: Die Weltgeschichte als geschlossener Sinnzusammenhang wird obsolet und muß deshalb weichen. Jetzt ist nämlich jedes historische Objekt "möglich". Diese Souveränität vermag die Geschichte als Erinnerung nicht aufzubringen. Die Gegenstände existierten für diese vielmehr nur in der vorausgehenden Einstellung. "Erinnertes und Erinnerung sind reziprok aufeinander bezogen, keines kann ohne das andere sein" (22).

Natürlich ist auch das Verhältnis von Erkenntnis und Objekt immer ein gegenseitig bezogenes. Immerhin aber ist dieses jetzt ein nur in der Reflexion zutage tretendes, während es in der Erinnerungsintention notwendig auffindbar war. In der Erkenntnis hingegen wird jegliches Objekt als subjektunabhängig, als "reines Faktum" vorgestellt, als "bloße Erscheinung" erfahren. Die Geschichte als Objekt der Erkenntnis enthält keine Verbindlichkeit aus irgendwelchen Subjektpositionen. "Bei dem Übergang von der Geschichte als Erinnerung zur Geschichte als Objekt wird jene in ihrer Eigenschaft, personales und konkretes Inventar konkreter Bedürfnisse zu sein, transzendiert und verwandelt sich dabei zum 'Sein', oder besser zum 'Gewesenen' "(23). Der Historismus reißt damit gleichsam einen unendlichen Horizont auf und befreit den Menschen von dem Zwang jeglicher Notwendigkeit, und zwar auch einer jeden metaphysischen, welche sich durch die feste Struktur der kollektiven Erinnerung über ihn verhängt hatte. Auf der anderen Seite entzieht der Historismus dem Menschen die Stütze einer Lebensorientierung dienender Erinnerung und übergibt ihn seiner eigenen Verantwortung. Der geschlossene historische Kosmos paralysiert sich zu einem zusammenhanglosen unendlich vielfältig Gegebenen. Diese Darstellung des Historismus, wie sie Heuß liefert, kann als Beschreibung der fatalen Situation voll akzeptiert werden. Insofern es sich um einen Nachweis kausaler Entwicklung handelte, ist - in Hinblick auf unsere frühere Argumentation - doch zu modifizieren. Jedenfalls sieht Heuß hier am Zenit des Historismus den Ort eines Max Weber. Wie immer man Weber einordnen mag, als Gesamterscheinung steht er nach Heuß radikal auf dem Boden des Historismus. Manifest wird dies in dem Grundsatz von der "Wertfreiheit" jeglicher historischer Erkenntnis. Dabei ist zu bemerken, daß dies für Weber keinen platten Positivismus beinhaltet, demgemäß es in der Geschichte keine Werte geben könne. Er bestreitet nicht die Existenz von Werten in der Geschichte. "Was er dagegen energisch bestreitet, ist die absolute Geltung der Werte, mit denen der Historiker umgeht. Sie werden wohl als Realität in der historischen Wirklichkeit angetroffen, sind aber dann nichts anderes als die auch sonst dort auffindbaren Erscheinungen, nämlich ein reines Faktum. Als solche sind sie mit den anderen Fakten dem geschichtlichen Wechsel unterworfen und damit wie vieles andere veränderlich und auswechselbar" (24). Wesentlich für unsere Belange ist die Einsicht von Max Weber, "daß, wenn

einmal die Welt als geschichtliche aufgefaßt wird und aufgefaßt werden muß, es bei der Analyse des Faktischen, mag
es nun vergangen oder gegenwärtig sein, keine naive Wertver-
gewisserung geben kann, wie überhaupt jeder naiven Einsicht
der Weg versperrt ist" (25). Des weiteren folgt für Weber im
Zusammenhang seiner Wertlehre und seiner Formulierung einer
"verstehenden" Soziologie eine Ablehnung jeglicher Hyposta-
sierung in der Geschichte: nicht einmal die "Nation" läßt
er als reales Agens gelten, ebensowenig die "Kulturseele"
oder die "Rasse". Er wehrt sich gegen jede unmotivierte Ver-
festigung einzelner Daten (26). Dennoch scheint Max Weber
eine Möglichkeit gefunden zu haben, die Einzelphänomene noch
zusammenhalten zu können: es ist seine Vorstellung des Ideal-
typus. Mittels dieser Strukturvorstellung rückt auf einmal
die disparate Menge der weltgeschichtlichen Phänomene über
zeitliche und räumliche Trennungen hinweg zusammen. Wenn damit auch nicht behauptet wird, alle Phänomene seien gleichar-
tig, so doch, daß das Repertoire der historischen Menschheit
an Grundformen politisch-sozialer Organisation überschaubar
und begrenzt sei. Damit ist aber noch nicht gesagt, daß sich
Weltgeschichte schon ergäbe, wenn man die primären historischen Formmöglichkeiten auf dem Globus registrierte. Vielmehr
müssen die historischen Phänomene auf jenem weltweiten Hintergrund gesehen werden, welcher durch jene Idealtypen erhellt werden soll. Von daher wird einsichtig, daß "Weltgeschichte nicht mit dem ubiquen Geschehen auf dem ganzen Globus identisch ist"(27). Der Idealtyp Max Webers läßt sich
nach Heuß als "eine Art von Kondensierung der mannigfaltigen
Erscheinungen des sozialen-politischen Feldes zum Zwecke
ihrer Vergleichbarkeit" begreifen (28). Als ein "variables
Beziehungsmuster" eignet ihm die Möglichkeit der ubiquen
Mannigfaltigkeit. Weltgeschichtliche Konsequenzen hat das
insofern, als Max Weber dadurch die in der intelligiblen Entfaltung verlorengegangene Gattungseinheit des Menschen wenigstens in partieller Hinsicht für Geschichtsschreibung wieder
zur Evidenz bringt, weil der Idealtyp nicht aus einer philo-
sophisch-anthropologisch erschlossenen Gattungseigenschaft
des Menschen resultiert, sondern ausdrücklich auf bestimmte
Elemente seiner historischen Individualisierung Bezug nimmt.
Aber gerade durch diese Leistungsfähigkeit im Bereich der
historischen Individualisierung scheint sich das "genus humanum" in seiner historischen Dimension zu manifestieren. Anhand dieser "Manifestationen" scheint die Erinnerung des
Subjekts Menschheit die Form ihrer geschichtlichen Selbstvergewisserung gefunden zu haben. Gibt es doch jetzt wenigstens
eine strukturelle Verbundenheit unter dem Blickwinkel ideal-
typischer Kontakte über Zeit und Raum hinweg, die wenigstens
in verkürzter Form die Möglichkeit einer "Einheit"offenhält.
Zu fragen bleibt nur: Genügen die idealtypischen Kontakte
schon zur Konsolidierung des Konzepts? Auch wenn für Max
Weber unbestritten gelten muß, daß Ubiquität und Weltgeschichte nicht zusammenfallen können - auch wenn er sich
expressis verbis nach Heuß darüber nicht äußert - (29), und

selbst wenn es ihm völlig fern lag, die von ihm angegangene Geschichte - als unter bestimmten Gesichtspunkten ausgewählte - mit der Geschichte schlechthin zu identifizieren (30), muß die Leistungsfähigkeit des Idealtyps hinsichtlich einer möglichen Weltgeschichte als wirklicher Einheit einer menschlichen Gattung noch weiter restringiert werden. Für Heuß kann der Idealtyp höchstens dazu dienen, das einer Erzählung der Weltgeschichte vorgelagerte Wissen besser zu durchdringen, nicht aber kann er das Vehikel dafür werden, "die ubique Geschichte mit der artikulierten Weltgeschichte zu verknüpfen" (31). Der eigentliche Mangel dieser Vorstellung liegt nach Heuß darin, daß sie sich nicht dergestalt durchhalten lasse, daß das Menschengeschlecht in der geschichtlichen Zeit zu einem realen Subjekt zu erheben wäre (32).

Das Programm "Weltgeschichte" lebe daher - nach Heuß - heute vor allem von der Erinnerung an Zeiten, als man sie noch mit halbwegs gutem Gewissen betrieb (33). Aber bereits in jenen Zeiten kennzeichnet diesen Begriff mehr eine größere Nähe zur Tradition als seine Verbindung zur sogenannten Forschung. Insofern die Tradition ausgesprochen dogmatische Züge trug hinsichtlich des stofflichen Umfangs der Weltgeschichte und ihres Verlaufes - zuerst christlicher und dann rationalistischer Prägung -, kann Heuß für die moderne Form des geschichtlichen Wissens von vornherein jegliche "Weltgeschichte" verneinen, und zwar im kategorisch apodiktischen Sinn, "daß es keine Weltgeschichte geben könne" (34). Dies resultiert aus der Unmöglichkeit, eine summarische Addition aller Geschichten mit einer Weltgeschichte zu identifizieren, welche die Einheit eines Subjekts implizierte. Denn eine Summe von zahlreichen Subjekten könne kein einheitliches Realsubjekt konstituieren (35).

Trotzdem scheint zunächst die Weltgeschichte als Begriff für Heuß nur die Addition zuzulassen, nachdem "sich die Einheit eines weltgeschichtlichen Prozesses kraft Telologie, d.h. eine teleologische Verknüpfung mehrerer Subjekte in einem gesteuerten Zusammenhang, als Illusion herausstellte" (36). Hinter diese Einsichten zurückzugehen habe daher wenig Sinn. So ist es nach Heuß erforderlich, die Überlegungen dahingehend weiterzutreiben, ob und wie die Vorstellungen von Weltgeschichte ein universales Subjekt als notwendiges Konstituens involvieren, wie ferner diese Voraussetzung mit der Einsicht zusammengebracht werden kann, daß es in der Geschichte doch allenfalls um die Erfahrungen, Handlungen und Leiden konkreter Menschen geht. Der Mensch ist Subjekt der Weltgeschichte, und nichts anderes. Die Fragestellung hat sich somit dergestalt zu entwerfen, "ob und unter welchen Bedingungen 'der' Mensch sich als Subjekt einer Geschichte einsetzen läßt" (37). Diese Frage scheint bedeutsam, und ist von der nachgeschobenen direkten zu unterscheiden, nämlich der Frage, "wann dürfen wir von der Einheit des Menschengeschlechtes als nachweisbarem Phänomen sprechen?" (38).

Wir werten die zweite Frage nicht einfach wie Heuß als eine
Explizierung der ersten. Es wäre doch denkbar, daß die Vorstellung eines Subjekts der Geschichte nicht identisch ist
mit der phänomenologisch nachweisbaren, so daß also beide
Fragen möglicherweise auf einer prinzipiell anderen Ebene
zu situieren wären und nicht nur faktische Unmöglichkeit ihrer Einlösbarkeit entgegenstünde? Wie sich zeigen wird, legt
sich diese Vorstellung aus dem weiteren Gedankengang von
Heuß selbst nahe.

In der Abhandlung: "Weltgeschichte als Methode" (39) kommt
der Historiker auf dieses Problem des Subjekts "Menschheit"
in scharfsinniger Beobachtung und Analyse zu sprechen. Zunächst gilt, wie schon mehrmals vermerkt, daß "jede Geschichte, sie betreffe wen und was auch immer, ... sobald sie zum
Gegenstand erhoben wird und nicht lediglich Lebenshorizont
geschichtlicher Subjekte ist, niemals von selbst an die Hand
gegeben(ist), sondern ... durch ein erkennendes Verfahren
erst umrissen und nach verschiedenen Seiten abgegrenzt
(wird)" (40). Aus der Summe historischer Daten werden unter
einem bestimmten Blickwinkel gewisse Phänomene ausgewählt,
andere beiseite gelassen. Auch dort, wo diese Selektion
scheinbar von selbst von der Hand geht, darf man sich nicht
über die Tatsächlichkeit des Vorgangs täuschen. Jedes Erfassen eines geschichtlichen Phänomens involviert notwendig Abstraktion. Und weil sich das Ganze der Geschichte eben von
verschiedensten Seiten her angehen läßt, bedingt durch die
komplexe Natur des Menschen, bekommt man auch immer nur eine
bestimmte Sicht der Wirklichkeit zu fassen. Wenn auch die
politische Geschichte für den Historiker immer gewissermaßen "als Rückgrat der allgemeinen Geschichte" (41) gelten
wird, bleibt dennoch bestehen, daß sie nicht die Geschichte
ist. Will man also eine allgemeine Geschichte schreiben,
bleibt diese ebenso wie jede andere an ein bestimmtes Auswahlprinzip gebunden, hat trotz ihrer "Allgemeinheit" eine
eigene Perspektive (42). Eine allgemeine Geschichte als
"Allgeschichte" ist eben nicht denkbar, weil es kein Prinzip
der Ubiquität gibt. Von daher ist auch eine integrierte Geschichte, die die jeweiligen Spezialgeschichten zu einer Einheit verzahnen würde, eine prinzipielle Unmöglichkeit. Ein
solcher Versuch kann über eine monströse Anhäufung ungebän-
digter und unverarbeiteter Stoffmassen nicht hinauskommen:
" 'Weltgeschichte' ", so reflektiert Heuß kritisch, "ist
vielmehr ein Modus des Umganges der Geschichte unter manchen anderen und ist diesen gegenüber mit keinem Privileg
ausgestattet" (43). Denn eine "Weltgeschichte" ist unter dem
Gesichtspunkt der Abstraktion bzw. Selektion der Struktur
nach identisch mit jeder anderen Art von Geschichtsschreibung in der Art einer Spezialgeschichtsschreibung. Daher
ist Weltgeschichte, wenn auch für sie Abstraktion und Selektion charakteristisch sind, weder universal in ihrem äußeren Umfang noch hinsichtlich ihrer Gesichtspunkte, noch die

Summe aller einzelnen Geschichten, noch kraft ihres Begriffes die einzig wahre Geschichte, die alle anderen Geschichten aus dem Feld schlüge (44). Ineins damit kann dann auch gefolgert werden, daß die gefaßte Kontinuität der Geschichte nicht die der Geschichte schlechthin ist, d.h. weder die grundlegende, noch die einzige, noch die einzig wahre Kontinuität repräsentiert. Wie die Kontinuität jeder anderen Geschichte, so ist auch die der Weltgeschichte ebenso partial und selektiv. Dem Konzept der Weltgeschichte korreliert eben eine mit denselben Charakteristiken belastete Kontinuität.

Hat das aber seine Richtigkeit, daß "Weltgeschichte" ein Modus des Umgangs mit Geschichte ist, dann ist es abwegig, alles was irgendwie auf dem Globus passierte, als Summe des Geschehens mit "Weltgeschichte" zu identifizieren. Der Historiker hat nicht den göttlichen Verstand, der ihm erlaubte, alles zu registrieren. Zwischen Weltgeschichte als Gegenstand der Darstellung und zwischen dem Wissen zur Bewältigung des Gegenstandes ist scharf zu unterscheiden. Der Weltbestand ist nicht die Summe alles in der Zeit verlaufenden Geschehens, ja er ist keine von vornherein festgelegte Größe. Hier ist sich Heuß einer neuen Schwierigkeit bewußt. Wenn von Weltbestand die Rede ist, ja von Welt überhaupt, was intendiert und umfaßt dann der Begriff "Welt": Genauer müßte es heißen, das Menschengeschlecht. Und zwar dieses Menschengeschlecht, das in der historischen Zeit im engeren Sinne im Hinblick auf diese Historizität seine Individualität verlor, welches aber dennoch nicht aufhörte, als genus humanum weiter zu existieren (45). Heuß sieht, wo die Schwierigkeiten liegen, die sich jeder Auffassung von Weltgeschichte in den Weg stellen, die das Menschengeschlecht als Subjekt der Geschichte in Ansatz bringen will: Es scheint der Begriff "Menschheit als Gattung" ungeeignet zu sein zur Beschreibung der Geschichte des Menschen. Gattung ist ein biologischer Begriff. Es wird mit ihm nur die Naturgrundlage der menschlichen Geschichte erfaßt, nicht aber das bewegende Prinzip in der Geschichte begriffen. Zwar können wir der Menschheit bzw. des Menschengeschlechts nur habhaft werden in seinen naturalen Qualitäten; treten wir jedoch in die Geschichte im engeren Sinne ein, müssen wir auf die naturalen Qualitäten der Gattung verzichten: "Dem geschichtlichen Sein des Menschen läßt sich das 'Menschengeschlecht' nicht substituieren. Subjekt sind da immer nur konkrete Menschen" (46). Natürlich ist nicht zu bestreiten, daß "konkrete Menschen" auch Menschen sind und daß sie nach ihrer Art irgendwie an der sogenannten Geschichtlichkeit teilhaben und daß diese ihnen generell zukommt. Aber genau hier ist der Ort des Umschlags: der Genusbegriff schlägt um in das konkrete historische Individuum. Nicht als Mitglied eines genus, sondern als individuelle historische Größe wird der Mensch im Sinne von Geschichte bedeutsam. Weil aber in der Geschichte eben nur handelnde Individuen auftreten als Subjekte, ist die Menschheit als Subjekt der Geschichte nicht nachweisbar. Als Genusbegriff löst sich die Menschheit an dieser Stelle gleichsam auf. Bemüht man

diesen Begriff trotzdem, dann kann es sich hier nur noch um
eine fiktive Größe handeln, insofern man sie als einen bloß
gedachten und als solchen gesetzten Beziehungspunkt gelten
läßt (47). Sinn und Funktion dieser positionellen Fiktion
erschöpfen sich darin, "empirische Daten zu ordnen und in bestimmter Weise zusammenzufassen, d.h. hier den Begriff eines
'Weltbestandes' zu bilden und die Gesamtheit aller historischer Erscheinungen in einer Weise zu begreifen, welche sich
an ihrer Ubiquität nicht stößt, sondern sie allesamt 'gelten'
läßt, soweit sich in ihnen strukturelle und sonstige Figura-
tionen zeigen" (48). Einem solchen genus humanum, das nur
zum Zwecke der Veranschaulichung vorgestellt wird, sind dann
auch historische Phänomene nur unter der Voraussetzung zuzuordnen, daß sie Geschöpfe einer Fiktion sind. Heuß stellt
mit wünschenswerter Deutlichkeit heraus, daß unter der Rücksicht des Realitätsgehaltes die These vom Subjekt der Geschichte unhaltbar und unzulässig ist: denn das betreffende
Subjekt gibt es nicht und kann deshalb auch nicht vorgestellt
werden (49).

Diese Kategorie des genus humanum als Ordnungskategorie historischer Betrachtungsweise involviert aber nicht eigentlich "Weltgeschichte" als Methode. Denn ihr Auswahlprinzip
ist nicht die Welthaftigkeit der Ereignisse, d.h. sie will
nicht die 'welthistorisch relevanten' Phänomene allein oder
hauptsächlich hervorheben. Darum würde diese historische Betrachtungsweise, deren Subjekt die Menschheit bzw. das Menschengeschlecht sein soll, einer geschichtlichen Anthropologie entsprechen. Denn diese "beinhaltet ziemlich genau die
Fiktion, die als Prämisse hier eingeführt wurde, nämlich die
Annahme, der Mensch wäre auch als historisches Wesen ein
Genuswesen und man könnte von ihm als solchem genau solche
Aussagen machen wie wenn man sich auf seine Anatomie bezöge
oder seine psychosomatischen Eigenschaften bedächte. Das
geht, wie gesagt, nicht oder nur so, daß dieser Begriff vom
Menschen als Grenzbegriff (mit dem entsprechenden Einschlag
zur Fiktivität) eingeführt wird" (50). Jedenfalls ist es
auch dann immer noch verwehrt, von ihm im Sinne einer naturalen oder philosophischen Anthropologie zu sprechen. Schlechthin gültige Bestimmungen lassen sich von ihm nicht aussagen,
allenfalls lassen sich die an geschichtlichen Menschen gemachten Erfahrungen auf den Menschen als "Möglichkeiten"
applizieren, als Möglichkeiten des Menschseins überhaupt. Es
zeigt sich auch unter dieser Hinsicht, daß das "Menschsein
überhaupt" immer eine Fiktion"des" Menschen ist. Demnach
kann man sagen, geschichtliche Anthropologie versichere sich
der Möglichkeiten des Menschen, wo auch immer er anzutreffen
ist.

5.1.2 Die Unmöglichkeit, Menschheit als Subjekt der Geschichte verstehen zu wollen.

Wenn Weltgeschichte ein Modus des Umgangs mit der Geschichte ist, bzw. in narrativer Theorie ausgedrückt, eben nur eine Geschichte wie jede andere auch, dann war Weltgeschichte vor der heutigen Zeit schon möglich und bleibt als solche prinzipiell von konkreten Forschungsergebnissen unberührt. Daß man eine Weltgeschichte schreibt, kann also nur von der kommunikativ motivierten, retrospektiven Konstruktion in praktischer Absicht überhaupt her verstanden werden, nicht von einer heute durch universale politische und wirtschaftliche Interferenzen vermeintlich möglich gewordenen Einheit der Welt.

Entsprechend der Theorie der Narrativität liegt der Idee der Kontinuität ein metahistorisches Interesse zugrunde, das auf Wertstellungnahmen und Sinngebung bezogen ist, und zwar in zweifacher Hinsicht. Einmal ist es Interesse an konkreter Orientierung und Legitimation des Handelns, welches die Konstruktion bestimmter Zusammenhänge im Vergangenen leitet, zum anderen ist es das Interesse schlechthin, welches die Konstruktion von Zusammenhang überhaupt als sinnvoll erscheinen läßt. Bedenkt man dies, dann erhellt deutlicher das erstmals schon von Max Weber herausgestellte Phänomen, daß Geschichte als Erinnerung immer mehr weiß, als die Fakten selber hergeben.In der Erinnerung vergewissert sich ein bestimmtes Subjekt seiner Geschichte, indem es in seiner Erinnerung zeitliche Daten und Ereignisse auf sich selber zurückwendet. Aber auch überpersönliche Einheiten menschlichen Handelns und menschlicher Zuständigkeit werden hierin einbezogen. Geschichte als Tradition ist Selbstvergewisserung des Menschen. Die spezifische Eigentümlichkeit der Geschichte als Erinnerung besteht schon nach Max Weber gerade darin, daß sie über den Kreis des ursprünglich Gewußten und Wißbaren hinausgeht, insofern sie dazu ergänzt, was sich historisch gesehen überhaupt nicht wissen läßt. So verlangt das Erinnerungsbedürfnis Auskunft über das Herkommen des Menschen. Wenn Heuß hinzufügt, solche Erinnerung gehe nahtlos in Offenbarung über, wenn den "Ursprüngen" sanktionierte Verbindlichkeit zugesprochen wird, dann wird offenkundig, daß die Erinnerung sich mit Elementen anreichert, die außerhalb historischer Reichweite liegen, die aber dazu dienen, Einblick mittels der Gegenstände des Historischen in das Wesen des Menschen selbst zu gewinnen. Erinnerung weiß also immer schon mehr, als Wissenschaft an den Tag bringt, auch dort, wo sie nicht in Offenbarungsreligion transgrediert: Es geht der Geschichte als Erinnerung um das Selbstverständnis und die Sinnversicherung des Menschen in der Gegenwart. Genau das aber ist nicht einfach ein Irrweg einer vergangenen mythologischen Epoche, sondern konstitutives Moment einer jeden Geschichte in narrativer Konstruktion, ja es kann gar nichts anderes sein, weil Geschichte sich nur als

Bewußtseinsphänomen realisiert. Insofern vergangene Ereignisse von einem gegenwärtigen Interesse und gegenwärtiger Kommunikation zu einem Sinnzusammenhang organisiert werden, wissen Geschichte und Geschichtsschreibung a limine mehr als sie eigentlich wissen dürften. Individuelle wertstellungnehmende Momente oder nur theoretisch-spekulative Ansichten sind unabdingbares Ingrediens der Geschichte, nicht nur insofern sie es sind, die den Menschen zur Hinwendung zur Vergangenheit überhaupt motivieren, sondern auch insofern, als sie die narrativ entworfenen historischen Kontinuitäten nach ihrer Maßgabe organisieren. Auf jeden Fall wird durch den Hinweis Max Webers auf Geschichte als Erinnerung auf eindrückliche Weise transparent, welchen Stellenwert historische Ereignisse innerhalb einer erzählten Geschichte haben: Sie dienen zur Vergewisserung des Selbstverständnisses und haben letztlich ihren Ursprung - über die motivierende Gegenwart - im Sinn- und Handlungsbedürfnis der Menschen. Es verschlägt bezüglich dieser Überlegungen dann wenig, vielmehr thematisiert es geradezu die Intentionalität jeder Geschichtsschreibung, daß in einer mytischen Zeit, der abstraktes Denken noch ferne liegt und der Transzendenz nur in gewisser Handgreiflichkeit zu denken möglich ist, bestimmte Ereignisse als hinzugedichtet erscheinen. Wenn wir von "erscheinen" sprechen, so deshalb, weil ja z.B. bei der Vorstellung, ein Gott habe die Menschen gemacht, diese immerhin in einen möglichen Bezug zu einem bestimmten Ereignis gebracht wird, nämlich der Entstehung des ersten Menschen. Wenn sich heutige Menschen trotz des Glaubens, daß Gott der Schöpfer der Welt und des Menschen sei, die Entstehung des Menschen durchaus auf der Linie der naturwissenschaftlich erforschbaren Entwicklung vorstellen und mit einem chronologisch nicht fixierbaren Datum und Ereignis verbinden, liegt dies einzig in der Vorstellung heutigen Verständnisses vom Wirken der Transzendenz begründet. Der Unterschied ist indes viel größer gegenüber einer materialistischen Deutung des Menschen, wo die Hominisation als Kompensationsphänomen der Materie vorgestellt wird. Die Differenz liegt an der vom Historiker getroffenen Vorentscheidung seiner Wertstellungnahme zur Wirklichkeit im ganzen und zum Menschen. Von daher wird einsichtig, daß die Differenz heutigen Geschichtsdenkens mit dem sogenannten mythischen nicht darin besteht, daß man die Geschichte der Menschen mit einem zeitlich nicht eruierbaren Ereignis beginnen läßt - denn das bleibt ja in seiner chronologischen Fixierung auch heute ein ziemlich freischwebendes "Modell" -, sondern darin, daß man dieses in seiner Faktizität als notwendig vorausgesetzte Ereignis der Hominisation (irgendwann muß es ja geschehen sein) anders in ein "temporal whole" einbringt. Denn auch die historische Kontinuität in narrativer Geschichtsschreibung ist keinesfalls identisch mit dem zeitlichen Abstand der Ereignisse. Aus narrativer Sicht dürfen diese nur nicht gegenläufig zur Ereignisabfolge angelegt sein. Erzählung läßt zwar von Hause aus eine Unzahl von Ereignissen weg, aber jene, die sie einbringt, bringt sie unter einen bestimm-

ten Gesichtspunkt und ordnet sie in eine Zeitstruktur ein.
Die Zeitstrukturen selbst sind hinsichtlich des Zeitraumes,
den sie abdecken, diskontinuierlich und in bezug auf die
Art ihrer Deskription selektiv. Gilt diese Feststellung,
dann wird auch verständlich, warum eine endgültige historische Bedeutung eines Ereignisses nicht festzulegen ist.
Dreht man dieses Ergebnis um, zeigt sich - zweitens -, daß
in die Geschichte, welche der Geschichtsschreiber bzw. das
Geschichtsbewußtsein aufbewahrt, Wertstellungnahmen aus gegenwärtigem Interesse mittels der narrativen Konstruktion
der Ereignisse gewissermaßen eingeschmolzen werden. Damit
aber thematisiert sich der Zusammenhang und der Sinn historischer Konstruktion überhaupt, insofern sie notwendig hinbezogen sind auf das Sinn- und Handlungsinteresse der Gegenwart. Der Sinn historischer Ereignisse kann also nur von dem
an anderer Stelle bereits vorgelegten Sinn von Erzählung her
verstanden werden. Sofern sich also mythische Geschichtsdar-
stellung an die Voraussetzungen der Narrativität hält, nämlich sich auf konkrete Ereignisse in ihrem zeitlichen Nacheinander bezieht, ist ihr Recht gegenüber sogenannter wis-
senschaftlicher Geschichtsschreibung daran auszuweisen, ob
sie noch Antwort auf die sie innovierende Interessenlage in
einem gegebenen Weltverständnis und Handlungskontext geben
kann. Die Entscheidung darüber ist also nicht auf der Ebene
des Historischen zu stellen, denn da ist sie immer schon via
facti entschieden, sondern auf einer metahistorischen Ebene.
Der mögliche Einwand, es werde in mythischem Geschichtsbewußtsein an einem völlig illegitimen Subjekt festgehalten,
stimmt nicht, weil auch das Subjekt und das Agens jeder anderen Geschichte nichts anderes als Formstruktur der Erzählung ist.

Wenn mit Beginn des 19. Jahrhunderts die Geschichte als Zustand der selbstvergewissernden Erinnerung sich modifizierte
und somit auch ihr Wahrheitsanspruch sich relativierte, so
widerspricht dies dem eben Vorgebrachten einer narrativen
Konstruktion von Geschichte nicht. Die Geschichte transformiert sich jetzt von der Geschichte als Erinnerung zur Geschichte als Objekt. Sie verliert ihre Eigenschaft, personales und konkretes Inventar konkreter Bedürfnisse zu sein.
Sie wird zum Gewesensein und entzieht sich so dem Menschen
als zur Lebensorientierung dienende Stütze. Der Zusammenhang wird zum unendlich vielfältig Gegebenen. Dies ist in
etwa die Situation des Historismus, auf dessen Kulminationspunkt Heuß den Ort eines Max Webers sieht. Heuß tut so, als
wäre dieses Ereignis des Umschwungs durch das neue Material,
das historische Forschung an den Tag brachte, allein bewirkt. Dadurch sei Geschichte aus der Erinnerung entlassen
und nicht wie die Erinnerung an ein bestimmtes Subjekt gebunden. Dieser Analyse ist bezüglich der Ursachen zu widersprechen. Der welthistorische Horizont ist nämlich nicht
durch die Anhäufung von neuem Wissen in Frage gestellt wor-

den, insofern der weltgeschichtliche Horizont als geschlossener Sinnzusammenhang verloreging. Wenn wahr ist, daß Geschichte immer als ein "temporal whole" auswählt und eliminiert, ist es kaum einleuchtend, wieso eine quantitative Vermehrung von Ereignissen der Vergangenheit der Geschichte ihre Funktion als Erinnerung und somit Sinnsicherung nehmen sollte. Was sich vielmehr als Erklärung anbietet, ist eine mögliche Änderung der realen Verhältnisse der Gegenwart, wenigstens in den breiten Schichten der Bevölkerung, die eine Änderung des Selbst- und Weltverhältnisses nach sich zog, während hingegen die Geschichtsschreibung als institutionalisierte Forschung am herkömmlichen Schema festhielt. Das würde heißen, die Geschichtsschreibung hielt an einem Konstruktionsschema fest, welches in keiner Weise mehr eine Antwort auf die Fragen nach Handlungsorientierung einer Gegenwart war (51).

Das Desinteresse an der Geschichte und ihren jetzt als puren "Fakten" vorgestellten Ereignissen ergibt sich somit nicht aus der historischen Methode, sondern aus einer gewandelten Stellungnahme zur Wirklichkeit im ganzen, und natürlich auch zu der des Staates und der Gesellschaft. Die Ursachen hierfür mögen vielfältig sein. Nur eines muß festgehalten werden. Auch diese "Fakten" sind in Wirklichkeit das Ergebnis einer narrativen Konstruktion. Sie wurden zu puren Fakten der Vergangenheit deshalb, weil sie in einem "temporal whole" komponiert waren, das einer Interessenlage entsprang, welche zunehmend an Einfluß und Bedeutung verlor. Die sogenannte objektive Geschichte ist in Wirklichkeit nichts anderes als eine undurchschaute Konstruktion einer politischen Macht- und Kulturgeschichte, welche in den Ereignissen der Vergangenheit die Ausprägung von Individualität sich vollziehen sah.

Wohlgemerkt, richtig und bedeutsam ist die Folge dieser Diskrepanz von Interesse und Angebot von Geschichte insofern, als jetzt, auf dem Höhepunkt des Historismus, klar wurde, daß es aus der Geschichte keine unvermittelte Sinnsicherung geben kann. Was sich dort finden läßt, sind immer nur Erscheinungen, die veränderlich und auswechselbar sind. Es ist jetzt jeder naiven Einsicht in die Geschichte der Weg versperrt. Der Nachklang metaphysischer Sinnsicherung mittels Geschichte bleibt aber immer noch insofern erhalten, als man der Meinung ist, die Vergangenheit wäre auch so noch interessant genug, daß man es sich nicht leisten könne, auf mögliche Einsichtnahme zu verzichten.

Weit mehr interessiert indes die von Heuß aufgeworfene Frage nach den Bedingungen, unter denen der Mensch sich als Subjekt der Geschichte einsetzen läßt. Wie schon angemerkt, ist diese Frage zu trennen von der Frage nach der Einheit des Menschengeschlechts als nachweisbarem Phänomen. Nach narrativer Theorie ist nämlich ersteres durchaus möglich, während der Nachweis der Einheit des Menschengeschlechtes immer nur

auf der Ebene der historischen Einheit möglich sein kann. Er
wäre also nur innerhalb einer bereits interessemäßig entworfenen Konstruktion eines "temporal whole" zu finden. Dieser
Versuch fällt somit auf die Ebene der Metahistorie zurück.
Also bleibt auch Weltgeschichte für Heuß letztlich nur ein
spezifischer Modus des Umgangs mit der Geschichte.

In seiner scharfsichtigen Analyse stellt Heuß schließlich
mit Präzision heraus, daß die These vom Subjekt der Geschichte unhaltbar ist, weil es dieses Subjekt Menschheit nicht
gibt und es auch nicht vorgestellt werden kann. Dem ist als
Ergebnis von der Sicht narrativer Theorie nichts hinzuzufügen.
Wenn aber Heuß das Problem nun verschiebt, indem er sagt,
einer Geschichtsschreibung mit dem Subjekt "genus humanum"
ginge es letztlich nicht um Weltgeschichte, sondern um eine
philosophische Anthropologie, die immer schon wertbestimmt
sei, so trifft das nicht zu. Seine von ihm offengehaltene
Möglichkeit einer "Weltgeschichte", die sich am Auswahlprinzip der Welthaltigkeit orientiert, insofern er darin die
"welthistorisch relevanten" Phänomene aufgenommen wissen will,
suggeriert einen falschen Tatbestand, wird doch so getan, als
gäbe es die "Welthaltigkeit" als historisch erhebbare Qualität der Ereignisse selbst. Das aber muß nach narrativer Theorie bestritten werden, weil sich die Ereignisse in der Zeit
erst mittels ihres Eingehens in eine interessenbedingte Konstruktion eines "temporal whole" als historische konstituieren. Heuß muß schließlich auch selbst zugeben, daß nicht nur
eine geschichtliche Anthropologie irgendwie auf Weltgeschichte hingeordnet ist, sondern dieses auch vice versa gilt:
Weltgeschichte ist ohne geschichtliche Anthropologie nicht
vorstellbar, weil es eben doch auch immer um das Allgemeine
des Menschseins geht. Somit geht auch in diese Konstruktion
der Weltgeschichte immer schon ein Wertmoment ein, auch nach
der nicht narrativen Konzeption von Heuß (52). Nach narrativer Konzeption von Geschichte ist die Unmöglichkeit des historischen Nachweises einer Einheit des Menschengeschlechtes
in der von Heuß vorgestellten Manier Fall einer prinzipiellen
Unmöglichkeit. Das einheitgebende Prinzip ist Strukturmoment
der Erzählung von Geschichte und so das gleichsam objektivierte Interesse der Erzählung überhaupt und ihres sie innovie-
renden kommunikativen Interesses der Gegenwart. Worin also
auch immer die Einheit gesehen werden mag, sie wird nie diesen ihren Ursprung und ihre konstitutive Abhängigkeit von
der Erzählung ablegen oder überspringen können. Unter narrativer Konzeption von Geschichte stehen alle Einheitsvorstel-
lungen immer in Supposition zur Erzählung selbst.

Für unser theologisches Anliegen kann zusammenfassend klar-
gestellt werden, daß sich zumindest von rein nach profangeschichtlichen Vorstellungen entworfenen "Geschichten" der
Menschheit kein unmittelbares Analogat zu Heilsgeschichte
herstellen läßt. Die Differenz kann nicht in einer materialen Spezifikation liegen, insofern gleichsam an einem vor-

gefundenen und einheitlichen Weltbestand besondere Zäsuren und Ereignisse abgehoben werden könnten, die dann für sich eine neue Einheit bildeten. Heilsgeschichte würde sich so in prinzipieller Gleichfürmigkeit zu Weltgeschichte bewegen, sofern man nur einmal die differentia specifica herausgestellt hätte. Wenn die Einheit der Weltgeschichte eine der "Erzählung" und nicht der "Erfahrung" schlechthin ist, muß die Einheit und Differenz zu Heilsgeschichte anderswo als in der materialen Vorfindlichkeit der Fakten gesucht werden. Einheit und Differenz können nur dort zu finden sein, wo der Ursprung und die Möglichkeit beider liegen, nämlich im vom Interesse bedingten und dementsprechend material sich entwerfenden Konstruktionspunkt von Geschichte überhaupt. Was aber ist der Fall, wenn der Profanhistoriker de facto von einem gleichen Interesse wie der Heilsgeschichtler ausgeht, indem er die Möglichkeit von Weltgeschichte schon immer als in der Einheit Gottes begründet annimmt und von diesem Vertrauen geleitet Geschichte betreibt? Könnte dieses Vorverständnis nicht doch, gesetzt den Fall es stimmte, einen sinnvollen Bezug jenseits von Narrativität sichtbar und einleuchtend werden lassen? Wenn auch keine Identität sich feststellen liesse, weil der Mensch in diesem Falle auch der Geistigkeit Gottes bedürfte, so könnte sich doch Heilsgeschichte an Weltgeschichte orientieren und von ihr her bestimmen. Diesen Überlegungen soll die Diskussion mit dem Profanhistoriker Reinhard Wittram gewidmet sein, der wie kein anderer Historiker der Gegenwart seine geschichtsphilosophischen Voraussetzungen in einen bewußten Bezug zu seinem christlichen Selbst- und Weltverständnis gebracht hat: Die Zuhilfenahme des Gottesbegriffs soll die Einheit einer Weltgeschichte garantieren. Oder anders gewendet, und das ist traditionelles Gedankengut der Geschichtsschreibung des 18. und 19. Jahrhunderts, jede Geschichtsschreibung lebt von der philosophischen Voraussetzung, daß es einen wie immer gearteten, empirisch allerdings nicht nachweisbaren Sinnzusammenhang in der Welt des Menschen gibt. Weltgeschichte ließe sich, wenn schon nicht identifizieren mit Heilsgeschichte, so doch mittels eines suffigierten "Heilstranslativs" in Heilsgeschichte überführen. Die innere Möglichkeit hierfür läge in der gemeinsam getroffenen Voraussetzung eines metaphysischen Sinnzusammenhanges. Dies verdient deshalb eingehender Darstellung, weil hier mehr versprochen wird, als sich nach Heuß noch als möglich herausstellte. Weltgeschichte, und damit auch Heilsgeschichte, soll mehr sein als nur eine historisch gewendete Anthropologie, also mehr als nur eine immer auch schon nach Wertgesichtspunkten entworfene "fiktionale" Einheit. Wenn aber eine solche in Gott gegründete Einheit der Geschichte möglich sein soll, ist in der Tat schließlich zu prüfen, ob es nicht korrekter und logisch stimmiger wäre, Geschichte eben dann als abgeleitete Form von Heilsgeschichte, als säkularisierte Heilsgeschichte zu betrachten, die sich von der Theologie zu ihrem eigenen Wesen müßte bringen lassen.

5.2 Die religiös motivierte Vorstellung einer Einheit des Geschehens.

5.2.1 Die ungelöste Problematik, Geschichte als Einheit von Gott her denken zu wollen, ohne das Prinzip der Einheit empirisch erfahren zu können.

Geschichtswissenschaft hat es für Reinhard Wittram nicht damit zu tun, ob Geschichte ein Lebenszusammenhang ist, sondern ob und wieweit dieser sich nachweisen läßt. Der Zusammenhang ist deshalb nötig, weil ohne ihn die Tatsachen unverstanden ins Leere fielen. Trotz dieser Notwendigkeit, nach Zusammenhängen suchen zu müssen, darf der Historiker aber nicht einen Zusammenhang vortäuschen, indem er einem bei genauer Prüfung nur gefundenen Nacheinander eine schlüssige Kausalkette substituierte oder gar alles auf eine Monokausalität zurückführte. Für Wittram ist kein Geschichtsablauf auf seine absolute Determination hin erkennbar, denn immer und zu jeder Stunde ist das Unberechenbare wirksam (53). Mit dem Hinweis auf das Unberechenbare in der Geschichte scheint Wittram der Vorstellung von dem Prozeß der Geschichte eine Absage zu erteilen. Dem ist aber offensichtlich nicht so. Das Unberechenbare ist im Zusammenhang mit dem Hinweis auf die Komplexität der Geschichte zu sehen. Für Wittram gibt es wohl den Prozeß der Geschichte; nur eines ist auch ihm evident: es gibt keine Möglichkeit, den Prozeß der Geschichte in seiner Gänze begrifflich zu fassen. Was sich als Geschichtsschreibung einzig erreichen läßt, scheint eine Approximation zu sein, vielleicht in der Vorstellung einer asymptotischen Annäherung. Aus dieser Überlegung heraus verteidigt Wittram auch einseitige und introvertierte Geschichtsdarstellungen gegen allzu eilfertige pejorative Wertung. Sofern solche einseitigen Richtungen von der Strenge des wissenschaftlichen Verfahrens nicht abwichen, haben selbst sie zur Aufhellung des komplexen Geschichtsverlaufes beigetragen (54). Doch bleibt zu beachten: Die Vielfalt und Einseitigkeit von Geschichtsdarstellungen wird nicht damit begründet, daß es den Geschichtsverlauf als zusammenhängenden Prozeß nicht gebe, sondern mit dem Hinweis, daß sich für den Prozeß kein zureichendes Erkenntnisprinzip ausfindig machen lasse.

Wenn also dem Historiker immer nur ein partikularer Aspekt und Sektor der Geschichte gegeben ist, die insgesamt zwar auf das Ganze der geschichtlichen Wirklichkeit abzielen, sie aber letztlich nie erreichen können, stellt sich die Frage nach der Sinnhaftigkeit des Festhaltens an einer Ganzheit. Wittram löst das Problem so, daß er sagt, die Geschichte stehe uns immer schon als Ganzes vor Augen. Zwar nicht im Sinn einer eigentlich begriffenen Weltgeschichte, sondern im Sinn der in überschaubaren Perioden epochal gegliederten, aber ungeteilten inneren Gesamtheit des geschichtlichen Ablaufs. Partikular heißt dementsprechend Teil- und Seitenansicht, wie sie sich je nach Interesse erschließt. Und gerade in der wahrgenommenen Partikularität, dort wo wir in die Beinhäuser und Schatzkammern der Vergangenheit eintreten, nähmen wir ganzheitliche Ordnungen wahr, wenn sie auch nicht "durchstilisiert" sind, sondern in einem Spannungsfeld von Gleichzeitigkeit und Ungleichzeitigkeit sich bewegen (55). Es gibt also für Wittram die Gesamtansicht und die Gesamtwirklichkeit der Geschichte als strukturierten Prozeß. Alle Einzelerkenntnisse weisen gleichsam als Abschattungen auf ihren Ermöglichungsgrund. Dennoch kann diesen menschliche Erkenntnisfähigkeit nie fassen. Was es aber bedeuten kann, als christlicher Historiker an der Einheit der Geschichte festzuhalten und von ihrer wirklichen Kontinuität auszugehen bzw. auf sie hin Geschichtsforschung zu betreiben, eröffnet sich an der Überzeugung Wittrams, Gott sei der Herr der Geschichte. Dazu eine einschlägige Stelle: "Die Kontinuität von Gottes Handeln in der Geschichte ist nicht objektiviert wahrzunehmen, alle Kontinuitäten sind Teilansichten der historischen Vernunft. Man könnte auch sagen: wir haben nur noch ein gebrochenes Verhältnis zur Geschichte und können ehrlicherweise nur noch ein solches haben. Wenn man dessen gewiß ist, daß Gott die Geschichte macht, wird uns ein Sinnvertrauen geschenkt, das sowohl eine christliche als eine säkularisierte als auch eine genuin welthafte Totaldeutung entbehrlich macht. Das heißt zugleich: daß wir solche Deutungen mit nie abstumpfender Skepsis betrachten" (56).

Für ihn als gläubigen Protestanten, der dies bei aller Wissenschaftlichkeit historischer Feldforschung auch als Historiker sein will, gilt, daß die Weltgeschichte "Werk Gottes" ist. Wer wie Wittram darin Luthers These, von der Geschichte als dem "Spiel Gottes" und "Gottes Mummerei" folgt, für den entschlägt sich jede Möglichkeit, eine Entwicklung in der Geschichte unabhängig von Gottes Willen voraussetzen zu können, ebenso die Möglichkeit, der Absichten Gottes durch eine Deutung der jeweiligen faktischen Abläufe inne zu werden. Andererseits ist es aber doch unumgänglich, daß der Mensch in der Vergangenheit auch nach seiner eigenen Geschichte fragt, handelt es sich doch um das Werk Gottes mit den Menschen. Die Spuren Gottes in der Vergangenheit können nicht völlig gelöscht oder versandet sein. Dennoch darf man sich nicht anmaßen, Gottes Handeln in den vom Menschen konstruierten welthistorischen Prozeß zu spannen, denn dann sähe man ihn nicht mehr als den Herrn der Geschichte. Wittram zitiert dazu Kierkegaards grandiosen Spott zu dem Versuch, Weltgeschichte als Leib Gottes zu denken: "Im welthistorischen Prozeß wird Gott metaphysisch in einen halb-metaphysischen und halb-ästhetisch-dramatischen Konvenienz-Schnürleib hineingezwängt, welcher die Immanenz darstellt. Verteufelt, auf diese Weise Gott sein zu sollen" (57). Dennoch aber muß die Wirksamkeit Gottes für die Weltgeschichte bedeutsam sein, wenn es überhaupt eine Möglichkeit der Einheit der Geschichte der Menschen geben soll, einer Einheit, die in Gott ihren Bestand hat. Wie aber kann faktengerecht davon die Rede sein?

Für Wittram ist die Weltgeschichte ganz gewiß als Ganzes das Feld von Gottes heilsgeschichtlicher Wirksamkeit, wenn auch die ausgesonderten Verläufe mit dem positivistischen Anspruch des 19. Jahrhunderts nicht zu bestimmen sind. Für ihn ist der Mensch in der Geschichte die gefallene und schon immer von Gott je neu gerettete Kreatur, so daß ihm auch die Geschichte weder die Stätte hoffnungslosen Verfalls noch die Bahn verbürgten Fortschritts ist, sondern ganz anders: "der Ort wiederkehrender Chancen, einer ständig enttäuschten und erneuerten, nie endgültig erloschenen Hoffnung, einer 'geprüften Hoffnung', in der immer alles 'auf dem Spiel steht', in der es aber 'Spiel räume' gibt, und in der die Erfüllung – das ist nahezu das Wesentlichste – fast immer den Modus der Verwandlung hat" (58). Von diesem Konzept der "wiederkehrenden Chancen" aus erklärt sich dann auch, wieso Wittram den materialen Analysen marxistischer Forschung weitgehend zustimmen kann. Es erklärt sich weiter, warum er nicht wie der Idealismus des 19. Jahrhunderts und der fortlebende neuplatonische Spiritualismus die massive Abhängigkeit des Menschen von den materialen Bedingungen und der geschichtlichen Wirksamkeit der Institutionen zu leugnen braucht. Trotzdem aber geht ihm aufgrund seiner Gesamteinstellung der Mensch nicht auf in nachgewiesener Funktionalität, sondern er wird gerade in ihr und gegen sie in seiner Einmaligkeit verteidigt. Dabei ist auch hier und jetzt für Wittram festzuhalten, daß es sich um eine getroffene Entscheidung handelt, die sich nicht mit historischen Methoden rechtfertigen läßt. Von der Wertstellungnahme zum Ganzen der Wirklichkeit wird auch bei Wittram dem historischen Faktum mehr abgelesen, als es mit Hilfe rein historischer Betrachtung hergibt. Der Bedeutungsüberhang der historisch nachweisbaren Phänomene, der sie zu geschichtlichen, d.h. zu gegenwartsrelevanten Ereignissen werden läßt, ist immer und notwendig an die geschichtsphilosophische Fragestellung gebunden.

Daß sich Wittram zu seiner wertstellungnehmenden Haltung entschließt, rechtfertigt er natürlich auch mit Hilfe einer systematischen Überlegung, die nicht aus dem Glauben genommen bzw. nicht an ihn als Fundament gebunden ist. Es ist eine Überlegung, die sich in etwa in das theologische Schema der natürlichen Gotteserkenntnis einfügen ließe: In der Überlegung nach Ende und Ziel der Geschichte findet er die paradoxe Polarität vor, die beides zugleich bestätigt und in Frage stellt. Wenn nämlich den Menschen ein gemeinsames Endschicksal zugesprochen werden soll, korreliert dem als adäquate Entsprechung die Vorstellung einer Weltgeschichte, es sei denn, man verzichtete darauf, der Geschichte überhaupt einen Sinn zuzumessen. Anderseits läßt sich aber weltgeschichtliche Betrachtung niemals aus dem Fragmentarischen ihres Ansatzes befreien und zu einem zusammenschließenden Sinn verknüpfen. "Die Weltgeschichte vermag der Geschichte ihren Sinn nicht zu geben" (59). Das Sinngebende läßt sich nun einmal unter Zeitbegriffen nicht fassen. Aus der mensch-

lichen Gewißheit heraus, so argumentiert Wittram weiter, muß
es aber Weltgeschichte geben. Nimmt man aber dieses Postulat
ernst, dann muß man eine sinngebende Einheit annehmen, die
das Fragmentarische oder das Sichrelativierende aus sich
nicht darstellt-oder anders und positiv: aus der Gewißheit
des Menschen, in Weltgeschichte gebe es Sinn, nimmt Wittram
an, dieser Sinn weise auf den Gott der Geschichte hin. Weil
Wittram die Einheit der Weltgeschichte in Gott sieht, kann
er beides - die Fakten und das Ganze - aufrechterhalten.
Darüberhinaus gibt ihm dieses Wissen um die Realität der
Weltgeschichte als Historiker den unaufhörlichen Impuls,
nach ihr zu suchen, begleitet von der ebenso evidenten Tatsache, daß Weltgeschichte immer das Maß des Menschen übersteigt. "Sie ist Gewißheit und Unmöglichkeit zugleich und
deshalb eine 'Möglichkeit' nur in den Grenzen unserer wech-
selnden, zwar gesteigerten und immer noch steigerungsfähigen,
aber dem Ganzen niemals entsprechenden Fassungskraft" (60).

Die Frage, welche sich hier an Wittram stellen läßt, zielt
darauf, welchen Gewinn man sich bei dieser Vorstellung von
dem Prozeß der Geschichte erwarten kann, und ob sich nicht
die Mängel dieser Vorstellung derart auswirken, daß es wohl
besser wäre, danach zu fragen, ob es sich bei der Überzeugung von dem Prozeß der Geschichte, welcher immer nur eine
geforderte und nie einlösbare Tatsache vorstellt, nicht doch
um eine illegitime Verobjektivierung handelt, deren Gewinn
auch anders eingebracht werden könnte. Kurz, ob es nicht
besser wäre, dabei zu verbleiben, daß es sich um eine
aus bestimmter Wertstellungnahme zum Ganzen der Wirklichkeit
ergebende notwendige Konstruktion handelt, ohne die in dieser Wertstellungnahme der Sinn des Menschen nicht gerettet
werden kann. Daß man sich also dessen immer bewußt sei, hier
handle es sich um eine Konstruktion, die postulatorisch erstellt ist. Man könnte sie deswegen gleichwohl auf Gott hin
interpretieren, müßte sich aber anderseits nicht mit gnoseo-
logischer Defizienz des Menschen behelfen, wenn die in solcher Entscheidung unausweichbare Theodizeefrage gestellt
wird.

Wenn Gott einheitgebendes Prinzip der Geschichte ist, fragt
sich, wie sich das Verhältnis von Weltgeschichte und Glaube
gestaltet. Zunächst gilt für Wittram, daß der christliche
Glaube ebensowenig wie eine Metaphysik der Geschichte oder
eine immanente Geschichtslogik den historischen Relativismus
aufheben kann. Dies ist unumstößliche Gewißheit des Historikers. Damit ist für Wittram allerdings nur per modum exclusionis festgestellt, welche Grenzen menschlichem Glaubens-
verständnis gesetzt sind. Aus dem Glauben an Christus als
den Mensch gewordenen Gott läßt sich wohl in etwa von einem
verbindlichen 'Menschenbild' sprechen, aus der sich einige
Schlußfolgerungen ziehen lassen. Nichts indes läßt sich gewinnen für "normative Ordnungsvorstellungen", nichts für die
Deutung der geschichtlichen Verläufe (61).

Nimmt man diese Auskünfte positiv auf, stellt sich gleichwohl noch eine andere Frage: Wie verhält es sich mit dem Zusammenklang von Offenbarung und Geschichtsverlauf? Zunächst einmal gilt es vor jeder Lösung dieses Problems festzuhalten, daß Gott allenfalls "experiendo", niemals "speculando" erkannt werden kann. Von daher ist Gottes Wirken in der Vergangenheit undurchdringlich. Wenn die Geschichtsforschung nach Gottes Absichten im Vergangenen fragt, ist und bleibt sie blind. Für Wittram gehört es zur intellektuellen Redlichkeit, sich den geschichtstheologischen Bankrott einzugestehen. Entschieden muß jeder Versuch in Abrede gestellt werden, der darauf abzielte, von der offenbarten Wahrheit her den Lauf der Geschichte zu erhellen. Der Glaube an die Selbstmitteilung Gottes in der Person Jesu Christi liefert keinen Kommentar zur Weltgeschichte. Wohl aber einen Hinweis anderer Art, nämlich "die Wahrheit über den Menschen" (62). Nehmen wir diese Wahrheit an, bleiben unsere Aussagen über die historischen Zusammenhänge ebenso von Irrtum bedroht, wie wenn wir sie abwiesen. Konsequenzen hat es aber für das Verständnis der Geschichte, wenn der Mensch als in Schuld verstrickt und von Gott angerufen und ausgezeichnet verstanden wird. Niemals darf er dann zum Material, zur Funktion oder zum Werkzeug degradiert werden, in seiner Einmaligkeit und Unverwechselbarkeit ist er Kind Gottes und damit Bruder des Menschen. Und so gilt auch noch vom Fernsten das "mea res agitur". Gerade das verlangt bei aller festgehaltenen Differenz und Zwiespältigkeit das Festhalten des Ganzen "mit innerer Wärme". Und insofern sich der Mensch in seiner eigenen Existenz dem Werturteil zu stellen hat, wird er zugleich offen und auch nüchtern gegenüber allen Befangenheiten und menschlichem Unvermögen in der Geschichte. Hier schlage letztlich - sagt Wittram - die Subjektivität des Wertens ins Objektive um und es stelle sich eine unbefangene "Richtigkeit des Wertens" ein (63).

Mit der Überzeugung Wittrams, Gott walte in der Geschichte, kommt er an eine Gratwanderung heran. Zum einen räumt er ausdrücklich ein, menschliches Denkvermögen reiche nicht aus zur Erklärung der geschichtlichen Spannungen von Geist und Gewalt, sozialem Schicksal und sittlicher Freiheit, Determiniertheit und Kontingenz (64). Weil er aber hartnäckig im Gegenzug dazu an dem Prozeß der Geschichte und dem Wirken Gottes in der Geschichte festhält, muß er sich gegen eine mögliche Mißdeutung seines Eingeständnisses der letzten Unfähigkeit des Erkennens wehren, insofern dies als Entscheidung zum völligen Agnostizismus ausgelegt werden könnte, eine Entscheidung, die zu einem Verzicht auf die Denkbemühung überhaupt ermuntern würde. Zwischen der Scylla des Immediatwissens, das historische Forschung außer Kraft setzen würde, und der Charybdis des völligen Agnostizismus hat sich der Historiker anzusiedeln. "Die theologische Aussage, die eine letzte Auskunft birgt, darf nicht an die Stelle des Studiums, der Methode, der wissenschaftlichen Vernunft ge-

schoben werden. Wer das tut, mißbraucht sie. Der Glaube, daß
Gott die Geschichte wirkt, schenkt keine Erklärung ihrer Verläufe. Noch einmal: man kann auf alle Erklärungen verzichten
- es ist nicht nötig, daß der Christ Historiker ist ... Philosophische oder theologische Geschichtsbetrachtung ohne die
Erfahrung historischer Kritik, ohne einen Lokaltermin auf dem
Trümmerfeld der historischen Überlieferung, ohne die Erfahrung der Sicherheit und Unsicherheit historischer Aussagen
angesichts dieses Trümmerfeldes ist von der Gefahr bedroht,
in Spekulation umzuschlagen oder in Tautologie zu erstarren"
(65). Wer sich der historischen Methode bedient und sie für
unerläßlich hält, setzt noch keinen Zweifel in Gottes Allmacht. Vielmehr ist es die einzig mögliche und adäquate Haltung, dem riesenhaften Fundus der geschichtlichen Hinterlas-
senschaften die ganze Kraft gegenüberzustellen, über die ein
Mensch nur verfügen kann (66).-Wiederum ist festzustellen,
daß die Insuffizienz menschlicher Erkenntnisfähigkeit dafür
verantwortlich gemacht wird, daß Gottes Handeln nicht eigentlich zu identifizieren ist in der Geschichte. Dem Menschen
kann kein Prinzip zugänglich gemacht werden, das es erlaubte,
den "Dreh" des Ganzen zu eruieren, wenn anders nicht die Allmacht Gottes preisgegeben werden soll. Uns will scheinen,
daß im Gegensatz dazu eben deshalb der Mensch den Gang der
Geschichte nicht erkennen kann, weil die Vorstellung von Gott
als dem Herrn der Geschichte nur als ein aus Wertstellungnahmen entworfenes Subjekt der Geschichte akzeptiert werden
kann. Daher ist jede "objektiv" gefundene Spur Gottes in der
Geschichte rückgebunden an diese Wertentscheidung des Menschen. Geschichtliche Forschung kann nur dazu dienen, diese
Entscheidung als mögliche und sinnhafte Option zu explizieren, d.h. sie kann nur eine Immanenzbestätigung und -erhel-
lung sein. Sie kann dann natürlich in der Tat die vorher getroffene Entscheidung in einer gewissermaßen dialektischen
Hermeneutik korrigieren und vorwärtstreiben, insofern sie
die Erfahrungen vergangener Epochen, die ebenfalls ihre Existenz auf die Option gestellt haben, in das Selbstverständnis der Gegenwart mit hereinholen und diese in kritischer
Aneignung reinigen und bereichern kann. Für dieses Unter-
fangen ist die Vorstellung von Gadamers Horizontverschmelzung
angebracht; ebenso könnte auch die Produktivität des Zeitenabstandes in der historischen Differenz hier zum Tragen kommen. Eine Wertstellungnahme kann nur die Qualität der Ereignisse in der Zeit affizieren, niemals aber die Differenz
zwischen historischen Ereignissen und dem Wirken Gottes zur
Deckung zu bringen, auch nicht in der Weise, daß man deren
letzte Erkenntnis den Prärogativen Gottes vorbehält. Will
man nicht in heillose Schwierigkeiten kommen, dann muß man
um die Fiktionalität der Vorstellung des Handelns Gottes in
allem berechtigten Reden von Gott wissen, weil sie eben
nicht historischer Erkenntnis zuinnerst entspringt, sondern
einer Entscheidung der praktischen Vernunft. Die praktische
Vernunft darf nicht dazu verwendet werden, die prinzipiellen
Unmöglichkeiten der theoretischen Vernunft als theoretische

zu beseitigen. Vielmehr muß umgekehrt die theoretische Vernunft zur Rechtfertigung der praktischen herangezogen werden, weil sonst die Entscheidung des Menschen in rein dezisionistische Willkür abgleiten würde. Und das ist das allerletzte, was sich christlicher Glaube leisten kann, erhebt er doch den Anspruch, sich vor der reinen Vernunft rechtfertigen zu können. Etwas anderes hat "natürliche Gotteserkenntnis" nie zum Ziel gehabt.

Daß Wittram - in seiner Treue zur historischen Vernunft - ebenfalls nicht weiter kommt, auch wenn er den Prozeß der Geschichte im Handeln Gottes verankert und verknotet wissen will, gibt er schließlich in der Ablehnung jedweder Erschließung der "Reich-Gottes"-Geschichte selber zu: "Das Wissen um das Wesen des Geschichtlichen bedeutet nicht Durchleuchtung der vergangenen Geschichte. Die 'ganze Geschichte', wie sie sich der eschatologischen Schau erschließt, ist nicht die 'ganze Geschichte', wie sie sich dem rückwärts gewandten Blick darstellt. Die Entrückung ins Vergehende bedeutet Verhüllung in einem sehr strengen Sinn: wir bleiben verwiesen auf das so starken und zugleich so schwachen Mittel unserer wissenschaftlichen Vernunft. Das Eigentümlichste ist, daß auch die echtesten und glaubwürdigsten Zeugnisse davon, daß Gottes Handeln unmittelbar erlebt wurde, niemals eine historische Quelle, immer nur Belege für die Gesinnungen und Erfahrungen der Menschen sind. Es sind freilich Hinweise darauf, daß die Menschen solche Erfahrungen gemacht haben; das darf nicht gering geachtet werden. Aber von solchen Aussagen auf den Modus der geschichtlichen gubernatio Dei zu schließen, ist in unseren Augen ein Fehlschluß, der die Grenzen unseres geschichtlichen Daseins auf illegalem Wege überschreitet" (67). Was sich in der Geschichte diesbezüglich auffinden läßt, sind Urteile der Zeitgenossen, welche sich auf besondere Ereignisse beziehen, die als Handeln Gottes verstanden wurden. Alles was darüber hinausgeht, bleibt im Dunkel des Historischen. Trotz dieser Restriktionen hinsichtlich konkreter Identifikation des Eingriffs Gottes, glaubt Wittram doch zweierlei offenhalten zu können. Zum ersten scheint es ihm möglich zu sein, von der gewissen Überzeugung des Handelns Gottes in der Geschichte ein Geschichtsbewußtsein zu entwickeln, das jeden Zweifel an dieser Herrschaft Gottes auflöst und ausscheidet, sooft er sich auch melden mag, indem die Figur der ganzen Geschichte von der erfahrenen Geschichte her begriffen wird. Zum zweiten scheint ihm in der vermittelt-unmittelbaren Begegnung mit den Zeugnissen vergangener Glaubensgestaltung und Handlungsweisen ein sicheres Unterscheidungsvermögen zur Hand gegeben, das sich am Maßstab der geoffenbarten Wahrheit orientiert. Wiederum ließe sich fragen, ob denn die festgehaltene Überzeugung vom Handeln Gottes mehr als nur eine festgehaltene Wertstellungnahme ist, das sichere Unterscheidungsvermögen mehr ist als der bekenntnismäßige Bezug zu einer bestimmten Vorstellung von Menschsein? Beides ist wiederum

nicht aus der Geschichte gekommen, allenfalls in seiner Anwendung auf die Geschichte in Hinblick auf das Geschichtsbewußtsein der Gegnwart als möglich und sinnvoll erfahren.
Dennoch: von historischer Vernunft aus kommt ihnen keine
Stringenz und keine Unmittelbarkeit zu.

Rekapituliert man alle bisher vorgebrachten Überlegungen,
so scheint die Vorstellung von dem Prozeß der Geschichte in
Gottes Händen nur den einen Zweck zu erfüllen: alles in der
Welt ist unvermißbar interessant, weil eben Werk Gottes;
deshalb muß auch der Mensch, will er sich wirklich begreifen,
seine Existenzvergewisserung aus der Vergangenheit holen, -
er ist um seiner selbst willen der Vergangenheit als seiner
eigenen geschichtlichen Herkunft ausgeliefert.

In Konsequenz seiner Restriktionen bezüglich einer Erkenntnis
Gottes in der Geschichte hält Wittram an der These Luthers
fest, die Geschichte sei Gottes "Mummenschanz"; darüber sei
auch mit der Luther noch nicht bekannten neuzeitlichen wissenschaftlichen Methode nicht hinauszukommen. Gegen Pannenberg und Moltmann betont er, daß die mit dem christlichen
Glauben gegebene eschatologische Gewißheit sich mit Einschränkung nicht in der Weise auf die Geschichtswissenschaft
auswirke, daß sie zu einer neuen Deutung des Gesamtverlaufs
befähigte, insofern man jetzt in ganz anderer Weise die sozialen Umwälzungen, die Planbarkeit der Geschichte und die
von der Technik bewirkte Integration der Menschheitsgeschichte als Geschichtszeichen eines neuen Äons verstehen könnte.
Das Verständnis liegt auf einer anderen Ebene, die sowohl ra-
dikaler als auch verhüllter ist. Vollends deutlich wird der
Widerspruch zu Pannenberg in der Einschätzung der menschlichen Vernunft. Für Wittram ist auch die Vernunft als selb-
ständig etablierte, welche nicht zur Erkenntnis Gottes kommt,
als Gabe Gottes anzusehen. "Wenn wir nichts ohne Gott haben
- was ich allerdings glaube -, so ist auch die arme und beschränkte historische Vernunft, die nicht bis zum 'Erhellungs-
horizont' der letzten Klarheit hinaufreicht, mit stetigem
Dank zu empfangen und zu bewähren. Daß die Ereignisse, in denen Gott seine Gottheit erwiesen hat', 'als solche innerhalb
ihres Geschichtszusammenhanges selbstevident' sind, ist
nicht als eine (auch immer Gott verdankte) wissenschaftliche
Erkenntnis zu haben, sondern nur als donum gratiae super-
fluens" (68). So sehr wir den Einlassungen Wittrams zustimmen möchten, bleibt doch eines Festzuhalten. Wenn man die
Vorstellung vom Prozeß der Geschichte aufrecht hält, der in
Gott seinen Grund und Ursprung hat, scheinen die Vorbehalte
gegen Pannenberg nicht stichhaltig zu sein. Denn, um eine
systematische Überlegung einzuschalten, wenn es wahr ist,
daß Offenbarung Selbstmitteilung in der Geschichte an den
Menschen ist, zugleich eben Offenbarung nur mittels der Geschichte, welche immer Gewirk Gottes ist, möglich sein kann,
ist nicht einzusehen, wie der Inhalt der ausdrücklichen
Selbstoffenbarung relativ beziehungslos zu dem Geschehen der
Geschichte stehen kann, wenn diese doch zumindest als Handeln

Gottes am Menschen mittelbare Offenbarung Gottes ist, sofern man nicht annimmt, das Ziel des Handelns Gottes in der Geschichte sei ein anderes als das seiner expliziten Offenbarung. Der Fehler scheint anderswo zu liegen: die fingierte Einheit der Geschichte, die aus den verschiedensten Gründen notwendig ist für ein Selbstverständnis aus der Geschichte, wird fälschlicherweise mit Gott identifiziert. Der Gedanke ist nicht mehr zu retten mit Hilfe einer Unerforschlichkeit des göttlichen Willens, weil damit die Unmöglichkeiten menschlicher Vernunft nicht als solche akzeptiert, sondern mittels der Vorstellung von Gottes Unergründlichkeit überspielt werden.

Daß die historische Forschung nicht über eine vorwissenschaftlich getroffene Entscheidung hinauskommt, muß Wittram schließlich selbst konstatieren, wenn er sich dagegen wendet, daß der Glaube an Gottes Wirken in der Geschichte, wie er von den überlieferten Glaubenshaltungen bezeugt wird, als traditionalistischer Überhang und unaufgelöster Restbestand älterer Gesellschaftsstrukturen abqualifiziert wird. "Alle solchen Reduktionsversuche haben darin ihre Grenze, daß die Existenz Gottes wissenschaftlich weder zu beweisen noch zu bestreiten ist und mithin die Behauptung einer Kommunikation des Menschen mit Gott wissenschaftlich nicht kontrolliert werden kann.
Wenn das so ist, so wird das Interesse am Menschen auch am toten, längst im Kreislauf der Natur aufgegangenen Menschen, durch eine vorwissenschaftliche Entscheidung qualifiziert. Ob man Atheist oder Christ ist, bedeutet nichts für den Erkenntnisgrad in bezug auf das historische Objekt, sofern die Methode nicht durch außerwissenschaftliche Einschläge verunsichert wird. Aber es hat Folgen für das Interessenehmen selbst" (69). Erst von dieser vorgängigen Wertentscheidung, wie immer sie auch herbeigeführt sein mag, ermißt sich auch das Interesse an bestimmten historischen Ereignissen. Wer im Menschen nichts anderes als die "Personifikation ökonomischer Kategorien" sieht, wird niemals auf den Gedanken kommen, es könnte einer letzten Macht gefallen haben, mit dem Menschen vor bald 2000 Jahren in Verbindung zu treten. Nimmt man indes diese Verbindung an, noch dazu wie die Kirche sie vorstellt, nämlich als Eröffnung der Liebe Gottes zu den Menschen, folgt damit unmittelbar eine universelle Solidarität der Menschen, die sich an dem Bezugspunkt der Zuwendung Gottes am Menschen orientiert. Nach christlichem Verständnis besteht doch die Auszeichnung des Menschen darin, daß ihm das Interesse Gottes gewiß ist. "Die aller Relativierung enthobene Einmaligkeit und Unverletzlichkeit der Person ist nicht mit den Mitteln geschichtswissenschaftlicher Erkenntnis zu erweisen, sondern nur aus jener Bezugnahme abzuleiten, die eines Nachweises weder bedarf noch fähig ist" (70). Dies läßt an Deutlichkeit nichts zu wünschen übrig: das vorgängige wertstellungnehmende Interesse ist der einzige Konstruktionspunkt historischer Geschichts-

schreibung. Ob sich dieses spezifisch christliche Interesse
transzendental mit einem Sinninteresse des Menschen vermitteln läßt, dahin ist jetzt die Frage verschoben. Aus dieser
Einsicht heraus läßt sich dann auch vernünftig darüber argumentieren, warum ein vom Glauben erfaßter Historiker gegebenenfalls an anderen historischen Fakten ein Interesse zeigt
als vielleicht ein Profanhistoriker. Die historischen Fakten,
welche allezeit verschieden deutbar und im einzelnen umstrit-
ten sind, sind indes - nach Wittram - als solche überdauernde
und unabhängige Tatsachen. Also kann es auch nicht der je
größere Gehalt an historischer Tatsächlichkeit sein, der den
Glauben an Jesus von Nazareth hervorruft. Denn der Glaube
betet kein Faktum an und beweist sich nicht auf historischem
Wege. Dennoch gibt es den Glauben nur, weil es die historische Gestalt Jesu gegeben hat. Daher meint Wittram mit Hinweis auf den Anfang der Kirchengeschichte - wo geschichtliche Fakten stehen -, daß die Kirchengeschichte nicht auf die
Erforschung von Glaubensformen allein reduziert werden dürfe (71). In diesem Sinne ist Wittrams Ansicht zu akzeptieren,
daß die Fakten immer schon ein gewisses Maß an Deutung mitbringen, nämlich insofern, als die Fakten immer schon innerhalb einer bestimmten Tradition als gedeutet übermittelt werden und zum anderen gerade diese Glaubenshaltungen unverbrüch-
lich an bestimmte Ereignisse gebunden sind. Unbestimmt indes
bleibt bei Wittram das Problem, wie letztlich die Fakten mit
den Deutungen und den gegenwärtigen auf bestimmte Fakten der
"Heilsgeschichte" rückbezogenen Glaubensinterpretationen bezogen sind und sein können. Hielte ihn nicht eine gesunde historische Vernunft zurück, wäre es auf der Linie seines Denkens mithin doch konsequenter, von den Heilsereignissen aus
die Wirklichkeit der Geschichte als ganze zu bestimmen. Wenn
der Glaube mir sagt, dieses und jenes Ereignis sind gleichsam
Knotenpunkte der Geschichte - denn was könnte größeres Ereignis in einer von Gott gewirkten Geschichte als seine Selbstmitteilung sein -, warum können diese Ereignisse, die sich ja
auch historisch feststellen lassen, nicht auch zum wenigsten
heuristischen Rahmen für den Zusammenhang der Universalgeschichte potenziert werden? Wird dies aber abgelehnt, muß
zweierlei geradegestellt werden: das Verhältnis Gottes zur
Geschichte darf nicht als argumentative Größe theoretischer
Vernunft eingeführt werden; zum anderen darf das Verhältnis
von historischem Faktum zu dessen interpretativer Rezeption
nicht als Identität gefaßt werden; vielleicht eher in Richtung auf "Potentialität".

5.2.2 Die Theorie der Narrativität der Geschichte und die Vorstellung eines weltgeschichtlichen Zusammenhanges.

Nach der bereits geleisteten immanenten Kritik an den Vorstellungen Wittrams müssen noch einige Punkte von der Theorie der Narrativität der Geschichte her beleuchtet werden.
Von narrativer Theorie aus kann den Vorstellungen Wittrams,

das Geschichtsbewußtsein sei immer ein gebrochenes Verhältnis zur Geschichte, insofern voll zugestimmt werden, als die Gegenwart nicht einfach als die Verlängerung der Vergangenheit begriffen werden darf. Kann sie doch letztlich selber nicht in die Geschichte miteingehen, sondern steht als bestimmend außerhalb des geschichtlichen Zusammenhanges selbst. Voll ist auch die Einsicht zu akzeptieren, das Geschichtsbewußtsein sei eingespannt zwischen universaler Intention und ausschließlich bruchstückhafter Realisierung. Wird doch auch in narrativem Verständnis in konkreten Geschichten eine Utopie formuliert, die selber nie eingelöst werden kann. Immer aber bleibt die Realisierung einer Geschichte bezogen auf diese Utopie. Damit wird auch die Einsicht Wittrams unterstrichen, daß welthafte Deutungen als Totaldeutungen ihre geschichtliche Relevanz verlieren. Positiv formuliert: nur in der Umorientierung auf das Bruchstückhafte des geschichtlichen Wissens wird der Historiker zum Sachwalter der Geschichte, indem er seine Arbeit als dauernden Wächterdienst begreift. Dennoch bleibt gegen Wittram von narrativer Theorie her festzustellen, daß ihm die Unverfügbarkeit und Uneinsichtigkeit der Geschichte nicht aus der Struktur des Geschichtswissens selbst zufließt. Indem er an einem Prozeß der Geschichte festhält, der in Gott gegründet ist, wird die Unerkennbarkeit des Geschichtsprozesses zu einer gnoseologischen Unfähigkeit menschlicher Vernunft. Allenfalls gründet sie in der Endlichkeit des Menschen, die keinerlei Möglichkeit der Einsichtnahme in Gottes Pläne hat. Ins Gedränge kommt Wittram dort, wo er einerseits an der Sinnhaftigkeit der historischen Forschung festhält, zum anderen auch daran glaubt, daß es Offenbarung in der Geschichte gibt, beides aber dennoch nicht so in Beziehung zu einander stehen dürfe, daß sinnhafte Forschung und Offenbarung sich eigentlich gegenseitig erhellen könnten. Die Wissenschaft, wenn auch von einem bestimmten christlichen Bild des Menschen geprägt, soll sich zwar nicht völlig erfolglos abarbeiten an den Spuren Gottes in der Vergangenheit, soll aber andererseits gänzlich außerstande sein - selbst mittels einer erfolgten Offenbarung -, für den Sinn der Geschichte selbst Wesentliches beizutragen. Ebenso schwierig wird es, wenn es um das historische Faktum geht. Zum einen soll es immer schon eine bestimmte Bedeutung mitbringen, zum anderen aber dennoch nicht völlig eindeutig bestimmt sein. So kann Wittram auch letztlich nicht angeben, warum der Glaube an bestimmten Fakten der Vergangenheit mehr interessiert sein soll als an anderen, wenn es nicht daran liegen kann, daß sie mehr an geschichtlicher Faktizität aufzuweisen haben. Für narrative Theorie hingegen steht fest, daß das historische Faktum immer schon ein gedeutetes ist, insofern es eben nur als in einer Geschichte aufgenommenes überliefert wird. Insofern das ihm zugrundeliegende Ereignis in der Zeit ebenso in eine andere Zeitstruktur hineingenommen werden kann, manifestiert sich dessen grundsätzlich letzte Unbestimmbarkeit. Diese rührt also nicht von der Unmöglichkeit

der Einsichtnahme in den Prozeß der Geschichte her, sondern
von der Struktur des geschichtlichen Wissens selbst. Ähnlich
verhält es sich mit dem Subjekt der Geschichte und den geschichtlichen Fakten. Beide stehen immer in Supposition zur
Erzählung: auch die Vorstellung von Gottes Handeln in der
Geschichte ist damit eine narrativ entworfene Konstruktion
der Ereignisse der Vergangenheit. Daher sind auch alle Feststellungen über Offenbarungsbezeugungen immer schon ebenfalls
aus narrativer Geschichtskonstruktion entworfene. Da also
der in objektiven Begriffen dargestellte Geschichtsverlauf
als Handeln Gottes mit den Menschen immer schon ein aus in-
teressenbedingter Konstruktion entworfener ist, wird einsichtig, warum nicht einfachhin Ereignisse in der Zeit mit Gottes Handeln zu identifizieren sind. Der Glaube an Gott als
den Herrn der Geschichte wirkt sich demnach dahingehend aus,
daß Geschichte am Leitfaden des Handelns Gottes entworfen
werden kann. Dieses in historischer Darstellung entworfene
Wirken Gottes in der Geschichte ist also nicht einfachhin
identisch mit dem Glauben an den Gott der Geschichte. So ent-
fällt auch das Problem der Theodizee in der gängigen Form.
Von hier aus thematisiert sich schließlich der mögliche Zusammenhang von menschlichem Sinnwillen und der Vorstellung
von Gottes Wirken in der Geschichte. Historisches Wissen ist
immer schon fragmentarisches, insofern es eben immer nur die
Utopie eines letzten Sinnzusammenhanges formuliert, die es
nicht einlösen kann. Gerade von daher könnte sich das Interesse an historischer Kontinuität erhellen lassen. Es ist das
Interesse daran, daß das Zusammenhanglose in eine letzte
Sinnhaftigkeit als Realität hinein aufgehoben wird, aber -
ideologiefrei - so, daß diese letzte Einheit nicht als
System oder Totalität gedeutet werden darf. Die Vorstellung
von einem Handeln Gottes würde demnach genau auf der Linie
der Struktur menschlichen Wissens und Wollens liegen: es
gibt eine Einheit, die aus der Voraussetzung resultiert, daß
dem Menschen in seiner unverwechselbaren Individualität universaler Geltungsdrang zuerkannt wird. Insofern der Mensch
in seinem Wollen und Tun der immer wieder Fallende ist, kann
der Vorstellung von Gottes Handeln nur eine Situation der
wiederkehrenden Chancen in der Geschichte entsprechen. Umgekehrt läßt sich nur von dem Glauben der Selbstmitteilung
in der Geschichte ein Handlungs- und Orientierungsdatum für
die Gegenwart dergestalt gewinnen, daß der Mensch sich als
von Gott angenommen wissen darf. Aber letztlich werde ich
eben nur in den Ereignissen der Vergangenheit ein Tun Gottes
entdecken, wenn ich mich auf ein gottesfürchtiges Selbstverständnis des Menschen einlasse. Wenn der Glaube an bestimmten Ereignissen besonders interessiert ist, so deshalb, weil
ihm diese als so gedeutete schon überliefert sind, und weil
eben gegebenenfalls sein Weltverständnis, zu dem er sich bekennt und von dem er will, daß es so sei, notwendig zurückgebunden bleibt an dieses Ereignis in der Zeit.Dieses ist
indes nur als ein gedeutetes habhaft zu machen. Da stellt
sich natürlich die Frage, warum man sich dann zu einem Er-

eignis bekennt und zu anderen nicht. Das Kriterium kann letztlich nur darin liegen, ob die Deutung menschlichen Selbstverständnisses, wie es sich von diesem geschichtlichen Ereignis herleitet, auf der Linie liegt, auf der menschliches Wissen und Wollen sich seiner Struktur nach entwirft und vollzieht. In diesem Sinne kann man sagen, daß dem menschlichen Sinnstreben nach Totalität, das den Menschen zugleich in seiner Gebrochenheit und Hinfälligkeit wie in seiner Personalität und Einmaligkeit ernst nimmt, nur eine organisierende Konstruktion der Geschichte entspricht, welche den Menschen als den vom Wirken Gottes umgriffenen vorstellt. Das Recht einer solchen Konstruktion leitet sich von zweierlei her. Einmal aus dem Faktum, daß sich die Ereignisse in der Zeit tatsächlich in der Weise organisieren lassen, daß ich Gottes Handeln am Menschen in der Geschichte erfahren kann. Zum anderen von dem Umstand, daß das immer in Gegenwart kommunikativ vermittelte Interesse des Menschen, das einem subjektiv absoluten Sinnwillen entstammt, durch solche Konstruktion der Geschichte zu seinem innersten Impuls und seiner Struktur als fragmentarisches Sinnganzes befreit wird. So wird auch einsichtig, daß der Glaube nicht daher kommt, daß jemand da ist, der eine Offenbarung behauptet; vielmehr davon, daß mir kommunikativ ein Lebensverständnis vermittelt wird, das mich auf einer Ebene nach Vergangenheit fragen läßt, in der Offenbarung ansichtig werden kann.

Grundsätzlich läßt sich am Schluß zu Wittram sagen, daß er mit Einschränkung nicht über den Relativismus der historischen Geschichtsschreibung hinausgekommen ist. Seine Einzelbemerkungen und Ansichten können weithin voll akzeptiert werden. Als Ganzes bleibt sein Versuch merkwürdig ambivalent, insofern seine Einzelbemerkungen gerade gegen die angelegte Tendenz seiner Untersuchungen laufen. Man hat den Eindruck, daß Wittram nur mit Mühe und enormen Kosten hinsichtlich der Konsistenz seines Ansatzes um eine Identifizierung von Weltgeschichte und Heilsgeschichte herumkommt. Zweifelsohne hat er plausible Gründe, diesen letzten Schritt nicht zu wagen. Einmal ist das Wissen um die Unzulänglichkeit des historischen Feldforschers, zum anderen ist es die Ehrfurcht vor einem Gott, der nur Gott für den Menschen sein kann, wenn er dem Menschen nicht zur Handhabbarkeit ausgeliefert ist. Dennoch bleiben die Kosten hoch. So kann Wittram eigentlich nicht mehr einsichtig machen, warum nicht alles gleichbedeutsam für den Menschen sei, wieso es noch die Möglichkeit einer Offenbarung zum Heile des Menschen geben könne. Selbst das wäre aber noch mit der Vorstellung eines Gottes, der letztlich Mysterium für den Menschen ist, erträglich. Unerträglich und ausweglos wird die Situation aber gerade im entscheidenden Punkt: wie soll der Mensch jemals die Erfahrung Gottes in der Geschichte machen können? Der Hinweis, es fände sich immer nur die schriftlich fixierte Überzeugung der Menschen, sie hätten ein offenbarendes Wirken Gottes erfahren, kann noch lange nicht mit dem Glauben an ein Wirken Gottes in der Geschichte zur geforderten Gewißheit des Faktums werden. Der Bedeutungsüberhang der Fakten selber muß in seiner Möglichkeit, d.h. in der Möglichkeit der Erfahrbarkeit dieses Überhangs aufgezeigt werden. Der Zusammenhang und die Möglichkeit von Heilsgeschichte nebst einer Weltgeschichte, die schon immer Werk Gottes ist, muß also einsichtig artikuliert werden können. Gerade daran scheitert das Denken Wittrams, insofern er die in seinen Voraussetzungen angelegten Tendenzen auf eine faktisch erfahrbare Koinzidenz von Weltgeschichte und Heilsgeschichte ablehnt. Nur mit Mühe konnte sich Wittram des Hinweises erwehren, daß sich von solchem Denkansatz letztlich von Heilsgeschichte her Weltgeschichte in ihrer Einheit und Sinnhaftigkeit entwerfen lassen müßte. Seine Kautelen, gnoseologische Defizienz des Menschen und Mysterium Gottes, vermögen dann nicht mehr zu verfangen, wenn man vorher mit der Voraussetzung operiert, Gott sei der Grund für die faktische Einheit von Weltgeschichte. Man kann Gott nicht zum affirmativen Prinzip der faktisch vorfindlichen Wirklichkeit machen, um im selben Atemzug die Erfahrbarkeit desselben als Totalität zu bestreiten, wenigstens solange nicht, als Einheit und Partikularität auf derselben Ebene angesiedelt werden. Das Zirkelhafte dieser Konzeption liegt daran, daß das Wissen um die Einheit der Weltgeschichte in Gott aus dem christlichen Glauben stammt, zugleich aber nicht einsichtig zu machen ist, wie vordem mit oder ohne diese Voraussetzung solche Einsicht in Geschichte gemacht worden sein soll, wenn doch gut historisch gilt, daß ein Ereignis nie zur ausschließenden Erfahrung der Wirklichkeit schlechthin und so auch der Weltgeschichte werden kann. Es zeigt sich also, daß sich die in narrativer Theorie der Geschichte gewonnenen Einsichten auch mittels einer theologisch konzipierten Geschichtsvorstellung nicht überbieten lassen, ohne in erhebliche Aporien zu geraten. Insonderheit läßt sich kaum glaubwürdig vermitteln, und das heißt auch, rational thematisch reflex machen, wieso sich Geschichte nicht notwendig in einen heillosen und damit uninteressanten Bereich verflüchtigt, wieso ferner in den Ereignissen der Zeit vielleicht doch die Möglichkeit der Erfahrung vom Handeln Gottes angelegt sein kann. Jedenfalls bietet die auf halbem Wege stehengebliebene Geschichtskonzeption Wittrams keine brauchbare Möglichkeit für die Klärung des Verhältnisses von Weltgeschichte und Heilsgeschichte. Sie kommt über den bereits von Heuß erkannten Zusammenhang von Geschichte als Wissenschaft und Geschichte als Erinnerung, den Zusammenhang von Weltgeschichtsschreibung und philosophischer Anthropologie nicht hinaus. Wittrams Verdienst liegt vielmehr darin, die Problematik der Nahtstellen von Werteinstellung und geschichtlicher Erfahrung material herausgearbeitet zu haben, und dies mithin gegen seine eigenen Absichten.

5.3 Theologisch konzipierte Einheit des Weltgeschehens.

5.3.1 Die Identität von Gottes schöpferischem Handeln mit der erfahrenen Einheit des Weltgeschehens.

Nachdem der Versuch, mittels der Kategorie Welt- bzw. Universalgeschichte von der Profangeschichtsschreibung her ein unmittelbares Explikans für Heilsgeschichte zu gewinnen, als in sich für gescheitert angesehen werden mußte, konnten wir die dort ungelösten Probleme mittels der Theorie der Narrativität positiv aufnehmen und gerade darin eine Bestätigung der Theorie der Narrativität selber sehen. Die Theorie der Narrativität der Geschichte wäre aber dann als überflüssig anzusehen, wenn es gelänge, eine Einheit im Prozeß der Geschichte auf theologischer Basis herzustellen. Dabei müßte nicht einmal faktisch eine Differenz in vielen Dingen auftreten, und zwar dann nicht, wenn der Prozeß der Geschichte noch nicht abgeschlossen, sondern noch wesentlich offen wäre, indem die Insuffizienz einer jeden Geschichtsschreibung sich als je und je neue Stufe der Realisierungsmöglichkeit im entsprechenden Verlauf des Geschehens herausstellte. Daß die Kontinuität immer eine der Erzählung ist, könnte auch darin ihren Grund haben, daß sich eben vor nicht angelangtem Ende der Geschichte die Eindeutigkeit des Prozesses des Geschehens nicht identifizieren läßt. Wäre dem so, bliebe immerhin die Möglichkeit, daß sich kraft eines besonderen Umstandes von Offenbarung vielleicht doch ein Geschehensprozeß ausmachen ließe, der, weil auf Glaubensvoraussetzungen mitberuhend, letztlich nicht beweisend, aber doch als zwanglos aufschließend für das Verständnis von Geschichte herangezogen werden könnte. Wäre dies mittels einer konsequent theologischen Vorstellung von Wirklichkeit möglich, hätte in der Tat Theologie einzig und allein zu bestimmen, was Geschichte ist. Und nicht nur das. Der Problemkomplex der historischen Begründung des Offenbarungsglaubens und der hermeneutischen Vermittlung hätte sich schlagartig zugunsten der Theologie verändert. Mithin wäre es sogar möglich, eine weitgehende Übereinkunft mit herkömmlicher Geschichtsvorstellung von einem Prozeß der Geschichte zu treffen, insofern dergestaltige Geschichtsschreibung nur eine von ihrem Ursprung entfremdete Angelegenheit wäre, die sich jederzeit wieder rückgängig machen ließe. Unsere vorher getroffenen Einwände fielen natürlich weithin solchem Aufweis zum Opfer. Schließlich ließe sich auch die Inhomogenität menschlicher Erfahrung und menschlichen Wirlichkeitsverständnisses auf eine gegebenenfalls normative Vorstellung zurückbiegen. Genau diesen Versuch hat der evangelische Theologe Wolfhart Pannenberg unternommen. Wenngleich der Beifall nicht ungeteilt und die Kritik teils sehr heftig war, rief sein Programm doch über die Theologie hinaus Beachtung und Resonanz hervor. Die Brillanz des Gedankenganges und die souveräne Beherrschung des Stoffes zwingen daher zu einer Stellungnahme. Dies ist auch schon deshalb nötig, weil, sofern sich seine Konzeption nicht akzeptieren läßt, die darin enthaltene Kritik an Theologie und Philosophie weithin trotzdem gültig bleibt, und gerade so auch verdient, anerkannt und eingebracht zu werden. Dies gilt insbesondere in Hinblick auf die Frage nach der Überbrückung der historischen Differenz und für die in geistesgeschichtlichen Hermeneutiken involvierten Voraussetzungen. Daß die Frage des Verhältnisses von Heilsgeschichte und Weltgeschichte nicht nur ein völlig anderes Gepräge, sondern auch eine gänzlich gewandelte Frontstellung mit sich brächte, vermittelt schon der flüchtige Blick über diese Zusammenhänge.

Theologischer Ansatzpunkt für Pannenberg ist die Vorstellung von Gott als der alles bestimmenden Macht, die als Zukunft gedacht werden muß (72). Will man nicht auf die religionsphänomenologische Stufe des Polytheismus oder Polydämonismus zurückfallen, muß man ein Verständnis Gottes haben, das alles Seiende nur in Hinblick auf Gottes Allmacht verstehen läßt. Es müssen also auch alle außertheologischen Sachverhalte auf den Gott der Bibel hinbezogen werden; wer dies unterläßt, weiß nicht, wovon er spricht, wenn er den terminus Gott verwendet (73). Wenn es sich rechtfertigen läßt, überhaupt von Gott zu reden, impliziert solche Aussage jedenfalls immer einen Bezug auf das Ganze der Wirklichkeit. "Von Gott zu reden und vom Ganzen der Wirklichkeit zu reden, ist zwar nicht einerlei, aber bedingt sich gegenseitig. Vermutlich kann vom Ganzen der Wirklichkeit gar nicht die Rede sein, ohne daß in irgendeiner Weise Gott gedacht wird" (74). Und dieses Verhältnis zwischen Gott und dem Ganzen der Wirklichkeit ist auch dann ein notwendiges, wenn Gott ihm gegenüber gerade als frei gedacht werden muß, und gilt auch dann noch, wenn das Ganze der Wirklichkeit noch nicht vorhanden ist, weil noch unabgeschlossen und unvollendet. Letzteres besagte nur, "die Totalität der Wirklichkeit ist kein Vorhandenes, sondern muß als Prozeß einer Geschichte auf eine noch offene Zukunft hin gedacht werden" (75). Die alles bestimmende Macht ist dann als Gott dieser Geschichte zu denken, und zwar als personhafte. Die "Wesenszukunft" der Ereignisse und der Menschen erweist sich als Ausdruck der Freiheit Gottes. Für Pannenberg ist dies nicht eine nachträgliche Interpretation der Zukunftsoffenheit von Mensch und Welt; vielmehr ist das Verhältnis umgekehrt: die Erfahrung der Freiheit Gottes ist für ihn geschichtlich und sachlich grundlegend für die Erfahrung der Zukunftsoffenheit von Mensch und Welt. "Der Gott Israels und der Christen hat sich in dieser Weise als der Gott der Geschichte erwiesen - einer durchaus, im einzelnen noch unabgeschlossenen Geschichte" (76). Doch dieses Ursprungsverhältnis, wie es Pannenberg sieht, bezieht seine Beweiskraft weniger aus der Interpretation des jüdisch-christlichen Gottesverständnisses als einem in der Vergangenheit nachweisbaren Phänomen. Erst die

systematische Entwicklung des Gedankenganges im Verhältnis
Welt-Gott läßt dieses Ursprungsverhältnis als notwendiges
und damit beweiskräftiges und insofern als bleibendes Konstitutiv verstehen. Dies ergibt sich, wenn man die Frage
nach der Wirklichkeit Gottes auf die Geschichte bezieht, insofern sie die Wirklichkeit im ganzen charakterisiert. Wenn
Gott nicht als Herr der Geschichte gedacht wird, wird er
überhaupt nicht als Gott gedacht. Nur in bezug auf das Ganze
der Wirklichkeit lasse sich die Gottheit Gottes denken, wie
er als der Gott Israels und Jesu vorgestellt wird. Der Schöp-
fungsgedanke ist also von der statischen Kosmosbetrachtung
zu lösen und auf die Geschichte als die Wirklichkeit im ganzen anzulegen, weil sich alle Wirklichkeit letztlich durch
Geschichtlichkeit charakterisiert. Daher "kann die Gottheit
Gottes nur in bezug auf das Ganze der als Geschichte verstandenen Wirklichkeit und in diesem Sinne in bezug auf die Universalgeschichte gedacht werden - unbeschadet der Tatsache,
daß das Ganze aller Geschichte nicht abgeschlossen vorliegt,
sondern noch ungeschlossen ist auf eine offene Zukunft hin"
(77). Offenbarung kann daher nur sinnvoll in Ansatz gebracht
werden, wenn das Ganze aller Wirklichkeit Geschichte ist.
Wäre die Wirklichkeit insgesamt Kosmos, also zeitlose Ordnung, müßte die Gottheit Gottes, soll sie nicht eine Fiktion
sein, immer schon offenbar sein, wie es Grundüberzeugung
griechischer Frömmigkeit gewesen ist. Damit drängen sich entscheidende Fragen auf: Wie läßt sich eine Totalität denken,
die noch gar nicht wirklich ist, anderseits aber zugleich,
wie läßt sich eine Totalität des Wirklichen denken, ohne dadurch die Freiheit und Kontingenz der Ereignisse und Entscheidungen zu affizieren. Diesem Dilemma kann nicht entgangen
werden, es sei denn, dieser gordische Knoten ließe sich von
innen her auflösen. In einem Punkte steht Pannenberg entschieden in der Linie Diltheys, wonach das Einzelne immer
nur Bedeutung in bezug auf das Ganze habe, zu dem es gehört.
Gibt es aber das Ganze der Wirklichkeit noch nicht, können
wir auch vom Ganzen immer nur vorläufige Antworten erhalten,
ebenso vom Einzelnen. Und weil das Einzelne nur im Zusammenhang eines größeren Ganzen Bedeutung hat, lasse sich die Frage nach der Universalgeschichte als die Frage nach dem Be-
deutungsganzen nicht abweisen (78). Hier vollzieht Pannenberg eine gefährliche Gratwanderung: er muß auf den Zusammenhang der Geschichte mit dem Handeln Gottes bestehen, zugleich aber vermeiden, daß die Zufälligkeit des Geschehens
durch einen Begriff von Geschichte oder von Gott aufgehoben
wird. Andernfalls wäre Offenbarung wiederum ihres Ernstes
entledigt und auf das Niveau der antiken Kosmosspekulation
gedrückt. Der Zusammenhang darf also nicht so gedacht werden, daß sich eine Identifikation Gottes mit dem Prozeß der
Geschichte einstellte. Anderseits darf die Geschichte auch
nicht als die Summe des sich selbst überlassenen Endlichen
veranschlagt werden, weil dann uneinsichtig bliebe, wie sich
in der Geschichte Offenbarung Gottes ereignen sollte, - des

Gottes, der als Macht über alles und als Ermöglichungsgrund von allem zu denken ist. Wenn das Endliche nicht immer schon am Unendlichen festgemacht ist, bleibt nachträgliches Offenbarmachen des Unendlichen erfolglos. Der Vorwurf Jürgen Moltmanns, Pannenberg schreibe der Geschichte nicht nur dienende, sondern offenbarende Funktion zu, kann deshalb nicht treffen, weil ja schließlich das Endliche, welches als vom Handeln Gottes hervorgebracht verstanden werden müsse, nicht zugleich als unabhängig von diesem Tun Gottes angesetzt werden kann (79). Hier zeigt sich, warum für Pannenberg letztlich aus seinem Gottesgedanken mit Notwendigkeit die Universalgeschichte zum einzigen Horizont der Theologie wird. Nach dem bisher Gesagten ist es nämlich offenkundig, daß ein einzelnes Ereignis für sich allein nie und nimmer Gott als die Macht über alles Wirkliche offenbaren kann. Nur der umgekehrte Weg ist denkbar: wenn man schon weiß, daß Gott als identisch mit der Macht über alles zu verstehen ist, läßt sich von einem einzigen Ereignis als "Tat Gottes" sprechen.

Denkt man also christlich, läßt sich eigentlich nur innerhalb dieses Rahmens der Gesamtwirklichkeit entscheiden, ob es sich bei einem Geschehen um ein Handeln Gottes und in welchem Sinne es sich um ein Eingreifen Gottes handelt. Alle anderen Erkenntnisweisen und Begründungen mittels Inspiration führen nur zu einem autoritären Offenbarungsanspruch, der immer schon voraussetzt, was er leisten soll. Für heutiges kritisches Denken kann selbst prophetische Inspiration nicht einfach hingenommen werden, weil fraglich bleibt, ob es sich bei diesem Gebrauch des Wortes "Gott" nicht nur um eine konventionelle oder aus eigenem Bedürfnis reproduzierende Chiffre für etwas handelt, dessen Wirklichkeit besser im Sinne Feuerbachs oder Freuds zu beschreiben wäre. Die unmittelbare religiöse Erfahrung kann für sich allein keine Gewißheit der Wahrheit ihres Inhaltes abgeben, weil sie keine Falsifikationsmöglichkeit zuläßt: "Nur im Blick auf das Ganze der Wirklichkeit - nicht von irgendwelchen besonderen Erlebnissen her - läßt sich, wenn überhaupt, begründet von Gott als der Macht über alles sprechen. Von daher würden dann freilich auch jene unmittelbaren Erfahrungen unter Umständen als wahr bestätigt werden" (80). Die Rede von einem Handeln Gottes ist also im Zusammenhang der Universalgeschichte zu verstehen, "weil nur im Blick auf die Gesamtheit alles Geschehens Aussagen über den einen Ursprung alles Geschehens zu verantworten sind" (81). Dieser so stringente Gedankengang zwingt zu enormen Konsequenzen. Wenn Gott in Korrelation zur Geschichte gedacht werden muß, bzw. nur über die Geschichte ein Verständnis von Gott als dem Ursprung der Dinge zu erreichen ist, folgt mit Notwendigkeit, daß es - falls es wirklich einen Sinn haben soll, von Gott zu reden - Offenbarung nur im allen zugänglichen Bereich der Geschichte geben kann. Es kann keinen letzten Unterschied theologischer Einsichten und profaner historischer Forschung

geben, weil "die Offenbarung Gottes als Offenbarung Gottes
eben erst dann bedacht (ist), wenn alle sonstige Wahrheit
und Erkenntnis auf sie hingeordnet und in sie aufgenommen
wird" (82). Einen Sonderbereich für die Theologie retten zu
wollen, käme einem Verrat des theologischen Denkens am mono-
theistischen Gottesgedanken gleich. Die Forderung, wenn Offenbarung in Jesus Christus geschehen sein soll, müsse der
Offenbarungscharakter dieses Geschehens auch in dem Geschehen selbst liegen, wie es sich dem Historiker darbietet,
folgt mit Schlüssigkeit. Und die dogmatische These, die Ge-
schichtsoffenbarung Gottes sei jedem, der Augen habe zu sehen, offen, scheint in der Tat nur für pure Gedankenlosigkeit
im theologischen Denken anstößig zu sein (83). Wenn in Jesus
von Nazareth sich Gott endgültig geoffenbart hat, muß die
Erkenntnis dieses Tatbestandes dem Historiker zugemutet werden. Allerdings bedarf er dazu des Ausblicks auf das Ganze
der Geschichte (84). Dem entspräche auf Seiten der Theologie,
daß sich nur innerhalb der gesamtgeschichtlichen Zusammenhänge die Person Jesu als Offenbarer identifizieren läßt.
Nur wenn Geschichte und Bewußtsein der Taten Gottes als un-
trennbar gesehen werden, läßt sich die Frage nach der Offenbarung richtig und sachgemäß stellen. Zum anderen läßt sich
schließlich bereits sagen, daß sich mit der Konzeption einer
Universalgeschichte auch das Problem der historischen Differenz löste.

Wie stellt sich nun Pannenberg den Zusammenhalt seines universalgeschichtlichen Horizontes vor, ohne dessen Voraussetzung es keinerlei Möglichkeit gäbe, das Handeln Gottes in
der Geschichte zu identifizieren?

Einmal zeigt sich die Notwendigkeit und die vorausgesetzte
und immer mitgesetzte Tatsächlichkeit eines universalen Ge-
schehenshorizontes für Pannenberg in jedem historischen Denken. Weil jedes Geschichtsverstehen immer schon Modelle von
Geschehensabläufen mitbringt, beschränkt es sich nicht auf
ein bestimmtes Existenzverständnis. Insofern aber nun in der
Geschichte alles in übergreifenden Zusammenhängen steht,
lasse sich auch keine partikulare Geschehenseinheit aus sich
selbst heraus abschließend verstehen. Erst im Horizont von
Weltgeschichte kann auch das Einzelgeschehen in seiner vollen Bedeutung gewürdigt werden, denn ohne Weltgeschichte
gibt es keinen Sinn der Geschichte. Gegen diese Notwendigkeit
sticht auch nicht der Einwand Wittrams, eine Weltgeschichte
übersteige das Maß des Menschen. Natürlich weiß auch Pannenberg darum, daß das Ende der Weltgeschichte kein Gegenstand
der Geschichtswissenschaft sein kann. Dennoch bleibt das
Ende entscheidend für unsere Geschichtsauffassung. Ebenso
eindeutig ist, daß das Ende der Geschichte in seiner Zukünftigkeit keinem Menschen bekannt ist. Aber, so fragt Pannenberg, könnte es nicht sein, daß sich vielleicht in Jesus von
Nazareth das Ende der Geschichte vorwegereignet hat, so daß
auch dem Historiker ein Verständnis der Geschichte von dort

her als ganzer möglich wäre? Jedenfalls stellt die Tatsache
der Unabweisbarkeit der Weltgeschichte und die Aufgabe der
historischen Periodisierung für Pannenberg einen Hinweis
auf die von R.G. Collingwood herausgestellte These dar, daß
historische Einzelforschung jeweils einen Entwurf des Ge-
samtgeschehens voraussetzt, auf den hin das überlieferte Material zu befragen ist. Wie in einer Kriminaluntersuchung:
die einzelnen Indizien dienen für oder gegen einen bestimmten Handlungshergang. So erhalten historische Einzelheiten
immer als Ausdruck der Sicht der Tradenten verstanden, historische Bedeutung nur durch den Bezug auf die vom Historiker mitgebrachte Konzeption des Geschichtsverlaufes. Mit
Collingwood ist Pannenberg der Überzeugung, daß durch die
Theorie der historischen Erkenntnis der Einfluß des Positivismus auf die Geschichtsforschung gebrochen ist, denn man
sammelt nicht erst Daten in Isolation, sondern hat sie schon
immer in den Verweisungszusammenhängen (85).

Diese Überlegung treibt Pannenberg weiter mit der Frage nach
dem Erkenntniswert des historischen Entwurfs. Soweit der
Entwurf eines Geschichtsverlaufs durch die Übereinstimmung
mit den zugänglichen Fakten verifizierbar ist, insoweit
bildet er offenbar nicht nur eine individuell bedingte Perspektive im Bewußtsein des Historikers, "sondern gibt den dem
Geschehen selbst eignenden Zusammenhang wieder. Zwar gehört
der Historiker mit seinem eigenen geschichtlichen Standort
zur Auswirkung des Geschehens, das er erforscht, mit hinzu.
Aber trotz dieser 'subjektiven Bedingtheit' seiner Sicht
kann er sein Bild vom Geschichtsverlauf nicht etwa beliebig
ändern, ohne auf den Erkenntniswert seines historischen Entwurfs zu verzichten. Will der Historiker seine eigene Zugehörigkeit zu dem Geschehen, das er beschreibt, nicht aus den
Augen verlieren, anderseits aber auch den Erkenntnisanspruch
seines historischen Entwurfs nicht preisgeben, so kann er
diesen nur als spontane Reproduktion einer vorgegebenen Ge-
schichtseinheit meinen, die freilich erst in diesem repro-
duzierenden Akt zum Bewußtsein ihrer selbst kommt" (86).
Hier wird also für die Geschichtsschreibung in ihrem Vollzug
ein ontisch-gnoseologischer Parallelismus urgiert.

Doch noch immer ist nicht gezeigt, wie dieser urgierte Zusammenhang möglich sein soll, wenn er doch so beschaffen
sein muß, daß er keinerlei Kontingenz des Geschichtlichen
ausschließt. In dieser unabdingbaren Voraussetzung liegen
denn auch die Gefahrenmomente dieses Geschichtsentwurfs.
Theologiegeschichtlich muß sich jede Konzeption von Universalgeschichte dem Protest Kierkegaards gegen Hegel stellen.
Versteht sich von selbst, wie sehr auch eine Geschichtsvorstellung nach dem Schema einer bestimmten Teleologie im
Sinne einer Entwicklungseinheit von Troeltsch unannehmbar
ist. Den gordischen Knoten löst Pannenberg gerade an dem
Punkt, wo er unauflösbar geschürzt scheint: "Der Gott, der
durch die Transzendenz seiner Freiheit Ursprung des Kontingenten in der Welt ist, begründet auch die Einheit des

Kontingenten als Geschichte so, daß die Kontingenz der in ihr verbundenen Ereignisse nicht ausgeschlossen wird. Nur der Ursprung der Kontingenz der Geschehnisse kann, so scheint es, vermöge seiner Einheit auch Ursprung ihres Zusammenhanges sein, ohne ihre Kontingenz zu beeinträchtigen. Die Einheit der Ereignisse besteht ja nicht nur in ihrem transzendenten Ursprung. Sie sind ja nicht nur gegeneinander kontingent, sondern hängen auch untereinander zusammen. Dieser dem Geschehen innewohnende Zusammenhang gründet in der ihm transzendenten Einheit Gottes, die sich als Treue manifestiert" (87). Einheit und principium integrationis der Geschichte ist also die Treue Gottes. Wenn aber die Treue Gottes der Grund für die Einheit ist, dann läßt sich diese in der Tat nur in der Retrospektive wahrnehmen. Und in solcher Rückbindung der Ereignisse an die Vergangenheit wird die Kontinuität immer neu hergestellt. Nur so kann die Einheit und der Zusammenhang gedacht werden, ohne daß die Kontingenz des Geschehens verlorengeht. Daß die Kontinuität des Geschehens im übrigen sowieso immer erst vom Ende her überschaubar wird, weist in dieselbe Richtung. Da also offensichtlich nur der Gottesgedanke die Einheit einer Geschichte in Wahrung der Eigenart des Geschichtlichen denken läßt, sollte er einem jeden Historiker unentbehrlich sein. Wie Gott in der Geschichte wirkt, kann indes immer nur an der je schon gestifteten Geschichte wahrgenommen werden. Wie konkret Pannenberg seinen Entwurf nimmt, zeigt sich daran, daß er die Treue Gottes nicht nur für die Kontinuität des Geschehens, also der Menschengeschichte, verantwortlich zeichnen läßt. Auch Naturgeschehen ist in diesem Lichte zu sehen, insofern ein Verständnis der Naturgesetze aus dem spezifischen Ausdruck der Treue Gottes gewonnen werden müßte. Voraussetzung dafür ist, daß man die Natur wesentlich als Geschichte versteht. Sachgemäß ist diese Annahme für Pannenberg insofern, als den biblischen Schriften eine Unterscheidung zwischen Natur und Geschichte fremd ist (88).

Gotteserkenntnis und Ende der Geschichte stellen sich jetzt neu vor dem Hintergrund, daß Gott als absolute Zukunft gedacht wird. Wenn Gott nur als Herr der Geschichte richtig gedacht, zugleich aber die Geschichte noch nicht endgültig gegeben ist, wenn ferner die Kontingenz der Geschichte in dem freien schöpferischen Handeln Gottes begründet ist und sich erst vom Ende des Geschehens her die Gottheit Gottes voll aufschließen kann, dann ist das eschatologische Geschehen der letzte und entscheidende Punkt der Selbsterschließung Gottes (89). Wenn der Gott Israels als Macht über alles und so in seiner Gottheit nur an der Totalität alles Geschehens offenbar werden kann, kann streng genommen dieser Gott jetzt noch nicht voll geoffenbart sein. Allenfalls ist eine Vorwegnahme des Endes der Geschichte denkbar, und nur über diesen Umweg der Vorwegnahme des Endes kann eine definitive und endgültige Offenbarung Gottes als schon geschehen behauptet werden. Daß dies nicht ein willkürlich eingeführter Gedanke bei Pannenberg ist, erhellt daraus, daß ja auch in jeder Geschichtsschreibung und in jedem Sinnverstehen von Geschehen immer schon die endgültige Zukunft antizipiert wird, insofern von allem Seienden überhaupt immer nur im Vorgriff auf die Zukunft sachgemäß dessen 'Wesen' vollzogen werden kann. Die Besonderheit des Endgeschehens gegenüber dem Gesamtverlauf hängt damit zusammen, daß man den Geschichtsverlauf nicht als Entwicklung sehen darf. Die einzelnen Glieder tragen nicht schon in sich, was sie in Wahrheit sind. Erst vom Ende her wird entschieden und enthüllt, was der ganze und wahre Sinn des Geschehens ist, und gerade dadurch macht es Gott als den Schöpfer abschließend offenbar (90). Dies ist deshalb so, weil das Offenbarungsgeschehen nicht als zum Wesen Gottes hinzukommend zu denken ist. Insofern gerade das Wesen Gottes in seiner schöpferischen Freiheit besteht, die immer noch wirkt und schafft, Unvorhergesehenes schafft, ist der Vorwurf an Pannenberg, er wolle Gott im Rückschluß aus der Geschichte entsprechend dem klassischen Gottesbeweis erkennen, unangebracht. Nicht daß hier Schlußfolgerung am Werke sei, streitet Pannenberg ab, wohl aber die Gleichsetzung mit dem klassischen Gottesbeweis. Wiewohl es stimmt, daß die Geschichte nicht ohne Gott zu denken ist, bleibt ebenso wahr, daß sie in ihrer Unabgeschlossenheit immer Sache der eschatologischen Zukunft des Handelns Gottes ist. "Weil sich nämlich in den kontingenten Ereignissen die Freiheit ihres göttlichen Ursprungs äußert, kann man nicht zurückschließen im Sinne der Analogie" (91).

Wenn aber eine gewisse Vorwegereignung des Endes der Geschichte erfolgt sein sollte, so heißt dies allerdings nicht, daß Gott post Christum nicht mehr das Geschehen in neuer und persönlicher Freiheit schafft. Es folgt nur, daß er in seiner Treue sich als der erweisen wird, als der er auch schon in Christus sich geoffenbart hat (92).

Ohne auf die schwierige Sachlage der Interpretation der spätjüdischen Apokalyptik eingehen zu wollen, insonderheit hinsichtlich der exegetischen Diskussion, soll doch der Zusammenhang und die konstitutive Bedeutung der apokalyptischen Vorstellungen für die Konzeption Pannenbergs angemerkt sein. Weil in der spätjüdischen Apokalyptik die Wirklichkeit als universaler Geschichtszusammenhang konzipiert ist, tritt das Offenbarwerden Gottes, das Offenbarwerden seiner Doxa und seines Heilsschaffens an das Ende des Geschehens überhaupt. Das Ende wird zugleich alles gegenwärtig Verborgene überhaupt offenbar machen. Ob diese Vorstellung nun so eindeutig Voraussetzung des Urchristentums war oder nicht, darf dahingestellt bleiben. Jedenfalls ist sie nach der geschichtstheoretischen Konzeption Pannenbergs die einzig mögliche und sachgemäße Kategorie zur Darstellung und Erfahrung dessen, was Offenbarung als Handeln Gottes am Menschen und in der Welt heißen kann. Denn nur die Ausweitung der Gottheit

Gottes auf die Gesamtheit alles Geschehens entspricht der
Universalität des Gottes Israels, der der Gott aller Menschen sein will (93). Wenn das endgültige Handeln Gottes als
eschatologischer Selbsterweis in der Totenauferstehung der
Menschen erwartet wurde, so konnte sich Gott nur in dieser
Form des Selbsterweises in Jesus Christus offenbaren. Er
mußte sich gleichsam - im Schema der Gesamtgeschichte - in
dieser Weise zu erkennen geben. Damit erhellt auch die konstitutive Bedeutsamkeit der apokalyptischen Erwartung für
die Erfahrung der Offenbarung in Jesus Christus. Nur in dieser Form des vorläufigen Selbsterweises als Vorwegnahme des
künftigen, allgemeinen Endgeschehens ist eine Offenbarung
weder Widerspruch zur Personalität des biblischen Gottes,
noch zur Offenheit und Selbsttranszendenz, die den Menschen
auszeichnet; denn nur in der Gestalt der Vorwegnahme ist
die Geschichte Jesu endgültige Offenbarung Gottes (94);
aber wiewohl "durch die das Eschaton vorwegnehmende Erscheinung des Endes der Geschichte mitten in der Geschichte selbst
diese nicht einfach abgetan ist, sondern gerade von hier aus
als Ganzes verständlich wird, so wird dadurch doch keine
Überschau über das Drama der Weltgeschichte aus der Proszeni-
umsloge ermöglicht" (95).

Im Verhältnis der Historiker zur Geschichte als dem Handeln
Gottes muß diese Konzeption ihren konkreten Ausweis erbringen. Wie schon angezeigt, bezieht die historische Arbeit
immer schon das Problem der Universalgeschichte ins Thema
der historischen Hermeneutik mit ein. Wenn nun wahr sein
soll, daß die Ganzheit der Geschichte immer schon und notwendig der Bezugspunkt alles theologischen Redens von Gott
und seiner Offenbarung ist, "dann läßt sich im Thema der
Ganzheit der Geschichte eine streng gemeinsame Bezugsebene
theologischer und historischer Arbeit vermuten" (96).Daß
der Historiker im Normalfall nicht explizit von Gott redet,
hebt nicht über die Tatsache hinweg, daß seine Arbeit doch
auf jene Thematik bezogen ist, die ihrerseits ein Reden
von Gott rechtfertigt. Zugleich aber wäre dann von daher
auch theologischerseits in bestimmten geschichtlichen Ereignissen das Reden vom "Handeln Gottes" zu verantworten. Natürlich soll hier nicht abgestritten werden, daß wie jedes
historische Interesse so auch das theologische eine Auswahl
der Ereignisse trifft. Nur ist diese selektive Tendenz von
der Theologie mittels des Gottesbegriffes zu einer universalen Korrektur angehalten. Es ist also die Verknüpfung
aller übrigen Begebenheiten mit dem Geschehen der Offenbarung Gottes in Jesus von Nazareth erfordert. Aus der Vorstellung des Schöpfergottes heraus verbietet es sich daher,
über die göttliche Vorsehung zu spekulieren, weil der Orien-
tierungspunkt für den Menschen eben nicht nackte Wunder durch
Ausschaltung der Naturgesetzlichkeit und der sonstigen übrigen geschichtswirksamen Mächte sein können, sondern einzig
die geschichtliche Begebenheit in ihrem Bezugspunkt auf das

Ganze der Wirklichkeit. "Indem theologische Geschichtsschreibung Gottes Wirken in solcher Indirektheit erfaßt, die Zusammenhänge des Geschehens in den konkreten innerweltlichen Umständen aufsucht, ohne freilich das je Neuartige, mehr oder weniger Analogielose in den Ereignissen wegzudeuten, bezeugt sie Gott als den Schöpfer der Welt" (97). Damit stellt sich die radikale Konsequenz ein, daß historische (profane) Forschung und biblisches Geschichtsverständnis nicht in Widerspruch zueinander treten können. Es gibt anderseits auch für theologische Forschung keinen weiterführenden Weg zur Gewißheit über vergangenes Geschehen als den historischen. Es kann kein sturmfreies Gebiet für den Glauben auf dem Gebiet des Historischen geben, es sei denn bei Strafe des Verlustes seines geschichtlichen Grundes. Wenn es nur einen Prozeß der Geschichte gibt, und dieser Prozeß konstituiert ist durch die wirksame Präsenz des unendlichen Gottes, kann der Gläubige nur vertrauen, daß die Tatsächlichkeit des Geschehens, auf das er seinen Glauben gegründet weiß, sich in der historischen Forschung immer wieder durchsetzen wird (98). Daß man sich in der neueren Theologie vor dem verheerenden Relativismus des Historismus von der Geschichte absentieren wollte und den radikalen Rückzug aus ihr forderte, welche Tendenz ihre geschichtsphilosophischen Kronzeugen in Kierkegaard und Nietzsche und schon früher in Lessing hatte, muß als ein Irrweg angesehen werden. Man muß vielmehr gegen den Relativismus, der sich durch die Ersetzung Gottes als Subjekt der Geschichte eingeschlichen hatte, zu Felde ziehen; andernfalls verliert der Glaube seinen konstitutiven Halt in der Geschichte.

Um dies in concreto durchzustehen, muß Pannenberg gegen die Methode der historistischen Forschung, nämlich gegen ihr Prinzip der Analogie angehen. Das Prinzip der Analogie darf niemals dazu verwandt werden zu bestimmen, welche Art von Wirklichkeit sich ereignet haben könne; denn dann wäre es von einem methodischen zu einem weltanschaulichen Prinzip transformiert. Dies ist der Fall, wenn alle transzendente Wirklichkeit ausgeschaltet sein soll, und zwar a limine. Dem muß entschieden entgegengetreten werden, weil es gerade charakteristisch ist für Gottes Handeln, daß er Neues, vorher nie Dagewesenes schafft, das in keiner kosmischen Ordnung adäquat schon zum Ausdruck gebracht wäre. Dies ist in zweierlei Hinsicht bedeutsam für die Theologie: Wenn es wahr ist, daß sich im Christusgeschehen, insbesondere der Auferstehung, ein Handeln Gottes als Selbstmitteilung ereignet hat, kann ein methodisches Prinzip der Analogie in seiner restringierenden Form nicht als Kriterium für ein in der Überlieferung bezeugtes Geschehen herangezitiert werden. "Daß ein berichtetes Geschehen die Analogie des sonst Gewohnten oder mehrfach Bezeugten sprengt, ist für sich noch kein Grund, seine Faktizität zu bestreiten"(99). Für Pannenberg ist die christliche Arbeitshypothese angemessener als diejenige, die der weltlichen Geschichtsschreibung zugrunde liegt. Der

Dualismus von heiliger und profaner Geschichtsschreibung
wird nicht durch eine Theorie des Glaubens gerechtfertigt;
er wird vielmehr dadurch überwunden, daß die Geltung der
weltlichen Geschichtsschreibung dort zu bestreiten ist, wo
sie in einen definitiven Widerspruch zur theologischen tritt.
Von daher auch die Umkehrung des Verhältnisses von Profangeschichte und Heilsgeschichte. Wenn die Geschichte erst dort
in ihren eigentlichen Begriff und in ihre Wahrheit gesetzt
ist, wo sie auf die Universalgeschichte und den sie konstituierenden Gott hin bezogen ist, dann ist gerade von einem
möglichen besonderen Handeln Gottes in der Geschichte her
ein normativer Begriff für Geschichte zu bekommen. Die Theologie ist also aufgerufen, von der Geschichte Jesu her zu zeigen, wie "das Ganze" der Wirklichkeit in seiner Bedeutung
gedacht werden kann, unbeschadet der Vorläufigkeit und geschichtlichen Relativität alles Denkens sowie der Offenheit
der Zukunft für den Denkenden, der sich erst auf dem Wege und
noch nicht am Ziele weiß (100). Wenn dies stimmt, muß eben
jede Theorie abgelehnt werden, die die Einheit des Geschichtlichen und Übergeschichtlichen mittels des Glaubens herzustellen vermeint. Und hier wie auch sonst argumentiert Pannenberg
per modum exclusionis: Wenn die Historizität der puren Fakten den Glauben nicht gegen den Verdacht schützen kann, auf
Illusionen zu beruhen, kann es nur möglich sein, daß das eigentlich Entscheidende, die Offenbarungs- und Heilsbedeutung
des Geschicks Jesu von Nazareth so sichtbar wird, daß es ver-
nünftiger Forschung zugänglich ist. Das aber heißt, daß man
auch dann, wenn historische Forschung faktisch nicht dazu
kommt, den Charakter des Geschicks Jesu von Nazareth als Offenbarung Gottes zu entdecken, noch lange nicht prinzipiell
von der Hand weisen dürfe, daß historische Forschung auch
den Offenbarungscharakter dieses Geschehens entdecken könnte
und müßte (101). Diese theonome Konzeption von Geschichte
ist daher eine Gegenposition zu allen antigeschichtlichen
Deutungen der Botschaft des NT. Theologisch ist die Theorie,
daß Geschichte der umfassendste und damit einzig sachgemäße
Horizont der Theologie ist, gegen die Versuche gerichtet,
die sich vom Geschichtsverlauf zurückziehen wollen, um den
Folgen einer historisch-kritischen Forschung und ihren ver-
meintlichen relativistischen Konsequenzen zu entgehen (102).
Wenn es also vom Gottesgedanken her nur eine und eine einzige Geschichte gibt, und diese Geschichte die Geschichte der
Menschen ist, dann läßt sich in Funktion zu dieser Totalität
auch der Mensch ansetzen. Es läßt sich mit Recht von hier
aus dann mittels der Kategorie des Vorgriffs die Geschichte
der Menschheit auf eine letzte Bestimmung hin denken. "Wie
der Vorgriff auf das Ganze des eigenen Daseins durch seine
Zukünftigkeit ermöglicht, so oder so immer schon vollzogen
und für alles Reden vom 'Leben' oder auch vom Dasein dieses
oder jenes einzelnen schon vorausgesetzt ist, so ist auch
das Ganze der Universalgeschichte immer schon antizipiert
und in allem Reden von diesem oder jenem besonderen Geschehen und seiner Bedeutung vorausgesetzt. Es ist nicht einzu-

sehen, weshalb dieses ausdrückliche Antizipieren nicht reflektiert und thematisiert werden dürfte" (103). Daraus wird
auch einsichtig, warum Pannenberg gegen die These von Alfred
Heuß polemisiert, nach der die Auffassung vom Menschen als
Subjekt der Geschichte im Begriff der "Menschheit" nur als
fiktive Idee zum Zwecke der Ordnung der historischen Phänomene entstanden sein soll. Pannenberg ist damit in der Lage,
die Einwände gegenüber einer Auffassung vom Menschen als
schöpferischem Subjekt der Geschichte zu unterschreiben,
ohne die Möglichkeit zu verlieren, die Menschheit zum Thema
werden zu lassen, und zwar als Geschichte der Menschheit. Ineins kann er damit erklären, warum mit der Substitution des
Menschen als Subjekt der Geschichte (also mit der Säkularisierung) anstelle Gottes die Kategorie "Menschheit" zwar immer noch notwendig ist für historische Forschung, obwohl man
sich des Paradoxes dieser Konstruktion bewußt ist (104).

Universalgeschichte hat weiterhin das Problem der hermeneutischen Vermittlung schon immer miteinbegriffen, also die
Frage wie Gott als Person sich in Geschichte erfahrbar machen kann. Dies ist jedoch noch näher aufzuschlüsseln. Fest-
steht, daß Gott immer in der Weise einer Person zu denken ist.
Eine Person kann sein Selbst aber nicht direkt, sondern stets
nur indirekt über seine Erscheinungen kundtun. Nur in der
jeweiligen Daseinssphäre des Handelns und der Verhaltensweisen vermag sie sich zu äußern (105). Wenn nun die Geschichte
der Wirkbereich Gottes ist, kann somit auch die Wahrheit der
christlichen Botschaft nicht abgelöst werden von der Geschichtlichkeit unserer Gegenwart zum Urchristentum. Die
Wahrheit selbst ist in diesem geschichtlichen Verhältnis
(106). Damit aber noch nicht genug. Die Frage der Relevanz
Jesu für unsere Gegenwart, die auch als Frage nach dem eigentlich Christlichen gestellt werden könnte, kann von zwei
Momenten in keinem Augenblick absehen. Einmal von der Frage
nach dem Bezug des Inhalts der Botschaft zu dem Gottesbegriff, zum anderen, inwiefern gerade der Gott Jesu uns heute
noch als die alles bestimmende Wirklichkeit über den Sprung
von zwei Jahrtausenden hinweg vermittelt werden kann. Dies
alles angesichts der Autoritätskritik   durch die Aufklärung. Nimmt man an, wie es Pannenberg tut, diese neue Situation sei Frucht des christlichen Glaubens selbst (was sich
von seinem Ansatzpunkt letztlich gar nicht anders denken
läßt), dann stellt sich die Frage, ob nicht die biblische
Gotteserfahrung von Hause aus frei ist von jedem autoritären
Zug. Die eigentlich entscheidende Frage sei daher nicht die
völlig unhistorische Problemstellung der Entmythologisierung,
sondern die Frage nach den autoritären Zügen auch schon in
den biblischen Texten selbst als einem Programm der "Entpo-
sitivierung" der christlichen Botschaft (107). Die Frage
nach der Offenbarung Gottes ist demnach keine nach einer
autoritären Instanz, die jedem Urteil und kritischem Bezug
entnommen wäre, sondern nach einer Bekundung göttlicher

Wirklichkeit, die sich am mündigen Verstehen des Menschen
als solchem bewährt. Sollte die Forderung nach "Hören" der
Botschaft anders verstanden werden, gerät sie in den Verdacht, nur Chiffre für die Preisgabe des Denkens zu sein
(108). Hier darf schon angemerkt werden, daß sich mit dieser
Fragestellung das Problem der Hermeneutik ziemlich energisch
verlagert, insofern sich jede Applikationshermeneutik eines
autoritativ ergangenen Offenbarungswortes verbietet. Nur vom
Horizont einer Universalgeschichte her läßt sich das hermeneutische Problem überlieferter Texte in ihrer historischen
Differenz zur Gegenwart stellen und lösen. Allerdings immer,
und das ist wesentlich, vor einem Horizont, der noch eine
offene Zukunft hat (109). Die scheinbar unüberbrückbare
Kluft ist nicht zu überweinden, indem man einfach autoritäre
Denk- und Lebensformen herbeibeschwört, von denen sich die
säkulare Kultur der Neuzeit getrennt hat, "sondern nur dadurch, daß der säkularen Gegenwart ihre eigene Zukunfshoff-
nung in dem für das Christentum grundlegenden Geschehen erkennbar wird, das für jene Zeit den Abbruch der eschatologischen Zukunft von Welt und Menschheit bedeutete. Angesichts der historischen Differenz der Moderne vom Urchristentum ist heute die Teilnahme an jenem urchristlichen Glauben
nur unter der Bedingung ohne schwärmerische Selbstverges-
senheit möglich, daß diese Differenz selbst ein Moment
menschheitlicher Wirkung der in Jesus erschienen Zukunft Gottes ist" (110).

Hermeneutisch gesehen läßt sich also das Problem des historischen Abstandes nur so überbrücken, daß der Text hinterfragt
werden muß auf seinen ungesagten Sinnhorizont, in welchem
er beheimatet ist. Der historische Horizont eines Textes
wiederum läßt sich nur mit der Gegenwart des Auslegers sachgerecht verknüpfen, wenn der Geschichtszusammenhang der Gegenwart mit der damaligen Situation, aus der der erfragte
Text stammt, erschlossen wird. "Das heißt, der Text kann nur
verstanden werden im Zusammenhang der Gesamtgeschichte, die
das Damalige mit der Gegenwart verbindet, und zwar nicht nur
mit dem heute Vorhandenen, sondern mit dem Zukunftshorizont
des gegenwärtig Möglichen, weil der Sinn der Gegenwart erst
im Lichte der Zukunft hell wird. Nur eine Konzeption des
die damalige mit der heutigen Situation und ihrem Zukunftshorizont tatsächlich verbindenden Geschichtsverlaufes kann
den umfassenden Horizont bilden, in welchem der beschränkte
Gegenwartshorizont des Auslegers und der historische Horizont
des Textes verschmelzen; denn nur so bleiben im umgreifenden
Horizont das Damalige und das Heutige in ihrer geschichtlichen Eigenart und Differenz gegeneinander erhalten, aber nur
so, daß sie als Momente in die Einheit eines beide umfassenden Geschichtszusammenhanges eingehen" (111). Also nur im
Zusammenhang des Gesamtprozesses läßt sich die hermeneutische Frage überhaupt erst sachgemäß situieren. Blendet man
diesen Gesamtzusammenhang auch nur in sachbereichsspezifi-
scher Art aus, führt das bereits zu einer Verengung und Ver-

fälschung der Fragestellung. Nur auf dem Umweg der universalgeschichtlichen Betrachtungsweise, und d.h. auf dem Umweg über den dem Text zugrundeliegenden und von ihm bezeugten Geschehen läßt sich die Brücke zur Gegenwart des Auslegers schlagen (112). Eine solche universalgeschichtliche Betrachtungsweise zielt demnach nicht auf eine Rekonstruktion
des Vergangenen ab, um es als Vergangenes hinzustellen, sondern will gerade die vergangenen Ereignisse in ihren Bedeu-
tungszusammenhängen mit der Gegenwart erfassen. Insofern
historische Arbeit den Bezug zur Universalgeschichte involviert, hat sie es offensichtlich keineswegs nur mit abgestan-
denem Gerümpel der Vergangenheit zu tun. Aber auch hier
wird die Schwierigkeit deutlich, der solch ein Unternehmen
ausgesetzt ist. Die Invektiven Gadamers gegen Hegels System
- das ja genau dem Konstruktionspunkt der Universalgeschichte entspricht - , die auf die unaufhebbare Endlichkeit der
Erfahrung wie auf die Unverrechenbarkeit des Zufälligen gegenüber dem Allgemeinen abheben, müssen auch von Pannenberg
als gültig angesehen werden. Dennoch scheint ihm die innere
Tendenz der Interpretation und der Überlieferungsgeschichte
bzw. Wirkungsgeschichte, die auf eine umfassende Sinneinheit zielt, eine Verbindung der Geschehnisse in einem wirklichen Lebenszusammenhang nötig zu machen. Daß Hermeneutik
ohne die Voraussetzung eines wirklichen Geschichtszusammenhanges der Ereignisse in einem wie immer gearteten Prozeß
nicht denkbar ist, und daß es mit einem abstrakten Zusammenhang des Geschehens nicht getan sei, darin bekommt Pannenberg schließlich noch Schützenhilfe von Jürgen Habermas (113).
Das Verhältnis von Geschichte und Überlieferungsgeschichte
muß dementsprechend neu bestimmt werden. Die Überlieferungsgeschichte, heißt es schließlich, ist der tiefere Sinn der
Geschichte. Das hat seinen Grund darin, daß jedes einzelne
Geschehen seine Bedeutung und damit sein Wesen, d.h. was es
eigentlich ist, nur im Zusammenhang des Ganzen erhält. Das
Ganze indes ist aber noch nicht vollendet. Trotzdem sprechen
wir den Ereignissen, den Dingen, ja sogar den Personen, mit
denen wir umgehen, ihr Wesen und ihre Bedeutung zu. Wir nehmen also in unserer Zumessung an Bedeutung für die einzelnen
Dinge vorweg, was eigentlich erst durch das Ganze der Wirklichkeit erwirkt werden kann. Wir antizipieren also die Zukunft des Ganzen der Wirklichkeit. Sofern aber nun das Geschehen solche ihm zugesprochene Bedeutung irgendwie - wenn
auch nie endgültig - hat, ist alles Geschehen auch seinerseits ("bis in die ontologische Struktur hinein") schon als
Vorwegnahme künftiger Endgültigkeit zu begreifen. Das Wort
bringt also dieses noch nicht einfach und ohne weiteres vorfindliche Wesen der Ereignisse zur Sprache. Die Kategorie
der Prolepse, welche Pannenberg eigentlich zunächst nur im
Zusammenhang der Auferstehung eingeführt hat, erweist sich
als fundamentales Strukturmoment des Erkennens und der
Sprache überhaupt (114).

Aus diesem korrelativen Verhältnis von Interpretation und

Ereignis, das gerade auf einer Nichtidentität von Tatsachen und Interpretationen beruht, welche letztlich in der Kontingenz und Unableitbarkeit der Ereignisse gründet, insofern jede Deutung immer als Vorwegnahme des endgültigen Wesens durch neue Tatsachen korrigiert und informiert wird, ergibt sich, daß eine Kontinuität immer nur in der Rückschau möglich ist. Das heißt aber auch, daß sich gerade die Vorwegnahme des Endes nur in der historischen Perspektive konstituieren kann. Insofern sie eben nur in der Rückschau möglich ist, zeigt sich die Offenheit und die Unabgeschlossenheit der Zukunft. Jedenfalls wird die Aufspaltung des Geschichtsbewußtseins in Tatsachenfeststellung und Wertung, in erkannte und erlebte Geschichte, welche Spaltung nicht nur für den christlichen Glauben unerträglich ist, aufgehoben. So kann auch etwas nicht mehr als "bloße" Deutung und subjektive Meinung erscheinen. Eine derartige Sicht stammt aus einer überholten methodischen Fragestellung, der ein positivistisches Ideal zugrundeliegt, wonach die Historie reine Tatsachen fern jeden Bedeutungsgehaltes feststellt. Diese positivistische Grundhaltung ist vom Neukantianismus ebenso wie von der Lebensphilosophie akzeptiert worden. Dagegen sei heute die ursprüngliche Einheit von Faktum und Bedeutung zur Geltung zu bringen (115).

Demnach ist auch die Kluft zwischen Faktum und Bedeutung, zwischen Historie und Kerygma, zwischen der Geschichte Jesu und den vielfältigen Zeugnissen des NT als eine unsachgemässe Alternative entlarvt. Erst von dieser Einsicht her kann gezeigt werden, warum die Auferstehung Jesu als geschichtliches Ereignis festgehalten werden muß, wenn anders der historische Aspekt und die verschiedenen Formen urchristlicher Botschaft, die sich im NT niedergeschlagen haben, nicht hoffnungslos differieren sollen. Eine bloß äußerlich festgehaltene Beziehung zwischen Faktum und Werturteil, zwischen Geschehen und Bedeutsamkeit involviert immer einen unabweisbaren Schein subjektiver Willkür und Schwärmerei in Hinblick auf das im Bekenntnis gedeutete Geschehen (116). Daß diese Überwindung der Dichotomie zwischen "Weltgeschichte"und "Heilsgeschichte", zwischen "Historie" und "Geschichte" nicht nur vom Glauben selber her geboten scheint, sondern auch von handfesten systematischen Gründen, die nicht aus dem Glauben kommen, ist offenkundig. Solange nämlich das vom Historiker über Jesus ausfindig Gemachte allenfalls den Charakter von Symbol und Allegorie hat, letztendlich aber irrelevant ist für den Glauben an Jesus Christus, weil der Charakter des Offenbarers und Erlösers eben ausschließlich im Sein des Glaubens erfahren werden kann, indem der Mensch existentiell seinen Glauben lebt, bleibt die Argumentation erschreckend schwach und zwielichtig. Und dies aus einem doppelten Grund: Einmal ist die noch so emphatisch behauptete Unterscheidung von "Heilsgeschichte" und "Weltgeschichte" für den empirischen Forscher bedeutungslos. Für ihn ist nämlich "Christlicher Glaube" nichts anderes als eine Variante

des Phänomens"Religion", "Heilsgeschichte" des Phänomens
"Geschichte" usf.. Andernfalls wäre die Voraussetzung erfordert, daß es einen Ausgang aus der empirischen Sphäre gibt,
der aber als solcher eben nicht nachweisbar ist. Geradezu
spiegelbildlich erscheint dementsprechend ein Einwand aus
der Richtung des Glaubens selber: Wie soll der Mensch, wenn
er nicht schon immer im Glauben ist, einen sicheren Halt unter den Füßen bekommen, wenn er eben mittels des historisch
Vorfindbaren keinen Anhaltspunkt erreichen kann. Dagegen
sieht es sehr einleuchtend aus, daß es einem historischen Ereignis gegenüber keine Möglichkeit der Einsichtnahme jenseits der historischen Forschung gibt. Weder übergeschicht-
liche Betrachtungsweise noch intuitives Einfühlungsvermögen
leisten derartiges. Kurz: "Auf keinen Fall ist etwa der Theologe in der Lage zu sagen, wie es mit Sachverhalten, die dem
Historiker dunkel bleiben, eigentlich bestellt ist" (117).
Oder polemischer formuliert: "Die historische Wissenschaft
ist das Verfahren, allerlei wildgewachsene, auch heils-,
über- und urgeschichtliche Vorstellungen vom Geschehenen auf
das zuverlässig sich Bewährende zu reduzieren" (118). Da
eigentliche und wahre Gotteserkenntnis immer mit in der Analogie von "unten" möglich ist, es sei denn man wollte sich
zu einer Annahme einer angeborenen Gottesidee durchringen,
kann auch wahre Gotteserkenntnis nur in der Geschichte erfolgen. Alle Aussagen über Heilsgeschehen bleiben demnach gebunden an die "Analogien von unter her", d.h. ihre Anwendbar-
keit ist immer der historischen Kritik auszusetzen. Einen
anderen Zugang zur Wirklichkeit Gottes gibt es nicht.

5.3.2 Die Problematik des idealistischen Denkansatzes als
       Kritik einer auf dem Boden des Idealismus konzipier-
       ten Identität von Weltgeschichte und Heilsgeschehen.

Auf die um den erstmals vorgelegten Entwurf einer "Offenbarung als Geschichte" vorgebrachten Einwände, hier handle es
sich um einen neu aufgetischten, aber inkonsequenten Hegel
(119), versprach Pannenberg, daß er Rechenschaft über sein
eigenes Verhältnis zu Hegel geben werde (120). Sieht man sich
daraufhin seinen beim Hegelkongreß in Stuttgart 1970 gehaltenen Vortrag, "Die Bedeutung des Christentums in der Philosophie Hegels" (121) an, entdeckt man, daß die Vorstellung
der Freiheit Gottes aus der von Hegel als abstrakt und formell vorgestellten Form herausgenommen werden soll. Die
Freiheit Gottes sei konkret zu denken, d.h. sie darf nicht
aus einem vorhandenen Wesen abgeleitet werden, sondern ist
gerade auch in Gott als reine Zukünftigkeit zu denken, weil
nur so Kontingenz und Freiheit in der Geschichte gerettet
werden können. Im übrigen verweist Pannenberg darauf, daß
sich diese Kritik noch auf der Linie der von Hegel gewiesenen
Richtung bewege. Damit aber bleibt, auch wenn hier dem Gottesgedanken in seiner Funktion eine andere Bedeutung zukommt,
das idealistische Identitätssystem Voraussetzung. Wenn es
auch bei Pannenberg nicht dergestalt übernommen ist, daß aus

der These der Bezogenheit jeder existierenden Wirklichkeit
auf die erkennende Subjektivität das 'reine Selbstbewußtsein'
zum Produktionsprinzip aller Gegenständlichkeit gemacht wird,
gilt dennoch, daß der "Prozeß der Geschichte", und so das
Handeln Gottes, das andere seiner (Gottes) selbst ist, so
daß gerade in dieser Identität das idealistische Erkenntnisprinzip gültig bleibt. Eine Erkenntnis Gottes im "anderen"
seiner selbst ist dennoch nur unter der Voraussetzung einer
Identität möglich. Wenn auch bei Pannenberg die Identität
nicht im Bewußtsein des Menschen als dem Ausdruck des Bewußtseins an sich gesehen, sondern der Mensch auf der Seite des
"anderen" Gottes angesetzt wird, erhält sich doch der grundlegende Duktus fort: der positivistischen Philosophie des
Einzelwissens wird die idealistische des Erkennens der Totalität entgegengesetzt, die letztlich auf die von Descartes
initiierte und in Hegel seinen Abschluß findende Subjektivitätsphilosophie zurückgeht, die die Bewußtseinsdifferenz von
wissendem und gewußtem Ich nur in der Identität des 'reinen
Selbstbewußtseins' zu denken vermochte. Aus der Selbstbezüglichkeit des Ich, das ja einzig nur noch zur Begründung von
Wahrheit und Notwendigkeit der Erkenntnis in Frage kommen
konnte, folgte, daß - auf eine wie auch immer gedachte Weise
- das wissende Ich immer schon identisch sein mußte mit dem
gewußten und wißbaren Inhalt. Dies scheint das verhängnis-
volle Erbe Pannenbergs aus dem deutschen Idealismus zu sein.
Darin liegt auch der Grund für eine Distanz der Theologie
zu Hegel, und nicht darin, daß sich bei ihm das Absolute
nicht als absolute Transzendenz denken lasse. Daß sich Hegel
gegen den Vorwurf des Pantheismus verteidigen lasse, wie es
Pannenberg unternimmt, enthebt nicht von den Schwierigkeiten
identitätsphilosophischen Denkens. Und an dieser Voraussetzung der Identitätsphilosophie hängt auch das Axiom, daß
Teilwissen nur dadurch in seiner Gültigkeit zu retten sei,
wenn es sich auf die vollendete Erkenntnis des Ganzen bezieht.
Dabei tut es wenig zur Sache, ob diese Totalität als noch im
Werden begriffen wird. Anstatt eine Lösung zu bringen, macht
es die Sache noch schwieriger: wie soll letztlich eine Erkenntnis als verbindliche gedacht werden, wenn sie gerade als
Erkenntnis konstitutiv gebunden ist an das Wissen einer Totalität, welche nun aber noch gar nicht gegeben sein kann.
Was sich aus dem Gedanken Gottes als der letzten Wirklichkeit
von allem erheben läßt, ist doch nur denkbar, wenn ich schon
immer weiß, wie das Verhältnis von Gott zur Wirklichkeit ist.
Der Verweis Pannenbergs auf die Idee Gottes in der Religionsgeschichte beinhaltet nun aber eine Formalisierung einer materialen Gottesvorstellung in der Religionsgeschichte, die
es aufgrund der von ihm erst nachträglich vollzogenen Applikation dieser Idee auf den Prozeß der Geschichte und dem
vorweggenommenen Ende hätte gar nicht geben dürfen. Was Gott
ist, kann doch ex definitione erst mit einem Ende der Geschichte offenbar werden, allenfalls durch ein vorgezogenes
Ende der Geschichte. Folglich kann das Ende der Geschichte,
soll es die Verhältnisbestimmung Gottes zur Wirklichkeit im

ganzen bestätigen, nur das explizit machen, was der Mensch
schon immer weiß (122). Von daher wird deutlich, welchen
Stellenwert der Terminus der "Treue" Gottes in dieser Konzeption besitzt. Wenn das Wesen Gottes die absolute Zukünftigkeit der Freiheit ist, könnte schlechterdings auch der
Prozeß der Geschichte nicht in einer Schöpfungskorrelation
zu Gott gesehen werden, es sei denn, das Wissen um Gottes
Verhältnis zur Wirklichkeit der Geschichte ließe sich trotz
der Freiheit der Zukunft kraft einer Identität retten: die
"Treue" macht dies möglich. Weil Gott der sich selber treue
ist, verschlägt also letztlich die Unabgeschlossenheit der
Zukunft nicht. Der Zusammenhang als Identität ist wieder hergestellt. Und dieses idealistische Erbe bleibt Strukturmoment
des ganzen philosophischen Denkens Pannenbergs.

Wie Hegel hält er daran fest, daß überhaupt kein sicheres
Wissen (auch von Gott) ohne ein Wissen vom Ganzen möglich ist.
Wenn bei Hegel das Wissen vom Ganzen im Sinne der Selbsterkenntnis des alles umspannenden, alles seienden Subjekts gefordert ist, so entspricht dem bei Pannenberg das Wissen um
die Wirklichkeit als Totalität. Ebenso gilt wie für Hegel,
daß die philosophische Gattung der Geschichte bzw. die theologische Erkenntnis der Geschichte sich nur an das zu halten
habe, was ist und gewesen ist. Sie bleibt um so wahrer, je
mehr sie sich an das Gegebene hält. Und es ist kaum einzusehen, welcher Unterschied zur These Hegels bestehen sollte,
wonach alles, was wirklich ist, auch vernünftig sei. Und
wenn vernünftig, dann auch in Ordnung. Wieviel massiver erscheint dies bei Pannenberg, der nicht die "List der Vernunft"
aufgrund seines Gottesbegriffs einführen kann. Wenn indes
Hegel dadurch, daß er die Wirklichkeit schon auf den Begriff
gebracht hat, gezwungen ist, der aufklärerischen Versicherung,
nur das gelten zu lassen, was sich gegenständlich darstellt,
entgegenzukommen, indem er eben das Dasein in Wirklichkeit
und Erscheinung aufteilt, so ist Pannenberg in einer günsti-
geren Lage. Einmal hat er für das offensichtlich "nicht Ver-
nünftige" die Möglichkeit, die Sünde des Menschen in Ansatz
zu bringen. Zum anderen ist er durch die absolute Zukunft
Gottes und seines Handelns enthoben, die Freuden und Leiden
der Welt, alle Widersprüche durch ein schon eingewiesenes
versöhnendes Zeichen rational rechtfertigen zu müssen. Wenn
aufgrund der Zukünftigkeit das "Wesen" der Dinge und der Ereignisse noch nicht positiv greifbar und in diesem Sinne rational darlegbar ist, erübrigt sich auch eine Rechtfertigung.
Das Problem der Theodizee, das Hegel noch durch einen teleologischen Fortschritt mit damit verbundenen notwendigen Op-
fern rechtfertigen mußte, erfährt hier seine verblüffendste
Lösung: Weil man außer der Versicherung, daß Gott seinem
Versprechen als endgültiger Heilbringer treu werde,
nichts weiß, und weil aus der Unabgeschlossenheit der Vergangenheit und Gegenwart das eigentliche Wesen der Dinge nicht
bekannt sein kann, wird das Problem der Theodizee von der

Zeit nach dem "siebenten Tag der Schöpfung" auf das Ende des Schaffens Gottes verlegt.

Mit Hegel zeigt sich bei Pannenberg die idealistische Voraussetzung - und zwar in rücksichtsloser Klarheit -, wie die Einheit von gegenständlichem Denken und Sein aufrechterhalten wird. Wer dabei auf überzeitliche und absolute Wahrheit hinaus will, muß am Prinzip der Identität festhalten, wobei es eben wenig verschlägt, ob die dabei gedachte Totalität als schon vorhandene oder erst werdende gedacht wird. Und wie Hegel verfällt Pannenberg auf dieser Voraussetzung der Identität dem Fehler zu glauben, das Fragment der Erfahrung ließe sich zur Totalität ergänzen. Was sich erreichen läßt, ist allenfalls eine Ergänzung des Fragments. Und die Dialektik Hegels scheitert nicht nur daran, daß er nicht am Ende der Zeit ist, wie Walter Bröcker (123) meint, sondern vielmehr daran, daß er selbst in der Welt nie das transzendente "andere" sein kann. Nur wenn man letztlich selbst das Absolute wäre, gelänge diese Konstruktion. Dann allerdings schlösse das in sich, daß man die in empirischer Forschung gewonnenen Gegebenheiten von einem dieses Wissen übersteigenden Wissen vom eigentlich Wirklichen begründen könnte. Wie bei Hegel die Dialektik als Instrumentar dienen sollte, das wahre Ganze zu liefern, so bei Pannenberg ein wie auch immer in "Selbstvermittlung" vermittelter Gottesbegriff. Dagegen tragen alle noch so ernst gemeinten Beteuerungen Pannenbergs nichts aus.

Wenn die Identitätsphilosophie als gescheitert anzusehen ist, muß man in der Tat fragen, falls man wieder auf diese zurückgreift, ob sie nicht zuviel unter sich begraben hat, als daß sie noch in verwandelter Form akzeptiert werden könnte. Es ist die Möglichkeit fragwürdig geworden, mittels einer Vorstellung vom Prozeß der Geschichte dem Prinzip der Geschichtlichkeit als Relativität beizukommen, um gerade so eine notwendige Wahrheit im Prozeß der Geschichte selber festhalten zu können. Was sich als Teildeutung der Geschichte zeigt, ist immer menschliches Wissen. Es hat gerade dadurch seine Sicherheit eingebüßt, daß es dieses Ganze der Geschichte, zu dem es in relational aufweisbarem Bezug stehen soll, nicht gibt. "Die Geschichte" als Totalität existiert nicht. Allenfalls kann die Totalität als Desiderat hingestellt bzw. - weil vom Menschen unerreichbar - als Erlösung erhofft werden.

Schließlich sei noch auf eine theologische Kritik hingewiesen. Sowohl Felix Flückinger (124) als auch Günter Klein (125) machen darauf aufmerksam, daß sich bei Pannenberg im Grunde Offenbarung verflüchtige, insofern grundsätzlich allem geschichtlichen Geschehen teiloffenbarende Wirkung zukomme. Das Geschick Jesu habe nur mehr exemplarische Bedeutung (126), bzw. Auferstehung sei als vorgewußte allgemeine Wahrheit zu einem Spezialfall dieser Wahrheit stabilisiert

(127). Ebenso sei der soteriologische Aspekt des Christus-
geschehens nicht mehr relevant zu machen (128).

Als materiale Gegenargumentation gegen diese systematischen
Überlegungen Pannenbergs sei der nicht unbedeutende Hinweis
Flückingers angeführt, daß das Wesentliche der biblischen
Offenbarung nicht die Offenbarung von Gottes Allmacht ist.
Pannenberg aber setzt gerade das voraus. Vielmehr hat sich
in der Geschichte Gott als der Heilige und der Gerechte ge-
offenbart, woraus als quintessentielles Ergebnis zu folgern
wäre, daß nicht alles Geschehen Offenbarung Gottes sei. Der.
Gott der Bibel ist der Herr über die Geschichte, als deren
Gericht er sich erweisen wird, aber er ist nicht ihr Motor.
Seine Freiheit gegenüber dem Geschehen begründet gerade die
Verantwortlichkeit des Menschen, welche anders wohl nicht zu
retten wäre (129).

Soviel steht jedenfalls fest, daß sich die Vorstellung von
einem realen Prozeß der Geschichte als Universalprozeß auch
mit Hilfe des Gottesgedankens nicht realisieren läßt. Damit
fällt nicht nur die vorgebliche Übereinkunft und letzte Identität von Weltgeschichte als Universalgeschichte mit Heilsgeschichte dahin. Darüberhinaus wäre zu prüfen, ob nicht die
Form der theologischen Fragestellungen ebenfalls von auf
idealistischen Voraussetzungen beruhenden falschen Alternativen bestimmt ist. So könnte z.B. die Frage nach der Absolutheit des Christentums Ergebnis einer spezifisch neuzeitlichen Fragestellung sein. Die versuchte Wiederanknüpfung
an Hegel hätte somit ihren Grund darin, daß die überkommene
theologische Fragestellung mithin ebenfalls schon auf einem
idealistischen Denkansatz beruhte. Will man daher eine genuin
geschichtstheologische Fragestellung erhalten, die ineins
die Probleme von Heilsgeschichte und hermeneutischer Vermittlung einbegreift, muß gerade auf die Bedingungen der Fragestellungen selbst abgehoben werden. Dazu sei auf die Studien
von Werner Becker, "Selbstbewußtsein und Spekulation" (130),
verwiesen, der die Irrationalität idealistischen Denkens
aus seinem Ursprung heraus demonstriert. Als Immanenzkritik
gilt dieser Nachweis unmittelbar auch für Pannenberg.

5.3.3 Die Einheit des Universalgeschehens in Gott und die
       Theorie der Narrativität der Geschichte.

Der entscheidende Schritt und seine problematischen Konsequenzen im Ansatz von Pannenberg müssen wohl in der These
gesehen werden, daß das menschliche Sinnstreben nicht anders denn in seiner Vorstellung des Gottesgedankens realisiert werden könne. Denn der hermeneutische Bezug eines
jeden Einzelgeschehens und eines jeden einzelnen Faktums in
seinem Verweis auf eine Totalität darf nicht einfachhin ontologisiert bzw. unvermittelt in einen Prozeß des Geschehens
hineinverlegt werden. Der Bezug zur Totalität ist keiner der

gesehenen und gefundenen Einzelerscheinungen als solcher,
sondern liegt vielmehr begründet im transzendentalen Sinnwillen des Menschen, der Sinn immer nur im Hinbezug auf Sinntotalität zu denken vermag. Die von Pannenberg angezielte
Stringenz des historischen Denkens und seine theologische
Relevanz drängen sich in der Form der Vorstellung eines wirklichen Prozesses nur dann auf, wenn man das ganze Problem
auf der idealistischen Ebene der Identitätsphilosophie betrachtet. Dann wäre es in der Tat verhängnisvoll, wenn die
historische Vorstellung der Theologen prinzipiell vor dem
von Historikern erschlossenen Geschichtszusammenhang in eine
Übergeschichte flüchten müßte oder gar auf den geschichtlichen Zusammenhang zugunsten einer existentiellen Vermittlung
verzichten wollte. Sobald sich der Zusammenhang der Geschichte als ein Implikat der Narrativität der Geschichte herausstellt, wie es die Theorie der Narrativität behauptet, und
die eigentlich unbegrenzte und zumindest unabschließbare Be-
deutungsmöglichkeit von Ereignissen nicht die eines unabgeschlossenen Prozesses ist, sondern in der Tatsache begründet
liegt, daß Ereignisse in der Zeit immer nur in Potenz auf Geschichtlichkeit stehen, d.h. hier: in ein sinnvolles "temporal whole" hineingenommen werden können, zeigt sich, daß
sich das hermeneutische Problem nicht mit Hilfe eines mittels
des Schöpfungsgedankens imaginierten Universalgeschichtsden-
kens lösen läßt. Denn nicht dann wäre ein Ereignis endgültig
nach narrativer Theorie interpretiert, wenn die Geschichte
am Ende wäre, sondern wenn es in alle möglichen "temporal
wholes" aufgenommen wäre, und das hieße: der Bedeutungsum-
fang würde die Amplitude der Sprache selber umfassen, wäre
so reich, wie die Sprache selbst. Das Ergebnis wäre wiederum keine definitive Bedeutungsstruktur, sondern eine nicht
integrierbare und weithin irreduzible reine Summation von Bedeutungen. Von der Theorie der Narrativität ist auch die
affirmative Einführung der Zukunft Gottes als Konstitutivum
eines Geschichtsprozesses abzulehnen. Da Aussagen über die
Zukunft nur den Rang von Wertstellungnahmen haben können, erweist sich letztlich die Vorstellung eines Gottes als der
absoluten Zukunft als eine - wiewohl begründbare - Hoffnung
des Menschen, eine Hoffnung, die für menschliches Selbstverständnis und menschlichen Selbstvollzug den Wert der fundamentalen Entscheidung erhält. Wenn es also den Prozeß der
Geschichte nicht gibt und auch nicht geben kann, wird der
Aufruhr um das Analogieprinzip und die Relativierungstenden-
zen des Historismus hinfällig. Es erweist sich nämlich eine
relativistische Konzeption von Geschichte eben auch nur als
eine mögliche Form der Konstruktion von Vergangenheit. Jedenfalls muß festgehalten werden, daß eine universalgeschichtliche Konzeption von Weltgeschichte als real-wirkli-
cher Prozeß den möglichen Zugang zum Ganzen der Wirklichkeit nach der Kritik der Neuzeit auch mit Hilfe eines idealistischen Systems der Identität theoretisch nicht sichern
kann. Damit soll nicht gesagt werden, daß nicht doch eine
universalgeschichtliche Konzeption die beste oder einzig

mögliche Vorstellung eines geschichtlichen Horizonts für
Theologie ist. Allerdings nur in dem durch narrative Theorie angewiesenen Rahmen. Niemals kann es dazu kommen, daß der
Verlauf der Geschichte dingfest zu machen ist, auch nicht in
der historischen Perspektive. Aus der fundamentalen und letzt-
entscheidenden Wertstellungnahme, welche der Mensch in seinem Verhältnis zu Gott zu treffen hat, kann man wohl mit Fug
und Recht betonen, daß unter heutigen Gesichtspunkten eine
materiale Auslegung in historischer Perspektive nur in einem
universalen Horizont geschehen kann, wenn anders Gott als
der gedacht werden soll, der als Schöpfer nicht nur für die
Erfolgreichen agiert, sondern auch für die "unabgegoltenen
Hoffnungen" (Metz) derer zu behaften ist, die zu kurz gekommen sind in ihrem Leben, und derer, die schon ihr Dasein verloren haben. Der Schnittpunkt der natürlichen Offenbarung
mit der übernatürlichen wäre demnach, wie auch immer die
übernatürliche konkret gedacht wäre, in einer Verhältnisent-
sprechung des menschlichen Sinnwillens, der immer auf Totalität zielt, mit der inhaltlichen Größe und Wirksamkeit des
Gottesgedankens zu suchen, wie er in faktischer Überlieferung
als Offenbarung aufbewahrt wird. Die überlieferte Gestalt
der Offenbarung hätte im menschlichen Sinnstreben ihre gleichsam funktionale Korrektur und ihren fundamentaltheologischen
Ausweis.

Wenn also der Zusammenhang in der vorgetragenen Weise nicht
zu halten ist, gewinnen alle Versuche, einen weltgeschichtlichen Prozeß als Prozeß der Freiheit, der Emanzipation, der
Evolution usf. zu entwerfen, eine auf einen anderen als rein
deskriptiven Sinn zurückführende Bedeutung. Je nach Kontext
und Situation stellen jene Konzeptionen moralische Imperati-
ve (zum Zwecke der Mitarbeit), Legitimationen (von Besitz-
und Herrschaftsverhältnissen ebenso wie Verhaltensweisen),
Protest-Motivationen (gegen bestehende Strukturen bzw. für
revolutionäre Veränderungen) oder Sinnangebote zum Zwecke
des grundsätzlichen Selbst- und Weltverständnisses dar. Die
quintessentielle Formel wäre dafür eben die der Wertstellungnahme. Vielleicht könnte man geschichtliche Aussagen, wenigstens hinsichtlich der Signifikanz ihrer Konstruktion auf
die Gegenwart hin in Analogie zu den "performativen Äußerungen" in der linguistischen Theorie der Sprechakte sehen. Es
handelt sich dabei um Äußerungen, die trotz der grammatischen
Form des Aussagesatzes keinen reinen Aussagesinn haben. Sie
stellen vielmehr aufgrund ihrer Konventionalität, d.h. aufgrund der faktisch internalisierten Standards einer konkreten gesellschaftlichen Situation eine Aufforderung zur
Durchführung einer Handlung dar. Insofern solche performativen Äußerungen in der Vergangenheitsform über Versprechun-
gen berichten, zielen sie nicht eigentlich auf eine theoretische Bestätigung, sondern auf eine praktische Konsequenz
ab. Insofern etwas als ein mich betreffender Prozeß dargestellt wird, ist wohl auch in erster Linie meine gesollte
Identifikation mit einem bestimmten Selbst- und Weltverständ-

nis intendiert, nicht eigentlich eine rein deskriptive Aussage über bloß Vergangenes. Vielleicht könnte man den theoretischen Status theologischer Aussagen in Analogie zu den
eben angeführten performativen Aussagen bestimmen. Ein ein-
faches Beispiel: weil Lukas will, daß die Kirche so und
nicht anders sich entfalten solle (er hat dafür Gründe),
schreibt er ihr ihre Geschichte in der von ihm intendierten
Linie, ebenso wie Marx dem Proletariat seine Geschichte
schreibt, um ihm den moralischen und explosiven Impetus zu
geben, seine Lage selbst in die Hand zu nehmen. Nicht anders
die Theorien herkömmlicher Geschichtsschreibung mit ihrem
Fatalismus gegenüber den politischen Katastrophen. Es wird
unterstellt, daß es besser sei, sich mit ihnen abzufinden,
als gegen sie anzukämpfen.

Für die von Pannenberg angeführte Notwendigkeit des Gottesgedankens für das Verständnis der Wirklichkeit im ganzen
wie für alle an den historischen Prozeß als solchem gebundenen Thesen hinsichtlich der Traditionsgeschichte und der
Hermeneutik, ganz besonders aber für die These von der Möglichkeit, das Handeln Gottes in der Geschichte in unzweideutig definitiver Weise zu erkennen, gilt der desillusionieren-
de Hinweis auf die Unmöglichkeit solchen Denkens auf der Basis der Identitätsphilosophie. Die Forderung Pannenbergs an
die Theologie, die er mit seiner theonomen Konzeption von
Geschichte glaubte einlösen zu können, daß die Rede vom Handeln Gottes in der Welt der Geschichte ausgewiesen werden
müßte, fällt damit nicht als unsinnig weg. Sie muß allerdings der Tatsache Rechnung tragen, daß es die Welt als kon-
statierbare Einheit eines Prozesses immer nur über die transzendentale Vermittlung narrativer Theorie geben kann. Insofern Geschichte daher immer an praktisch-wertstellungnehmen-
de Voraussetzungen als konstitutive Bedingung gebunden ist,
fallen alle damit zusammenhängenden Probleme der Erfahrung
in Geschichte wie der Vermittlung von Vergangenheit in Gegenwart bis in ihre äußerste Peripherie hinaus auf diese Bedingung zurück. Alle Aussagen über Wesenszukunft der Dinge
und Ende der Geschichte verweisen daher auf diesen immer
schon praktischen Ort der interessebedingten Konstruktion.
Sieht man näher zu, zeigt sich, daß Pannenberg faktisch ja
auch nicht über die Ergebnisse narrativer Konstruktion hinauskommt. So kann es eine Einsicht in den Prozeß immer nur
in rückläufiger Perspektive geben. Und diese Perspektiven
selbst bleiben, solange das Ende nicht erreicht ist, in
prinzipieller Ambiguität. Natürlich, das sei zugestanden,
scheint es notwendig zu sein, die Wirklichkeit im ganzen
vom Gedanken Gottes her auch als eine reale Einheit zu akzeptieren. Nicht das soll in Frage gestellt werden. Auch
nicht, daß der Mensch in seinem Tun und seiner Beurteilung
der Dinge immer schon, weil auf seinen praktischen Lebensvollzug rückbezogen, letztverbindliche Stellungnahmen trifft,
insofern er in seinem Tun und Lassen bestimmte Sinnsetzungen

faktisch realisiert. Etwas anderes ist es aber, wenn dem Menschen die Gesamtheit der potentiell unendlichen Ereignisse und Bedeutungen als integrative Größe zur Bewältigung bzw. zur Einsichtnahme zugemutet werden soll. Dies verbietet sich schon deshalb, weil der Mensch den Sinn und den Verlauf von Geschichte niemals kognitiv bewältigen könnte. Schließlich hat solcher Totalanspruch die fatale Konsequenz, daß er theoretisch alles zu lösen in der Lage scheint, in Wirklichkeit aber die entscheidenden Probleme hinwegdekretiert. Man denke nur an das Problem der Geschichtslosigkeit, der hermeneutischen Vermittlung und der Offenbarung. Indem sie in einer affirmativen Weise gelöst werden, heben sie sich gleichsam selber auf.

Schließlich zwingt das Scheitern dieses Versuchs, das Thema neu zu formulieren, um dessentwillen wir das Problem der Universalgeschichte traktierten, nämlich den Zusammenhang von Heil und Geschichte. Aus dem Scheitern dieses von Pannenberg vorgelegten Ansatzes dürfen mithin nicht auch dessen positive Ergebnisse vergessen werden. Fundamental richtig ist die Einsicht, daß es das positivistische Faktum als geschichtliches nicht gibt, weil alles Bedeutungstragende nur in Verweisungszusammenhängen erfahren werden kann. Insofern diese Verweisungszusammenhänge als interessebedingte Konstruktionen zu verstehen sind, kann der Weg zu ihrer hermeneutischen Vermittlung einzig und allein nur über ihren ursprunggebenden Ansatz erreicht werden. Somit muß auch der Zusammenhang von Gott und Wirklichkeit, weil beides Totalitäten sind, über den Punkt gehen, an dem Totalität für den Menschen realisierbar ist. Das ist immer nur in der transzendentalen Figur des Strebens nach Totalität möglich. Und weil menschliches Handeln und Leben immer schon in faktischer Sinnverwirklichung als reales, inhaltliches und wertgerichtetes Entscheiden den Bezug zu Totalität setzt - zumindest in der Form des absoluten Geltungsanspruchs, der jedem Tun, in dem der Mensch sich als Person vollzieht, immanent ist -, sind diese Fragen auf jenen originären und einzig möglichen Erfahrungsort zurückzuführen. So allerdings bietet sich dann die Möglichkeit, das schwierige Problem des Verhältnisses von partikularer Erfahrung und universalem Bezug insofern zu lösen, als das Totum nicht Gegenbegriff oder reales Universale sein muß, das mit seiner Existenz schon immer das Partikulare vereinnahmte. Universale und Partikulare sind somit zwei Ebenen, die in konstitutivem Verhältnis zueinander stehen, nicht aber in dem der Subsumption. Gibt man das zu, wird einsichtig, warum in solchem Verständnis von Universale und Partikulare, das sich aus der transzendentalen Rückführung der Totalität herleitet, eine Universalgeschichte sich theologisch konstruieren läßt, die mit anderen Konezptionen nicht konkurrieren oder diese quasi vereinnahmen muß. Nicht die historische Forschung, sondern die Legitimität der Konstruktionsebene, welche schon immer über Möglichkeit und Tragweite von er-

folgten Ereignissen entscheidet, steht zur Diskussion. Wie
weit ein historisches Argument zählt oder nicht, darüber ist
von vorneherein schon entschieden. Um auf den Glauben anzu-
spielen heißt das: ein heilsgeschichtliches Argument vermag
uns so weit zu überzeugen, als die es erst erfahrbar machende Glaubensentscheidung verantwortet werden kann. Philosophische und theologische Ausweisbarkeit eines Glaubensver-
hältnisses hat ihr materiales Explikans in der Geschichte.
Um es vorwegzunehmen: christlicher Glaube ist so, daß er ohne
eine historisch ausweisbare Entsprechung, welche noch näher
zu definieren ist, nicht verantwortet werden kann. Und heilsgeschichtliches Denken ist ineins die Frage nach der Möglichkeit der sinnvollen Vermittlung menschlicher Existenz in konkrete Situation. Anders gewendet: Nur wenn sich Gott in der
Gegenwart im Sinnvollzug des Menschen als der zur Sprache
bringen läßt, als der er in der Konstruktion von Heilsgeschichte vorgestellt wird, kann beides akzeptiert werden. Andernfalls gibt es keine Überbrückung der historischen Differenz, und zwar ex principio, oder aber es wird eine solche
theoretisch geleistet, dann gibt es keine Applikation. In
beiden Fällen ist das hermeneutische Anliegen verfehlt.

6. HEILSGESCHICHTE UND WELTGESCHICHTE

6.0 Skizzierung des Problemzusammenhanges des Themas Heilsgeschichte.

Weil christliches Heils- bzw. Offenbarungsverständnis einen notwendigen Bezug zu Geschichte aufweist, insofern sich der Inhalt der christlichen Botschaft und die Erfahrung von Offenbarung grundsätzlich nicht von Temporalität expurgieren lassen, ist eine formale Verhältnisbestimmung von Geschichte (im profanen Sinn) und Heilsgeschichte (wie auch immer sie verstanden sein mag) erfordert. Gerade das Fehlen einer solchen Verhältnisbestimmung läßt mitunter zu der Überzeugung kommen, daß es wohl besser wäre, den Terminus Heilsgeschichte aufzugeben (1).

Der Ansatz bei einem systematischen Begriff von Geschichte legt eine Anlehnung an rein "geschichtlich" orientierte Entwürfe nahe, wie sie namentlich bei Oscar Cullmann und Wolfhart Pannenberg zu finden sind. Insofern sich Karl Rahner als eigentlich einzig wirkungsvoller Vertreter auf katholischer Seite dem Problem des Verhältnisses von Gotteserfahrung und Weltgeschichte gestellt hat, wird er als katholischer Gesprächspartner einbezogen. Selbstverständlich wird auf die exegetische Diskussion um die Frage der heilsgeschichtlichen Sicht im NT verzichtet. Einzig die Form des Verhältnisses von möglicher Gotteserfahrung und sogenannter profaner Geschichte steht zur Debatte. Die Problemstellung entwirft sich dabei entsprechend den Voraussetzungen der Theorie der Narrativität der Geschichte. Nach ihr ist die ungeschichtliche metaphysische Fragestellung im Grunde nur eine andere Spielart der Frage, die in den Fragen nach der Geschichte und dem Sinn der Geschichte schon immer virulent ist. Sie ist nur die in die Horizontale gewendete transzendental vermittelbare Sinnfrage des Menschen. Dann aber fällt eine Ausspielung beider gegeneinander ebenso wie eine synthetisierende Komposition dahin. Zugleich wird damit auch die vorgetragene Kritik an der Theologie der Hoffnung, welche Geschichte wesentlich "im Futur" konjugiere, von vornherein in ihrem sachlichen Aussagewert eingeschränkt. Denn nach narrativer Theorie haben Aussagen über die Zukunft nur den Rang von Wertstellungnahmen innerhalb einer Konstruktion von Geschichte. Die Entgegensetzung von Wesen und geschichtlicher Selbstvermittlung entpuppt sich somit als eine Scheinalternative. Nach der Theorie der Narrativität läßt diese Alternative nicht aufrecht halten. Das Problem, um das es eigentlich geht, wird vielfach offensichtlich nicht wahrgenommen. Es handelt sich nicht darum, nur zu glauben, daß in einem konkreten Geschehen der Vergangenheit das Heil für uns gewirkt ist. Die Schwierigkeit liegt vielmehr darin, wie ein Ereignis überhaupt, nicht nur in der Vergangenheit, so erfahren werden kann, daß es der Mensch als Heilserfahrung

und offenbarende Vermittlung zu seinem Wesen identifiziert.
Übersieht man dieses Problem, hat man sich weithin auch der
Möglichkeiten eines vernünftigen Ausweises des Glaubens entschlagen. Die Aussage, das sei eben die christliche Aporie,
daß weltlich gesehen sich durch Christus nichts verändert
habe, verfängt nicht vor dem Problem, daß in konkreter Geschichte erfahren werden muß, wie und warum Auferstehung die
ganze Heilsgeschichte in sich versammeln und auf ihren exi-
stenzbezogenen Sinn hin konzentrieren soll (2). Denn eine
Heilszusage ist weder in ihrer Faktizität noch in ihrem Inhalt ohne angebbaren Sinn in Hinblick auf die geschichtlichen Erfahrungsbedingungen zu denken. Jede Aussage und Erfahrung von Heil nimmt sich immer zurück in die mögliche Erfahrung von geschichtlichen Ereignissen überhaupt.

Bevor wir uns den einzelnen Entwürfen in ihren einschlägi-
gen Stellen zuwenden, sei vorab das erkenntnisleitende Interesse noch näher skizziert. Es geht nicht darum, in die
Diskussion zwischen heilsgeschichtlicher und existentiali-
stischer Position einzutreten, auch nicht primär darum, wie
sich Eschatologie und Heilsgeschichte vermitteln lassen.
Das Interesse ist ein fundamentaltheologisches, insofern
danach zu fragen ist, wie sich Geschichte als eine Kategorie
des Handelns Gottes am Menschen und in der Welt vertretbar
begreifen läßt. Von der dabei erhofften Einsicht dürfte sich
dann allerdings ein entscheidender Rückkoppelungsprozeß zu
allen theologischen Themen einleiten lassen. Anderseits soll
gerade die Diskussion um die Heilsgeschichte den Zusammenhang und das innere Gefälle von Weltgeschichte und theologisch konzipierter Geschichte deutlich machen.

6.1 Heilsgeschichte als ausgegrenzter Bereich des Handelns
Gottes in der Welt.

Heilsgeschichte in ihrer Differenz zur Weltgeschichte ist
die formale Zielfrage von Oscar Cullmanns Buch "Heil als Geschichte" (3). Sie ist theologisch motiviert. Grundsätzlich
will Cullmann dem merkwürdigen Argument begegnen, daß unser
Glaube nicht von derartig schwachen und unsicheren Ergebnissen abhängig gemacht werden dürfe, wie es historische
Forschung an die Oberfläche bringt. Meinte man damit nur die
Banalität, daß sich eine letzte Sicherheit über die Ereignisse hinsichtlich des Kerygmas nicht erreichen lasse, so
dürfte dies dahingestellt bleiben. Für Cullmann geht es indes um mehr. Mit der Untersuchung der Entstehung der heilsgeschichtlichen Sicht, in der sich Ereignis und Deutung gegeneinander näher bestimmen, müßte es eben möglich sein,
auch zu zeigen, "was Geschichte für den Glauben der biblischen Zeugen bedeutete, damit aber auch, was sie für unseren
eigenen Glauben bedeuten kann" (4). Insofern Cullmann bei
dem Gebrauch des Wortes Heilsgeschichte nicht eigentlich
von einem philosophischen oder theologischen Begriff von

Heil oder Geschichte ausgeht, sondern dabei an die durch die biblischen Schriften bezeugte "göttliche Ereignisfolge" denkt, die er in Ermangelung eines besseren Ausdrucks als Heilsgeschichte bezeichnet, ist ihm eine heilsgeschichtliche Denkweise nicht etwa eine bloße äußere Form des theologischen Denkens als Konzession an die übernommene jüdische Denkstruktur, sondern Kern der Antwort auf das theologische Problem des Handelns Gottes in der Geschichte überhaupt (5).

Der Unterschied von Heilsgeschichte und Profangeschichte manifestiert sich bereits im jeweiligen Ursprung. Zunächst haben beide einen doppelten: eigenes Erleben von Ereignissen und Quellenberichte, berichtete Tatsachen und deren immer schon erfolgte Deutung. Das spezifizierend Andere der Heilsgeschichte liegt nun in der Funktion der Offenbarung sowohl hinsichtlich der Aufnahme von Berichten und deren Deutung. "Die Ereignisse werden hier als göttliche Offenbarung erlebt, und ebenso werden die Berichte und die Deutung göttlicher Offenbarung zugeschrieben" (6). Zudem schließt sich Cullmann grundsätzlich in einem Punkt seinen Gegnern an, als er eben die ntl. Heilsgeschichte grundsätzlich geschieden wissen will von aller anderen Geschichte. Sie liegt letztlich in einer vom Gesichtspunkt einer allgemeinen Geschichte aus "sinnlosen Verbindung bestimmter weniger Ereignisse" (7), insofern die besondere Gruppierung von Ereignissen hier nicht nach immanenten historischen Gesichtspunkten oder einer historischen Gesetzmäßigkeit eines Prinzips erfolgt. Sie wird in ihrer Verknüpfung einzig der Offenbarung Gottes zugeschrieben. Diese Auswahl schlägt sich letztlich nieder in einem "Überspringen" nicht nur vieler Ereignisse, sondern im Auslassen von ganzen Perioden der Geschichte, wie es besonders in der heilsgeschichtlichen Sicht des NT zu beobachten ist. Weil hier das für alle Geschichte grundlegende Gesetz der Kontinuität mißachtet wird, müsse daher der zweite Teil des Wortes Heilsgeschichte in Anführungsstriche gesetzt werden, "denn Heil und Geschichte im üblichen Sinn passen ja nicht zusammen" (8). Daß auch die Ereignisse, welche die Heilsgeschichte konstituieren, in chronologischer Folge ablaufen, darf nicht darüber hinwegtäuschen, daß es gerade zum Wesen der biblischen Heilsgeschichte gehört, "daß sie vom historischen Standpunkt aus merkwürdige Lücken aufweist und sich ganz und gar sprunghaft abwickelt. Einzelne Ereignisse erscheinen hier aus dem Gesamtgeschehen – historisch gesprochen – willkürlich ausgesondert, ausgezeichnet, und doch besteht zwischen ihnen ein Zusammenhang" (9). Der Zusammenhang der Ereignisse konstituiert sich auf einer fortschreitenden göttlichen Offenbarung. So beruht alle biblische Heilsgeschichte auf der unausgesprochenen Voraussetzung, "daß die Auswahl der Ereignisse von Gott getroffen wurde und daß sie in ihrem Zusammenhang auf einen Plan Gottes zurückgeht. Aussonderung und Zusammenhang der Ereignisse, in denen Gott Heil geschehen läßt, beruht auf dem völlig irrationalen und nicht zu begründenden theologischen Gedanken der göttlichen Erwählung" (10). Massiver und dezidierter läßt sich der Ansatz heilsgeschichtlichen Denkens nicht deutlich machen, wenngleich zu fragen ist, ob aus dem formalen Tatbestand eines Überspringens sich schon eine notwendige und definitive Differenz zur Profangeschichte aufrecht halten läßt. Schließlich wendet offenkundig auch Profangeschichtsschreibung ein Selektionsverfahren an, das nur bestimmte Ereignisse erfaßt und miteinander zur Einheit verknüpft.

Dennoch, eines steht fest: Der Gesichtspunkt der Auswahl ist mit Sicherheit verschieden von dem der Profanhistorie. So weisen z.B. die Darstellungen des Lebens Jesu in den vier Evangelien eine ihnen eigene und gemeinsame Auswahl auf, in der Überzeugung, daß nur die berichteten Ereignisse die von Gott gewirkten Heilsereignisse sind (11). Innerhalb des AT treten indes die Lücken weniger ins Bewußtsein, weil hier ein Volk in seinem Geschichtsverlauf Träger der Heilsgeschichte ist. Da die Erwählung eines Volkes zum Heil der ganzen Welt ins Zentrum gerückt ist, stellt der ganze Ablauf der Geschichte Israels gewissermaßen eine Heilsgeschichte dar. Allerdings bleibt auch hier die prinzipielle Differenz zur Profangeschichte aufrechterhalten, insofern hie wie dort die Ereignisse zwar wahrgenommen, aber nicht in derselben Weise eingestuft werden, insbesondere im Hinblick auf die Gesamtheit der Völker und ihres Heiles. Auch hier gilt das theologische Axiom Cullmanns: wer das Prinzip der Erwählung nicht begreift, der versteht nicht, was Heilsgeschichte ist (12). Der Erwählung aber korreliert die Sünde des Menschen, ohne welche alle Heilsgeschichte für Cullmann unbegreiflich wäre. "Wegen der Sünde der Gesamtheit kommt es zur Erwählung einer Minderheit mit dem Ziel der Errettung der Gesamtheit. Sünde steht aber nicht nur am Anfang des göttlichen Heilsplans, sondern wirkt fortwährend der Heilsgeschichte entgegen" (13).

Damit aber wird die so theonom konzipierte Vorstellung einer Heilsgeschichte von Cullmann wieder in einen anthropologischen Ursprung zurückverlegt. Denn Heilsgeschichte ist nun offensichtlich auch nicht ohne die Sünde des Menschen zu denken. Hier wäre weiter nachzufragen. Cullmann unterläßt es, weil er offensichtlich des hier liegenden Problemzusammenhanges nicht gewahr wird, wie Sünde des Menschen mit der Erfahrung des Menschen als"nicht-heil-sein" zusammenhängt, und inwiefern dieses "un-heil-sein" zu den Konstituentien menschlicher Existenz gehört. Daß Sünde nicht vom Un-heilsein zu trennen ist, dürfte wohl nicht abgestritten werden. Dann aber liegt in der Vorstellung der Heilsgeschichte ein "natürlicherer" Zusammenhalt zwischen dem göttlichen "Erwählungsprinzip" und der menschlichen Selbsterfahrnis vor, als es die Theorie der Heilsgeschichte mit ihrer Betonung des Heils-Dezisionismus' Gottes zulassen will.

Bedenkt man auch nur flüchtig diesen Konnex der Dinge, dann

stellt sich die "völlig unhistorische progressive göttliche
Reduktion, die das Prinzip aller biblischen Heilsgeschichte
ist: Schöpfung-Menschheit-Israel-Rest-der Eine- und weiter
der Weg zurück wiederum zur Vielheit: Apostel-Urgemeinde-
Kirche aus Juden und Heiden-Welt" (14), die von Anfang der
Erwählung Israels an dem Heil der Welt als der gesamten
Menschheit verpflichtet ist, in einem etwas weniger esote-
risch-unzugänglichem Schein dar. Würde man die angezeigte
anthropologische Dimension konstitutiv in das Heilsgeschichts-
denken verankern, dürfte sich zudem auch leichter und faßli-
cher die Wandlung der atl. Enderwartung von ihren Anfängen
hin bis zu den Reich-Gottes-Erwartungen des NT entwickeln
lassen, als es in der herkömmlichen Alternative einer Frage
nach dem Konstanten und dem Kontingenten in der Welt, nach
dem Tun Gottes und dem des Menschen ersichtlich sein kann.

Für Cullmann resultiert aus der verschiedenen Verknüpfung
von Ereignissen nun nicht eine normative heilsgeschichtliche
"Geschichte", die dann die _eigentliche Geschichte_ verkörperte,
sondern es handelt es sich um ein je und je angenommenes reales Geschehen auf verschiedenen Ebenen. Heilsgeschichte
spielt sich eben auf einer nicht-historischen Ebene, sprich:
einer nicht nach profanhistorischen Gesichtspunkten verlaufenden Entwicklung ab. Insofern beide aber an gewisse gemeinsame Ereignisse und Fakten gebunden sind, vollzieht sich
eine recht eigenartige Verknüpfung und Verbindung beider: sie
können nicht samt und sonders getrennt werden. Soviel jedenfalls ist Cullmann zuzugestehen, daß er seine Heilsgeschichte nicht im Sinne eines Kausalzusammenhanges oder eines immanenten Prinzips versteht, das einen aufweisbaren und schlüs-
sigen Zusammenhang nach menschlichen Gesichtspunkten zuließe.

Gerade die Art der Gegensätzlichkeit zeigt aber auch schon
Punkte der Analogie an, die es letztlich eben rechtfertigen
sollen, von Heilsgeschichte und nicht einfach z.B. von oiko-
nomia zu reden (15). Nur sachliche Entsprechungen, die explikativen Wert haben, vermögen einen Begriff bzw. eine Konzeption zu rechtfertigen. Zudem muß ihr explikativer Wert
in einem angemessenen Verhältnis zu den zugleich miteinge-
handelten Schwierigkeiten stehen. Die Verbindung von Heil
und Geschichte in diesem Begriff, die offensichtlich aus der
aufgezeigten Differenz heraus nur in einer Analogie statthat,
ist durch drei Momente von Cullmann gekennzeichnet:

1. Es handelt sich beim Begriff der Heilsgeschichte um eine
zusammenhängende Ereignisfolge, wenngleich sie nicht nach
dem Prinzip eines Zusammenhanges im historischen, sprich:
profanhistorischen Sinne zu verstehen ist.

2. Innerhalb dieses Zusammenhangs, der von einem göttlichen
Plan konstituiert wird, findet sich dennoch Raum für Kontingenz, für menschlichen Widerstand, für Sünde und geheimnis-
volle 'Umwege', so daß auch die Heilsgeschichte eine Un-
heilsgeschichte immer miteinschließt.

3. Bei aller sonst üblichen Auswahl der Ereignisse in ihrem
Unterschied zur Heilsgeschichte kommt Profangeschichte mit
ihr doch darin überein, daß es beiden um Ereignisse geht,
die in der Geschichte sich ereignet haben. Diese Analogie
rechtfertige schließlich auch die Beibehaltung des Terminus
"Heilsgeschichte" (16). Da es sich also um Ereignisse handelt, die in der Geschichte stattfinden, ist die positive
Beziehung zur Geschichte schlechthin aufrechterhalten. Heilsgeschichte ist demnach nicht eine Geschichte neben der Geschichte, vielmehr wickelt sie sich "in der Geschichte ab
und gehört in diesem Sinne zu ihr" (17).

Diesen mehr äußeren Beziehungen als formaler Verhältnisbestimmung beider Größen zueinander liegt eine sachlich-theo-
logische Beziehung zugrunde, nämlich dergestalt, "daß die
Heilsgeschichte ihrem innersten Wesen nach zwar auf Erwählung, auf Reduktion auf eine ganz schmale Linie beruht, daß
aber diese gerade für das Heil der ganzen Menschheit erfolgt,
also letzten Endes zu einem Einmünden aller Geschichte in
diese Linie, m.a.W. zu einem Aufgehen der Profangeschichte
in die Heilsgeschichte führt" (18).

Für Cullmann läßt sich das Ineinander von Konstante, d.h.
göttlichem Plan, und Kontingenz, d.h. mit von diesem Plan
aus nicht vorhersehbaren Ereignissen, welche sich vor allem
aus Widerstand der Menschen ergeben, nicht eliminieren. Jedenfalls gilt, daß innerhalb der Heilsgeschichte selber immer wieder präzisierende Korrekturen festzustellen sind,
welche durch neue Heilsereignisse hervorgerufen werden. Damit aber werden neue Ereignisse zu einem echten Ereignis
von Offenbarung und Heil, gerade darum, weil sie sich nicht
vorherberechnen lassen aus einem in der Vergangenheit erschlossenen göttlichen Plan. Aus diesem Verschlungensein der
beiden Komponenten ist es dann relativ einfach zu erklären,
wieso auf der ntl. Ebene z.B. die Parusieverzögerung und
ihre lukanische Uminterpretation in keiner Weise dem Prinzip
der Heilsgeschichte widersprechen. Zum anderen aber läßt gerade das Oszillieren von Konstante und Kontingenz, wie es
allenthalben in der Heilsgeschichte festgestellt werden kann,
Raum für die menschliche Freiheit, so daß gerade auch unter
dieser Rücksicht von "Geschichte" gesprochen werden kann (19)
Indem aber Cullmann zugleich immer schon in der Treue Gottes
zu seinem Plan die vorfindliche Konstante der Geschichte ausfindig gemacht hat, wird der Geschichte nun wiederum ihre
Spitze genommen. Denn alle Zufälligkeit erweist sich einge-
fangen von dem göttlichen Wollen (20).

So sehr dieses Festhalten an Konstante und Kontingenz aus
verschiedensten Gründen einsichtig ist, bliebe der sachlichen Information halber zu fragen, welch anderer Einfluß
auf Änderung der Ausführung des ursprünglichen Plans Gottes
neben der menschlichen Sünde noch gegeben sein könnte.
Trotz der offenkundigen Feststellung, daß es auch noch an-

dere Faktoren geben werde, bleibt die Auskunft darüber versagt. Offensichtlich handelt es sich hier um einen Rückschluß aus dem faktisch sich immer wieder differenzierenden und unvermutet verändernden Verlauf der Heilsgeschichte.

Die Frage der Heilsgeschichte konzentriert sich schließlich um die innere Möglichkeit derselben, um das Verhältnis von Ereignis und Deutung. Dementsprechend ist die Frage nach dem Ursprung einer heilsgeschichtlichen Sicht zu beantworten. In der Alternative nach dem zeitlichen Primat von "Wort" oder "Ereignis" läßt sich nach Cullmann die Frage allerdings nicht lösen. Insofern frühere biblische Deutungen konstitutiven Einfluß auf spätere haben, weil nur durch Einreihung in eine gedeutete Ereignisfolge sich ein neues Heilsereignis erst voll konstituieren kann, kommt wohl dem Kerygma besondere Bedeutung zu. Dennoch muß ein Primat für das Ereignis geltend gemacht werden, weil doch das Ereignis erst die Deutung durch das Kerygma auslöst und diese nicht einfach nachträglich von außen an das Ereignis herangetragen wird. Zudem "haben alle Deutungen und Neudeutungen Ereignisse zu ihrem Gegenstand, in denen Gottes Handeln erkannt wird. Sie sind insofern Deutung, als sie zwischen den Einzelereignissen einen Zusammenhang herstellen, der sich aus der jeweiligen Konfrontierung neuer Ereignisse mit früheren, vorgegebenen Deutungen früherer Ereignisse ergibt" (21). Cullmann beschreibt die heilsgeschichtliche Erfahrung auch als ein "Überwältigtwerden durch die Ereignisse und durch die Einsicht in ihrem Zusammenhang" (22). Insofern sich aber der Zusammenhang nun nicht nach historischen Gesichtspunkten erstellen läßt, bleibt die peinliche Frage, ob in der hier behaupteten gegenseitigen Abhängigkeit das Problem nicht endgültig verschleiert wird. Offensichtlich will nämlich Cullmann nicht darauf hinaus, wohin ihn Pannenberg gerne lenken möchte, daß sich die Besonderheit der ausgewählten Ereignisse schon allein aus deren "in ihrem geschichtlichen Zusammenhang eigentümlichen Bedeutung" erhellen lasse (23). Immerhin, es ist schlechterdings uneinsichtig, wie sich der Gesichtspunkt der "Auswahl" mit dem des "Überwältigtwerdens" durch die Ereignisse zusammenbringen läßt. Da Cullmann von diesen goldenen Brücken absehen will, die ihm Pannenberg anbietet, - vielleicht aus der wohlbegründeten Angst vor den Identitätsimplikaten einer idealistischen Geschichtsphilosophie -, bleibt ihm Konstitutionsgrund für alle Heilsgeschichte, "daß ihre Mitteilung von ihren Urhebern im Alten wie im Neuen Testament einer im Geist erfaßten Offenbarung über besondere Ereignisse und über ihren Zusammenhang mit anderen Ereignissen zugeschrieben wird. Sie kommt nicht auf Grund einer geschichtlichen Reflexion, also nicht auf Grund einer Art 'Geschichtsphilosophie' zustande -...-, sondern primär auf Grund des Bewußtseins, eine besondere prophetische Offenbarung durch den Heiligen Geist empfangen zu haben. Es handelt sich also nicht um Geschichtsphilosophie, sondern um Geschichtsprophe-

<u>tie</u>" (24).

So sehr dem Anliegen Cullmanns entgegenzukommen ist, Heilsgeschichte nicht der Philosophie, also dem menschlichen Re-
flexionsvermögen auszuliefern, bleibt doch die angebotene
Lösung uneinsichtig. Wie kann ernsthaft zugemutet werden,
daß sich die Deutung so am Ereignis entzünden soll, daß die
Deutung nicht eigentlich von außen herangetragen wird, wenn
gleichzeitig eine besondere prophetische Offenbarung als Bedingung für die Kenntnisnahme dieses Ereignisses als Heilsereignis gefordert ist. Soll diese prophetische Erfahrung
wiederum eine geschichtliche sein, fällt bereits in ihr die
Lösung der hermeneutischen Aufgabe an, wie man etwas als
Offenbarung zu identifizieren vermag. Also ein Zirkel, der
nur lösbar ist, wenn man ein außergeschichtliches, also gerade nicht von geschichtlichen Ereignissen bedingtes "Überwältigtwerden" durch die Ereignisse annimmt. Zu dieser Konsequenz wird Cullmann gezwungen, wenn er einerseits an einem
Prozeßdenken der Geschichte (wie immer diese gedacht sein
mag) festhält, zum anderen aber nicht akzeptieren kann, daß
Heilsgeschichte mit Weltgeschichte identisch wird. In der
Tat wird es schwierig, einerseits an der Göttlichkeit und
Ungeschuldetheit einer Offenbarung festzuhalten, diese andererseits in der Geschichte sich ereignen zu lassen, weil
anders der Mensch sie nicht zu vernehmen vermag. Zwischen
der Apotheose der Geschichte und einer Übergeschichtlichkeit
des Offenbarungsereignisses läßt sich schwer ein Mittelweg
finden. Sofern sich allerdings die Frage des Festhaltens an
einer besonderen prophetischen Offenbarung vielleicht ander-
weitig lösen ließe, bräuchte man auf die recht treffsicheren
und plausiblen Beschreibungen und Erklärungen Cullmanns hinsichtlich der Weiterentwicklung des Kerygmas im Zusammenhang
mit neuen Ereignissen nicht zu verzichten. Heilsgeschichte,
soviel sollte schon klar geworden sein, entsteht nicht einfach durch bloße Addition von Geschehnissen, die im Glauben
als Heilsereignisse erkannt sind. Mit der Interpretation
neuer Ereignisse werden zugleich immer auch Korrekturen an
vergangenen vorgenommen. Nun weist Cullmann darauf hin, daß
der Akt der Deutung, die die Propheten einer Offenbarung zu-
schreiben, selber als zur Heilsgeschichte gehörend betrachtet wird. Hier ist eine gerade auch im Hinblick auf die
Narrativität der Geschichte bemerkenswerte Beobachtung gemacht: "Der Offenbarungsmittler im Alten Testament, der Prophet, wie im Neuen der Apostel, reiht sich mit dieser seiner
Funktion und mit der Offenbarung, die ihm zuteil geworden
ist, in die von ihm neu gedeutete Heilsgeschichte ein" (25).
Diese Einbeziehung der Heilsmitteilung in die Heilsereignisse sei Kennzeichen für das NT und auch ganz wesentlich für
das AT. Daraus resultiert die Einsicht, "daß <u>Zukunftsweis-</u>
<u>sagungen</u> der Propheten, deren Erfüllung im Neuen Testament
festgestellt wird, nicht prinzipiell von alttestamentlichen
<u>Ereignissen</u> getrennt werden können, deren Entsprechung und
<u>Vollendung</u> die ersten Christen in den Ereignissen ihrer Ge-

genwart sehen" (26). Damit aber zeigt sich - zumindest unter
der Voraussetzung, daß es schon Heilsgeschichte gibt -, daß
neue Ereignisse als Heilsereignisse deshalb identifiziert
werden können, weil sie sich in die Linie der überkommenen
Heilsgeschichte einreihen lassen. Damit aber gäbe es einen
konstitutiven Zusammenhang zwischen NT und AT. Dadurch aber,
daß dem Ereignis besondere Bedeutsamkeit zugesprochen wird,
wird das Kerygma umgekehrt jedesmal vom Gegenwartsereignis
aus neu gedeutet (27).

Damit ist faktisch die hermeneutische Differenz überbrückt,
weil die vergangene Heilsgeschichte jetzt gleichsam als die
Vorgeschichte dieses Ereignisses begriffen wird. Gerade die
Selbsteinreihung des Offenbarungsmittlers in die Heilsgeschichte erweist die Konstruk-tivität der historischen Perspektive, zeigt aber auch, wie einzig und allein die historische Differenz überwunden werden kann. Zum anderen aber wird
hier in der Tat auch einleuchtend, daß die Unterscheidung
von historischem Jesus und kerygmatischem Christus nicht auf
der existentialen Basis zu lösen ist. Denn: "Das Problem der
Kontinuität zwischen dem historischen Jesus und seiner Deutung in der Urgemeinde ist ja letzten Endes nicht verschieden von dem Problem, das v. Rad in seiner Theologie des Alten Testaments für das Alte Testament stellt: Die progressive Neuinterpretation der alten Traditionen Israels wird durch
jeweilige neue Gegenwartsereignisse geweckt" (28). Auch im
NT handelt es sich also um eine Weiterentwicklung des Kerygmas in der fortschreitenden Verbindung von Gegenwartsereig-
nissen, die von Zeugen erlebt werden, mit einem schon vorhandenen Kerygma. In der Regel erfolgt nach Cullmann die Umge-
staltung dieses Kerygmas auf dreifache Weise: "1. wird das
neue Ereignis mit der neuen darauf bezüglichen Offenbarung
in das alte Kerygma aufgenommen; 2. wird von hier aus das
alte Kerygma neu gedeutet; 3. werden der oder die Offenbarungsempfänger mit ihrer Funktion selbst ins Kerygma aufgenommen, wie wir es an dem Beispiel der Auferstehungszeugen
sehen" (29). Zunächst einmal zeigt sich auch hier eine Einreihung des Ereignisses in die vergangene Heilsgeschichte,
wenn auch in der Form, daß die vergangene Heilsgeschichte in
ihm nicht nur ihren unüberbietbaren Höhepunkt hat, sondern
daß dieses Ereignis der Fluchtpunkt der ganzen Heilsgeschichte war. Wenn auch damit alle diese Ereignisse nicht auf derselben qualitativen Ebene liegen, so bleibt doch festzuhalten,
daß die sinngebend-normative Tragweite des Christusereignisses auf das ganze horizontale Geschehen bezogen ist. In gerade diesem Hinbezug der Vertikalität des Ereignisses in
Christus auf die vergangene Geschichte verbiete sich daher
ein Aufgaben der Horizontalität mit der Berufung auf die normative Bedeutung des Christusereignisses (30).

In diesem Zusammenhang ist auf die Rolle der Apostel als den
Augenzeugen der Auferstehung noch abzuheben. Denn sie sind
es, die die Kontinuität zwischen den neuen Ereignissen und

jenem ihnen schon vorgegebenen Kerygma über Ereignisse, deren Zeugen sie ebenfalls sind, zu garantieren haben. Sie stellen also in ihrem Bezeugen der Identität des historischen Jesus mit dem Erhöhten eigentlich die Kontinuität des Kerygmas her. Cullmann spricht etwas vorsichtiger von Garantieren. Sofern man seine Aussagen ernst nimmt, sieht man sich gezwungen, von einem Herstellen zu sprechen. Damit soll allerdings nicht in Abrede gestellt sein, daß die Apostel dieses Garantieren der Kontinuität in einem Geschehen extra nos begründet wissen wollen und es so auch den Lesern zumuten (31).

Hier ist noch ein Wort zu sagen zu der von Cullmann vorgetragenen These, daß sich der irdische Jesus wohl schon selbst in die Reihe der heilsgeschichtlichen Offenbarer dergestalt eingereiht habe, daß er sich mit dem leidenden Gottesknecht identifiziert bzw. sich selbst das Offenbarerbewußtsein als Menschensohn zugesprochen hätte. Dabei gibt auch Cullmann zu, daß die heilsgeschichtliche Christologie sich erst im Zusammenhang mit den Ereignissen "entwickelt" habe; ebenso konzediert er, daß die ersten Christen in der Neudeutung des ntl. Kerygmas auch auf dieses zurückgegriffen hätten, um in Verbindung mit ihm die ntl. Christologie auszubauen. Für Cullmann ist nicht nachvollziehbar, daß der Sprung vom Kerygma Jesu zu dem der Urgemeinde so groß sein könnte, daß aus dem Verkündiger der Verkündigte wird. Die These Bultmanns, die Lehre Jesu sei zu den Voraussetzungen der ntl. Theologie, nicht aber zu dieser selbst zu zählen, steht also dem entgegen. Cullmann indes hält daran fest, daß Jesus sich selbst als Erfüller allen Heilsgeschehens angesehen habe, besonders in dem Sinn, daß er seinen Tod als Sühnetod und gerade darin als Erfüllung der Heilsgeschichte betrachtet habe (32).

Aus Cullmanns eigener Argumentation folgt indes dermaßen geschlußfolgerte Einsicht nicht mit Notwendigkeit. Einmal gilt auch für ihn, daß sich so, wie im ntl. Kerygma dargestellt, Jesus nun nicht notwendig bezeichnet und gesehen haben muß. Ferner bleibt zu fragen, ob das Festhalten an einer Selbstbezeichnung und Selbsteinreihung als Offenbarer wirklich viel einbringt. Wenn die Ereignisse das auslösende Moment der Interpretation sind und man davon ausgeht, daß mit der Auferstehung wirklich ein Ereignis gemeint ist, verwandelt sich damit auch die Selbstprädikation Jesu, wie sie sich schon in der Zeit seines Wirkens durch sein Wirken verwandelt haben mag. Fragt man stringent nach dem Ereignis, welches letztlich die Prädizierung als Auferstandener hervorgerufen habe, läßt sich im Schema der von Cullmann entwickelten Korrelation von Ereignis und Deutung aus dem überkommenen Kerygma nicht einmal eine klare Antwort geben, weil man eben nicht hinter das Kerygma zurücklangt, auch dann nicht, wenn man daran festhält, daß es ohne Ereignisse nicht zustandegekommen wäre. Nach heilsgeschichtlicher Konzeption wäre genauso denkbar - unbeschadet einer zugestande-

nen oder verneinten Selbstprädikation als Offenbarer und
Heilsbringer -, daß man z.B. die Ereignisse um Leben und
Sterben Jesu bzw. seine Taten und seine Worte nur insoweit
verstehen und begreifen konnte, als man bereit war, ihn im
Lichte des überkommenen Kerygmas vom Handeln Gottes zu sehen. D.h., daß man eine sachgemäße und zutreffende Prädikation für seine "Wirklichkeit" - um es neutral zu formulieren - nur darin sehen konnte, daß man in ihm ein endgültiges
und definitives Handeln Gottes, eine nicht überbietbare Heilszusage und ein Heilsereignis verwirklicht sah, das man nur
in der überkommenen Kategorie und Erwartung eines letzten
und definitiven Heilshandelns Gottes am Menschen auszudrük-
ken vermochte. Gesetzt den Fall, die These Pannenbergs stimmte, wonach spätjüdisches Denken sich eine letzte Selbstoffenbarung bzw. ein definitives Heilshandeln Gottes nur in
der allgemeinen Totenauferstehung vorzustellen vermochte,
wäre nicht auszumachen, welches Einzelereignis oder welche
Ereignisfolge (einschließlich der Verkündigung Jesu) zu dieser christologischen Prädikation geführt haben. Diese Konsequenzen liegen zumindest logisch auf der Linie heilsgeschichtlichen Denkens. Nimmt man noch hinzu, daß die Deutung
eines Ereignisses nach Cullmann in das Geschehen der Heilsgeschichte selber einzubeziehen ist, bleibt vollends uneinsichtig, wieso eine derartige Selbstprädikation Jesu festgehalten werden muß, zum anderen aber, warum ein solches Gewicht auf die Feststellung eines leeren Grabes ebenso wie
auf die Erscheinungen gelegt wird, wo doch Cullmann selber
weiß, daß leeres Grab und Erscheinung für sich genommen noch
nicht sehr viel bedeuten. Das leere Grab ließe sich auch anders erklären; Erscheinungen (jedenfalls was man darunter
verstand) scheinen zu damaliger Zeit nicht selten gewesen zu
sein. Daß den Erscheinungen, falls sie sich ereignet haben,
möglicherweise eine bzw. die entscheidende Rolle in der Ausbildung des Kerygmas zugefallen ist, soll nicht bestritten
werden. Das Problem liegt aber darin, daß berichtetes Ereignis und Deutung nicht voneinander geschieden werden können.
Darüber hilft auch der Verweis auf 1 Kor 15,3 ff nicht hinweg. Diese Stelle beweist nämlich nicht, auch nicht nach
der Logik heilsgeschichtlicher Argumentation, "daß die Auferstehung den historischen Rahmen betrifft" (33), sondern
allenfalls, daß die mit der Auferstehung intendierte Prädikation Jesu auf eine geschichtlich greifbare und faßbare
Person abzielt. Mehr nicht. Dem würde auch die von Cullmann
hervorgehobene Tatsache entsprechen, daß sich die urchrist-
liche Gemeinde gezwungen sah, sich als neues Israel anzusehen, sich also aus der ganzen Heilsgeschichte her zu begreifen. Das heißt doch nichts anderes, als daß ein aufgrund
von Ereignissen gewonnenes Selbstverständnis zu einer heilsgeschichtlichen Inortsetzung der eigenen Gegenwart zwingt.
Nur so kann man sich legitimieren und Sinnsicherung gewinnen. Und gerade auch die junge Kirche sah in dieser Selbsteinreihung das Wirken des Geistes in ihr. Kurz, die Problematik, welche Cullmann zu umgehen sucht, beweist sich gerade

in ihrer eigenen Stärke: indem er die neue Deutung durch
neue Ereignisse und die Selbsteinreihung in die vergangene
Heilsgeschichte und die damit immer erfolgende Uminterpretation des überkommenen Kerygmas selbst als Ereignis der Heilsgeschichte begreift, wird es nicht mehr möglich, zu scheiden
zwischen in der Zeit bezeugtem Ereignis und der ihm entsprechenden Interpretation. Sie bilden de facto eine Einheit,
die sich gegenseitig konstituiert und sich nicht in der Weise lösen läßt, daß man in ihren Ursprung zurückzugehen versucht. Die einzige sinnvolle Nachfrage besteht darin, ob es
möglich ist, unsere heutige Situation so in die Ereignisse
der überlieferten Heilsgeschichte einzureihen, daß sie als
Plan Gottes mit uns heute begriffen werden kann. Alles andere ist eine sinnlose Forderung, weil man davon ausgeht, als
gäbe es das Ereignis in purer positiver Faktizität. Dazu ist
festzustellen: hätte man die Ereignisse wirklich als pure
Faktizität berichtet, wären sie nichts anderes als spezielle
Fälle, die sich unter allgemeine Gesetze subsumieren ließen.
Ihr Aussagewert wäre gleich Null, würden sie nicht in der
ihnen zugeschriebenen Bedeutung mitüberliefert.

Daß der Zusammenhang von Ereignis und Deutung in der Heilsgeschichte enger ist, als es sich Cullmann zugestehen will,
zeigt die Funktion des Mythos in der Heilsgeschichte. Dieser
kann schlechterdings nicht ausgemerzt werden. Die Ablehnung
einer Entmythologisierung im Sinne Bultmanns, wonach die mythologischen Weltbildmomente zu eliminieren wären, das Existenzverständnis aber beizubehalten sei, muß von heilsgeschichtlicher Sicht aus klar unterstützt werden. Daß Entmythologisierung überhaupt auf dem Programm des Exegeten zu
stehen habe, dem pflichtet natürlich auch Cullmann bei, sofern sie im Sinne der Bibel als Historisierung der Mythen
vorgenommen wird (34). Dies geschieht dann im Sinne der Bibel, wenn die Mythen der Deutung des heilsgeschichtlichen Zusammenhangs der verschiedenen Heilsereignisse dienen.

Der Kern bzw. das Mittelstück der Heilsgeschichte setzt sich
aus zur profanen Geschichte gehörigen Einzelereignissen zusammen, die in einen nicht mit historischen Prinzipien be-
stimmbaren Zusammenhang gestellt sind. So einleuchtend diese These auch sein mag, prekär wird sie allerdings in einer
anderen Hinsicht für Cullmann, was er offenbar gar nicht zur
Kenntnis nimmt. Indem er behauptet, daß die Erkenntnis des
göttlichen Ursprungs dieses Zusammenhangs einer direkten
Mitteilung an die Offenbarungsträger der Bibel entspringe,
fragt sich eben dann gerade, warum überhaupt noch die dienende Funktion des Mythos erforderlich ist? Ist die offenbarende Mitteilung auch nur in der durch Mythen interpre-
tierenden Weise erfolgt? Kaum auszudenken, weil dann zu fragen wäre, woher der Offenbarungsempfänger den Mut nimmt,
ein Geschehen als mythisches und anderes als geschichtliches zu interpretieren. Ist dem aber nicht so, bleibt nur
die Möglichkeit, daß die Propheten und Apostel die mythische

Deutung bewußt hinzugefügt haben zur eigentlichen Interpretation, was wiederum bedeuten würde, daß die Offenbarung nicht so eindeutig für sie gewesen sein kann, sonst hätten sie dessen nicht bedurft. Will man nicht an einer unbegrifflichen Offenbarung als "reinem Schauen" festhalten, was sicherlich mythisch ist, bleibt schließlich nichts anderes übrig, als die Frage zu stellen, ob denn in den Offenbarungen mehr als Wertstellungnahmen (wie immer sie auch zustandegekommen sein mögen) hinsichtlich bestimmter Ereignisse und Situationen zu sehen sind. Will man diese mit der Qualität eines Handelns Gottes behaftet sehen, muß man sie in eine Reihe stellen, wo schon solche als Handeln Gottes erfahrene Ereignisse auffindbar sind. Von daher wäre auch einsichtig, warum der Bezug zu einem überkommenen Kerygma immer erforderlich ist. Denn daran, ob sich ein Ereignis in die bisher erfahrenen Weisen des Handelns Gottes einfügen läßt, wenngleich es eine immer neue Interpretation des bisherigen Kerygmas nach sich zieht, beweist sich, ob es sich um eine echte Offenbarung handelt oder nicht. Zum anderen wird aber auch deutlich, daß im Dazuerfinden von Mythen zu dem gestifteten Zusammenhang wirklicher Ereignisse doch nun so etwas zu sehen ist, wie ein Ergänzen eines "missing link" zum Zwecke einer historischen Versicherung und Eingliederung eines gegenwärtig als Heil erfahrenen Ereignisses. Indem nämlich, wie Cullmann schreibt, zu zeigen ist, "wie der historisierende Mythos der Deutung der von ihr zu unterscheidenden historischen Ereignisse dient, indem er das Geschehen auch auf die nicht-historische Ebene ausdehnt" (35), bestätigt er doch mit nicht zu übertreffender Deutlichkeit, daß es sich bei der Konstruktion der Ereignisse zu einer Heilsgeschichte nicht nur um eine nicht nach historischen Gesichtspunkten hergestellte Einheit handelt, sondern daß es bei der Konstruktion um eine metahistorische Entscheidung geht. Die von Cullmann unternommene Sicherung, die Deutung selber in den Prozeß der Ereignisse hineinzunehmen, funktioniert so nicht. Denn Heilsereignis wird ein Geschehen immer erst in der nachträglichen historischen Perspektive des Kerygmas. Zumindest ist die Offenbarung, wie sie Cullmann den Offenbarungsempfängern zutraut, im Sinne einer Wertung des Gegenwartsereignisses zu denken, weil nur so einsichtig werden kann, warum die Empfänger zur Deutung des Heilsplanes Gottes auf mythische Einschübe angewiesen sind. Dann, und nur dann, ist zu vertreten, daß die Unterscheidung von historischer und mythischer Ebene für den biblischen Verfasser "nicht nur unmöglich, sondern auch unwichtig" war, "da es ihm ja darauf ankommt, zu zeigen, daß das historische Heilsgeschehen das Zentrum allen Geschehens, auch des ur- und endzeitlichen ist" (36).

Dann aber ist nicht eigentlich das Ereignis selbst die erste heilsgeschichtliche Komponente, sondern gleich ursprünglich und bedeutsam ist die Art und Weise des Zusammenhangs der Erfahrung. So ist es denkbar, wie im NT ersichtlich,

daß man nicht alle Ereignisse des überkommenen Kerygmas immer
zur Selbsteingliederung in die Heilsgeschichte nötig hat.
Man kann also zumindest auf einige Heilsereignisse auch verzichten. Wie man auf sie verzichten kann, so kann man sie
auch durch Mythen ersetzen. Nicht hingegen ist es erlaubt,
auch nur ein einziges Mal den Gott der Bibel anders als in
der überkommenen Weise handeln zu lassen. Er kann sich nur
in der selbstüberbietenden Treue erweisen, d.h. ein neues
Geschehen muß auf der Linie liegen, auf der grundsätzlich
ein Handeln Gottes erwartet wird, insofern er sich als der
erweisen will, als der er sich immer erwiesen hat: als der
Heil-schaffende. Und in diesem Sinne würde in der Bibel Entmythologisierung nicht heißen, "Heilsgeschichte eliminieren,
sondern im Gegenteil: sie vertiefen" (37).

So sehr diese von uns weitergetriebene Konsequenz auch wei-
ten Partien des Ansatzes von Cullmann entsprechen mag, gibt
es doch noch nicht ganz den Umfang seines Verständnisses
wieder. Der Mythos soll schließlich nicht nur dienend sein
für die Deutung der Ereignisfolge der Heilsgeschichte, sondern er soll auch dieselbe Funktion, man höre und staune,
wie die Ereignisse selber einnehmen können. Diente im Zusammenhange der Auferstehung das historische Ereignis als Beleg für ein nicht-historisch sich vollziehendes Geschehen,
und war noch einsichtig, warum z.B. ein Schöpfungsmythos ein-
gefügt werden mußte - weil ja schließlich kein authentischer
Bericht über den Ursprung zu erhalten ist -, so dient jetzt
mitunter eine Erzählung eines mythischen Ereignisses nicht
nur durch sein Bild und seine Deutung für Ereignisse in der
Erfahrung, sondern durch sein Bezeugen eines Geschehens,
"das zwar historisch unkontrollierbar ist, das aber ebenfalls als ein Geschehen, wenn auch auf anderer Ebene, verstanden werden muß" (38). Cullmann liefert auch gleich das
Beispiel mit: "Hierher gehören alle Aussagen über die besieg-
ten 'Engelmächte' ... Es wäre falsch, aus unserer starken
Betonung der Temporalität zu schließen, daß wir die neute-
stamentliche Annahme einer jenseitigen Welt leugnen" (39).
Jetzt nimmt allerdings das Ganze eine etwas obskurantisti-
sche Form an, indem gerade unter der Hand das Verhältnis
von Mythos und Ereignis umgedreht wird. Da Aussagen über
einen nichtempirischen Bereich nun mit Hilfe des Mythos ge-
wagt werden, zur gleichen Zeit aber immer noch gilt, daß der
Mythos nicht verobjektivierend, sondern historisierend im
Sinne der Deutung der erfahrbaren Ereignisse einzusetzen sei,
tritt das Kuriosum auf, daß jetzt die Ereignisse dazu dienen,
den 'objektiven' Gehalt jenes Geschehens des Mythos zu interpretieren, der doch gerade dann biblisch richtig verstanden sein sollte, wenn er eben nicht in seinem objektiven
Vorstellungsgehalt für sich genommen wird. Aus dieser Klemme
könnte man sich nur herauswinden, wenn man zwei Arten von
Mythos annimmt, - oder aber das göttlich-ontische Geschehen
der heilsgeschichtlichen Ereignisfolge, um dessen Rechtfer-

tigung in der konkreten Geschichtszeit es Cullmann geht, ist in Wirklichkeit immer nur als ein im Grunde jenseitiges und paralleles Geschehen zur feststellbaren Ereignisgeschichte aufzufassen. Wenn nämlich ein durch den Mythos überhaupt und grundsätzlich bezeugbares Geschehen wie der Engelsturz zum Handeln Gottes gehört, gehört es auch zum Heilsgeschehen, insonderheit dann, wenn es dem Menschen mitgeteilt werden soll. Dann aber fragt man sich, was die Differenzierung von Ereignis und Mythos letztlich noch bezweckt, wenn doch über den Realitätsgehalt aller kognitiven Vorstellungen offensichtlich im Deutungsgeschehen der Propheten und der anderen Offenbarungsempfänger als einziger Instanz entschieden wird. Damit aber verflüchtigt sich Offenbarungsgeschichte und Heilsgeschichte in den je und je zukommenden Ein-Fall göttlicher Inspiration. Die Einheit des Ereignisses mit dem Worte dadurch festhalten zu wollen, daß in Gott doch beides identisch sei, trägt logisch nichts mehr aus (auch wenn es bei Cullmann vorher schon geschrieben steht), weil das Verhältnis nicht mehr Wort-Ereignis (als historisch feststellbar) heißt, sondern geschichtlich ergehendes Wort und Ereignis überhaupt (also geschichtlich feststellbar und nicht feststellbar). Als letzte Konsequenz folgte schließlich, daß überhaupt nicht mehr aus dem Kerygma entschieden werden kann, ob dem dort prädizierten Ereignis wirklich ein Ereignis in der empirisch erfahrbaren Welt entspricht oder nicht. Selbst wenn diese Beziehung den Offenbarungsempfängern mitgeliefert worden sein sollte, haben sie es offensichtlich versäumt, diese Differenzierung weiterzugeben. Sofern es letztlich nur um das Handeln Gottes geht, mag dies auch gleichgültig sein, da man sowieso anderswoher um die besondere göttliche Gewirktheit eines Ereignisses weiß. Nur hat Heilsgeschichte dann als theologischer Ansatz ihr Thema verfehlt. Jedenfalls verliert damit die Einreihung in eine göttliche Ereignisfolge ihr Gewicht gegenüber einer existentialen Interpretation. Dabei war doch Cullmann gerade angetreten, die Illusion zu zerstören, daß es genügen würde, sich nur mit dem Kerygma zu beschäftigen, indem er nachweisen wollte, daß das Kerygma in seinem Entstehungsprozeß so sehr an die empirischen Ereignisse geknüpft ist, daß ohne deren Erforschung auch das Kerygma nicht sachgemäß befragt werden kann (40).

Dieser ungelösten Problematik entspricht auch die eigenartige Feststellung Cullmanns, daß unser Glaube ein Glaube an Ereignisse ist, wenn es sich auch um vom Glauben gedeutete Ereignisse handele. Und dieser von den ersten Christen hergestellte Sinnzusammenhang soll im Rahmen der besonderen Geschichte in gedanklich korrekter Entfaltung mitgeteilt werden können, auch wenn wir selber diesen Glauben nicht haben (41). Gleichzeitig aber wird behauptet, es gebe nun doch ein tieferes Eindringen in diese Sinnzusammenhänge, wenn man sich auf den Glauben einlasse. Es wird zudem die

Möglichkeit festgehalten, daß unser Glaube mit einiger Sicherheit demjenigen der ersten Christen adäquat werden könne, so daß das Zirkelverfahren zwischen meinem Glauben und dem der ersten Christen, zwischen Subjekt und Objekt jetzt seine volle Berechtigung findet. Darum müsse man eben vorher an der Trennung von Subjekt und Objekt festhalten (42).

Damit wird insinuiert, als gäbe der Glaube mehr Einsicht in die historischen Sinnzusammenhänge als es die Erkenntnis erbrächte, obgleich gerade Heilsgeschichte darin besteht, einen Zusammenhang von historisch nachweisbaren Ereignissen zu geben, welcher in seiner so gearteten Struktur mit einer entsprechenden Deutung versehen ist. Die These von der möglichen Gleichförmigkeit stammt wohl als Relikt von vergangener Theologie und Philosophie, als man noch meinte, in der Geschichte sei eine Kraft am Werke. Kraft aber sei innerlich und je mehr man sich in sie versenke, um so tiefer dringe man in die Historie ein. Man mag so argumentieren und Gott als den Kraftquell ausgeben. Das aber ist keine historische, sondern eine metaphysisch-historische Argumentation. Cullmann hängt also doch mehr an den geschichtsphilosophischen Vorfahren, als er sich selbst zugestehen will. Aus dem ungeklärten Verhältnis von Ereignis und Deutung folgt schließlich, daß die Erforschung der Genese des Kerygmas und damit auch die zum Schluß von uns nur kurz umrissene Frage der Applikation des Kerygmas in der Gegenwart auf dieser Basis nicht als sachgemäß gestellt, geschweige denn als gelöst angesehen werden kann.

6.2 Die Identität von Heilsgeschichte und Weltgeschichte.

Wolfhart Pannenbergs theonome Geschichtskonzeption, die die Alternative Wesen oder/und Geschichte dadurch umgeht, daß sie die Geschichte selbst in einem wesenhaft geschichtlichen Sein Gottes gegründet sein läßt, soll nun nicht nochmals in ihrer Breite aufgerollt werden. Pannenbergs Konzept war ja nicht zuletzt darin motiviert, Intention und Ernsthaftigkeit der Heilsgeschichte aufzugreifen und systematisch zu rechtfertigen. Wenngleich wir Pannenbergs Konzeption ablehnen mußten, zeigt sich gerade an ihm, wo die entscheidenden Momente einer Apologetik der Geschichte zu suchen sind. Gerade darum gilt es, seiner Kritik am heilsgeschichtlichen Programm Aufmerksamkeit zu schenken.

Erste Voraussetzung für eine Theologie der Geschichte ist die Verwerfung jeder Ansicht, die Handeln Gottes und Handeln des Menschen als einander ausschließend verstünde, weil nämlich solches zu Folge hätte, daß jedes anthropozentrisch begründete Geschichtsverständnis einer theologischen Betrachtungsweise a limine entgegengesetzt wäre (43). Sowohl die atl. Geschichtsschreibung wie auch die ntl. Lehre von der Inkarnation haben das unvermittelte Eingreifen Gottes in die Geschichte abgewiesen; ja, Inkarnation würde folgenlos

bleiben, wenn es bei dem Gegensatz von theozentrischer und
anthropozentrischer Geschichtsauffassung sein Bewenden hätte
(44). Damit setzt sich Pannenberg in einen ersten Gegensatz
zu Cullmann, insofern er in der Weltgeschichte bzw. der Profangeschichte nicht einfach beliebiges und unverbundenes
Material sieht, das seine heilsgeschichtliche Bedeutsamkeit
allenfalls durch eklektizistische Offenbarungszusprache er-
hielte. Pannenberg ist an einer Einheit der Geschichte der
Menschen interessiert, weil nur so Geschichte zur Offenbarung werden kann und weil sich anderseits Offenbarung nur in
der Identität von Weltgeschichte und Heilsgeschichte als
geschichtliche erfahren läßt. Nun aber kann, wie die Diskussion mit Alfred Heuß gezeigt hat, Geschichte nicht als eine
Einheit in dem Sinne gedacht werden, daß die Menschen Subjekt der Geschichte sind. Wenn Pannenberg meint, Weltgeschichte als Kategorie historischer Ordnung ließe sich allein
dann schon rechtfertigen, wenn man die handelnden und leidenden Menschen zu ihrem Thema machte, so ist das nur zu begrüs-
sen. Wenn er aber in der Kategorie "Menschheit" als dem Subjekt der Geschichte nur ein Surrogat für den in der Geschichte handelnden Gott sieht, ist Vorsicht angeraten. Richtig
daran ist, daß beide Vorstellungen die Funktion eines Subjekts der Geschichte einnehmen. Fraglich daran bleibt, ob
sie sich als kognitive Begriffe behaupten können. Wenn ihre
Funktion das Subjekt-sein ist, müssen sie wohl auch von dieser Funktion her gewertet werden; daher sind sie auch nicht
als schlechthin gegebene Größe anzunehmen (45).

Dem von Pannenberg intendierten Anliegen indes ist dabei
voll zuzustimmen, insofern es dem Menschen in der Geschichte
- ob ausdrücklich oder nicht - immer schon um das Ganze seiner Existenz geht. Und insofern es ihm um das Ganze seiner
Existenz geht, geht es ihm immer schon um Heil, "das nie
schon endgültig errungen, oft nur als entbehrtes bewußt wird
und bestenfalls fragmentarisch in Erscheinung tritt für den
flüchtigen Augenblick des Glücks, in dem das eigene Leben
und die Welt sich rundet zum Ganzen, zum Heil, das doch
schon im nächsten Augenblick dem ernüchterten Sinn als blos-
ser Vorschein jenes Ganzen sich erweist, zu dem jeder einzelne immer noch unterwegs ist" (46). In diesem Zusammenhang verweist Pannenberg auf die Erfahrung der Abwesenheit
des Heiles bei den Menschen, auf die erfahrene Fragilität
und Fragmentarität. Damit sich der Mensch als Fragment erfahren kann, muß er alles Vorhandene übersteigen, nicht um
es zu verlassen, sondern um den Horizont zu gewinnen für
die Bedeutsamkeit alles dessen, was ist. Und diese Erhebung
des Menschen unter den Bedingungen der Endlichkeit zu der
allenfalls fragmentarisch realisierbaren Ganzheit des Lebens hat immer schon religiösen Sinn. Daß diese Erfahrung
bereits in der Frage des Menschen als Seinsfrage stecke,
wie Karl Rahner und die Transzendentaltheologie es voraussetzen, bestreitet nun Pannenberg. Einzig die Erfahrung der
Menschen mit der Frage nach sich selbst, nach ihrem Heil und

ihrem Frieden, und die darin gemachte Erfahrung einer Bekundung göttlicher Wirklichkeit vermag diesen Überstieg zu begründen (47). So richtig es ist, daß nur die historische Erfahrung eigentlich einen konkreten Inhalt dessen zu vermitteln in der Lage ist, was als Ganzheit des Daseins und des Heils erwartet werden kann, müssen doch Zweifel darüber angemeldet werden, ob sich der Prozeß einer Geschichte gleichsam als verwirklichende Heilsgabe begreifen läßt. 'Je näher das Ende, um so näher dem Heil', meint man Pannenbergs Thesen immer zu entnehmen.

Festzuhalten bleibt jedenfalls, daß - sofern man es ernst meint mit der Geschichte als Ort und Vollzug der Offenbarung Gottes - die faktische Heilsfrage des Menschen nicht in totaler Differenz zu Offenbarung und Handeln Gottes in der Geschichte stehen kann. Denn die Frage nach dem Heil, als Frage nach der Wirklichkeit des Menschen, kann einzig die Ebene sein, auf der das Wirken Gottes beim Menschen "an-kommen", "treffen" kann. Dann aber muß die Frage nach der Geschichte des Menschen, deren Thema Leid und Hoffnung der Menschen ist, auch immer schon die Frage nach dem Heil Gottes sein, das dem Menschen zukommen soll. Sofern man nun wie Pannenberg an einem wirklichen Prozeß der Geschichte festhält (was auch noch Cullmann nachvollzieht), zugleich diesen Prozeß als identisch mit dem Heilshandeln Gottes ansetzt (was Cullmann strikte ablehnt), wird die Vorstellung der Geschichte als Heils- oder Offenbarungsgeschichte zur normativen überhaupt. Dann kommt die Forderung an den Profanhistoriker nicht von ungefähr, sich vom Theologen über die Wirklichkeit der Geschichte aufklären zu lassen. Da wir aber mit Cullmann und den Historikern dies bestreiten, wenn auch aus verschiedenen Gründen, aber dennoch an der Übereinkunft von Weltgeschichte und Heilsgeschichte festhalten wollen, weil ansonsten der Bereich des historisch Nachprüfbaren zugunsten des Mirakulösen verlassen würde, muß wohl oder übel gefragt werden, ob sich das Problem nicht dadurch lösen läßt, daß man die Kontinuität der Geschichte nicht als historisches Prädikat versteht, sondern als Strukturmoment von Erzählung.

Der These Cullmanns, daß Heilsgeschichte auswählt und so vom historischen Standpunkt aus gesehen die heilsgeschichtliche Ereignisfolge als sinnlos abgetan werden müßte, kann Pannenberg nicht einfachhin beipflichten. Schließlich verweist er mit Recht darauf, daß jede Geschichtsschreibung auswählt, auswählen muß. Das Wahrheitsmoment der These Cullmanns liegt darin, daß die Linie der Heilsgeschichte in eigenwilliger Form durch die Ereignisse der Profangeschichte verläuft. Pannenberg zieht seine Kritik noch weiter, indem er darauf verweist, daß doch alles Handeln Gottes, der die Liebe ist, irgendwie auf das Heil des Menschen bezogen sein muß. Dies sieht er noch darin bestätigt, entsprechend seinem hermeneutischen Anknüpfen an Dilthey, daß im Zusammenhang menschlicher Geschichtserfahrung alles Geschehen und alles Handeln des Menschen auf die Frage des Menschen nach sich selbst bezogen ist und damit Heilsgeschichte darstellt (48). Daraus resultiert die weitere Folgerung Pannenbergs, wonach den Ereignissen selbst ihre besondere heilsgeschichtliche Bedeutsamkeit und ihr Stellenwert im Plane Gottes abzulesen sei. Gerade hier markiert er einen Lapsus in der Cullmannschen Argumentationsfigur. Wenn die Heilsfrage des Menschen ein Motiv allen geschichtlichen Geschehens ist, darf die Einsicht in die Heilsbedeutsamkeit von Ereignissen nicht allein einer glaubenden Hingabe überantwortet werden. Die Auswahl der Ereignisse muß demnach aus einer gewissen Selbstevidenz im geschichtlichen Zusammenhange erfolgen, wenn anders die Erkenntnis nicht wieder, wie es Cullmann auch unserer Meinung nach tut, einer Glaubensentscheidung als Vorbedingung vorenthalten bleiben soll. Es tritt also entgegen der eigenen Intention Cullmanns doch wieder eine nicht zur Geschichte gehörige Instanz hinzu. Pannenberg vermag darin letztlich nichts anderes zu sehen als einen Abschirmungsversuch für bestimmte geschichtliche Überlieferungen, die gegen die Anwendung allgemeiner Prinzipien historischer Kritik geschützt werden sollen. Weil aber Pannenberg den Mythos innerhalb der heilsgeschichtlichen Erzählung nicht recht einzuschätzen vermag, insofern er ja streng gegen jede eigentlich Konstruktion des Zusammenhanges ist, welcher sich doch aus der wirklichen Prozeßmasse der Ereignisse von selbst erschliessen lassen, trifft seine Kritik an Cullmann bezüglich des Mythos sicher nicht dort, wo Cullmann mythisches Geschehen irgendwie vergleichbar sein läßt mit historischen Ereignissen, die mit jenen eine homogene Reihe von Geschehnissen bilden könnten (49). Denn damit hat Pannenberg der Cullmannschen Heilsgeschichte unter der Hand seinen eigenen Begriff von Geschichte substituiert. Das hat zur Folge, daß der interpretierende Sinn, den die Mythen haben sollen, nicht wahrgenommen werden kann. Dies deshalb, weil in einem einsehbaren Prozeß des Handelns Gottes (auch wenn der Prozeß nicht im linear entwicklungsgeschichtlichen Sinne zu sehen ist) als einsehbarem Zusammenhang der Geschichte gerade durch den Einschub der Mythen das Gegenteil dessen vorgeführt würde, was Anlaß zur anfänglichen Überlegung gegeben hatte: das Feld des historisch Beweisbaren sollte zum Feld der Offenbarung gemacht werden. Genau an dieser Stelle verläuft die Trennlinie zwischen Cullmann und Pannenberg.

Zustimmen kann Pannenberg jedoch der These von der Weiterentwicklung des Kerygmas durch neue Ereignisse in der Geschichte, welche ja anhand der Veränderungen des religiösen Bewußtseins unter dem Einfluß des Fortgangs der geschichtlichen Erfahrungen erfolgen soll. Daß Pannenberg nun aber trotzdem an den gleichen Ereignissen als Heilsereignissen festhält, mag etwas verwundern. Man fragt sich, wieso dann Differenzen? Man täusche sich aber nicht: es handelt sich nur um eine faktische Gleichförmigkeit, man könnte fast sagen, um eine okkasionelle Übereinkunft in dem Sinne, daß eben bestimmte Ereignisse aus der Tradition des Christentums

als Heilsereignisse überliefert sind. Der Stellenwert dieser
Ereignisse wird aber in Hinblick auf die Hermeneutik und
die theologische Wertung bedeutsam. Was sich nämlich für
Cullmann aufgrund gläubiger Annahme der Offenbarungsprädi-
kationen hinsichtlich bestimmter Ereignisse als "Linie"
herausstellt, ist für Pannenberg nicht nur einsichtig, sondern auch ohne eigene Offenbarung im Sinne der erschließen-
den Wortinspiration verstehbar. "Die Linie besonderer Ereignisse, denen man mit <u>Cullmann</u> heilsgeschichtliche Qualität im engeren Sinne zuerkennen kann, ist identisch mit der
Reihenfolge von religiös relevanten Ereignissen, von denen
her das religiöse Wissen der Menschen um die Heilsthematik
ihres Lebens eine jeweils neue Perspektive gewinnt" (50).
Pannenberg kann also angeben, und zwar inhaltlich, warum er
in dieser Einheit der Ereignisfolge ein besonderes Handeln
Gottes am Werke sieht. Damit aber wird es ihm auch möglich,
wenn er es auch nicht explizit formuliert an dieser Stelle,
dem Einwand entgegenzutreten, Geschichte wäre nur tote Historie. Denn indem der Mensch die Heilsgeschichte nachvollzieht und sie als Heilstat Gottes am Menschen begreift,
thematisiert er gerade sein Interesse an Heil im sinnvollen
Ganzen der Menschheit. Damit zeigt sich das Heil als Thema
des menschlichen Verhaltens überhaupt, so daß selbstredend
der religiöse und der ethische Aspekt der Heilsthematik
nicht in Konflikt geraten, "wenn die Heilszukunft nicht in
erster Linie hinsichtlich einer definitiven Realisierbarkeit
durch menschliches Handeln, sondern als allem Handeln vorausgehende Inspiration des Guten gedacht wird, so wie die Tat
der göttlichen Liebe in der Sendung Jesu den Glaubenden zur
Teilnahme an dieser den Menschen zugewandten Liebe Gottes
inspiriert". Und so folgert Pannenberg weiter: "Hat nicht
die Evidenz eines jeden Zieles, das um seiner selbst willen
zu faszinieren vermag, den Charakter von Inspiration?" (51).

6.3 Die Ko-extensivität von Weltgeschichte und Heilsge-
     schichte.

Auch für Karl Rahner ist es notwendig, daß Theologie zwischen
Weltgeschichte und Heilsgeschichte unterscheide. Die von ihm
aufgewiesene Differenz indes konvergiert in ihrer sachlichen
Konsequenz, wenigstens in einigen wichtigen Punkten, mehr
der Ansicht Pannenbergs als der Cullmanns. Die Besonderheit
der Heilsgeschichte resultiert nach Rahner nicht aus einer
Reihe von ausgrenzbaren Ereignissen. Vielmehr ist es die besondere Deutung von geschichtlichen Ereignissen, welche
ihrerseits den heilsgeschichtlichen Sinn aller Geschichte
überhaupt zutage treten läßt. Wie noch zu zeigen sein wird,
ist damit gerade z.B. für das Ereignis der Auferstehung eine
ähnliche Bedeutung hinsichtlich der Gesamtwirklichkeit der
Geschichte erreicht, wenn auch auf einem anderen Argumenta-
tionszusammenhang, wie bei Pannenberg. Ein Ereignis ist dann
unüberbietbares Heilsereignis, wenn es den Sinn von Geschich-

te überhaupt zu Geltung und Eindeutigkeit bringt, also alles explizit in die Bedeutung setzt, mit der es sich sowieso schon immer notwendig vollzieht (52).

Der erste Fundamentalsatz bei Rahner heißt: "Heilsgeschichte ereignet sich in Weltgeschichte" (53). Als Voraussetzung katholischer Theologie gilt für Rahner, daß das Heil zunächst kein Moment in der Geschichte ist (54). Jeder innerweltliche Griff nach dem Heil und nach der Vollendung der Weltgeschichte als solcher bleibt ein Stück Geschichte, und das heißt, es bleibt Unheil. Dennoch kann und muß katholische Theologie sagen, Heilsgeschichte habe sich in Weltgeschichte ereignet, und zwar aus drei Gründen: Zunächst gilt für den Christen, daß Heil sich schon ereignet, insofern die Gnade Gottes dem Menschen schon als jetzt gegebene zuteil wird, als angenommene und innerlich verwandelnde. Dieses Heil ist Gott selbst in seiner vergebenden und vergöttlichenden Liebe. Heilsgeschichte, so läßt sich also sagen, verhält sich zu Weltgeschichte, wie Gnade zu Natur.

Zum anderen aber heißt die These von der "Heilsgeschichte in Weltgeschichte", daß sich diese Mitteilung Gottes an den Menschen schlechtweg ereignet hat, sofern sie von der Freiheit des Menschen angenommen ist. Da nun die Freiheit des Menschen eine ist, die sich in der Begegnung mit Welt und Umwelt vollzieht und realisiert, zugleich aber auch gilt, daß wirklich geistige Freiheit in dieser Welt des Gottes der Gnade und Christi immer schon Freiheit gegenüber Heil und Unheil ist und nur so Freiheit sein kann, ist sie so transzendentale und kategoriale Freiheit in einem. Darum kann die "freie Selbstüberantwortung des Menschen an den sich selbst mitteilenden Gott" nicht einfach nur "ein esoterisch abgegrenztes Vorkommnis im Dasein des Menschen" sein (55). In der Begegnung mit dem Nächsten und der geschichtlichen Aufgabe ereignet sich also Heil. "Und darum geschieht inmitten der Geschichte selbst Heilsgeschichte. In allem was der Mensch treibt und was ihn treibt, wirkt er sein Heil oder sein Unheil. Alles in der Weltgeschichte geht schwanger mit Ewigkeit und ewigem Leben oder unendlichem Verderben" (56).

Aus diesen beiden Aussagen könnte leicht der Eindruck entstehen, als ließen sich die unmittelbar geschichtlich greifbaren Ereignisse und Wirklichkeiten von sich aus in ihrer Zweideutigkeit von Heils- oder Unheilshaftigkeit nicht deuten. Eine dieser Konsequenzen wäre, daß Heilsgeschichte dann nur in einer individuellen transempirischen Geschichte der einzelnen Existenz zu lokalisieren sei, weil sie sich hinter einer absolut gegenüber Heilsgeschichte stumm verhaltenden Profangeschichte abspielt. Dieser Konsequenz will aber Rahner entgegensteuern. Einmal, beim Endgericht werde sich wohl zeigen, was Heil und Unheil in der Geschichte war. Das aber ist der Moment der Aufhebung der Geschichte selbst. Zum anderen aber soll die Geschichte zugleich auch schon eine

Transparenz da und dort aufweisen, indem sie in Zeichen und Verweisen von sich aus den Menschen auf die Glaubens- und Heilsfrage aufmerksam macht und die Frage nach dem Heil in einer bestimmten Richtung orientiert. Die verborgene Heilsgeschichte wirkt sich also in der Dimension der Profangeschichte selber aus. Schließlich ist die innerweltliche Geschichte durch Jesus Christus in einer innerweltlich nicht mehr überbietbaren Weise auf das Heil hin transparent geworden. Jedenfalls steht für Rahner soviel fest, daß es sich beim Heil, weil es dem Menschen in seiner Freiheit immer schon um die Ganzheit seiner Existenz geht, nicht um eine ablösbare Sonderthematik handelt:"Der eine Mensch, der als einer und ganzer vor der Heilsentscheidung in seinem geschichtlichen Dasein steht, hat letztlich nur eine Geschichte, so daß es darin keine so abgegrenzten Regionen gibt, daß sie in keiner Weise von der Gnaden- und Glaubensgeschichte in seinem Dasein mitbestimmt wären (oder umgekehrt)" (57). Dennoch ist die Geschichte nicht so homogen, daß immer schon die Heilsfrage so thematisch wäre, daß sich nicht auch noch eine profane Zone ins Bewußtsein setzen könnte, so daß letztlich auch eine Glaubensentscheidung überflüssig würde. Trotzdem bleibt die Heilsfrage so virulent in der Geschichte, daß man nicht sagen kann, nur der Glaube vermag dem nach Heil fragenden Menschen allein einen die Möglichkeit einer personalen Sinnerschließung eröffnenden Hinweis darauf zu geben, wo sich in der Geschichte Heil ereignet habe. Damit zeigt sich schon an, daß Rahner den Unterschied zwischen Heilsgeschichte und Profangeschichte in einer sonst nicht erreichbaren Deutung der Begebenheiten sieht, die den Bezug auf Heil oder Unheil im Geschehen der Geschichte markieren sollen. Denn "Heilsgeschichte ist darum zunächst von Profangeschichte verschieden, weil die Profangeschichte im ganzen und allgemeinen keine eindeutige Interpretation auf Heil und Unheil gestattet, das in ihr geschieht" (58). Diese Aussage scheint der These Rahners zu widersprechen, wonach Freiheit sich nur dort vollziehe, im eigentlich metaphysischen und theologischen Sinn, wo Menschen sich als über ihr Heil entscheidend, und damit immer schon vor Gott stehend, in Freiheit vollziehen. Da aber eine Freiheitstat des Menschen erst dann eigentlich geschichtlich wird, wenn sie sich so objektiviert, daß sie Gegenstand zwischenmenschlicher Kommunikation werden kann, nun aber sich in diesem Sinne eine Freiheitstat des Menschen nicht so verobjektivieren läßt, daß ihre heilsgeschichtliche Qualität in ebensolch objektivierbarer Form vorliegt, kann auch keine eindeutige Interpretation auf Heil oder Unheil erreicht werden. Dies letztlich deshalb, weil der Mensch sein Freiheitshandeln nie voll durchleuchten und reflektieren kann (59). Darum läßt sich die Geschichte nicht zum Weltgericht erheben, so sehr in ihr auch die Entscheidung über Heil und Unheil getroffen wird. Weil Gott ferner als er selbst nur das Heil sein kann, der sich mitteilende Gott aber unmittelbar nur am Ende erfahren wird, kann dies erst mit Vollendung und Aufhebung der Geschichte erfolgen (60). Daß die Geschichte ihren Ewigkeitsgehalt von sich aus nicht zu öffnen vermag, ist somit ein wesentlicher und erster Unterschied von Heilsgeschichte und Profangeschichte.

Damit zeigt sich gerade in der Differenz schon die Gemeinsamkeit an. Es kann also zunächst nur von einer formalen Differenz, nicht einfachhin von einer materialen gesprochen werden. Auf jeden Fall gibt es einen Begriff von Heils- und sogar Offenbarungsgeschichte der "zwar nicht formell identisch, aber material koextensiv ... mit der Wirklichkeit und dem Begriff der profanen Weltgeschichte" ist (61). Darüberhinaus ist noch ein materialer Unterschied zu vermerken, der sich aber erst auf der Basis der materialen Identität erheben läßt. Rahner argumentiert aus der katholischen Überzeugung von dem übernatürlichen Heilswillen Gottes, der sich auf alle Menschen aller Zeiten und Regionen erstreckt, daß überall dort, wo sich der Mensch im menschlichen Daseinsraum in seiner Freiheit vollzieht, das Heilsangebot Gottes wirksam sein muß. Menschliche Freiheitsgeschichte und Heilsangebot Gottes decken sich in ihrer räumlich-zeitlichen Erstreckung. Dieses Heilsangebot Gottes, das selbst noch die freie Zustimmung des Menschen ermöglichen soll, muß damit aber gerade auch als übernatürlich vergöttlichende und so als Veränderung der menschlichen Bewußtseinsstruktur gedacht werden (62). Nicht erforderlich ist dabei in jedem Falle, daß das Bewußtsein neue Gegenstände erhält. Vielmehr ist diese Veränderung als eine Bewußtseinsveränderung im Sinne des scholastischen "Formalobjekts" zu sehen. Die letzte Ausrichtung des Bewußtseins wird also durch die Gnade verändert. Anzumerken bleibt hier, daß offensichtlich auch neue objektive Gegenstände ins Bewußtsein treten können. Rahner verfolgt letzteres nicht weiter, und es bleibt unseres Erachtens auch bis in die Christologie hinein ungelöst, ob die Veränderung des Bewußtseins als unthematischer Horizont erst die Augen erschließt für ein ohnehin geschehenes Ereignis, oder ob nun doch wieder Offenbarung als Mitteilung jenseitiger Sachverhalte bzw. als Auftreten neuer Ereignisse zu begreifen ist. Nimmt man seinen Ansatz ernst, dürfte allenfalls ersteres in Frage kommen, weil ja doch keinerlei neuer Gehalt in der Lage wäre, das zu überbieten, was sowieso immer schon geschieht: Gottes Selbstmitteilung als Gnade. Und insofern es dem Menschen in seiner Entscheidung der Freiheit immer schon um das Ganze seiner Wirklichkeit geht, Freiheitsentscheidung aber als Ermöglichungsgrund immer schon die Selbstmitteilung Gottes zur Voraussetzung haben soll, kann Offenbarung letztlich nur zur Eindeutigkeit bringen, was der Mensch immer schon mit Notwendigkeit vollzieht. Wie es scheint, ein fatales Zirkelverfahren, das unmittelbar an eine Herkunft von Fichte erinnern läßt. Der Gedankengang ist folgender: der Mensch erfährt in der Offenbarung das in seiner letzten Wirklichkeit, was immer schon Bedingungsgrund seines Freiheitsvollzuges ist: die Selbstmitteilung Gottes. Und er kann auf der Ebene der Kate-

gorialität Gott deshalb erfahren, weil er schon immer als
Bedingung seiner Freiheit vollzieht, was ihm hier als material geoffenbart vorgestellt wird. So einleuchtend der Gedankengang sein mag, eine Aporie kann er nicht verbergen:
wie es möglich ist, daß trotz des notwendigen Vollzugs der
Freiheit als von Gott gesetzter (menschliche Freiheit als
Nachvollzug gesetzter Freiheit) und damit als von Gottes
Selbstmitteilung bedingter sich eine Entfaltung dieses Verhältnisses als nicht nur gewußt, sondern auch bewußt in einer zeitlichen Erstreckung vollziehen können soll. Der Hin -
weis auf die Geheimnishaftigkeit Gottes und die Verhülltheit
menschlicher Existenz verfängt hier nicht. Denn es ist
schlechterdings uneinsichtig, wie ein notwendiges und als
solches wißbares Verhältnis menschlicher Freiheit zu seinem
absoluten Horizont durch kategoriale Entfaltung in der Zeit
zum Bewußtsein gebracht werden kann. Wenn am Ende der Offenbarung nichts anderes steht als die schon immer vollzogene
Selbstmitteilung Gottes, die ja schon immer Bedingung dafür
ist, daß überhaupt Offenbarung als Selbstmitteilung Gottes
erfahrbar wird, müßte sich doch konsequenterweise nicht nur
das Bewußtsein als unthematischer Horizont im Menschen durch
Offenbarung verändern, sondern doch wohl auch die Weise des
"Habens" des Absoluten.Wenn Sein zuinnerst Bei-sich-sein ist
in reiner Selbstbezüglichkeit, ist es schlechterdings nicht
vorstellbar, wie dieses Sein als Bei-sich-sein Ermöglichungsgrund menschlicher Freiheit sein kann, ohne daß es auch als
solches bewußt ist. Andernfalls wäre noch denkbar, daß es
sich dann eben, wie bei Hegel und in gewisser Weise auch
noch bei Pannenberg, um ein Zu-sich-kommen des absoluten
Geistes selber handelte. Doch das will Rahner gerade nicht.
Schließlich ist auch nicht einsichtig, wie jemand, sobald
ihm offenbar wurde, in welchem Verhältnis er zum Absoluten
steht, sich diesem noch soll versagen können, wenn das Absolute gerade als Ermöglichungsgrund seiner Frage nach dem
Heil ansichtig wurde. Damit aber wird dem Glauben eine andere Funktion zugeschoben, nämlich eine Erkenntnisfunktion,
und über diese wird er nur wirksam in Hinblick auf die Heilsentscheidung. Denn in der Geschichte läßt sich ja nie eindeutig erkennen, was Heil und Un-heil ist. Also kann der
Glaube nun doch nur den Sinn haben, eine gnoseologische Defizienz zu überbrücken. Sein Recht indes bekommt er dadurch,
daß sich a posteriori seine Richtigkeit einstellen muß. Denn
interpretiert er die Ereignisse richtig, muß auch das grundsätzliche Verhältnis des Menschen zu Gott und seine Situation im freiheitlichen Selbstvollzug dadurch zu einer re-
flexen Bewußtheit gebracht werden. Dementsprechend würde sich
ein Ereignis dann als definitives Heilsereignis herausstellen, wenn es dieses grundsätzliche Verhältnis zu seiner
letzten kategorialen Entfaltung und damit zu seiner expliziten und unüberbietbaren Bewußtheit brächte. Damit aber würde
nachträglich das vorher nur glaubensmäßig interpretierte Ereignis seine endgültige Eindeutigkeit rückwirkend ausgestellt
bekommen. Denn wenn es mittels des Glaubens einmal als Heils-

ereignis überhaupt akzeptiert ist, und wenn zum anderen an
seiner Beschaffenheit das 'natürliche' Verhältnis des Menschen zu Gott thematisch reflex wird (was ja das Kriterium
für die Rechtmäßigkeit der Auslegung sein soll), ermißt sich
gerade an der Tiefe des Reflexwerdens des Freiheitsvollzugs
die Eindeutigkeit der Heilsbeschaffenheit eines Ereignisses.
Dann aber bleibt letztlich an der Aussage von der Einmaligkeit und Unüberbietbarkeit einer Offenbarung in einem bestimmten Ereignis etwas von Zufälligkeit, und zwar in dem
Sinne des "bis jetzt hat man kein anderes Ereignis entdeckt,
das solches leisten würde". Weiter ist dann nicht so entscheidend, ob die Zeugen ein bestimmtes Ereignis richtig gedeutet
haben, sondern: ob dieses Ereignis grundsätzlich in Hinblick
auf die Freiheitskonstitution des Menschen so deutbar ist.
Da aber nun das Verhältnis von Gott und Freiheit des Menschen sowieso durch philosophische Reflexion einsichtig gemacht werden kann, weil es ja de facto besteht, kommt ein
historisches Ereignis nicht über die Qualität des Okkasionellen hinaus. Sollte das richtig sein, wäre allerdings der
Einwand Lessings gelöst, insofern dessen Forderung hinfällig
würde, weil ein geschichtliches Ereignis nicht konstitutiv
bedeutsam sein könnte für das Verhältnis zum Absoluten. Ein
solches Ereignis wäre nur im Sinne einer einmaligen Bedingung erforderlich, was allerdings grundsätzlich auch einen
möglichen Verzicht miteinschlösse. Es müßte nämlich dann de-
duzierbar sein, wenn überhaupt einmal schon ein Ereignis als
Heilsereignis und eine Situation als Heilssituation erkannt
wäre. Zudem brächte Offenbarung immer nur ein "erleichtern-
des" Einsehen dessen, was der Mensch de facto sowieso als in
Freiheit sich vollziehend immer schon erfährt. Das Wissen um
"Erlösung", was immer er heißen mag, schrumpft jedenfalls zu
einem reinen Wissensvorsprung. Das sind die Folgen der Identitätsphilosophie, die Gott und Welt eigentlich nur als Be-
wußtseinswirklichkeit begreifen kann. Als solches wissendes
Bei-sich-sein läßt sich nämlich Wahrheit immer nur als Gewißheit fassen, und Heil immer nur als Reflexionsergebnis.
Wenn Sein zuinnerst Bei-sich-sein ist, kann Offenbarung und
Heilsmitteilung nur Mitteilung dessen bedeuten, was menschliches Sein als Teilhabe am Sein des wissenden Bei-sich-
seins Gottes beinhaltet.

Das theologische Problem dieses Ansatzes ist die Legitimation der Voraussetzungen. Woher nimmt Rahner sein Wissen?
Den allgemeinen Heilswillen Gottes weiß er wohl aus der Geschichte bzw. der christlichen Tradition. Daß sich das Verhältnis von Mensch zu Gott in der angegebenen Weise darstellt, weiß er aus der transzendentalphilosophischen Analyse des Menschen. Woher aber läßt sich die Verknüpfung dieser
Einsichten begründen? Gott vom allgemeinen Heilswillen her
zu denken, ist nur aus der Tradition möglich, allenfalls
auch aus religionsphänomenologischen Überlegungen. Die Berechtigung dieser Gott zugesprochenen Qualität kann indes

nur erbracht werden, wenn man ein Kriterium dafür angibt.
Rahner leistet dies nun nicht allein transzendentalphiloso-
phisch, sondern bereits transzendentaltheologisch, d.h.,
sein Kriterium wird nur insofern valent, als er es schon immer von dem her interpretiert, wofür es ja Kriterium der
Glaubwürdigkeit sein soll. Konkreter: daß es im Vollzug der
Freiheit um die Frage des Heils als Frage des Stehens vor
Gott geht, der sich darin schon immer als sich selbst in
Liebe mitteilender erweist, weiß er nicht aus der Philosophie, sondern von der Tradition, die Gott als den Gott der
Liebe interpretiert. Damit ist der Gedankengang nicht als
solcher diskreditiert, wohl aber büßt er Beweiskraft dahingehend ein, daß man ein explizit kategoriales Ergehen von
Offenbarung - zumindest als Möglichkeit - aus der transzendentalen Struktur menschlicher Existenz und ihre Vollzuges
deduzieren könnte. Allenfalls bleibt als Ergebnis, daß das
faktische Angebot, Gott als den Gott des Heils zu denken -
dessen universaler Heilswille immer schon am Werke ist -,
die Situation der menschlichen Freiheit und die Dynamik
menschlicher Geistigkeit sinnvoll verstehen läßt. Und dies
in der Form, daß die Sinnhaftigkeit gewissermaßen als positive Bejahung dessen verstanden wird, was in der Tendenz
und der Struktur der Dynamik des Strebens als Streben selbst
liegt.

Von der allgemeinen Heils- und Offenbarungsgeschichte hebt
nun Rahner eine enger gefaßte und empirisch greifbare Heilsgeschichte ab. Nochmals: Rahner nannte den Vollzug der
menschlichen Freiheit am Material der profanen Geschichte
und die gegenseitige personale Kommunikation deshalb Heilsgeschichte, weil es sich hier von seiten Gottes wie des Menschen um wirkliche Entscheidungen und Taten der Freiheit
handelt (63). Das problematische Element dieses Begriffs ist
allerdings der Terminus Geschichte, weil hier kein reflex
erfahrbares und vermittelbares Wissen gegeben ist, das eine
Beziehung auf empirisch erfahrbare Wirklichkeiten ermöglich-
te. Nun aber ist wohl selbstverständlich, daß diese Form
von Heilsgeschichte im allgemeinen Sinne nicht völlig beziehungslos einer konkret-kategorialen Heilsgeschichte ge-
genüberstehen kann. Aus der Dynamik der Gnade und aus der
auf die Ganzheitlichkeit des Menschen gerichteten Heilssor-
ge Gottes legt sich gleichsam von selbst nahe, daß damit die
allgemeinen Phänomene einer Religionsgeschichte nicht völlig beziehungslos zur allgemeinen Heilsgeschichte stehen
können, insofern die Religionsgeschichte ihrerseits der profanen Geschichte koexistent ist. Demnach müßte man sagen,
daß es durchaus auch außerhalb des AT von Gott gewollte Religionen gegeben hat, wenngleich sie mit nicht von Gott gewollten Elementen durchsetzt gewesen sind. Das AT würde
dann eher als ein "göttlich interpretierter Modellfall einer
vorchristlichen Religion, denn als schlechthin und in jeder
Hinsicht einmalige und unvergleichliche Größe aufgefaßt
werden..." müssen (64).

Die Geschichte des Heils jedenfalls erscheint zunächst als eine verborgene Dimension aller Geschichte. Soll diese jedoch erkennbar werden in Ausdrücklichkeit, muß sie von Gott her in die Eindeutigkeit gesetzt werden. Schließlich gibt es die eigentliche, ausdrückliche und amtliche Heilsgeschichte, wo Gott ein bestimmtes Stück einer profanen Geschichte auf seinen Heils- oder Unheilscharakter hin deutet. Die Deutung der Geschichte ist nun nicht dort, wo Wunder und dergleichen geschehen, sondern dort, wo durch das Wort die Taten Gottes in die Dimension des eigentlich Geschichtlichen einrücken (65). Das Heilshandeln Gottes ist demnach erst dann in der Dimension der menschlichen Geschichte anwesend, "wenn das sie aussagende und interpretierende Wort hinzutritt und als dieses nicht ein äußerlich und nachträglich hinzutretendes Wort ist, das über etwas gesagt wird, was auch ohne es schon im Bereich der menschlichen Geschichte greifbar vorhanden ist, sondern ein inneres konstitutives Moment am Heilshandeln Gottes als eines Ereignisses der menschlichen Geschichte als solcher" (66). Nur innerhalb der durch das Wort Gottes kenntlich gemachten Geschichte wird also die Heilsgeschichte auch objektiv manifest. Dieses deutende und offenbar machende Wort hat seinen besonderen Raum-Zeitpunkt und umfaßt beileibe nicht alle Geschichte, wenngleich es dem glaubenden und hoffenden Wagnis des geschichtlich existierenden Menschen Interpretationsregeln zur Hand gibt für die Profangeschichte. Dabei hat diese Absetzung der Heilsgeschichte von der Profangeschichte nochmals ihre eigene Geschichte, insofern sie nicht immer gleich deutlich war und es auch nicht sein konnte, weil ja auch der Profangeschichte ein wirkliches Heilshandeln Gottes koexistent ist. Von daher ist immer schon Heilsgeschichte der geheime und innere Grund der Profangeschichte. Und überall dort, wo die schon immer wirkende Gnade Gottes den Menschen dazu bringt, im Wort und in Objektivationen des Geistes der Geschichte dies bemerkbar zu machen, geschieht der Übergang von der allgemeinen in die besondere Heilsgeschichte. So wissen wir, daß sich im AT das von Gott Legitimierte manifestiert hat, das, was er als seine eigene Heilsveranstaltung anerkannt hat. Da aber die Propheten nur sporadisch auftraten und keine institutionelle Instanz gegeben war, eine absolute Unterscheidung der Geister vorzunehmen, um zwischen wahren und falschen Propheten zu unterscheiden, bleibt für Rahner der Übergang sehr fließend. Nicht ausgeschlossen kann die Möglichkeit werden, daß es auch für andere Völker Heilsveranstaltungen Gottes in geschichtlich greifbarer Art gab. Israels Vorzug liegt in der unmittelbaren Vorgeschichte des Logos, der ihr eine authentische und autoritative Deutung und damit Absetzung von Profangeschichte gab. Da aber vorerst in Jesus Christus eine "absolute und unlösliche Einheit zwischen Göttlichem und Menschlichem" erreicht ist, kann auch erst von da an Profangeschichte eindeutig abgegrenzt werden von jeder Heilsgeschichte. Darüberhinaus ist diese Möglichkeit der Abgrenzung gegeben durch die Unüberbietbarkeit des

Christusereignisses und allem, was daraus folgt: "Kirche, Sakrament, Schrift" (67). Diese in Wort und Sakrament zu sich gekommene und manifest gewordene Heilsgeschichte ist gültig und bestimmend für alle Menschen. Diese ganze Heils- und Offenbarungsgeschichte will so alle Geschichte in sich versammeln und mit Profangeschichte zur Deckung bringen (68).

Diese konzise Konzeption Rahners erfordert in ihrer Geschlossenheit und Einseitigkeit eine ausführliche Würdigung. Für einen Versuch, nach der Differenz von Heilsgeschichte und Profangeschichte zu fragen, um den Ort des Heils bzw. der Offenbarung Gottes in der erfahrenen und noch erfahrbaren Geschichte ausfindig zu machen, tritt dort eine erhebliche Schwierigkeit der Anknüpfung zutage, wo immer schon außergeschichtliche Einsichten aus einer faktisch vollzogenen und angenommenen Offenbarung heraus eingesetzt sind. So auch bei Rahner. Dennoch müßte sich aus seinen Ergebnissen, die sich für die konkret empirische Geschichte ergeben, das in ihnen liegende Wahrheitsmoment erheben lassen. Einmal ist es der Gedanke, daß sich eine wirkliche Trennung von Profangeschichte und Heilsgeschichte nicht durchhalten läßt. Wer Profangeschichte totaliter von Heilsgeschichte trennt, könnte letztlich nicht einsichtig machen, wie in Profangeschichte ein Heils- oder Offenbarungshandeln Gottes entdeckt werden könnte, - es sei denn mittels einer offenbarungs-positivistischen Denkweise. Für Rahner geht es in der Geschichte immer schon um das Heil des Menschen, auch in der Profangeschichte. Heilsgeschichte hat dort statt, wo dem Menschen der Heils- und Unheilssinn des Geschehens ins distinkte Bewußtsein erhoben ist. Heilsgeschichte im weiteren Sinne kann daher Rahner mit den Phänomenen der allgemeinen Religionsgeschichte gleichsetzen, wenngleich man sagen muß, daß dort nicht überall zum Bewußtsein gekommen ist, daß die Ganzheit des Heils in der Geschichte zu realisieren sei (69). Doch daran zeigt sich eben doch ein größerer Unterschied zwischen Pannenberg und Rahner, trotz ihrer gemeinsamen Überzeugung von der Einheit der Weltgeschichte und Heilsgeschichte und der beiderseits festgehaltenen Einsicht, daß diese Einheit als Frage des Menschen nach Heil nicht überall in gleicher Weise thematisch wird. Für Rahner ist nämlich die Welt materiale Gegenständlichkeit des Abarbeitens des Menschen. Nicht in ihrem eigenen Prozeß wird Welt entscheidend für den Menschen, sondern einzig als vorgelegter Daseinsraum, der zur Bewältigung ansteht. Entscheidend für Rahner ist seit "Geist in Welt" bis heute geblieben, daß die Kategorialität der Welt Ermöglichungsbedingung für die Transzendenz des geistigen und sittlichen Selbstvollzugs ist. Damit interessiert ihn nicht eigentlich die Geschichte als solche. Ihm kann gleichgültig sein, was profane Geschichte auch sein mag, weil er aufgrund seiner scholastisch gewendeten transzendentalphilosophischen Metaphysik bereits um die letzte Bedeutung von Materie und damit auch von konkreter Geschichte weiß:

die "conversio ad phantasma" hat nur den einen Sinn, notwendige Bedingung der Transzendenz geistigen Vollzugs zu
sein. In "Hörer des Wortes" heißt es, "nur dadurch, daß die
Erscheinung als ein Seiendes erfaßt wird, ist dem Menschen
ein Wissen von Sein überhaupt gegeben" (70). Die Gegenständlichkeit der Außenwelt ist nur von der Sinnlichkeit des Menschen und diese wiederum nur von der Geistigkeit des Menschen überhaupt her zu verstehen. Nach "Hörer des Wortes"
gibt es nur eine Gelichtetheit des Seins in der Begegnung
mit dem Materiellen, und das meint, jeder mögliche Gegenstand einer Offenbarung für den Menschen ist nur in der Erscheinung eröffnet. Erscheinung beinhaltet aber jedwedes erfahrbare Phänomen und als solches auch und gerade die Mitwelt. Anders gewendet: Auch das, was seinem Wesen nach nicht
raumzeitliche Erscheinung sein kann, kann vom Menschen nicht
ohne "conversio ad phantasma" begriffen werden. Dem Gedanken
liegt das Axiom zugrunde, jenseits der allgemeinen Strukturen des Seins könne der Mensch nicht ein überweltliches Seiendes und dessen Handeln in seiner konkreten Bestimmtheit
erkennen. Wie sehr sich auch Rahner später müht, den Begriff
der Mitwelt personaler zu fassen, über diesen Grundansatz
kommt er nie hinaus. Von daher ist in der Religionsphiloso-
phie Rahners schon die Entscheidung über das Verhältnis von
Heilsgeschichte und Profangeschichte gefallen. Metz hat es
in der von ihm überarbeiteten Auflage schon damals angezeigt,
wenn er die Frage stellte, inwieweit eine mögliche Offenbarung im Grunde nichts anderes als das kategorial-reflexe geschichtliche Zu-sich-Kommen jener gnadenhaften Auflichtung
der Subjektivität des Menschen sei, die in der Selbstmitteilung Gottes an die Subjektivität geschieht. Wir meinen, die
Beantwortung der Frage liege schon vorgezeichnet und finde
sich auf der Linie dieser Frage beantwortet. Dennoch ist
hier Rahner in Schutz zu nehmen gegen den Vorwurf, Offenbarung verändere sich zur philosophischen Reflexion der En-
stase, zu einem Bewußtwerden des schon immer "Gehabten" (71).
Insofern Rahner das Sein des Menschen als Teilhabe am Sein
Gottes und damit als ungeschuldete Selbstmitteilung Gottes
von Hause aus denkt, entzieht er sich dem Vorwurf der menschlichen Selbstmächtigkeit, weil er das Sein des Menschen
schon immer als Sein von Gnaden begreift.

Aus dieser metaphysischen Verwiesenheit des Menschen auf die
"phantasmata" folgt eine zwingende Hinwendung zu Geschichte
überhaupt, d.h. zu allem Kategorialen. Mehr heißt bei Rahner
zunächst Geschichte nicht. Wenn also Offenbarung Gottes,
dann nur über die Gegenständlichkeit der Welt, weil sie konstitutiv für das Bewußtwerden des unthematischen Horizonts
(des Seins) ist, worin sich Offenbarung ereignet. Wenn nun
Rahner weiter sagt, im Freiheitsvollzug des Menschen gehe es
um das Ganze des Menschseins, und ferner in diesem Vollzug
das Angebotensein der Gnade Gottes als Selbstmitteilung real
und wirklich wird, dann müßte man weiter folgern - wenn das
über die Gegenstandswelt Gesagte gilt (wie immer sie gedacht

und 'personal' verbessert sein mag) –, ein Ereignis wäre
dann als Heilsereignis erkenntlich, wenn es gerade durch die
Hinwendung auf es den Vollzug der Heilsfrage im Menschen bewußt und so die Gnade als gewirktes Heil erfahrbar werden
läßt. Es ginge also um eine Konvenienz von Erfahrung und
Selbstvollzug. Die Folge wäre, daß Ereignisse in der Weise
als Heilsereignisse erkannt und eingestuft werden könnten,
als sie sich als relevant für die Frage nach der Ganzheit
des Menschen herausstellten. Das aber führte mit sich, daß
die Ereignisse als einzelne nicht eigentlich ihren verbindenden Zusammenhang in einer wie immer gedachten Ereignisfolge
hätten, die, sei sie innerweltlich, sei sie übernatürlich,
als realer Zusammenhang gedacht werden dürfte, wie es bei
Cullmann und Pannenberg in je verschiedener Weise der Fall
ist. Bei Rahner hat ein Ereignis seine Wertigkeit als Heilsereignis einzig im unthematisch-transzendentalen Horizont
menschlicher Geistigkeit. Da die Außenwelt, auch personale Kommunikation und personale Strukturen, immer nur für den Menschen innerhalb dieser Seinsbezüglichkeit bedeutsam werden
kann, bleibt sie im Grunde Material und Mittel zur Selbstmitteilung Gottes an den Menschen in seiner transzendentalen
Subjektivität. Gott als sich in Liebe den Menschen in ihrer
transzendentalen Seinsverfaßtheit mitteilender ist so das
Geschehen des Heils. Alles andere kann nur Mittel dazu sein.
Heilsgeschichte im Sinne der Erfahrbarkeit kann also nur
heißen, daß es eine Erinnerungsgeschichte ist von solchen
Ereignissen, deren Qualität sich gerade darin beweist, daß
sie zur Erfahrung der Heilswirksamkeit im transzendentalen
Subjekt ermächtigen. Das gilt natürlich auch umgekehrt: weil
der Mensch schon immer transzendental nach Heil und Ganzheit
verlangt, kann er ein Ereignis in der Geschichte als Heilsereignis identifizieren bzw. als Heil deuten. Hier ist somit der Ort des hermeneutischen Zirkels. Er wird nicht ausgeschaltet, sondern soll verständlich gemacht werden. Dementsprechend entfaltet sich z.B. auch die Frage nach der Auferstehung. Jeder Mensch will sich in seiner Freiheitstat in
die Endgültigkeit hinein behaupten, wobei nun vorerst gleichgültig ist, ob er diese Implikationen seines Freiheitsvollzuges thematisieren kann oder nicht. Bejaht nun der Mensch seine Existenz als bleibend gültige, dann bejaht er auch hof-
fend seine Auferstehung. Damit soll nun nicht bestritten sein
daß von einer transzendentalen Auferstehungshoffnung sich
eine tiefere Selbsterfahrung mittels der Auferstehung Jesu
her ereignen könnte, insofern sich diese Auferstehungshoffnung besser objektivieren lasse. Der Zirkel zwischen transzendentaler und kategorialer Erfahrung ist jedenfalls auch
hier nicht zu umgehen. Die transzendentale Auferstehungshoffnung ist der Verständnishorizont für die Glaubenserfah-
rung der Auferstehung Jesu. Diese Hoffnung sucht notwendig
nach einer kategorialen Vermittlung, an der sie ausdrücklich werden könnte. Für uns in der heutigen Situation folgt
daraus, daß wir zwar nur die Auferstehungsbotschaft vernehmen, aber vermittels unserer Auferstehungshoffnung schon

wissen, wovon die Rede ist (72). Diese Mitteilung liegt, was ihren Gehalt betrifft, nicht außerhalb unseres Horizontes und unserer Verifizierungsmöglichkeit. Dadurch aber kann die Verneinung des kontingenten Ereignisses "Auferstehung" zu einem Nein gegen die eigene menschliche Existenz werden (73). Dabei stellt sich theologisch dann auch die Frage nach der Soteriologie, in der der Tod Jesu als heilsbedeutsam ausgesprochen wird. Rahner sieht hierin eine sekundäre Begrifflichkeit für den ursprünglichen Sachverhalt: Wir sind deshalb gerettet, weil dieser Mensch, der zu uns gehört, durch Gott gerettet ist und dadurch Gott seinen Heilswillen geschichtlich real und unwiderruflich in der Welt anwesend gemacht hat (74). Hier hat sich der Ansatz von Rahner geschlossen. Der transzendentale Stellenwert eines Ereignisses entscheidet über dessen Heilswertigkeit ebenso wie über die Möglichkeit der Verbindlichkeit für die Menschen in der Welt. Auferstehung wird deshalb _Auferstehung für mich_, weil sich hier die transzendentale Hoffnung des Menschen verobjektiviert und als eingelöst erweist. Mein Bezug zur Auferstehung besteht also nicht darin, daß ich in einer neuen Geschichte stehe, die eine zusammenhängende Heilsereignisfolge beinhaltet, sondern darin, daß mit der Auferstehung der trasnzendentale Sinnwille des Menschen eingelöst ist. Ist er aber einmal eingelöst, ist er für alle zumindest einlösbar. Und darin und darum ist in Christus unser Heil, weil Gott das Heilsangebot in meiner transzendentalen Subjektivität, das sich in der Weise der Heilshoffnung niederschlägt, an einem Menschen eingelöst hat. Der Konnex von Menschen zu Christus als Auferstandenem führt über das Heilswirken Gottes, das im Grunde jenseits von Erfahrung liegt. In der Auferstehung ist das zur Eindeutigkeit gebracht, weil objektiviert, was unthematisch schon immer dem Menschen als Heil angeboten ist.

Das Problem, welches sich von unserer Seite gegen Rahner stellt, liegt einmal darin, daß es so etwas wie Geschichtslosigkeit gar nicht geben kann; denn der Mensch ist notwendig verwiesen an die sinnliche Welt. Und da Geschichte als solche immer nur als Vermittlung des transzendentalen Verhältnisses in Frage kommt, kommt die Vergangenheit allenfalls als Ergebnis von schon faktisch vollzogenen Selbstvermittlungen in Betracht. Interessant sind an der Geschichte überhaupt nur _die_ Fälle, die zu einer möglichst konvenienten Selbstvermittlung des Subjekts führen. Das Interesse an Geschichte ist im Grunde in dem Moment verloren, als der optimale Fall der Selbstvermittlung eingetreten und gefunden ist: im Ereignis der faktischen Annahme des Menschen, das in seiner Definitivität der transzendentalen Auferstehungshoffnung entspricht. So ist erklärbar, warum jetzt alle Geschichte als vergangene christozentrisch zu verstehen ist. Wer weiß, was Christus ist, was Gott an ihm vollzog, weiß das Rätsel der Welt zu lösen. Alle Gegenwart und Zukunft fällt zur reinen Gegenständlichkeit ab, deren Be-

deutung sich darauf reduziert, Material menschlicher Selbstverwirklichung und damit Möglichkeit für freie Annahme und
Erfahrung von Gottes Heil zu sein.

Das ganze Unternehmen wird fragwürdig, wenn die transzendentale Analyse in Frage gestellt wird. So wird der Sinnwille
des Menschen bei Rahner fälschlicherweise mit der Erfahrung
der absoluten Wirklichkeit identifiziert. Nimmt man das zur
Kenntnis, bleibt nur noch folgendes von der ursprünglichen
Freiheitsanalyse des Menschen: Wenn die Freiheit und der im
menschlichen Selbstvollzug immer notwendig gesetzte Sinnwille, der sich nie als solcher unmittelbar kategorial realisieren läßt, einen Sinn haben sollen - weil ohne sie der
Mensch nicht zu leben vermag -, muß so etwas wie ein absolutes Sein als Sinntotum angenommen werden, und zwar so, daß
es schon immer auf dem Weg zum Menschen ist und ihn in seiner Wirklichkeit ermöglicht. Soll der Mensch gerade in seinem vergeblichen und ständig scheiternden Freiheitshandeln
angenommen und gültig sein, ist dieser Gott immer schon als
der verzeihende und liebende zu denken. Soll er wirklich
dem menschlichen Sinnwillen konvenient sein, erfordert dies
seinen universalen Heilswillen. Voraussetzung ist, daß ich
will (aus Erfahrung), daß der Mensch als Wert in seiner Ganzheit genommen ist. Dieses aus Tradition "überkommene Wollen"
findet seine Entsprechung in der Struktur menschlicher Geistigkeit und menschlichen Selbstvollzugs.

6.4   Eine Konzeption von Heilsgeschichte nach der Theorie
       der Narrativität der Geschichte.

6.4.1 Die Frage nach dem geschichtlichen Ort der Offen-
       barung.

Wie schwierig sich die Frage nach dem Verhältnis von Heilsgeschichte bzw. Offenbarungsgeschichte und Profangeschichte
gestaltet, sollte an der Diskussion der behandelten Konzeption deutlich geworden sein. Selbstverständlich spiegeln
diese Positionen nur bestimmte typische Fragestellungen und
Entwürfe wider. Jedenfalls sollte unbestritten sein, daß
sich die in diesen Entwürfen intendierten Zielsetzungen mit
ihren Problemen nicht zu einer Verwerfung der Fragestellung
als solcher heranziehen lassen. Ganz im Gegenteil. Wenn
sich Christentum auf ein konkretes geschichtliches Geschehen als ein in Vergangenheit erfolgtes Ereignis gründet,
wird die Frage nach der Geschichte zu einer Frage nach der
Herzmitte des Christentums. Sie wird zuinnerst eine christologische Fragestellung, und zwar schon als philosophische
Frage nach der Geschichte. " 'Christologie und Geschichte'
ist die Verbindung zweier Begriffe, die abgesehen von dieser
Verbindung nicht vollständig behandelt werden können. Irgendwo trifft die christologische Untersuchung notwendig
auf den Geschichtsbegriff, und irgendwo führt die Wesen-

analyse der Geschichte notwendig zur christologischen Frage.
Das ist auch dann der Fall, wenn es nicht ausdrücklich bemerkt wird, ja in den allermeisten Fällen wird es nicht einmal bemerkt." (75).Dieser von Paul Tillich aufgewiesene Zusammenhang markiert in klarer und eindeutiger Weise die zentrale Gewichtigkeit des Verhältnisses von Heilsgeschichte und
Profangeschichte. Die Christologie ist nun in den von uns
behandelten drei Versuchen keineswegs ausgeklammert gewesen,
vielmehr scheinen sie explizit daraufhin angelegt zu sein
zu erklären, wie ein Ereignis in der Vergangenheit zum unüberbietbaren Höhepunkt, zur Selbstzusage Gottes an den Menschen,
zur definitiven Offenbarung werden kann. Dieses Anliegen
dürfte auch der Grund dafür sein, daß das Thema Geschichtslosigkeit eigentlich nirgendwo ernst genommen wird. Bei
Cullmann wird das Problem deshalb unterschlagen, weil die
Geschichtslosigkeit nur insoweit für den Theologen in Frage
kommt, als Heilsgeschichte mit Profangeschichte identisch
ist. Da hier die Existenzvergewisserung in Heilsgeschichte
eine Sache des Glaubens ist - denn Orientierung an Geschichte als eigener Vergangenheit führte ja niemals zum Erkennen
der Heilsgeschichte als der eigentlichen und verbindlichen
Vorgeschichte, mit der man sich identifizieren könnte -, belegt die heilsgeschichtliche Konzeption Cullmanns jene iro-
nische Bemerkung von W. Trillhaas, wonach solcherart von
Übergeschichtlichkeit offenbar überall dort geschichtlich
ist,wo sie "geschichtlich sein muß, um im übrigen der pein-
lichen Eigenschaften des Geschichtlichen in glückhafter Weise zu ermangeln" (76). Anders bei Pannenberg: für ihn kann
es letztlich Geschichtslosigkeit überhaupt nicht geben, wenn
anders dies nicht ein nachweisbares Mißverständnis neuzeitlicher Philosophie sein soll. Sein Zugeständnis, mit dem
Verlust der jüdisch-christlichen Gottesvorstellung könnte
auch die Welt als Geschichte wieder zum Verschwinden kommen,
bleibt folgenlos, weil für ihn als Gläubigen eine ungeschichtliche Welt eine Unmöglichkeit ist - wenigstens seiner
Konzeption zufolge. Für Transzendentaltheologie tritt die
Geschichtslosigkeit schon gar nicht mehr als Desinteresse an
Geschichte als Vergangenheit, die die eigene Vorgeschichte
konstituierte, in Erscheinung. Weil nach transzendentalphilosophischer Daseinsanalytik die Weise des Daseins die der Geschichtlichkeit ist, brauche man, wie das bekannte Diktum
von Rudolf Bultmann hervorhebt, nicht mehr nach dem Sinn
der Geschichte als Weltgeschichte Ausschau zu halten (77).
Im Augenblick der Existenz liegt der Sinn des Daseins. Heilsgeschichtliche Fragestellung legt sich nicht mehr als Frage
nach dem Sinn der Geschichte, sondern allenfalls nach der
Idee von Geschichte aus (78). Die Ereignisse bekommen ihre
Bedeutsamkeit in Hinblick auf die Möglichkeit, das Dasein
zu sich selbst zu vermitteln. Alles Gegenständlich-Geschicht-
liche wird zum "Fall", zum jeweiligen Material des Zu-sich-
selber-Kommens des Subjekts.

Ein weiteres scheint bemerkenswert für die Beurteilung der besprochenen Konzeptionen. Indem sie versuchen, den faktischen Glaubensvollzug bzw. den Anspruch desselben philosophisch zu rechtfertigen, bedienen sie sich dreier verschiedener philosophiegeschichtlicher Positionen. Cullmanns Versuch spiegelt die Ansätze des Historismus wider, welcher sich zur Bewältigung der Erschütterung menschlicher Sinnvergewisserung in Anschluß an W.v. Humboldt herausgebildet hatte. Welt und Geschichte werden als Drama Gottes begriffen. Die Szenerie auf der Weltbühne bekommt ihre qualitativen Höhepunkte und entscheidenden Momente vom Regisseur bzw. Verfasser zugesprochen. Der Sinn der einzelnen Momente ist vom Dramaturgen entworfen. Will man wissen, wo und wann der Höhepunkt des Stückes erreicht ist, auf welches Ziel das Drama hintreibt, muß man entweder das Stück gesehen haben oder der Dramaturg sagt, worauf es hinausläuft. Soll man irgendwie mitspielen, muß man in die Rollenverteilung eingeweiht sein. Versteht sich von selbst, daß nur dort die Möglichkeit von Offenbarung übrigbleibt, wo die Welt als Weltgeschichte Schauplatz der Bühne ist. Da die Ereignisse der Welt, so wie sie von sich aus vonstatten gehen, keinerlei Hinweis geben können für Sinn, Ausgang und Höhepunkt des Unternehmens, wird eine worthaft erfolgte Offenbarung an den Menschen vom Herrn der Geschichte her nötig. Wenn man um die Absichten des Verfassers und letztlich einzigen Schauspielers weiß, kann man auch die eigentliche Linie des Geschehens identifizieren. Wenn das Stück an sein Ende kommt, läuft die vorher ungedeutete Profangeschichte progressiv in die Heilsgeschichte über. Die Denkfigur ist einleuchtend und vermag zu erklären, wie und warum es eine Entwicklung in der Heilsgeschichte geben kann, ohne daß sie gleich als progressive Entwicklung im Sinne Hegels erstellt werden müßte. Gegen Cullmann ist daher der Hinweis Wittrams, Heilsgeschichte sei auf keinen Fall dem universalgeschichtlichen Modell des 19. Jahrhunderts nachzubilden, nur insofern zutreffend, als Cullmann auf der Linie historistischen Denkens liegt.

Der Verweis auf Hegel, wie er vielfach im Zusammenhange mit Cullmann gemacht wird, trifft indes Pannenberg. In seiner Konzeption wird mit Hilfe der Hegelschen Wirklichkeitsschau das christologische Problem gelöst. Mit der Vorstellung eines Geschichtsverlaufes als eines geordneten und zielstrebigen Prozesses versucht er das Christusereignis als unüberbietbares Heilsereignis bzw. als definitives Offenbarungsereignis so zu retten, daß es konstitutiv bedeutsam bleibt für die Gegenwart.Wenn Weltgeschichte als universaler Prozeß angesetzt wird, bestimmt sich jedes Glied der Reihe danach, wie es sich zum Ende als zum Ziel der Entwicklung verhält. Wohl gibt es in einem solchen Prozeß Knotenpunkte oder Höhepunkte, die entscheidende Zäsuren markieren und daher offensichtlich als bedeutsamer im Vordergrund stehen. Dennoch: aus der Vorstellung des Prozesses folgt, daß sie Vor-geschichte bleiben. Für die Gegenwart sind sie nur insofern interessant, als sie irgendwie auf das Ziel und die Kraft des Prozesses hinweisen. Soll ein Ereignis nicht zur bloßen Vorgeschichte herabsinken, bleibt nur eine einzige Möglichkeit: es muß immer schon "Ende" sein. Es bleibt solange aktuell, ja wird immer noch aktueller in Parallele mit dem weiteren Verlauf der Geschichte, als das Ende näherkommt. Dort ist es dann gleichsam bei sich. Es tut der Argumentationsfigur wenig Abbruch, wenn mittels des Gottesbegriffs der Geschichtsverlauf nicht selbst zum Entwicklungsprinzip erhoben wird.

Für die Konzeption von Rahner ist die Seinsgeschichte von Martin Heidegger das Vorbild. Geschichtlichkeit als Verstehen von Sein, als Vollzug der transzendentalen Bezogenheit auf das absolute Sein, gründet in der nicht mehr konstruierbaren Geschichte des Seins. Die Kontinuität, als metaempirische Größe, ist als sie selbst nicht erreichbar. Was sich bei Rahner als liebende Zuwendung des Heilshandelns Gottes, als Selbstoffenbarung an die Subjektivität des Menschen in der Dialektik von Transzendentalität und Kategorialität ereignet, findet ihr Gegenstück in der Figur der Seinsgeschichte bzw. der ontologischen Geschichte bei Heidegger. Die Kontinuität ist hier wie dort jenseits der erfahrbaren Geschichte angesiedelt. Historische Kontinuität und damit auch jede Art von Heilsgeschichte wird zu einem abkünftigen Modus jener Kontinuität. "Daß das Sich-Ereignen des Seins als des Geheimnisses sich in explikativer Kontinuität entfaltet über Welt, Wesen und Seiendes, steht dafür ein, daß alles, was in Menschenwelt und konkreter Geschichte sich ereignet, als Symbol des Ereignisses des Seins, absolut sinnbezogen ist." (79) Dementsprechend bekommt für Rahner ein Ereignis dann den qualitativen Zuschlag für unüberbietbares Handeln Gottes in der Geschichte, wenn es als <u>Fall</u> jenes Ereignis   symbolisiert, in dem das absolute Sein sich dem Seienden mitteilt. Die Ereignisfolge der Heilsgeschichte als abkünftige Kontinuität konstituiert sich über das Sich-Ereignen des Seins bzw. über die liebende Selbstmitteilung im transzendentalen Bereich des menschlichen Geistes. Das Verhältnis von Heils-Wille und Heils-Handeln Gottes zu konkreter Geschichte und konkreter Heilsgeschichte entspricht haargenau der Differenz und Übereinkunft von Seinsgeschichte und erfahrener oder gestifteter historischer Kontinuität im Sinne Heideggers. Die Frage ist nur, ob es sich in der Weise vor dem Problem des historischen Relativismus retten läßt, daß man philosophiegeschichtlich überkommene Lösungen aufnimmt und so theologisch in Szene setzt, daß das Problem der historischen Relativität überwunden erscheint. Wenn man letzten Endes sowieso wieder an einer außergeschichtlichen Subjektivität festhalten muß, um das Problem der Geschichtlichkeit zu lösen, ist das Problem nur verschoben und nicht geklärt, so sehr man es auch für sich in Anspruch nehmen will.

Der Tübinger Philosoph Walter Schulz hat gezeigt, wie der

Subjektivitätsphilosophie der Neuzeit in ihrer radikalen
Historisierung des absoluten Subjekts eine paradoxe Selbstauflösung der Philosophie der Subjektivität auf den Gang hin
zu ihrer Vollendung entspricht (80). So ist es kein Mißverständnis oder eine Fehlentwicklung der Neuzeit, daß sie an
die Stelle Gottes als Subjekt der Geschichte den Menschen
setzte, so daß sich schließlich und endlich das Subjekt ganz
verflüchtigte, sondern die innere Konsequenz einer Philosophie, die ihr Heil gegenüber einem als bedrohlich empfundenen Relativismus gerade darin sucht, daß sie radikal histo-
risiert. Dies hat konsequenterweise schließlich zur Folge,
daß das total Relativierte gerade als solches umschlägt in
die nun absolut gewordene Geschichte. Geschichte wird selber Subjekt, so daß alle metaphysischen außergeschichtlichen
Reste abgestoßen werden. Wenn aber dies die Konsequenz eines
neuzeitlichen Denkens ist, daß der Versuch, der Geschichte
in ihrer Heillosigkeit mittels ihrer Radikalisierung zu wehren, in deren Apotheose umschlägt und gerade so die Erfolglosigkeit solcher Sinnsicherung handgreiflich macht, sollte
man nicht theologische Entwürfe vorlegen, die diese Konsequenz nur deshalb nicht zu ziehen brauchen, weil man affirmativ einen Gottesbegriff einführt, der einen diese Konsequenzen nicht wahrhaben lassen will. Dabei muß man diesen
Entwürfen zugestehen, daß sie sich einmal um einen recht-
fertigenden Ausweis und eine rationale Erhellung ihrer Voraussetzungen und ihrer Implikate bemühen, daß sie zum anderen dabei ernst machen wollen mit der Gebundenheit des
Christentums an seinen geschichtlichen Ursprung. Sie stellen sich je auf ihre Weise der historistisch-relativierenden
Bedrohung des Christusereignisses und des Offenbarungshan-
delns in der Geschichte. Gerade indem sie die historische
Gebundenheit des Glaubens aufgreifen, wollen sie den Glauben, der an dieses Ereignis geknüpft ist, für die Sinnsicherung und das Sinnstreben des Menschen in der Gegenwart ebenso wie für eine mögliche Handlungsorientierung erschließen.
Damit haben sie auch das andere Problem, welches sich für
Theologie stellt: die mögliche Übersetzung in die Gegenwart
im Sinne einer Applikation, mitbegriffen und eingeholt, je
nach der Konsequenz ihrer Ansätze. Der Ausgangspunkt ihrer
Überlegungenist ein apologetischer. Es ist die Frage, wie
Gott und Welt zusammengedacht werden müssen, damit einsichtig wird, wie, warum und wo Gott sich in der Geschichte geoffenbart hat. Es wird nach der Möglichkeit der Offenbarung
von Gott her gefragt, d.h. es wird nach der apriorischen Möglichkeit einer aposteriorischen Gewußtheit einer Offenbarung gefragt. Wohl wurde auch in der Tradition nach dem
"Warum" der Offenbarung gefragt. Wo diese Frage nicht als
eine nach Motivationsgründen einer faktisch als selbstverständlich akzeptierten Wirklichkeit, sondern als Frage nach
der Möglichkeit verstanden wurde, konnte es mit Hilfe einer
spezifischen Prädikation Gottes geschehen, z.B. im Sinne
eines "bonum est diffusivum sui". Immerhin, alle philoso-

phische Fragestellung ging nicht dahin, die innere Möglichkeit solcher Offenbarung in ihrem letzten Grunde einzusehen,
sondern diente einzig dazu zu zeigen, daß es vom Wesen Gottes her nicht ausgeschlossen werden könne oder müßte, daß
er sich offenbart und dem Menschen zum Heil wird. Der Wahr-
heitsbeweis für die Göttlichkeit einer Offenbarung ist am
Erweis einer solchen selber zu führen. Erst mit Beginn der
Neuzeit, als der Zugang zur Wirklichkeit im ganzen unmöglich wurde, so auch der rationale Zugang zu Gott, mußte demonstriert werden, wie der in einer Offenbarung erfolgte
Durchbruch zum Ganzen der Wirklichkeit wieder möglich sein
sollte. Als die rationalen Gottesbeweise des Aufklärungs-
zeitalters durch die Relativierung der Vernunft selbst in
die nivellierende Geschichtlichkeit hineingezogen wurden,
war nur noch die Möglichkeit der radikalen Historisierung
gegeben, also die Historisierung der Vernunft selber. Dadurch aber, daß durch den radikalen Zweifel Descartes schon
vorher die Subjektivität zum einzigen Zentrum von Wahrheit
geworden war, hatte sich die Frage nach der Wahrheit in die
der Gewißheit verändert. Gewißheit aber ist nur als absolute
sicher, und dies ist wiederum nur möglich, wenn sie immer
schon Teilhabe an der absoluten Subjektivität ist. Die Frage
nach der Möglichkeit von Offenbarung wird daher zu einer
Frage nach der inneren Möglichkeit von Gott selbst. Jetzt
ist die Frage nach der Wahrheit einer ereigneten bzw. als
ereignet behaupteten Offenbarung die Frage nach der seins-
mäßigen Möglichkeit in Gott selber. Denn erfahren kann man
immer nur von dem, was man irgendwie immer auch schon ist,
weil ja nur eines gewiß ist: das eigene Subjekt. Also muß
in der möglichen Gewißwerdung der eigenen Subjektivität das
Kriterium und der Ausweis für Offenbarung liegen. Und je
nach ihrer Art stellen Pannenberg und Rahner so die Frage.
Cullmann bleibt, was seine theologische Fragestellung betrifft, hinter der Neuzeit zurück, insofern für ihn die Frage nach der Möglichkeit einer Offenbarung von Gott als der
Frage der Möglichkeit des Menschen, Gott zu erfahren, überhaupt nicht gestellt wird. Seine Frage richtet sich einzig
auf die immanente Sinnhaftigkeit einer als Heilsgeschichte
vorgestellten Ereignisfolge. Ihr ist die Sinnhaftigkeit
wohl von Hause aus eigen, nicht aber ist sie mit den herkömmlichen Maßstäben menschlicher Geschichtsbetrachtung einsichtig. Mittels des eindeutig machenden Offenbarungswortes,
das autoritativ zugesprochen ist, wird dem, der sich auf
die Ereignisfolge und das Handeln Gottes in ihr einläßt,
Heil zuteil. Und indem man sich darauf einläßt und die Ebene
des Handelns Gottes akzeptiert, wird einem auch deren Folge
als Einheit einsichtig. Hier aber liegt ein Zirkelschluß
vor. Cullmann will nämlich, allerdings nachträglich, die
Frage nach der Orientierung der Menschen hinsichtlich der
Glaubwürdigkeit der Propheten und ihres offenbarenden Wortes
selber stellen. Insofern einmal die göttliche Ereignisfolge
in ihrer Eigenart eingesehen, weil akzeptiert ist, wird
nachträglich auch einsichtig, warum ein Prophet wahr gespro-

chen hat oder nicht, warum ihm zu folgen ist oder nicht.
Cullmann stellt sich so die Frage nicht, sondern stellt sie
als Frage nach der Selbsteinreihung der Propheten und auch
von Jesus selbst. Das aber ist kein Glaubwürdigkeitsbeweis,
weil schließlich jeder x-beliebige sich in eine Vorgeschichte einreihen muß, wenn anders er überhaupt gehört werden
will. Das fundamentaltheologisch Wahre besteht in der Frage
nach der nachträglich möglichen Einreihung von Handlungen
und Worten auf einer Ebene, auf der man bisher das Handeln
Gottes erwartete. Insofern ist Cullmanns Ansatz nicht gänzlich ohne fundamentaltheologische neuzeitliche Fragestellung.
Dennoch bleibt festzuhalten, daß man das ursprüngliche Problem nach einer möglichen Identifizierung von Gottes Handeln
nicht durch den autoritativen Anspruch von Propheten lösen
kann. Mit Pannenberg muß man fragen, ob nicht bereits das
Kerygma selbst von seinem autoritativen Charakter gelöst
werden muß, um, wenigstens in der Zeit nach der Aufklärung,
überhaupt die Frage nach der Glaubwürdigkeit sachgemäß stellen zu können. Wenn die Implikate der Subjektivitätsphilosophie die Ansätze von Pannenberg und Rahner obsolet gemacht haben, Cullmanns Versuch sich der neuzeitlichen Problematik überhaupt nicht in letzter Konsequenz stellt, muß die
Frage nach der Geschichte und dem Handeln Gottes in einer
anderen Alternative versucht werden. Die fundamentaltheologische Fragestellung als Frage nach den Bedingungen und Voraussetzungen des eigenen Glaubens muß auf ihre Möglichkeit
hin untersucht werden, unter der Bedingung, daß sich von
Gott her nicht schon wissen lassen kann, was erst in und
durch Offenbarung gebracht und eröffnet werden soll. Ein
mögliches Strukturverhältnis Gott-Mensch kann erst aposte-
riorischer Deutung zugestanden werden, nicht einer Frage
nach den möglichen Bedingungen von Offenbarung selbst. Damit aber nimmt sich die Frage nach der Absolutheit des Christentums als Frage nach seiner Gewißheit zurück in die Frage nach einer Identifizierung eines Handelns Gottes in der
Geschichte, was da heißt: wie kann der Mensch überhaupt dazu kommen, mit Recht zu behaupten, dieses wäre Heilsgeschichte und somit Handeln Gottes in der Geschichte. Wenn wiederum
nicht von Gott her gedacht werden darf, sondern vom Menschen, ist die Frage danach zu stellen, ob und wo ein Ort
zu finden ist, an dem der Mensch angeben kann, was für ihn
Gott überhaupt bedeutet. Diese Frage ist insofern legitim,
als es den Gedanken und auch den Glauben an einen Gott als
faktisch erweisbar gibt. Man kann sagen, daß dort der Begriff Gott sachgemäß angebracht ist, wo es dem Menschen um
das Thema seines Heils als dem Thema seiner Sinnhaftigkeit
überhaupt geht. Wenn also Gott als Gott der Geschichte geglaubt wird, muß erweisbar sein, wo und wie Gott so in der
Geschichte zum Thema wird, daß er gleichsam Korrelat des
Themas menschlichen Sinnwollens ist. Damit erweist sich die
Frage nach der Geschichte, weil und insofern in ihr Heilshandeln geschehen soll, als fundamentaltheologische Frage

nach der Möglichkeit von Gotteserkenntnis im Sinne christlich-jüdischer Gottesvorstellung überhaupt.

6.4.2 Die Kontinuität der Heilsgeschichte als transzendentales Formmoment einer heilsgeschichtlich motivierten Erzählung.

Nach der Theorie der Narrativität der Geschichte erhält ein
als vergangenes Geschehen berichtetes Ereignis bzw. eine
Ereignisfolge ihre Homogenität und Kontinuität nicht aus
einer homogen vorgegebenen und in sich geschlossenen Ereignisfolge. Wie Baumgartner über Danto hinaus zeigen konnte,
organisiert eine Erzählung nicht erst schon vorhandene historische Ereignisse, die selber als diskontinuierlich zueinander verstanden bzw. als kontinuierlich begriffen werden
könnten, sondern die Erzählung konstituiert sie gleichsam
erst zu historischen bzw. geschichtlichen Ereignissen. Da
historische Kontinuität deshalb vorhanden ist, weil und insofern erzählt wird, und da im Hinblick auf bestimmte Ereignisse in der Zeit Verschiedenes erzählt werden kann, gibt es
auch nicht die historische Kontinuität eines bestimmten Ereigniskomplexes, sondern immer nur historische Kontinuitäten.
Demnach gibt es auch nicht die Kontinuität der Weltgeschichte oder auch der Heilsgeschichte. Kontinuität ist nämlich
immer gleichursprünglich mit Erzählen von Geschichte und damit von Geschichte überhaupt. Damit sind alle Aussagen hinsichtlich einer historischen Kontinuität und einer ihr entsprechenden Diskontinuität metahistorische Aussagen, weil
Kontinuität transzendentales Formmoment der Erzählung ist.
Darum kann diesen unterschiedlichen Prädikaten auch kein
historischer, sondern nur ein metahistorischer Sinn zugeschrieben werden. So wie sich nicht von der Geschichte der
Welt und der Menschen sprechen läßt, so auch nicht von der
Geschichte Israels oder der Geschichte des Heils. Historische Kontinuität ist immer geprägt von dem Charakter der
Retrospektivität, Konstruktivität und Partikularität. Damit
zeigt sich schon an, daß die Forderung nach geschichtlicher
Ausweisbarkeit des Christentums und die Frage nach der Bedeutsamkeit von Ereignissen in der Geschichte einen völlig
anderen Stellenwert bekommen. Insofern solche Fragestellungen eben nicht die Konstruktivität der Geschichte begreifen,
sind sie auf falsche Rechtfertigung aus. Die Frage nach dem
Zusammenhang von Profangeschichte und Heilsgeschichte erweist sich letztlich über die Konstruktivität als eine metanarrative Frage.

Cullmanns Theorie der Heilsgeschichte hatte denselben Zielpunkt wie die Konzeption Pannenbergs: es sollte die Frage
nach der Bedeutsamkeit und Relevanz von geschichtlichen Ereignissen für den Glauben herausgestellt werden. Insofern es
sich bei der Frage nach der Heilsgeschichte um eine auf
das Wesen der ntl. Botschaft selber zielende Frage handelt,
bekommt die Frage nach den Implikaten einer narrativen Theo-

rie hinsichtlich ihrer Auswirkungen auf Heilsgeschichte und
Offenbarungsgeschichte unmittelbar theologische Relevanz.
Cullmann läßt seine Heilsgeschichte grundsätzlich geschieden
sein von aller anderen Geschichte, weil es sich seiner Meinung nach hier um eine sinnlose Verbindung bestimmter weniger Ereignisse handle, wenigstens von rein historischen Gesichtspunkten aus betrachtet. Schon Pannenberg hat demgegenüber geltend gemacht, daß ja schließlich auch Profangeschichte auswähle und nicht alles und jedes einbegreifen könne.
Von einer Theorie der Narrativität kann also der von Cullmann herausgestellte Unterschied von Heilsgeschichte und
Profangeschichte, welcher sich in der verschiedenen "Geschichten" niederschlägt, als einer von verschiedenen Erzählstrukturen begriffen werden. Die Differenz ist keine prinzipielle,
sondern einzig und allein eine faktische, insofern beiden
Erzählreihen (sofern man Profangeschichte als nicht nach Gesichtspunkten des Heils konstruierten Erzählzusammenhang
ganz allgemein umschreiben kann) eine je spezifische interessenbedingte Perspektive zugrundeliegt. Die Frage der Legitimität einer solchen Erzählstruktur ist eine metahistorische Angelegenheit. Damit gewinnt die Aussage Cullmanns, der
Zusammenhang der Ereignisse konstituiere sich auf Grund einer
fortschreitenden Offenbarung, einen völlig anderen Sinn, weil
sich ihr konkreter Inhalt als Eröffnung eines bestimmten Zusammenhanges selbst nicht mehr in der von Cullmann behaupteten Weise in die Reihe der Heilsereignisse einreihen läßt.
Die Berufung auf eine offenbarende Zusage bezüglich der Ereignisse fällt jedenfalls dahin. Es ist aber dennoch dies
nicht der Vorwurf an Cullmann, daß er seine Geschichte des
Heils mit anderen Ereignissen verknüpft und damit die Ereignisfolge in einem anderen Zusammenhang als Profangeschichte
komponiert. Ist aber das Subjekt der Geschichte, Gott, als
eines der Erzählung von Geschichte überhaupt identifiziert,
d.h. entspricht dem Subjekt der Erzählung schon immer die
temporale Struktur der Erzählung, dann ist der Zusammenhang
von handelndem Subjekt und den ihm entsprechenden Ereignissen kein unmittelbar historischer, sondern ebenfalls einer
der Erzählbedingung. Damit kann sich auch der erwartete historische Ausweis der christlichen Offenbarung nicht in der
Form abwickeln, daß sich Ereignisse der Vergangenheit in ihrer Eigenwertigkeit und Eigenbedeutsamkeit schon als offenbarende oder nicht-offenbarende Punkte ermitteln ließen. Da
sich ja die Ereignisse in der Zeit erst innerhalb einer Erzählstruktur, eines "temporal whole", zu solchen der Geschichte konstituieren, ist der Unterschied zwischen einem
profangeschichtlichen und einem heilsgeschichtlichen Ereignis einzig der ihrer verschiedenen Konstitutionsbedingungen
innerhalb eines Erzählzusammenhanges von Geschichte. Die
dort wirksame interessenspezifizierende und damit historische Konstruktion organisierende Wertstellungnahme als metahistorische materiale Bedingung für Geschichtserzählung
macht den differenzierenden Unterschied von verschiedenen
Erzählstrukturen aus. So auch von Heilsgeschichte und Welt-

geschichte. Demnach ist die Frage Lessings, wie sich in einer gewissermaßen heilsgeschichtlich-neutralen Profangeschichte die Möglichkeit einer Verhältnisbestimmung zum Absoluten ergeben könne, eine - nach narrativer Theorie - ex definitione unsinnige Forderung. Denn es wird zugemutet, daß innerhalb eines nicht nach heilsgeschichtlichen Interessen konstruierten Erzählzusammenhangs die Ereignisse als in eben nicht heilsgeschichtlich erzählter Weise dennoch die Qualität von Heilsereignissen mitausweisen.

Da nach narrativer Theorie, und dies ist gerade der von Baumgartner über Danto weitergeführte Gedankengang, die eine Geschichte konstruierende retrospektive Erzählung nicht nur vorgegebene historische Ereignisse in einen Erzählzusammenhang bringt und zu einer sinnvollen Geschichte organisiert, sondern sie allererst auch zu historischen bzw. geschichtlichen Ereignissen in solcher konstruktiver Einbeziehung erstellt, muß die Frage nach der Heilsqualität der geschichtlichen Ereignisse immer im Zusammenhang mit der Konstruktionsebene von Geschichten gesehen werden. Aus dieser Einsicht heraus löst sich dann der von Bultmann und auch anderen festgehaltene Widerspruch auf, der Glaube müsse zwar an vergangenen Ereignissen in der Zeit seinen Anhalt finden, am "daß" des Gewesenseins, könne aber nicht eigentlich von einem historischen Ereignis her begründet werden. Die Flucht aus der Geschichte in der dialektischen Theologie kann somit in ihr eigenes Recht gesetzt werden, ohne die Konsequenz nachvollziehen zu müssen, daß heilsgeschichtliches Denken im Widerspruch zur eschatologischen Botschaft des NT stehe. Richtig daran ist nämlich, daß die allenthalben vorgelegten Erzählzusammenhänge, in denen Geschichte vorgestellt wird, keinen Verweis auf Heilsgeschehen haben, weil diese Erzählungen solche der Machtereignisse und der Kriegsgeschichte sind, getreu dem entwicklungsgeschichtlichen Ansatz der Aufklärung, des Historismus und noch der Geschichtsphilosophie eines Hegel und seiner Nachfahren, wonach die kriegerischen Ereignisse als Ausprägung und Sieg der sittlich besseren Mächte über die niederen zu werten sind. Die Friedenszeiten sind nach Hegel bekanntlich die leeren Blätter der Geschichte. Wie auch immer diese Geschichtskonstruktionen motiviert und von welchen Interessen sie gesteuert sein mögen, sie sind jedenfalls nicht auf der Ebene religiöser Sinnfrage komponiert, auf der allein die Heilsfrage des Menschen im Sinne einer Gottesfrage hätte ansichtig werden können. Insofern ist die Entgegensetzung von kerygmatischer Theologie und Heilsgeschichte ein Mißverstehen der Erfahrung von Geschichte. In diesem Sinne ist die Ablehnung der von Pannenberg mit Nachdruck vertretenen Thesen von der Einheit der Weltgeschichte und der Heilsgeschichte bzw. Offenbarungsgeschichte durch die Kerygmatheologie völlig zu Recht erfolgt, wenngleich wiederum die von Pannenberg angezielte Einsicht festgehalten werden soll, daß es wohl irgendwo eine letzte Identität von Weltgeschichte und Heilsgeschichte als Menschengeschichte geben müsse. Jenes Anliegen also, das ihn mit Rahner verbindet, insofern es dem Menschen in der Geschichte um seine Wirklichkeit im ganzen geht, um die Frage seines Heils, das er in der Geschichte überhaupt, also auch in der Profangeschichte zu wirken hat. Und wenn Gott als der Gott des Heils erscheint, als der Herr der Geschichte, kann es nicht angehen, daß seinem Wirken nur ein ausgrenzbarer Bereich der Wirklichkeit zuerkannt wird. Daraus resultiert sowohl bei Pannenberg wie bei Rahner die Ablehnung einer eigentlichen Heilsgeschichte. Heilsgeschichte kann nur dort in Frage kommen, wo sie verstanden wird als das Wesen der Geschichte überhaupt, gewissermaßen als _die_ normative Geschichte.

Wenn es bei der Geschichte nie um _die_ Geschichte des Menschen geht, sondern immer nur - und dies transzendental notwendig - um Geschichten, wenn es ferner in der Geschichte immer schon um die Wirklichkeit des Menschen und sein Heil im ganzen geht, kann die geforderte Einheit nur im Ursprung der Konstruktion von Geschichte überhaupt liegen. Die Realisierung von Geschichten muß gerade eine Realisierung _der_ Frage sein, um die es dem Menschen als Menschen immer schon zu tun ist. Der Sinn historischer Kontinuität, wie er sich in der Erstellung von Geschichten niederschlägt, muß dementsprechend eine angewandte Form der Frage nach dem Heil des Menschen überhaupt sein.

Bleibt noch zu fragen, was es mit der von Cullmann hervorgehobenen Bedingung auf sich hat, wonach Heilsgeschichte nur zu begreifen sei, wenn man das Prinzip der Erwählung begriffen habe. Wendet man darauf die Theorie der Narrativität der Geschichte an, zeigt sich, daß es sich bei dem Prinzip der Erwählung um ein explikatives Prädikat des Erzählsubjektes, Gott, handelt. Da aber nach narrativer Theorie das Erzählsubjekt identisch ist mit der Erzählstruktur einer Geschichte, erweist sich diese Prädizierung im Grunde als eine tautologische Explikation eines schon als sinnvoll vollzogenen Sinnzusammenhanges. Wenn dem aber so ist, muß auch inhaltlich das solche Konstruktion bedingende Interesse angegeben werden können. Der Hinweis auf mögliche Offenbarung und Zusage Gottes an die Propheten in Hinblick auf seinen Heilswillen kommt prinzipiell und notwendig immer zu spät, weil solche Aussagen nur tautologisch explikativen Charakter einer faktischen Geschichtserzählung haben. Unsere Kernfrage, welche wir den verschiedensten Entwürfen vorgelegt haben, verlangte immer nach dem Kriterium der Erkenntnis einer Handlung oder eines Ereignisses als göttlichem Tun. Jetzt können wir angeben, warum die Hinweise auf die Eigenaussage und Eigenbedeutsamkeit im Zusammenhang der Gesamtgeschichte (wie bei Pannenberg) ebenso wie der Verweis auf Offenbarung nicht zu befriedigen vermochten. Denn da sich Ereignisse erst innerhalb einer konkreten Geschichte zu historischen Ereignissen konstituieren, kann auch eine als Ereignis erfolgte Offenbarung im Sinne einer worthaften Offenbarungszusage ein solcherart vorgestelltes Wirken Gottes in der Geschichte nicht retten, weil sich auch dieses Ereignis nur innerhalb eines retrospektiven Erzählzusammenhanges, der schon eine ganz bestimmte interessenbedingte Perspektivenbildung voraussetzt, als geschichtliches Offenbarungsereignis identifizieren läßt. Es muß also bereits vorausgesetzt bzw. erwartet werden in der inhaltlichen Konstruktion von Geschichten, was die Geschichte dann beweisen soll. Was Geschichte als erzählte Geschichte belegen kann, ist, sofern sie sich auf ausweisbare in der Vergangenheit erfolgte Fakten beruft, daß sie eine sinnvolle Geschichte der Vergangenheit so erzählt, daß sie zugleich von der Gegenwart als eigene Heils-vor-geschichte akzeptiert werden kann. Doch damit rühren wir bereits an das Problem der Hermeneutik, das wir im Augenblick um der Klarheit des Gedankenganges willen aussparen müssen. Pannenbergs Versuch, Geschichte als Universalgeschichte zu konzipieren und sie gerade so zum Horizont von Theologie werden zu lassen, entgeht dem Schicksal Cullmanns nur scheinbar, indem er die Frage nach dem Heil des Menschen als dessen Existential auf die Qualität der geschichtlichen Ereignisse selber überträgt. In der Tat ist es ein verblüffender Gedankengang, wenn aus der Ganzheitlichkeit des Heils die genzheitliche Bedeutsamkeit der geschichtlichen Ereignisse gefolgert wird, insofern man ihnen eine von außen zugesagte oder neu zusagbare Heilsqualität zulastet. Doch auch mit der universalgeschichtlichen Konzeption entgeht Pannenberg den Restriktionen einer narrativen Theorie nicht. Was er als Ereignisfolge und als Prozeß ausgibt, ebenso seine ganze Argumentationsweise, daß dem Gott der Geschichte, wenn er überhaupt Gott ist, schon die Wirklichkeit als ganze zugemutet werden müsse und gerade so die Geschichte als ganze Ergebnis des Handelns Gottes sei, ist nach narrativer Theorie wiederum nichts anderes als die tautologische Explikation eines Satzsubjektes in einer konkreten Geschichtserzählung. Daß Gott so in der Geschichte und an den Ereignissen erfahren werden kann, liegt an der vorgängig bedingten material metahistorisch zu verantwortenden Konstruktion von Geschichte als Gottesgeschichte. Pannenberg kann darin über die Einsicht von Heuß nicht hinaus, daß sich eine Geschichte der Menschheit auch dann nicht als die Geschichte der Menschheit erstellen lasse, wenn man Gott zum konstituierenden Subjekt der Erzählung macht. Denn dieses Subjekt Gott ist und bleibt eines der Erzählung, wenigstens innerhalb der konkret erzählten Geschichten, und ist so immer nur explikative Tautologie eines schon erfolgten Sinnzusammenhanges. Die Rechtfertigung und die Wahrheit einer solchen Geschichte erfolgen auf der Ebene der interessenbedingten Konstruktion. Insofern es bei jeder Heilsgeschichte oder theonom konstruierten Geschichte um das Thema des menschlichen Heils geht, kann in der Tat die Urgierung dieser Heilsfrage in konkreter Geschichte heute vielleicht nur mehr sinnvoll als Universalgeschichte betrieben werden, weil nur so nicht nur Sinnver-

sicherung aus der Vergangenheit, sondern auch Handlungsan-
weisung im Sinne der Heilsfrage des Menschen zu erhalten ist.
Der besondere Vorzug der Pannenbergschen Konstruktion liegt
nun allerdings darin, daß er konsequent den Gottesgedanken
und dessen geschichtliche Bestreitung mitreflektiert und gerade so den Gottesgedanken in seiner Bedeutung für die Gegenwart herausstellen kann. Dem entspricht wohl auch, daß
die in jeder geschichtlichen Konstruktion schon innewohnende
Urgierung der Heilsfrage hier ihre material kongeniale geschichtliche Explikation im Sinne einer Universalgeschichte
erfuhr.

Dennoch muß sowohl gegen Cullmann wie Pannenberg festgestellt
werden, daß der Zusammenhang von Ereignis und göttlicher Auszeichnung unmittelbar nur einer der Erzählung ist. Das aber
heißt, daß jedenfalls zu verschiedenen Zeiten Ereignisse
anders miteinander in Beziehung gebracht werden können. Das
will nichts anderes meinen, als daß man in einer anderen Zeit
auch anders die geschichtlichen Ereignisse sich aufeinander
beziehen lassen kann, weil der Erzählzusammenhang sich eben
von der inhaltlichen Motivation der in einer gegebenen Zeit
gestellten Heilsfrage her zu entwerfen hat. Damit ist auch
das Moment der Entwicklung eingeholt, das sowohl Cullmann
und ganz besonders Pannenberg festgehalten haben, insofern
spätere Ereignisse eine jeweilige Uminterpretation der vorgängigen Ereignisse beinhalten. In welchem Verhältnis diese
ständigen Uminterpretationen in ihrem Bezug zu einem ver-
meintlichen Prozeß der Geschichte oder einem Heilsplan auch
stehen mögen, sie thematisieren gerade den narrativen Charakter von Geschichten. Was sich als veränderndes Ereignis innerhalb der Geschichte herausstellt, ist in Wirklichkeit bereits und damit überhaupt erst durch die Einbeziehung in ein
"temporal whole" zu einem solchen Ereignis geworden. Da Ereignisse in der Zeit prinzipiell in Potenz auf Geschichtlichkeit stehen, ist die Frage nach der Identifizierung von Gottes Handeln in der Geschichte eine Frage danach, wie und ob
sich bestimmte Ereignisse in einen Erzählzusammenhang konstituierend so einreihen lassen, daß sie für gegenwärtige historische Konstruktion im speziellen Sinne einer Heilsgeschichte
akzeptabel erscheinen. Wenn nun christliche Tradition daran
festhält, daß bestimmte Ereignisse zu eigentlichen Heilsereignissen gehören, muß man wiederum festhalten, daß sie dies
nur insoweit sind, als sie eben innerhalb eines "temporal
whole" heilsgeschichtliche Valenz haben. Die hermeneutische
Frage der Übersetzbarkeit und Identifizierbarkeit von sogenannten Heilsereignissen manifestiert sich gerade darin, ob
und wie es gelingt, jene in eine von heutiger Sinnfrage bedingte heilsgeschichtliche Konzeption einzuordnen. Von daher
versteht sich von selbst, daß Ereignisse gegebenenfalls her-
ausfallen können.

Die Unüberbietbarkeit eines bestimmten Ereignisses indes
kann auf der Ebene der Narrativität nur so erreicht werden,
daß gezeigt wird, wie man auf es gerade auch in seinem fakti-

schen Ereignetsein nicht verzichten kann innerhalb eines einmal gerade durch dieses Ereignis möglich gewordenen Sinnzusammenhanges. Eine in geschichtlichem Zusammenhang gestellte Sinnfrage würde andernfalls qualitativ zurückbleiben gegenüber einem geschichtlichen Konstruktionszusammenhang, der ein bestimmtes als unüberbietbar überliefertes und behauptetes Ereignis zum Konstruktionspunkt hätte. Der qualitative Unterschied wäre dabei im Hinblick auf die Sinn- und Handlungsorientierung in Gegenwart zu beweisen. Dies sei auf anderer Ebene verdeutlicht. Wenn jemand z.B. erst mit älteren Jahren erfährt, daß seine Eltern in Wirklichkeit Adoptiveltern sind, wird das Erfahren dieses Ereignisses gerade dadurch geschichtlich und bedeutsam, daß jetzt diese Tatsache (die ja auch vorher faktisch vorhanden war und gerade so in Potenz auf die individuelle Geschichte der betreffenden Person stand) in einen Erzählzusammenhang einer Lebensbiographie notwendig hineingehört, weil es von dem erreichten Stand der eigenen Erfahrung vieles besser, zumindest aber deutlicher erklärt. Durch die Erfahrung dieses Faktums in der gegenwärtigen Situation wird dieses nicht einfach nur in die bisher gewußten Fakten eingereiht, sondern die Erfahrung desselben veranlaßt dazu, dieses Ereignis so in die eigene Vorgeschichte einzubauen, daß sie als eigene Geschichte erlebt wird. Dies zieht zugleich einen anderen inhaltlichen Konstruktionszusammenhang nach sich. Genau dieser Konstruktionszusammenhang besteht auch bezüglich der Heilsgeschichte.

Die Forderung der Einreihung in eine schon überkommene heilsgeschichtliche Überlieferung, wie sie Cullmann für das Erkennen und Namhaftmachen von neuen Ereignissen als Handeln Gottes stellt, entspricht genau der These Pannenbergs, daß diese Ereignisse im Gesamtprozeß der geschichtlichen Entwicklung immer mehr zu ihrer Eindeutigkeit kommen, zuletzt am Ende der Geschichte. Indem sie die Konstruktivität ihrer Geschichtsvorstellungen nicht als eine prinzipielle durchschauen, verfallen sie in den Fehler zu glauben, ihre Geschichtserzählung sei einfachhin identisch mit dem Geschehen in der Welt. Über die dabei auftauchende Problematik, daß nun angegeben werden müßte, warum sich die Heilsgeschichte immer wieder überboten habe, insofern die Ereignisse noch nicht eindeutig, sondern immer noch im Wechsel begriffen sind, helfen sie sich mit der Erklärung hinweg, der Plan des Heilshandelns Gottes sei für den Menschen noch nicht einsichtig genug. Es wird also eine gnoseologische Defizienz des Menschen hinsichtlich der Pläne Gottes konstatiert. Pannenberg differiert nur soweit von Cullmann, als bei ihm die gnoseologische Defizienz auf die Unabgeschlossenheit der Geschichte, und man könnte fast sagen: auf die des Wesens Gottes zurückgeführt wird, insofern das Wesen Gottes seine Freiheit ist und seine Freiheit sich gerade durch Schaffen von Neuem realisiert. Daß beide aber dennoch nicht zu einem völligen heilsgeschichtlichen Agnostizismus verurteilt sind, liegt an der These von der geoffenbarten Treue Gottes zu seinem Handeln. Die scheinbar geschichtliche Einreihung in den jeweiligen Konzeptionen erweist sich als nichts anderes als eine in anderer Situation neu erstellte Heilsgeschichte, also als die Erstellung eines neuen "temporal whole", eines neuen Ereigniszusammenhanges in Form eines neu entworfenen Heilsgeschichtszusammenhanges. Damit soll nicht bestritten werden, daß dies etwas mit dem Eintreten neuer Ereignisse zu tun hat. Dies aber nicht dergestalt, daß man es diesen so einfach ansehen könnte, wohin sie gehörten. Neue Ereignisse werden nur insofern wirksam, als sich diese ebenso wie die schon berichteten früheren nur in einer gegenseitigen Beziehung als geschichtliche beschreiben lassen. Je mehr Ereignisse aufeinander beziehbar sind, umso mehr Geschichten lassen sich erzählen. Sollen solche Geschichten als je meine akzeptiert werden, müssen die als vergangen berichteten Ereignisse so in einen Erzählzusammenhang mit gegenwärtig erfahrenen geschmiedet werden, daß daraus für mich in der Gegenwart Antwort und Forderung abzulesen ist. Die Vergangenheit wird mir als meine eigene Geschichte akzeptier- und zitierbar.

Von daher ist auch die These Cullmanns zu differenzieren, insofern die Propheten sich immer eingereiht hätten in eine Vorgeschichte. Dadurch, daß sie sich selbst zum Gegenstand der Erzählung machten, wurden sie zugleich zum Konstrukteur der Geschichte überhaupt. Das eigentliche Ziel prophetischer Offenbarungsansagen ist nämlich nicht der Prophet, sondern das Stellen des Volkes vor das Angesicht Gottes. Dem Volk soll gezeigt werden, was es in seiner Situation zu tun habe. Man kann daher umgekehrt sagen: nur weil der Prophet sich als fallhaftes Ereignis göttlichen Wirkens begreifen konnte, war es ihm möglich, dem Volk Handlungsorientierung zuzumuten. Das aber ist im Grunde nichts anderes, wie wenn jemand auftritt und erklärt: "wir sind unterdrückt", und damit eine Solidarisierung zu einer wie immer vorgestellten Befreiung beabsichtigt. Da das Subjekt der Erzählung beim Propheten Gott, bzw. dessen Handeln ist, bleibt ihm schlechterdings gar nichts anderes übrig, als sein Handeln mit einem erfolgten Handeln Gottes innerhalb einer Erzählung zu identifizieren, wenn anders er dem Volk gerade die Frage nach dem Heil neu stellen will, und zwar dann, wenn sich das Volk seine Geschichte als Heilsgeschichte Gottes bisher erzählt hat.

Die von Pannenberg eingebrachte Version von der Prolepse des Endes im Christusereignis dient in dem von ihm entworfenen Erzählschema nach narrativer Theorie einzig und allein dazu, die Qualität des Ereignisses innerhalb eines universalhistorisch entworfenen Sinnzusammenhanges herzustellen. Sofern die Funktion des Endes als wertstellungnehmend für die Konstruktion begriffen ist, wird auch der Zirkel, den man Pannenberg vorgeworfen hat, aufgelöst, wonach nicht einsichtig sei, wie ein Ereignis vorweggenommenes Ende sein

könne, wenn gerade das Auszeichnende des Endes darin liege,
deutlich zu machen, was vorher sich ereignet hat. Geht es
nur darum, den Wert eines Ereignisses festzuhalten, ist die
Qualifizierung eines Ereignisses als eines endgeschichtli-
chen nichts anderes als eine symbolhaft umschriebene Wertsetzung desselben. Denn der Bezugspunkt eines als unüberbietbar erfolgten Heilsereignisses ist nicht in Wirklichkeit
das Ende der Geschichte, sondern meine gegenwärtige Situation; für die muß es sich als das Zeichen des Heils erweisen. Die endgeschichtliche Einordnung dieses Ereignisses ist
eine innerhalb eines Erzählzusammenhanges und ist somit einzig und allein dienstbar der Funktion der Erzählung überhaupt,
näherhin der auf eine bestimmte Erwartung hin entworfenen
Erzählstruktur.

Der Zusammenhang von AT und NT ist in beiden Entwürfen als
konstitutiv betrachtet. Wenn aber als konstitutiv, dann muß
er außerhalb des unmittelbar bestehenden Erzählzusammenhanges seinen Sitz haben, ansonsten wäre es denkbar, daß er zunehmend eliminiert würde, insofern die inhaltlichen Ereignisse des AT auch aus einer Heilsgeschichte gestrichen sein
könnten. Wenn es weiter heißt, daß das AT anderseits, wie
bei Rahner, nichts anderes ist als ein Modellfall von allgemeiner Heilsgeschichte, der erst durch Christus und das NT
zu einer besonderen Heilsgeschichte aufgewertet wurde, kann
die Frage nach dem Zusammenhang nicht eigentlich eine nach
der Einheit der faktischen Ereignisse sein. Nach narrativer
Theorie ist das nicht möglich. Damit ist auch der Zusammenhang anders zu denken als bei Cullmann und Pannenberg. Der
konstitutive Zusammenhang besteht vielmehr darin, daß Israel
in der Deutung seiner Geschichte das Heil eben von einem
Gott der Geschichte erwartete. Daß man Existenzvergewisserung in der Vergangenheit suchte und so auch die Gegenwart
als Heilszeit erlebte, d.h. daß man die Sinnfrage gerade
aus einer bestimmten Wertstellungnahme zur Wirklichkeit im
ganzen geschichtlich stellte, darin liegt der konstitutive
Bezug von Neuem und Altem Testament. Nur weil Israel das
Heil auf der Ebene der Geschichte erwartete, konnte ein bestimmtes Ereignis als Heilsereignis, ja als das Heilsereignis schlechthin identifiziert werden. Der mögliche Selbst-
zuspruch Jesu ebenso wie sein Tun und seine ganze Geschichte stehen von Hause aus eben auch nur in Potenz auf Geschichte, was schon allein die Tatsache beweist, daß man in
ihm auch anderes als den Heilbringer sehen kann. Als das
Heilsereignis, als welches das Christusereignis überliefert
ist, kann es sich aber nur dann eingestellt haben und auch
heute noch erweisen, wenn es sich als unüberbietbarer Konstruktionspunkt einer in Geschichte erwarteten Heilszusage
der Menschen bewährt. Der Zusammenhang zwischen uns und dem
AT liegt also dann darin, daß es den Schlüssel der Komposition geliefert hat, auf dem es möglich war, Gott als den
unüberbietbaren Heilbringer in Christus zu erfahren. Die
Wertstellungnahme zum Ganzen der Wirklichkeit ist es also,

die das NT in seiner Schilderung des Handelns Gottes in der
Geschichte die im AT berichteten Ereignisse mit denen Christi verbinden läßt, und genau das ist es auch, was uns auch
heute noch die Möglichkeit gibt, Ereignisse, wie sie im AT
berichtet sind, als Heilsereignisse anzusehen. Dabei ist es
wesentlich, daß nicht eigentlich ein Ereignis in der Zeit,
das z.B. dem Auszug aus Ägypten und dem Durchzug durch das
Rote Meer zugrundeliegt, unsere Anknüpfungsmöglichkeit aus-
macht, sondern eben die Art und Weise der erwarteten und erlebten Erfahrung Gottes. Nämlich die Erfahrung, daß Gott der
ist, der sich in der konkreten Situation menschlicher Not
als Gott erweist. Der Unterschied von uns zum AT würde dann
darin bestehen, daß gerade das "Wie" des Sich-als-Gott-in-
Geschichte-Erweisens verändert ist. Aus einer angereicherten
Erfahrung von Ereignissen ist daher eine andere Heilsge-
schichtskonstruktion erforderlich, wenn etwas als unsere Erfahrung mit Gott noch verstanden werden soll.

In diesem Punkt ist auf Rahner Bezug zu nehmen, insofern für
ihn das AT nur einen Modellfall von allgemeiner Heilsgeschichte widerspiegelt, das seinen besonderen Charakter einzig und allein dadurch bekommen hat, daß Christus in seiner
Tradition stand; er hätte auch anderswo erscheinen können.
Dem ist von narrativer Theorie aus doppelt zu widersprechen.
Einmal deshalb, weil Rahner mit seinem existentialen Ansatz
verkennt, daß der Mensch durchaus nicht gezwungen ist, sein
Heil in der Geschichte zu erwarten. Dies ist nur nach einer
christlichen Deutung seiner transzendentalen Erfahrung als
Gotteserfahrung der Fall. Zum zweiten muß mit einer Akzep-
tierung dieser Erfahrung als Gotteserfahrung die Vergangenheit noch keine Bedeutung haben. Sie hat Bedeutung nur in
der Fälligkeit ihrer Ereignisse, insofern sie Vermittlung
der transzendentalen Erfahrung des Menschen zu sich selbst
ist. Geschichte als Vergangenheit wird damit keine Vorgeschichte, sondern bleibt immer Material der Selbstvermittlung und Erinnerungsgeschichte menschlichen Freiheitsvollzugs. Von daher gibt es keinen anderen Vorzug des AT als
die Tatsache, daß sich in der Freiheitsgeschichte dieses
Volkes die Inkarnation ereignete, die auch anderswo hätte
möglich sein können. Die von uns, wenn auch in anderer Weise, mit Cullmann und Pannenberg herausgehobene Bedeutung
der Geschichte Israels als konstitutiv für die Erfahrung und
die Identifizierung des Handelns Gottes in Christus ist bei
Rahner völlig abhanden gekommen zugunsten der transzendentalen Vermittlung. Nicht deshalb kann für Rahner Gott in Christus erkannt werden, weil man sein Tun und Handeln in eine
Heilsgeschichte einreihen kann; vielmehr kann man ihn allenfalls in eine Heilsgeschichte deshalb einreihen, weil durch
diese Ereignisse die in der liebenden Selbstmitteilung an
die Transzendentalität des Menschen zugleich und schon immer erfolgte Offenbarung dadurch zum kategorial vermittelbaren und benennbaren Ereignis geworden ist. Weil Rahner die
Sorge des Menschen um das Ganze seiner Existenz nur in der

Form der Existenz als geschichtlicher sehen kann und alles
Ereignende nur unter dem Aspekt der Gegenständlichkeit in
Korrelation zur transzendentalen Geistigkeit zu werten ver-
mag, fällt bei ihm Geschichte völlig dahin.

Geschichtliches Ereignis kann überhaupt nicht als es selbst
in einer so ausgelegten transzendentalen Sinnfrage bedeutsam werden, weil nicht gesehen wird, daß es sich bei der
Hinwendung zur Geschichte um eine andere Seite des transzendentalen Sinnstrebens des Menschen handelt. Zwei Punkte wären
also nach narrativer Theorie an Rahner zu korrigieren: einmal die in seiner transzendentalen Analyse behauptete Realidenti-
tät von unthematischem Erkenntnishorizont als Erkenntnisbedingung und Sein bzw. Gott (81). Die mögliche Identifizierung
dieser beiden Größen ist für uns einzig aus der Haltung des
Glaubens möglich. Das Recht dazu wird der Struktur der menschlichen Geistigkeit zu entnehmen sein, insofern die formulierte Utopie des Sinntotums als reale Zukünftigkeit akzeptiert
wird. Dieses Akzeptieren in einer gläubigen Hinnahme erfährt
seinen Ausweis in praktischer Hinsicht insoweit, als gerade
mittels der hoffenden Erwartung eines auf den Menschen zukommenden und immer schon sich selbst mitteilenden Heiles
ein der immanenten Struktur menschlicher Geistigkeit und
menschlichen Sinnwollens entsprechendes faktisches Handeln
ermöglicht wird. Sofern und soweit sich eine strukturelle
Adäquanz zwischen immer intendierter und notwendig vollzogener Strebedynamik und faktischem menschlichen Vollzug mittels einer gläubig erwarteten und erhofften Einstellung dieses angezielten Sinntotums herstellen läßt, ist der Erweis
der Legitimität von solchem gläubigen Hoffen erbracht. Man
akzeptiert also, daß diese Strebedynamik des Menschen Real-
symbol einer wirklichen Mächtigkeit ist.

Daran knüpft sich die zweite Korrektur an Rahner. Da mittels
der historischen Kontinuität, wie sie in jeder Geschichte
realisiert wird, diese Strebedynamik nach dem Unendlichen,
nach der wirkmächtigen Sinntotalität ebenso erfüllt und vollzogen wird, und dies immer in der Konstruktion von konkreten
Geschichten, bleibt die Frage, ob nicht gerade die Hinwendung zur Vergangenheit die explikative und so einzig adäquate Form dessen ist, was auch in der transzendentalen Strebedynamik vorgestellt wird. Das will sagen, die von uns vorher
als Wahrheitskriterium der Gottesvorstellungen vindizierte
strukturelle Adäquanz von Strebedynamik und menschlichem
Selbstvollzug könnte gerade durch die Hinwendung zur Geschichte, insofern darin das Sinntotum als geschichtlich immer
schon wirksames vorgestellt ist, der faktischen Wirklichkeit menschlichen Daseins am adäquatesten entsprechen: Insofern der Mensch nicht nur in irgendwie vollzogener Freiheitsentscheidung ernst genommen sein will, sondern gerade
auch in all dem, was ihm nur mühsam gelingt, was ihn in seiner Entfremdung hält und ihn überhaupt nur als passiv betroffenen beinhaltet. Bei Rahner hingegen ist, und das ist
das Erbe von Heidegger, die _formale_ Existenz der Eigentlich-

keit, die formale Freiheitsentscheidung im Mittelpunkt, wenngleich diese Formalität eine möglicherweise schon aus bestimmter Christlichkeit abgeleitete darstellt. Jedenfalls wird von hier aus auch verständlich, warum Rahner in der Geschichte Israels nur post festum eine besondere Auszeichnung sieht: Weil es schon immer um die Freiheitsentscheidung als der Heilsentscheidung geht, kann eigentlich jüdisches und christliches Denken diese immer schon vorhandene Entscheidungssituation nur zur Eindeutigkeit bringen.

Nachdem es sich nach narrativer Theorie bei der Hinwendung zur Geschichte um eine motivierte und interessenbedingte, nicht transzendental gegebene Hinwendung handelt, muß gerade in dem Punkte des Interesses, das solche Hinwendung veranlaßte, das Entscheidende des jüdisch-christlichen Gottesbegriffes liegen. Es ist die Wertstellungnahme hinsichtlich des Menschen, insofern er gerade in seinem Fallen und seinem Fehlen, in seiner Vergänglichkeit und Trostlosigkeit, in seiner Zufälligkeit und Unverbindlichkeit, in seinem Hoffen und seinem Scheitern ernst genommen wird und ihm gerade so Heil widerfahren soll. Dabei wird seine Existenz nicht in eine werthafte der Eigentlichkeit und des Unwerten der Uneigentlichkeit aufgeteilt, was zur Folge hätte, daß für die Menschen, denen aus irgendeinem Grunde die Eigentlichkeit versagt ist, nur das Kämmerlein von Gottes außerordentlichem Gnadenhaushalt übrig bliebe. Christliche Identifizierung des Sinntotums und christliche Hoffnung weiß vielmehr gerade dort Gott am Werk, wo der Mensch sich eben nicht zu helfen vermag.

6.4.3 Die Differenz von Weltgeschichte und Heilsgeschichte als Ergebnis verschiedener Interpretation menschlichen Selbstvollzugs.

Daß sich eine Einheit der Geschichte als die Geschichte der Vergangenheit schlechthin selbst nach den Gesichtspunkten der Profanhistoriker nicht erstellen läßt, ist bei der Diskussion der weltgeschichtlichen Entwürfe offenkundig geworden. Eine solche Geschichte ist nämlich strukturell nicht sinnvoll konzipierbar, weil sie einen Gesichtpunkt aller Gesichtspunkte voraussetzen würde und damit eine Erzählung aller möglichen Erzählungen als möglich behaupten müßte. Die Kontinuität eines Erzählsubjektes entspricht nämlich nach narrativer Theorie den Bildungsgesetzen einer historischen Konstruktion nur dann, wenn sowohl die Kontinuität als auch die Zeitstruktur des Erzählsubjektes (wie z.B. die Heilsgeschichte oder die Geschichte Gottes mit den Menschen oder die Weltgeschichte) weder im Sinne der Ausschließlichkeit noch im Sinn der Universalität verstanden werden. Die Kontinuität der Vergangenheit stellte sich als unmöglich heraus. Sowenig von einer bestimmten Epoche nur eine einzige Geschichte erzählt werden kann, so läßt sich von der Geschichte im ganzen nicht die eine und einzige Geschichte

erzählen. Mit dieser Einsicht ist neben allen anderen Bedenken und Unzulänglichkeiten ein definitves Verdikt über jede Art von Totalvision der Geschichte gesprochen, sofern sich
diese als kognitiv verifizierbare Erklärungsversuche eines
universalen Entwicklungsganges begreifen. Damit soll nicht
jeder mögliche Sinn von solchen Entwürfen abgewiesen werden.
Es wird nur der Anspruch abrogiert, ein normatives Verständnis von der Wirklichkeit der Geschichte vorlegen zu können,
woran sich alles und jedes Bemühen, das sich auf Vergangenes
bezieht, messen lassen müßte. Wenn historische Kontinuität
immer transzendentale und in diesem Sinne metatheoretische
Bedingung von Erzählung ist, ist sie auch als Ausdruck der
historischen Reflexionssprache zu verstehen und hat damit
immer metahistorischen Sinn. Damit ist die Aussage von der
Treue Gottes als dem Prinzip der Kontinuität der Geschichte,
wie in je eigener Weise von Pannenberg und Cullmann im Ein-
vernehmen mit den Alttestamentlern behauptet wird, zurückzu-
nehmen in eine Aussage metahistorischer Qualität. Der Sinn
solcher Aussagen aber soll nur hinsichtlich der unmittelbar
historischen Relevanz im Sinne der historischen Kontinuität
bestritten sein, nicht jedoch für die materiale Explikation
von Geschichten überhaupt. Der Gehalt der Aussage, Kontinuität gebe es der Treue Gottes wegen, muß vielmehr seinen
Platz an dem die inhaltliche Entfaltung einer Konstruktion
von Geschichte material bedingenden bzw. die Zuwendung zu
Vergangenheit überhaupt motivierenden Ort zugewiesen bekommen.

Was Pannenberg macht, ist im Grunde eine Vergegenständlichung
der Sinnidee der Totalität in der Geschichte. Insofern es
die freie Tat sein soll, welche Vergangenes im Sinne einer
möglichen Handlungsorientierung sinnvoll zu einem "temporal
whole" konzipiert, ist auch zugleich der Ort einer Wirkungsgeschichte als Traditionsgeschichte angegeben. Die Traditionsgeschichte ist nicht insofern der tiefere Sinn von Geschichte überhaupt, als sie die Wirklichkeit der Geschichte
zu ihrer letzten Aufgabe, Offenbarung Gottes zu sein, bringt
(wie es bei Pannenberg der Fall ist), sondern gerade dadurch,
daß sie die Motivation dafür liefert, warum man sich in
freier Entscheidung der Vergangenheit zuwendet. Indem mir
die Traditionsgeschichte im Sinne der Formalautorität eine
Sinnorientierung als Handlungsorientierung in einer vorgestellten Hinwendung zur Geschichte zumutet, wird sie bedeutsam für Geschichte. Als faktischer Bedingungsgrund ist sie
nicht einfachhin konstitutiv für eine Applikation der Idee
der Totalität auf Vergangenheit. Es mag auch andere Gründe
geben, warum ich mich der Vergangenheit als sinnorientierend
zuwende. Es sind Wertstellungnahmen im Sinne eines Selbstverständnisses des Menschen. Und insofern ein bestimmtes
Selbstverständnis dem Menschen mittels der christlichen Tradition zugemutet wird, mit dem man sich identifizieren kann,
wird solche Tradition konstitutiv für Geschichte. Das ist

der Weg des Zusammenhangs von christlichem Glauben und Erfahrung von Geschichte.

Die Einheit der Geschichten besteht also in der in ihnen wirksam werdenden Form des Strebens nach Totalität als Streben nach Unvergänglichkeit und Absolutheit für Endliches und Vergängliches. Insofern es dabei gerade um ein Streben nach Unvergänglichkeit überhaupt geht, ist die Einheit von Profangeschichte und Weltgeschichte in der Tat in dem Streben nach Heil im ganzen der menschlichen Wirklichkeit angezielt. Das ist in narrativer Theorie der Wahrheitswert der Thesen von Pannenberg und Rahner, wonach es dem Menschen in der Geschichte um sein Heil schlechthin gehe, und zeigt, wieso auch in einer Profangeschichte das Heil des Menschen zum unausgesprochenen Thema des menschlichen Selbstvollzugs wird.

Nachdem bisher nur der formale Zusammenhang von Geschichten herausgearbeitet wurde, steht jetzt noch an, auf der Ebene der Theorie der Narrativität die Differenz von Profangeschichte und Heilsgeschichte herauszuarbeiten, nachdem offenkundig geworden ist, daß Profangeschichte nicht einfach nur unbewußte Heilsgeschichte im realistischen Verständnis eines wirklichen Prozesses der Geschichte sein kann. Wenn die Aussage richtig ist, in der Geschichtskonstruktion werde die Figur des Strebens nach Totalität und Absolutem auf die Ereignisse der Zeit angewandt, heißt das nichts anderes, als daß man nicht nur in einzelnen Erkenntnisvollzug immer schon das Absolute im Gegebenen anzielt, sondern daß man auch in der einzelnen Handlung immer schon den absoluten Sinn, die absolute Geltung einer solchen Handlung intendiert. Wenn zum Wesen des Menschen ein Streben nach universalem Zusammenhang gehört und dieses Streben durch keinerlei Einzelnes befriedigt werden kann, so ist es nicht ganz korrekt, wenn Baumgartner sagt, es werde in jedem Fragment immer der umschließende Sinn gesucht. Denn diese Behauptung ist keine Einsicht, sondern bereits eine Wertung. Weil der Mensch im Ernst nicht wollen kann, daß dieses Streben ins Leere läuft, sieht er in ihm eine Symbolisierung eines wirklichen Verhältnisses. Fragment ist etwas nämlich erst, wenn ihm tatsächlich eine Totalität entspricht bzw. entsprechen kann, auch wenn sie im Moment nicht einlösbar ist. Prinzipiell muß sie jedenfalls einzulösen sein. Darauf sei deshalb entschieden hingewiesen, weil hier die Konfundierung sehr leicht vonstatten geht. Interpretiert man nämlich dieses Streben als ein Streben nach wirklicher Totalität, dann muß man konsequenterweise auch die Existenz der Totalität behaupten, wenngleich man nicht weiß, ob diese je für das Streben erreichbar ist. Das Argument der Retorsion, wonach dieses Streben sich selbst aufheben würde, wenn es nicht als auf Wirklichkeit zielend verstanden wird, muß daher ebenfalls abgelehnt werden als theoretisches Argument. Es ist ein praktisches. Denn nur unter der Voraussetzung, daß diese Dynamik als sinnvoll angesehen wird, gilt jenes Argument. Das Recht zu sagen, "im Ernst" könne doch nicht bestritten werden, daß diese Tendenz auf wirkliche Totalität ziele, ist ein lebensmäßiges Argument und insofern das einer Wertentscheidung, welche eben impliziert - und dafür Gründe des praktischen Lebens hat -, daß man nicht will, daß menschliches Leben völlig desavouiert wird. Dieses "will" ist als ein "Nicht-wollen-Können" ein Argument der praktischen Wertstellungnahme. Daher ist jede Identifizierung der Idee der Totalität mit einer wirklichen absoluten Größe wie Gott oder dem Sein eine wertstellungnehmende Interpretation. Als solche ist sie durchaus legitim, wenn nur immer gewußt wird, daß ihr Beweiswert nicht über den der wertstellungnehmenden Interpretation hinausgeht.

Insofern nun in der historischen Kontinuität als dem Implikat einer narrativen Konstruktion, also in der Idee der Geschichte jene Idee der Totalität angezielt ist, die sich als Ursache menschlicher Unendlichkeitsdynamik erwies, ist die Identifizierung dieser Idee mit einem wirklichen Sinntotum ebenfalls das Ergebnis einer wertstellungnehmenden Interpretation. Eine als Heilsgeschichte konzipierte Geschichtserzählung mit ihrem Prädikatssubjekt "Gott" realisiert somit ebenfalls nicht die Totalität menschlichen Sinnstrebens, sondern formuliert nur inhaltlich die Idee jener Totalität. Und indem man sich der Geschichte überhaupt zugewandt hat, setzt man aus wertentscheidender Interpretation der Wirklichkeit jene Idee identisch mit wirklicher Totalität und damit die sie als Utopie formulierenden Geschichten als real sinngebende für die Gegenwart. Alles hängt also an der wertentscheidenden Stellungnahme der Gegenwart zur Wirklichkeit und dem Selbstverständnis des Menschen in der Gegenwart. Wenn also der Mensch will, daß sein Tun und Handeln Sinn und Wert haben, und zwar nicht allgemein und generell, sondern im Einzelnen und im Kontingentesten, muß er sie in die Figur der unendlichen Strebedynamik hineinnehmen. Denn Sinn ist nur zu haben in der Polarität von Fragment und imaginierter Totalität. Damit entspricht einem Sinnwillen des Menschen eine ihm gemäße Vorstellung der Totalität. Der Sinnwille formuliert sich seine Utopie vom Sinntotum. Wenn wir von Sinnwillen sprechen, sei noch auf etwas aufmerksam gemacht. Wir möchten den Sinnwillen des Menschen nicht einfach identisch setzen mit der transzendentalen Figur des Strebens menschlicher Geistigkeit. Diese Figur des Strebens scheint uns im Gegensatz zu Baumgartner nicht schon selbst praktisch zu sein, insofern wir unter praktisch - und wohl auch Baumgartner - den Bezug zur Sinnorientierung im Handeln meinen. Wer nämlich diese Figur des Strebens als sinnlos bzw. als bloße Erkenntnisbedingung interpretiert, dem keinerlei Symbolwert im Hinblick auf Sinnrealität eignet, für den kann sie auch nicht im Sinne einer Handlungsorientierung als inhaltlicher Anspruch an

die sittliche Entscheidungsfreiheit des Menschen ansichtig
werden. Erst indem ich dieses Streben als für mich in meinem
faktischen Sinnwillen bedeutsam ansehe, insofern ich den meiner Entscheidung und meinem Handeln eingelagerten Geltungswillen positiv im Hinblick auf die Strebedynamik interpre-
tiere, bekommt diese Dynamik handlungsorientierende Relevanz.
Je nachdem wie nun Sinnversicherung von der Geschichte erwartet wird, dergestalt wird die inhaltliche Konstruktion
von Geschichte ausfallen. Will man sie gewissermaßen zum
ethischen Arsenal von Humanität gebrauchen, wird eben die
Geschichte als eine der Fortentwicklung auf höhere Stufen
der Humanität erscheinen. Das setzt aber voraus, daß man
Werte der Humanität als gültig in der Gegenwart akzeptiert.
Damit wird der Sinnwille in den Ereignissen der Vergangenheit gleichsam objektiviert und gerade so die Idee einer
letzten Humanität formuliert. Diese Hinwendung zur Vergangenheit ist dann erforderlich, wenn gerade das Vergänglichste,
nämlich das Tun und Leiden des Menschen im Vollzug und in
seinem Verwirklichtsein ernstgenommen werden soll.

Wenn schon die Hinwendung zu Geschichte aus lebenspraktri-
schem Interesse motiviert sein muß, also die freie Applikation der transzendentalen Dynamik menschlichen Geistes aus
einer praktischen Wertstellungnahme der Selbstversicherung
und des Selbstvollzugs der Gegenwart entspringt, liegt es
gewissermaßen auf der Linie dieses Ansatzes, daß dann die
in Geschichte urgierte Sinntotalität mit realer Totalität
gleich gesetzt wird. Anderseits gilt natürlich, daß die als
real akzeptierte Wirklichkeit der angestrebten Totalität
(als Sinntotalität) die Tendenz zur Geschichte evoziert.
Wenn eine Sinntotalität als real akzeptiert wird, kann dies
letztlich nur sein, wenn sie es auch in Hinblick auf die
Ereignisse in der Zeit ist. Damit ist der Hiatus zwischen
transzendentalem Streben und dessen freier Applikation in
der Geschichte, der mittels formal freier Entscheidung überwunden werden muß, nun doch nicht so willkürlich, wie es
auch bei Baumgartner den Anschein hat. Denn die Interpretation menschlicher Dynamik auf Totalität als letztes Gebro-
chensein menschlicher Existenz hat als praktisch-wertstel-
lungnehmendes Verhältnis in seiner formalen Struktur schon
die Tendenz und das Gefälle auf Applikation hinsichtlich der
Zeit. Denn Sinntotalität läßt sich immer nur in Hinblick
auf die Gesamtheit der Wirklichkeit, also auch der zeitlichen Vollzüge des Menschen sinnvoll denken, wenn anders gerade der Selbstvollzug des Menschen letzte Instanz für deren Interpretation ist. Während die Einsicht und das Wissen
um die Dynamik menschlicher Geistigkeit in ihrer transzendentalen Notwendigkeit nicht deren Relevanz auf wirklich
vorhandene Totalität beinhalten muß, ist gerade die freie
Applikation dieser Strebedynamik auf die Geschichte durch
ihre praktische Sinnvermittlung dadurch ermöglicht, daß
vorausgesetzt wird, daß es die in der Kontinuität immer

schon angezielte und urgierte Sinntotalität auch tatsächlich gibt. Wenn man auch weiß, daß dieses alle Unvergänglichkeit aufhebende Sinntotum immer nur als Utopie formuliert werden kann, so basiert dennoch der Sinn dieser Hinwendung zur Geschichte auf der unausgesprochenen Überzeugung, daß die darin realisierte Idee der Totalität nicht nur Idee ist, sondern Wirklichkeit. Denn eine Hinwendung zur Geschichte hat nur Sinn, wenn man davon ausgeht, daß diese darin formulierte Totalität auch in der je vorgestellten Weise der historischen Konstruktion auch wirklich das Vergängliche in die Unvergänglichkeit hinein aufhebt. Darum und nur darum ist jede historische Konstruktion zum einen praktisch und zum anderen theologisch, insofern sie in der Tat das Anliegen der Theologie der Geschichte als sinnvoll voraussetzt. Dieser Zusammenhang offenbart so ein inneres Gefälle jeder historischen Konstruktion auf Heilsgeschichte hin. Heilsgeschichte entsteht also dort, wo sich der Mensch in seiner Ganzheit nach Geltung und Heil entwirft, wo er sich in seinem Denken und sittlichen Vermögen sinnvoll verstanden wissen **will**, wo er die erlebten Werte der Menschlichkeit als Werte akzeptiert wissen **will**, weil er nur so seinem Leben einen Sinn abzugewinnen vermag. Auch im Kleinen gilt, daß das Einzelne nur Sinn hat, wenn ihn auch das Ganze besitzt. Will nun der Mensch von heute Handlungsorientierung von Geschichte her, also vom Glauben und der Überzeugung her, daß sein Tun und Lassen in Korrelation mit einem wirklichen Sinntotum stehen, dann **muß** er Geschichte in der Tat als Weltgeschichte entwerfen. Das Subjekt der Geschichte **muß** ein Gott der Wirklichkeit im ganzen sein, weil nur so dem transzendentalen Streben nach Sinn in dem christlichen Selbstverständnis entsprochen werden kann. Und christliches Selbstverständnis besteht gerade darin, daß jedem Menschen Heil zugesagt ist. Dieses Akzeptieren des christlichen Menschenverständnisses erfordert demnach in heutiger Zeit eine dem Sinnstreben des Menschen entsprechende materiale Explikation einer Weltgeschichte. Diese so entworfene theonome Weltgeschichte, mit Gott als dem Subjekt der Freiheit, ist im Grunde nichts anderes als die material entworfene historische Explikation christlichen Selbstverständnisses unter den Bedingungen der Gegenwart: das Sinntotum muß universal gedacht sein, wenn es eine Handlungsorientierung liefern und den Menschen zu seiner Freiheit ermächtigen soll. In dieser Umkehrung des Verhältnisses von explizierter Geschichte und menschlichem Selbstverständnis wird die Entsprechung von profangeschichtlicher Entwicklung und Gottesgedanken konsequent und einsichtig. Diese so neuerdings formulierte Universalgeschichte Pannenbergs erweist sich als Forderung christlichen Selbstverständnisses innerhalb einer narrativen Theorie der Geschichte. Dabei zeigt sich zugleich, daß jedes geschichtliche Denken nicht nur das Gefälle zum theologisch-geschichtlichen aufweist, sondern bereits in sich die Tendenz dessen hat, was christliche Tradition mit dem Gottesgedanken verbindet, die Vorstellung von Macht und Erbarmen. Das in der Geschichtskonstruktion intendierte Sinntotum kann im Grunde nur dann eine Befreiung in Liebe sein, wenn sie die Macht dazu hat, dem Menschen Geltung und Sinn zu verschaffen, den er zwar immer will, den er sich selber aber nicht geben kann. Zum anderen muß Gott als liebendes Erbarmen gerade mit der Idee der Totalität identifiziert werden, weil nur dann der Mensch in seiner Freiheit ernst genommen und gerade so zu sich selbst befreit werden kann, wenn die Hinfälligkeit seiner Freiheit und seiner sittlichen Mächtigkeit schon immer vom Verzeihen umgriffen ist.

7. HERMENEUTIK UND GESCHICHTE

7.0 Vorbemerkungen zu einer Hermeneutik der Geschichte.

Heilsgeschichte und hermeneutische Vermittlung sind nach der Theorie der Narrativität inhaltlich identische Probleme. Dem steht geistesgeschichtliche Hermeneutik gegenüber, die Heilsgeschichte nur innerhalb einer universal geltenden Hermeneutik zuläßt. Geistesgeschichtliche Hermeneutik muß daher auf ihre geschichtsphilosophischen Voraussetzungen geprüft werden, zumal in den Punkten, die als fundamental anzusehen sind und argumentativ an vorderster Stelle zu stehen pflegen. Methodisch wird analog dem bisher geübten Schema vorgegangen, insofern gerade in der Konfrontation mit anderen Vorstellungen eigene Perspektiven entworfen werden. Erstrebtes Ziel ist es, daß sich aufgrund solchen Bemühens eine Theorie der Hermeneutik entfalten ließe, die in zwangloser Weise unsere auf der Basis der Narrativität der Geschichte gewonnenen Einsichten erhellen und bestätigen würde. Eine harmonisierende Übernahme von Teilergebnissen anderer Versuche soll dadurch vermieden werden, daß primär nach den Voraussetzungen der vorgestellten hermeneutischen Ansätze gefragt wird.

Aus dem bisher verfolgten Gedankengang der möglichen Rede von Geschichte drängte sich unabweisbar ein innerer Konnex von Hermeneutik und Geschichte auf. Gerade die schärfsten Attacken von seiten eines "Kritischen Rationalismus" bestätigen diesen Zusammenhang (1). Nicht nur die Herkunft der hermeneutischen Fragestellung aus der Theologie und deren prinzipielles Interesse an Verstehen von Vergangenem als Verstehen von Geschichte im ganz bestimmten Sinne der Vermittlung zwingen zur Reflexion des möglichen Zusammenhanges von Geschichte als Frage nach der möglichen Überbrückung der historischen Differenz. Gerade auch die in der Kritik am Historismus offenkundig werdende Problematik des Vorstellungsgehaltes Geschichte fordert eine Grundlagenbesinnung, weil mit dem Verlust der Geschichte als bewußter Tradition die Hinwendung selber problematisch geworden ist. Und Geschichte mit dem Geschehen einfachhin zu identifizieren kann schlechterdings nicht akzeptiert werden.

Wenn es nun auch nicht im Bereich unserer Möglichkeiten liegt, diesen Problemkomplex abgerundet zu behandeln und eine voll entfaltete und nach allen Seiten abgesicherte Hermeneutik zu entwerfen (2), muß dennoch auf einige Versuche abgehoben werden, die gängiger hermeneutischer Vorstellung ebenso entgegenstehen wie auch unseren Intentionen zuwider laufen. Näherhin geht es darum, wie der für jedes hermeneutische und geschichtliche Denken notwendige Zusammenhang des Geschehens gedacht wird; denn gerade dieses Problem wird von den Kritikern geschichtlichen und hermeneutischen Denkens vielfach überhaupt nicht mehr in Ansatz gebracht. Anderseits ließe sich aber gerade vom Bedenken des Geschichtszusammenhanges her eine mögliche Hilfestellung für eine sachgemäße Theorie der Hermeneutik entwickeln. Gleichsam als eine präliminarische Absicherung und als tastender Vorspann ist daher die kursorische Auseinandersetzung mit entsprechenden Vertretern zu sehen, welche wir - auch als eigene Hilfestellung - der eigentlichen Hermeneutikdiskussion vorausschicken.

7.0.1 Die Rückführung alles Verstehens auf das naturwissenschaftliche Erklärungsmodell.

Völlig fernab allen hermeneutischen Denkens liegt jene Position, die geschichtliche Fakten als solche bestreitet. Danach gibt es nur Fakten des naturwissenschaftlichen Typs, jede anders vorgestellte Realität ist ein nachträgliches Kunstprodukt. Charakteristischer Vertreter einer solchen Anschauung ist Wolfgang Stegmüller (3). Er bemüht sich zu zeigen, daß die bisher entworfene Alternative von Geschichtsverstehen und naturwissenschaftlichem Erklären eine scheinwissenschaftliche Alternative ist. Die Frage der Verstehbarkeit von geschichtlichen Vorstellungen und historischen Erklärungen wird von ihm in letzter Konsequenz - falls es sich nicht schon von vornherein um Pseudoerklärungen handelt - auf die Frage nach der Erklärung aus Antezedensbedingungen zurückgeführt. Danach sind historische Fakten grundsätzlich einer kausalen Perspektive zuzuordnen wie alle anderen Fakten auch; die scheinbar andere Weise des Erklärens, welche im Verstehen geschehe, ist für Stegmüller nur eine Verschleierung der Tatsache, daß man noch keine adäquate Erklärung gefunden habe. Vom wissenschaftlichen Standpunkt aus gesehen, insofern man nie an ein Ende komme, sei dies sogar als erfreulich zu werten (4). Für Stegmüller fällt damit aber die Geschichtswissenschaft als eigenständige Wissenschaft in dem Sinne dahin, daß sie andere Verfahrensweisen oder andere Objekte zum Gegenstand hätte als das naturwissenschaftliche Erkennen. An diesem Tatbestand ändere auch die Tatsache nichts, daß historische Wissenschaft niemals echte prognostische Aussagen machen könne; denn darin schlage sich nur nieder, daß es von vergangenen und in diesem Sinne auch von gegenwärtigen Geschichtsereignissen keine vollständige Kenntnis der Antezedens- und Konkomitansbedingungen gebe. Selbst im Idealfall ließe sich keine echte Prognose leisten, weil durch die Einflußmöglichkeiten die Bedingungen zwischen gegenwärtigem Zeitpunkt und zukünftigem Ereignis nicht definitiv konstant bleiben. Somit eignet einem solchen Explanans allenfalls der Charakter der Probabilität. Natürlich weiß auch Stegmüller, daß sich seine einzig zugelassene

Methode systematisch-genetischer Erklärung immer auch der
Interpolation und Konjektur im Sinne einer historisch-gene-
tischen Erklärung bedienen muß. Dies heißt aber nun in diesem Zusammenhang nichts anderes, als daß zum gegenwärtigen
Zeitpunkt in einem ganz bestimmten Kontext bewußt auf eine
Erklärung verzichtet wird, nicht jedoch meint es, daß es
sich hier um "unerklärliche Tatsachen" handelt. Wie nomo-
thetisch Stegmüller Geschichte begreift, geht aus seinen
Auslassungen zur Verstehenstheorie von Dilthey hervor. Verstehen ist ihm nichts anderes als ein heuristisches Verfahren. Die angebliche Erklärung aus Verstehen habe nur einen
"ex-post-facto-Charakter" und ist somit nur eine Pseudoer-
klärung (5).

Die Methode des Verstehens, die sich auf ein geistiges Einfühlen beruft, unterliege darüberhinaus einer prinzipiellen
Zweifelhaftigkeit, weil sie keine Verifikationsbedingungen
anzugeben in der Lage sei. Daß diese Methode aber immer
noch wirksam ist, beruhe schließlich darauf, "daß durch diese Methode gewisse Phänomene in suggestiver Weise als sehr
natürlich präsentiert werden" (6). Die beim späten Dilthey
eingeschlagene Richtung auf einen "objektiven Geist", auf
die "dauernd fixierten Lebensäußerungen" liegt für Stegmüller auf keiner anderen Ebene. Auch solches Verstehen muß unter das Fallbeil der Heuristik, es dient lediglich zur Gewinnung von Hypothesen. Dabei bleibt unausgemacht, ob so ge-
wo-nnene Hypothesen nun korrekt sind oder nicht. Alles, was
sich so herausbringen läßt, belegt nur, wie etwas sich ereignet haben könnte, aber nicht, wie es sich ereignet haben muß
(7). Kurz: wenn es keine empirische Überprüfbarkeit im Sinne der exakten Naturwissenschaften gibt, bleiben alle die
aus Verstehen gewonnenen Hypothesen wertlos.

Wenn auch in den Formulierungen und Vorstellungen der romantischen Geschichtsphilosophie und der Hermeneutik bis hin
zu Heidegger und Gadamer ein "Jenseits" des Faktums als metaphysischer Zusammenhang behauptet wird, so ist mit der
Einsicht in diese Tatsache noch lange nicht die Intention
solchen Denkens widerlegt, wie Stegmüller selbstsicher annimmt. Vielmehr trifft seine Argumentation die hermeneutische und geschichtliche Fragestellung überhaupt nicht. Die
unausgesprochene Voraussetzung aller Hermeneutik und allen
geschichtlichen Denkens wird von Stegmüller unterschlagen:
Wer sagt denn, daß der Mensch und die Ereignisse mit ihm
und um ihn herum nur in der Weise des naturwissenschaftlichen "Dinges" zur Sprache gebracht werden können? Schließlich ist die Methode der Naturwissenschaften nur eine mögliche Weise der Vorstellungen von Wirklichkeit; sie ist
ausgerichtet am Ziel der Beherrschbarkeit der Dinge. Aus
solcher Fragestellung folgt mit Notwendigkeit, daß es keinen lebensmäßigen Bezug von Vergangenheit zu Gegenwart geben kann, daß es keine eigentliche Geschichtserfahrung gibt.

Der Geschichtsphilosophie und der Geschichtswissenschaft
des 19. Jahrhunderts ging es aber gerade darum, den Menschen
in der Gegenwart wie in der Vergangenheit als Handelnden und
Leidenden darzustellen. Geschichtsphilosophische Theorien
dienten dazu, den Zusammenhang von Handlungsbewußtsein,
Selbstverständnis und politischer Tätigkeit herzustellen (8).
Daß die affirmativ metaphysische Fundierung dabei in die
unlösbaren Aporien der Geschichtsphilosophie und des Historismus geführt hat, ist kein Gegenbeweis zur Fragestellung
als solcher. Es ist auch kein Beleg dafür, daß nur im Sinne
der naturwissenschaftlichen Exaktheit die Vergangenheit sinnvoll und mit wissenschaftlichem Anspruch erhoben werden könne. Die eindeutige Parteinahme für ein rein positivistisches Bild von Wirklichkeit ist selber eine geschichtsphilosophische Entscheidung, insofern dekretiert wird, Wirklichkeit überhaupt reduziere sich im Sinne der Wissenschaft auf
die Kategorie von Kausalverknüpfungen. Diese Behauptung ist
aber durch nichts gedeckt. Dies widerspricht nicht nur der
alltäglichen Erfahrung, insofern der Mensch zumindest in
seinen entscheidenden Bezügen nicht auf eine mathematisch
formulierbare und in psychische Valenzen auflösbare Größe
verrechnet sein will; solche Position entbehrt auch des philosophischen Ausweises. Schließlich kann nicht die Einfach-
heit im Sinne der naturwissenschaftlichen Exaktheit definl-
tiv über die Wahrheit des Weltbezuges entscheiden.

7.0.2 Die Parallelität von Hermeneutik und Geschichte.

Eine etwas anders gelagerte, aber nicht weniger eigenartige
Vorstellung von Geschichte, Geschichtswissenschaft und Hermeneutik verficht Rupert Lay (9). Hier wird trotz aller
kritischen Betrachtung von geschichtsphilosophischen Model-
len ein recht unproblematisches Verhältnis zur Geschichte
vorausgesetzt, was sich am augenfälligsten darin kundtut, daß
die mit dem Historismus zusammengebrachte Erscheinung der
Geschichtslosigkeit bzw. der zunehmenden Entfremdung von
Vergangenheit als Tradition zugunsten einer Vergangenheit
als Wissenschaftsbereich im Verlauf der Kritik wie auch in
den eigenen Vorstellungen in keiner Weise zum Problem wird.
Gleichermaßen scheint der Sinn des Universalitätsanspruchs
in der historistischen, seinsgeschichtlichen, wirkungsge-
schichtlichen und auch noch der marxistischen Konzeption
nicht begriffen zu sein. Jedenfalls ist das Problem, welches im Zentrum all dieser Ansätze steht, zuletzt noch unter
dem Stichwort der "universalen Kommunikationsgemeinschaft",
nirgendwo eigens thematisiert, insofern Verstehen von Vergangenem als Bedingung und Voraussetzung ein Prinzip der
Einheit vonnöten hat. So ist auch der Ansatz von Vico nicht
ausschließlich als Gegensatz zum Rationalismus eines Descartes zu sehen (10); schließlich ist in dem Axiom "verum
quia faciendum" eine universale Einheit zum Zwecke des Verstehens angezielt, die im Grunde nur auf der Basis des kar-

tesianischen Zweifels nötig und sinnvoll war. Dieser Außerachtlassung des philosophischen Anliegens in den kritischen Stellungnahmen entspricht dann auch die recht unvermittelte Übernahme der Kritik Karl-Georg Fabers an Gadamer, wonach dieser "die kognitive Aufgabe der Wissenschaft mit der therapeutischen", und Lay fügt kommentierend hinzu, "Geschichtswissenschaft mit Geschichtsphilosophie oder -theologie", verwechselt habe (11). Mit Faber will Lay die Geschichte als Feld der Empirie retten, so sehr, daß sich solche Geschichtswissenschaft auch noch mit ihrem "Defizit an existentieller Tradition" glaubt rühmen zu sollen (12). Dabei wird recht undifferenziert von einem homogenen Kontinuum der Geschichte ausgegangen, das eine "materiale Rekonstruktion des geschichtlichen Objekts" ermöglicht (13). Interpretation und Wertung spielen dabei eine sekundäre Rolle, insofern sie erst in der am faktischen Gegenwartsinteresse orientierten Applikation wirksam werden. In diesem Sinne wird dann Hermeneutik "wichtigstes methodisches Instrument der Geisteswissenschaften"(14). Die geschichtsphilosophische Frage wird also allemal erst auf der Ebene der Interpretation entscheidend, welche ihrerseits auf Entscheidungen beruht. Die aus solchen Entscheidungen resultierenden geschichtsphilosophischen Modelle lassen sich natürlich nicht im wissenschaftlichen Sinne rechtfertigen, wenngleich sich Gründe für die jeweilige Position namhaft machen lassen. Dennoch, "das positive Wissen über Gründe, das die Akzeptation einer philosophiegeschichtlichen Position (mit ihren utopischen Implikaten und der damit verbundenen Möglichkeit zu Extrapolationen) voraussetzt, wird diese niemals voll abdecken können" (15). Die Trennung von Geschichte als Wissenschaft und Geschichte als Tradition wird hier zum Prinzip. Die wissenschaftliche Feststellung ist prinzipiell gelöst von der Sinnfrage und der Handlungsorientierung. Die geschichtsphilosophische Frage wird der letztlich unwissenschaftlichen Entscheidung überantwortet. Darum wird auch der Sinn der Tatsache verkannt, daß sich jeder Interpret wie der "Letzte Historiker" benimmt. Gerade die Konfrontation mit Danto (16) hätte deutlich machen können, daß in der Weise des Zur-Sprache-gebracht-Werdens von geschichtlichen Ereignissen immer schon die geschichtsphilosophische Fragestellung virulent ist. Auch die sich noch so empirisch gebende Wissenschaft ist in der Darstellung von Ereignissen an die verschiedensten Zeugnisse verwiesen. Als was ein Ereignis dargestellt wird, darüber hat immer schon die geschichtsphilosophische Einstellung des Betrachters entschieden. Wer z.B. in der Geschichte nur Notwendigkeit und Gleichförmigkeit am Werk sieht, dem wird auch noch das sonderlichste aller Dinge als Regularität erscheinen. In entsprechender Weise koordinieren sich die Antezedensbedingungen. Eine nachträgliche Interpretation von geschichtlichen Ereignissen kommt zu spät, wenn sie nicht schon von vornherein die Ebene der Aussagen mit in ihre historische Darstellung hineinnimmt.

Das wahre Anliegen der hermeneutischen Rekonstruktion oder
des Einfühlens besteht gerade darin, daß man darum weiß, daß
es geschichtliche Fakten immer nur als schon gedeutete und in
Bedeutungszusammenhänge eingefügte gibt. Die Deutung ist
gleichursprünglich dem geschichtlichen Ereignis selbst. Darum ist es ein positivistisches Mißverständnis, wenn man meint
es gäbe nur "eine Geschichtswissenschaft" (17), weil sie eine
in positiv nachzeichenbaren Fakten sich abspulende Geschehens
einheit voraussetzt. Da es aber das Kontinuum der Vergangen
heit als homogene Größe nicht gibt (18) - es sei denn als Homogenität der konkreten Erzählung -, dürfen auch die geschichtlichen Fakten nicht von dieser Voraussetzung her ver-
standeh werden. Diesem ganzen Mißverständnis, als das sich
nach der Theorie der Narrativität der Geschichte die Darlegungen Lays offenbaren, korrespondiert in Lays Arbeit eine
recht merkwürdige und bezeichnende Parallelbehandlung von
Hermeneutik, Geschichtswissenschaft, Geschichtsphilosophie
und Geschichtstheologie. Nachdem man vorher um der Rettung
einer empirischen Geschichtswissenschaft - aus positivisti-
schem Selbstverständnis der Wirklichkeit - die Ereignisse
in der Zeit zur puren Faktenfolge abgestuft hat, will man
ihnen, da sie ja sonst für den Menschen wertlos sind, nachträglich wieder Bedeutung und Sinn beigeben. Solchermaßen
betriebene Sinnrettung, die pure Option ist, bedarf aber
nicht mehr der Vergangenheit; schon gar nicht ist denkbar,
wie ein Ereignis der Vergangenheit bzw. Vergangenheit als
ganze einen konstitutiven Bezug zum Selbstverständnis des
Menschen in der Gegenwart gewinnen kann. Nachdem die Verifi-
kationsmöglichkeiten eindimensional positivistisch vermark-
tet sind, gibt es für religiöse oder philosophische Interpretation in Hinblick auf die von der Geschichtsschreibung
und Geschichtsphilosophie - sowohl der Aufklärung, der Romantik, der Hegelschen Geschichtstheologie wie der historischen Schule - festgehaltene Einheit von Geschichtsschreibung und Handlungsbewußtsein keinen Anhaltspunkt mehr.

Dabei fragt sich aber, wieso man noch Geschichte betreibt,
d.h. sich der Vergangenheit zuwendet, wenn doch ex definitione nur in nachträglicher Wertung, sofern man sich überhaupt dazu entschließt, jener Bedeutung und Sinn zugesprochen wird. Wäre es da nicht konsequenter, von der "Last
der Vergangenheit" zu sprechen, von der man sich tunlichst
befreien sollte?

7.0.3 Die Korrelation von historischer Kontinuität und
       verstehender Applikation in der Gegenwart.

Wie unzulänglich die Versuche sind, objektive Geschichte im
Sinne empirischer Wissenschaften zu retten, beweist gerade
die seit dem Ende der Sechziger Jahre in die Literaturwissenschaft eingedrungene Krisis der Geisteswissenschaften (19)
Die Problemsituation liegt hier schon erheblich näher der

der Theologie, insofern man sich eben nicht auf eine positivistische Sammlung von Fakten zurückziehen kann, weil Literatur ihre eigenen Wertungen und Maßstäbe nicht nachträglich einführen darf; darüberhinaus kann Literatur niemals
auf Applikation verzichten. Entweder ist Literaturgeschichte
von Hause aus immer schon und ineins aktualisierte Tradition
oder sie ist es überhaupt nicht. Eine sehr gute Skizzierung
dieses Problems legt der Literaturhistoriker Robert Weimann
(20) vor. Als programmatisch für seine mehr thesenartig vorgetragenen Forderungen darf dieser Satz angesehen werden:
"Literaturgeschichte verlangt eine Korrelation von Vergangenheit und Zukunft, in deren Zusammenhang sich ein Kontinui-
tätsbewußtsein bildet und bestätigt: Die Aktualität vergangener Literatur und die Geschichtlichkeit gegenwärtiger Li-
teraturbetrachtung werden bewußt aufeinander bezogen. So erfolgt die 'Wahl' vergangener Tradition aus dem 'Zwang' zu
gegenwärtiger Funktion" (21). Ganz bewußt wird das literar-
historische Problem als Moment einer tieferen Krise angesehen, nämlich als Folgeerscheinung des Verlusts an geschichtlicher Dimension, näherhin als Verlust des Kontinui-
tätsbewußtseins. Dem Fluch Nietzsches auf die Historie ist
nur dadurch zu begegnen, daß "der (...) Zusammenhang von
Gegenwart, Vergangenheit und Zukunft aus einem funktionieren-
den Geschichtsverständnis heraus bewältigt wird" (22).

Weimann weist darauf hin, daß man gerade vom Idealismus ge-
lernt haben sollte, daß der Positivismus das überkommene
Erbe nicht bewahren konnte, weil er das Leben im Heute nicht
zu leben verstand. Der Kritik Nietzsches an den "Ewig-Objek-
tiven" kann man nicht dadurch begegnen, daß man von der historischen Wirklichkeit das historische Bewußtsein abstra-
hiert, noch dadurch, daß man die historische Wirklichkeit
auf das historische Bewußtsein reduziert (23). Ob diese Forderung allerdings mit dem Hinweis auf einen realen Prozeß
der Geschichte eingelöst werden kann, den Weimann an dieser
Stelle nahezulegen scheint, muß fraglich bleiben. Das Anliegen gilt uneingeschränkt. Es ist ein Prinzip der Tradition zu erstellen, das nicht aus einem Gegensatz, sondern
einem produktiven Verhältnis zu der Wirklichkeit der Geschichte verstanden sein will. Der vom Historismus errichte-
te bzw. aus ihm hervorgegangene Gegensatz zwischen objektiver Historie und lebendiger Überlieferung, wie er sich namentlich bei den Vertretern einer empirischen Theorie der
Geschichte findet, verkennt den Zusammenhang von Subjektivität und Objektivität im Verhältnis von Geschichte und Tradition. "Die historische Forschung steht nicht - wie der
Historismus glaubte - jenseits ihrer eigenen geschichtlichen Bewegungskräfte; sie hat, im Gegenteil, lebhaften An-
teil an der notwendigen Beziehung unserer Zeit zur Vergangenheit"(24). Fragestellung und Methode stehen ebenso wie
der eingenommene Standpunkt nicht beziehungslos zum historischen Gegenstand.

Will man den aktuellen Zusammenhang von Vergangenheit und Gegenwart wieder herstellen, ohne ihn auf vulgäre Weise zu aktualisieren, kann Literaturgeschichte - und damit auch jede andere historisch orientierte Arbeit - nicht einfach in ästhetischer Sammlung ein historisches Resümee vergangener Dichtung und ihrer Wirklichkeitsbezüge liefern. Vielmehr ist eine bewußte Konfrontation vergangener Werte und gegenwärtiger Wertungen erfordert (25). Literaturgeschichte darf sich daher nicht mit der Sammlung von Fakten, Daten, Quellen und Biographien bescheiden, weil sich nur im Vorgang der Konfrontation die historisch-gegenwärtige Möglichkeit eines Traditions- und Bezugszusammenhanges erfassen läßt. Weimann fordert für die Literaturgeschichte, sie müsse selbst Medium geistiger Überlieferung sein und sich gerade als solche begreifen. Aus dieser Haltung heraus läßt sich dann auch bewußt ein wertendes Urteil über das Vermittelte und die sich wandelnde Beziehung zu ihm bezeugen und anregen. Damit hat Weimann ein Prinzip der Aufklärung aufgegriffen, deren Erbe in der Literaturgeschichte des 19. Jahrhunderts einzig Gervinus zu retten versuchte. Solche Literaturgeschichtsschreibung zielt nicht nur auf den Gehalt des zu Rezipierenden, sondern nimmt die Beziehung des gegenwärtigen Historikers zu seinem vergangenen Gegenstand mit in den Erforschungsprozeß anfanghaft hinein. Dies ist nicht nur eine Absage an das sogenannte empiristische Denken der Historie, sondern auch eine solche an die Hermeneutik eines Gadamer, insofern eben gefordert wird, daß die umfassende Klammer in der wertenden Stellungnahme erst herzustellen und nicht schon als gegeben vorauszusetzen ist. Die von Gadamer vorgebrachte Horizontverschmelzung wird aus ihrer latenten Passivität herauszunehmen und dahingehend zu verändern sein, daß die Rezeption als Neuschöpfung selber konstitutiver Bestandteil der Tradition wird. Nur eine aus der bewußten Einheit des eigenen Lebenszusammenhanges und des eigenen Selbstverständnisses mit der historischen Forschung hervorgegangene Tradition wird das Erbe der Vergangenheit erschließen helfen. Eine Forderung, die haargenau auf der Linie der Theorie der Narrativität der Geschichte liegt und daher sich gerade von unserem Ansatz müßte genuin entfalten lassen.

Für Weimann erhellt sich somit das Verhältnis von der 'letzten' Epoche zu den vorangegangenen aus den objektiven und subjektiven Bestimmungen der Geschichte. Die historischen und ästhetischen Kategorien gewinnen nicht an Gültigkeit dadurch, daß sie jenseits der historischen Bewegung bleiben, sondern gerade dadurch, daß sie sich ihrer Geschichtlichkeit bewußt werden. Dieses Bewußtsein gewährt erst den vollen Sinn für die wirkungsgeschichtliche Distanz zum Gegenstand. Je mehr der Historiker an der eigenen Gegenwart interessiert ist, um so mehr wird er sich an die Erforschung der historischen Vergangenheit in der Totalität ihrer entstehungsgeschichtlichen Bestimmungen und Beziehungen bemühen (26). Für Weimann ist also eine entstehungsgeschichtliche Rekonstruktion und die entsprechende wirkungsgeschichtliche Neudeutung prinzipiell methodologisch zu verklammern.

Wenn auch zu fragen ist, ob der hier vorausgesetzte Zusammenhang im Sinne eines einheitlichen universalen Geschichtsprozesses wirklich nötig ist, ob sich ferner Gegenwart immer als die 'entwickeltste' Epoche begreifen darf, bleibt doch die Intention völlig gültig. Jedes literaturgeschichtliche Problem ist wie jedes hermeneutische immer eingespannt in eine umfassendere Größe, in die geschichtliche Einheit von Gegenwart und Vergangenheit. Ohne eine wie immer vorgestellte Einheit der Geschichte, welches schon in dem "Erahnden" eines W.v. Humboldt grundgelegt ist, gibt es kein Zurück zur Vergangenheit. Und je nachdem wie sich Gegenwart erfährt, entwirft sich ihr die Einheit der Geschichte. Dementsprechend modifizieren sich auch die Wertkategorien und die Möglichkeit des Verstehens von vergangenen Gütern. Aneignung dieser Güter bedeutet immer einen Neu- und Nachvollzug auf heutiger Situation. Ineins damit geht es darum, wie die Vergangenheit für unsere Lebensgestaltung und unser Selbstverständnis aktualisiert werden kann. Vor dieser Frage steht nicht nur jeder Regisseur, jeder Schauspieler, jeder Zuschauer, sondern ganz besonders auch jeder Theologe und Prediger.

Dieses notwendige, aber weithin methodologisch nicht begriffene Verhältnis müßte gerade in den verschiedensten Versuchen politischer Theologie bedacht werden, wenn anders es sich dabei nicht um eine sinnleere Pragmatik handeln soll. Ebenso müßte dies gerade in der Rede davon, daß die Menschheit heute daran sei, ein einheitliches Subjekt der Geschichte zu werden, zum Zuge kommen, insofern es sich bei diesem Problem um die Verschränkung von Gegenwart und Vergangenheit aus einem heute möglichen Handlungshorizont handelt. Geschichtliche Rekonstruktion muß jedenfalls a limine mit ihrer lebendigen Rezeption methodologisch verklammert werden. Nur wenn der gegenwärtige Historiker seinem vergangenen Gegenstand nicht starr gegenübersteht, sondern wechselseitig mit ihm verknüpft ist, wird die gegenwärtige Praxis zum Ausgangs- und Zielpunkt der historischen Erkenntnis. Daß dafür ein wirklicher Geschehensprozeß der Geschichte erfordert ist, wie es Weimann nahelegt, ist zu bestreiten. Richtig und bedeutsam für jede Hermeneutik ebenso wie für jede Geschichtsschreibung ist indes die Forderung, daß der Rückknüpfungsprozeß von vergangenen literarischen Zeugnissen zur Geschichte über das tätige Selbstverständnis des gegenwärtigen Menschen erfolgen muß. Es gibt kein naives Zurück vom Text zur Geschichte, welches in neutraler Distanziertheit und positivistischer Objektivität vor sich gehen könnte. Dies ist deshalb verwirkt, weil der im Text nieder-

gelegte Sachverhalt nicht naiv wirklichkeitsabbildend war,
sondern gerade auch ein aus tätigem Selbstverständnis vorgestelltes Weltverhältnis in konkreten Einzelaussagen realisiert. So ist eine solche konkrete Beschreibung niemals
nur Beschreibung, sondern immer schon wertstellungnehmendes
Verhältnis zur Wirklichkeit, die bereits darüber entschieden
hat, als was etwas zur Sprache gebracht wird. Könnte man einen wirklichen Prozeß der Geschichte namhaft machen, würde
sich solche Rückkoppelung relativ einfach durchführen lassen.
Damit begäbe man sich aber wieder in das Fahrwasser Hegels:
wer einmal den Prozeß begriffen hat, kann gewissermaßen
eine operationale Umsetzung jedes vergangenen Gedankengutes
vornehmen. Das aber verbietet sich prinzipiell, weil - wie
die Theorie der Narrativität der Geschichte zeigen konnte -
sich ein Geschichtsprozeß nicht ohne unlösbare Aporien denken läßt. Wenn nach narrativer Theorie die Einheit der Geschichte als formales Kontinuum ihren Ursprung in transzendentalen Bestimmungen menschlicher Geistigkeit und
menschlichen Sinnwillens hat, kann die hermeneutische Frage
nur über das formale Konstruktionsprinzip wie über das
wertstellungnehmende materiale Entfalten der Geschichte erfolgen. Die Weise, wie Geschichte konstruiert wird, d.h.
nach welchen Wertmaßgaben und welchen Zusammenhängen, entscheidet bereits darüber, ob und wie ein Text vergangener
Zeit überhaupt noch aktualisierbar ist. Wer von einem positivistischen oder explizit materialistischen Geschichtsbewußtsein ausgeht, soll sich nicht wundern, wenn er Texte
und Kulturgüter nicht mehr in der Weise aktualisieren kann,
wie es offensichtlich noch Epochen vermochten, deren Verhältnis zur Wirklichkeit sich in anderer Weise gestaltete.
Damit ist noch nicht über die Rechtmäßigkeit der jeweiligen Perspektive entschieden; dies ist eine metahistorische
Frage.

7.0.4 Die Frage des geschichtlichen Zusammenhanges als
       Problem der theologischen Hermeneutik.

Mit der Stellungnahme zu den verschiedenen Mustern von Geschichtsverständnis und deren Verhältnis zum Verstehen von
vergangenen Überlieferungen sollte die Richtung vorgezeichnet werden, wie sich von narrativer Geschichtstheorie die
Probleme der Hermeneutik und des geschichtlichen Zusammenhanges stellen. Insofern es sich bei den Überlieferungen
der Schrift um Texte vergangener Zeit handelt, gilt - trotz
und gerade der ihnen zugewiesenen Dignität wegen -, daß
es sich hier um literarische Zeugnisse handelt, die somit
ganz und gar unter das Problem des geschichtlichen Zusammenhanges fallen. Dieses Problem signalisiert die Nahtstelle zur Theologie. Sofern das hermeneutische Problem ein
Moment des geschichtlichen Zusammenhanges ist, geschichtlicher Zusammenhang aber nach unserer Auffassung nicht einer
und nur einer ist, weil er aus der wertenden Stellungnahme

des Geschichtsschreibers material sich entwirft, ist gerade die Möglichkeit, diese Texte in der ihnen zuerkannten Dignität zu interpretieren, dann gegeben, wenn der Zusammenhang der Geschichte auf der ihnen adäquaten Dimension gesucht wird: und das wäre eine Heilsgeschichte. Diese aber ist wiederum nicht im Sinne einer positivistischen Versammlung von Texten zu leisten, die sich diese Dignität selber zusprechen, sondern sie ist aus der an gegenwärtiger Situation leidender und hoffender Menschen gewonnenen Dimension des Heils zu konstruieren. Damit tritt ein, daß bestimmte Texte heute um ihres eigenen Anspruchs willen anders gelesen bzw. anders artikuliert werden müssen. Auf den Betrieb der Theologie angewandt heißt das, daß sich exegetische und historische Fragen, sofern sie in theologischer Absicht gestellt sind, nicht von fundamentaltheologischen und dogmatischen Problemen trennen lassen. Nicht die Fakultät und auch nicht die Art der Texte entscheidet darüber, ob Theologie getrieben wird, sondern einzig und allein die Tatsache, wie das Geschehen, auch das vergangene, in Anschlag gebracht wird. Dies gilt noch bis in den geschichtlichen Rekonstruktionsprozeß hinein. Insofern Geschichte und ihre vorgestellte Kontinuität immer an die Erfahrung der Wirklichkeit in der Gegenwart geknüpft sind, wird theologische Beschäftigung mit der Vergangenheit, sei es biblische Geschichte oder Kirchengeschichte, immer zu einer positivistischen Verfälschung der Vergangenheit, wenn die fundamentaltheologische Fragestellung nicht konstitutiv für die historische Rekonstruktion geworden ist. Nur so wird es möglich sein, in der Überlieferung gültige Wahrheit vorzufinden, die auch noch tragfähig für die Gegenwart ist (27).

Aus den bereits getroffenen Überlegungen heraus und der vorgebrachten Kritik an dem bisher weithin geübten Geschichtsprozeß soll der natürlich begrenzte Versuch gemacht werden, eine mögliche Skizze für theologische Hermeneutik zu erarbeiten. Dabei kann es sich nicht um eine allseits abgesicherte Theorie handeln, die aus einer umfassenden Auseinandersetzung mit den herrschenden Vorschlägen und Entwürfen hervorgegangen wäre. Einzig darauf sei hingewiesen, daß die theologischen Hermeneutiken, die sich bei den Anhängern einer existentialen Interpretation um Bultmann, Ebeling (28) und Fuchs (29) finden, um nur einige Namen herauszugreifen, für uns ebenso wenig in Frage kommen wie die Versuche von Simons/Hecker (30), Biser (31) und Coreth (32). Dies deshalb, weil sie nach unserem Dafürhalten den Zusammenhang von Geschichte auf metaphysischen Voraussetzungen denken, die nicht zu akzeptieren sind. Daß wir ihren Anliegen auf unsere Weise gerecht zu werden versuchen und daher auf verschiedene Weise auf sie zurückgreifen, darf als selbstverständlich angesehen werden. Generell basieren diese Versuche auf der Fragestellung neuzeitlicher Identi-

tätsphilosophie, die als solche bereits illegitim ist. Auf
die eine oder andere Weise wird dabei Zeit immer zum Offen-
barungsfaktor. Die Progression von Sinnverstehen ist auch
dort noch unverkennbar, wo die Teleologie eines Hegel explizit verworfen wird. Diesem Denken ist aus gutem theologischen Grund Skepsis entgegenzubringen, weil Theologie nicht
einfachhin den Menschen in einem progressiven Gottesverhält-
nis akzeptieren kann. Anderseits darf die Unmittelbarkeit
des Verhältnisses zu Gott nicht auf Kosten der historischen
Differenz erkauft werden.

7.1 Sprache und Wirklichkeit.

Unter allen sogenannten Geisteswissenschaften ist die Theologie am unmittelbarsten betroffen von dem Verhältnis
"Sprache und Wirklichkeit", ist sie doch an das Wort als
an den sie ermöglichenden Grund verwiesen. Wenn es aber so
ist, daß die Sprache immer in ihrer Konkretheit, in dem,
was durch sie jeweils und immer wieder zur Sprache gebracht
sein will, hineingenommen ist in die Lebenswirklichkeit
des Menschen (33) und somit auch in die Problematik des
Verhältnisses, das sich mit dem Begriff Geschichte verbindet, dann kann nicht mehr unabhängig von dieser Voraussetzung völlig problemlos von spekulativer und instruktiver
Explikation der Offenbarungsaussagen gesprochen werden.
Darum lebt Theologie auch in besonderer Nähe und Gefährdung
in Hinblick auf die Verwirklichung dessen, was in den ihr
zugemuteten Texten als Zugesprochenes für die Menschen eröffnet werden soll. Dennoch ist das Problem der Theologie
nicht primär das einer "Überwindung der auf sie eindringen-
den Sprachkrise" (34), insofern es nur darum ginge, eine
uns fremde Diktion zu übersetzen. Biser scheint in seiner Arbeit dieser Fiktion verfallen zu sein, wenn er das in den
Glaubensurkunden niedergelegte religiöse Substrat, das eigentliche "Wort Gottes" als Metasprache begreift, das es
mit den Sprachmitteln der Zeit zu artikulieren gelte (35).
Weil Biser das Problem der Identifizierung von Offenbarung
in der Geschichte nicht stellt, d.h. die Frage danach, wie
und wann ein Geschehen als Handeln Gottes begriffen und
verstanden werden kann (was sich gerade aus seinen eigenen
Überlegungen zum Verhältnis von Sprache und Wirklichkeit
nahegelegt hätte), ist auch sein methodischer Versuch, "aus
der innersprachlichen Dynamik Kriterien des Verstehens
zu gewinnen", , zu kurzatmig angesetzt und zum Scheitern
verurteilt (36). Die eigentümliche Behandlung der Inspira-
tionsfrage dokumentiert dies in besonderer Weise (37). Gerade vom Wesen der Sprache her sollte klar sein, daß es
kein Jenseits von Sprachlichkeit gibt, so daß die trennen-
den Gesichtspunkte von geisteswissenschaftlicher und theologischer Hermeneutik nicht in einem anderen Verhältnis von
Sprache zur Wirklichkeit zu sehen sind, was eine theologische Sonderhermeneutik fordern und rechtfertigen könnte.

Der Unterschied kann einzig in der zur Sprache gebrachten
Wirklichkeit liegen (38).

Sprache ist für uns Ausdruck der Befähigung zum Denken, zur
Schau und zur Handlung, und insofern ist sie nicht einfach
funktionalistisches Kommunikationsmittel. Mittels Sprache
realisiert der Mensch sein Verhältnis zur Welt, ja er setzt
gleichsam durch die Sprache seine Welt. So ist die Sprache
auch die Voraussetzung der menschlichen Freiheit, insofern
sie ein Distanznehmen und eine freie Zuwendung, ein Absetzen
und eine Kontaktnahme zur gegenständlichen Welt, eine
Zurücknahme und Hinwendung der menschlichen Aktivität und
Intentionalität ermöglicht. Im Entschluß des Redens ist
immer schon Weltverständnis mitgesetzt und bejaht, ist immer
schon die in der Ausdrucks- und Vorstellungsebene mitgesetzte
Intentionalität (bewußt oder unbewußt) menschlichen
Wollens, Handelns und Wertsetzens eingegangen. Das
Wort ist immer schon Tat, insofern es als Sprache in einem
unaufhebbaren Zusammenhang mit der ersten und wesentlichen
menschlichen Handlung, der Selbstverwirklichung steht. Ohne
auf die ontologische Möglichkeit von Sprache abheben zu
wollen, muß vor allem darauf hingewiesen werden, daß wir
uns mittels der Sprache unsere Welt als Gegenständlichkeit
und als Beziehungsgefüge aufbauen, daß es die Sprache ist,
welche die Differenzierung von Personalem und Unterpersonalem
ermöglicht. Sprechend wird in der Tat darüber entschieden,
wie Welt uns begegnet, wird darüber verfügt, daß Welt
verstanden wird (39). Hierin liegt die fundamentale Einsicht
Gadamers begründet, wonach Sein, das verstanden werden
kann, Sprache ist. Und Wirklichkeit wird immer als das verstanden,
als was sie zur Sprache gebracht ist. Die Sprache
mißt das Feld aus, in welchem Welt überhaupt und als was
sie begegnen kann (40). Bekanntlich führte bereits W.v.
Humboldt den Unterschied der Sprachen auf die "Verschiedenheit
der Weltansichten" zurück. Sprache erscheint als Medium
des menschlichen Weltvollzugs, in ihr werden Welt und
Menschsein in beiden Sinnrichtungen miteinander vermittelt.
Es wird darüber entschieden, wie die Welt den Menschen angeht
und ihn trifft, ebenso wie der Mensch an die Welt herantritt.
Sprachwerdung der Welt und Weltwerdung der Sprache
sind somit nur die zwei Seiten ein und desselben Sachverhalts.
Dennoch ist dieser Zusammenhang noch zu metaphysisch
gefaßt. Er läßt sich wohl noch einfacher fassen: weil der
Mensch zu verobjektivieren vermag, weil er alles immer als
etwas aussagen kann und muß, auch sich selbst, darum kommen
Weltverhalten und Weltverstehen in einen unmittelbaren Zusammenhang.
Die Pluralität der Welt liegt in der Vielfalt
der Möglichkeit, ihr zu begegnen. Damit wird der von Dilthey
herausgehobene Zusammenhang, wonach man etwas nur mit überkommenen
Begriffen und ihren möglichen Relationen beschreiben
könne (41), wohl noch tiefer zu fassen sein. Nicht allein

die sprachliche Gestalt des Überlieferten wirkt auf das
Verstehen der Gegenwart und ihre möglichen Prädikationen,
sondern in gleicher Weise die ebenfalls überkommene und gegenwärtig praktizierte Weise des Umgangs mit den verschiedensten Wirklichkeiten bestimmen unser Bewußtsein und unser
Selbstverständnis. Darum ist auch die Frage der Wahrheit
der Aussagen nicht im Sinne des theoretischen Urteils im
klassischen Verständnis zu begreifen (dies gilt allenfalls
für rein abstrakte logisch-mathematische Gebilde), noch im
Sinne der Selbstgewißheit, wie sie sich auf dem Boden des
kartesianischen Zweifels in der deutschen Identitätsphilosophie ausbildete. Vielmehr ist das tätig-praktische Verhältnis des Menschen in die historische, ästhetische und
philosophische Erkenntnis ursprunghaft miteinzubeziehen.
Denn die Welt wird niemals nur als bloße Anschauung dem Menschen zur Gegebenheit. In die Widerfahrnis der Welt ist
bereits ein bestimmtes Weltverhältnis investiert. Darum
muß die Praxis als hermeneutische Instanz inmitten des Zusammenhangs von Verständnis und Wahrheitsfindung mithinein-
genommen werden (42). Jedenfalls zeigt sich von dem Grund-
verhältnis der Wirklichkeit, wie sie sich in Sprache als
dem objektivierten Selbstverständnis des Menschen und seines Selbstverhaltens darbietet, daß eine historische Hermeneutik dazu Stellung zu nehmen hat, daß es in der historischen Differenz auch um eine durch Tun veränderte Wirklichkeit geht, nicht nur um eine nur andere Sprache oder
auch um ein nur anderes oder gleichbleibendes Selbstverständnis, welches die Wirklichkeit in ihrer puren Objektivität unberührt gelassen hätte. Darin liegt der Grund,
daß historische Erkenntnis von vornherein im Beziehungsfeld
gegenwärtiger Praxis als gegenwärtigen Selbstverständnisses
bzw. Weltverhältnisses einzig und allein zu stehen kommt.
Hierin, und nicht im nicht einholbaren Sinnhorizont, liegt
der Grund für die immer und je neu zu leistende Aneignung
vergangener Tradition. Darum erfordert gerade die Aktualisierung vergangener Tradition deren tatsächliche Neubil-
dung. Gerade dieser Sachverhalt markiert das Problem jeder
historischen Wissenschaft, insofern historische Erkenntnis
und Interpretation) nicht ohne Bezug auf die vorausgehende
Erkenntnis und ihre Aufhebung durch gegenwärtige Erkenntnis sich konstituieren läßt. Aus dieser fundamentalen Beziehung von Wirklichkeit und Selbstverständnis wirkt jedes Gespräch, auch das noch so sachbetonte, auf das Selbstsein der Partner zurück. "In jedem geäußerten Wort, auch
in dem als Mitteilung gemeinten, erfragen wir uns selbst.
Und in jedem vernommenen Wort glauben wir , selbst wenn es
sich als Frage an uns richtet, eine Antwort zu vernehmen"
(43). Dies gilt natürlich auch in umgekehrter Beziehung:
mit jedem Tun, mit der Weise unseres Handhabens mit den
Dingen und der uns umgebenden Um- und Mitwelt entscheiden
wir über unser eigenes Selbstsein. Dieses aufgezeigte Verhältnis von Sprache und Wirklichkeit im Selbstvollzug des

Menschen verweist in seiner Intentionalität noch auf ein
weiteres. In der sprachlichen Form der Wirklichkeit, in der
Wirklichkeit immer nur erscheinen kann - man könnte sie mit
Gadamer die Weise des Seins der Wirklichkeit nennen -, ist
die Differenz von Theorie und Praxis immer schon überschrit-
ten. Indem der Mensch die Welt zur Sprache bringt, ist er
über die Welt als bloßer Gegenstandserfahrung längst hinaus,
insofern das Gegenständlichwerden der Welt als Sprachlich-
werden einen Freiheitsvollzug involviert. Wer Welt zur Sprache bringt, hat sie schon immer als Feld der Tätigkeit zur
Sprache gebracht, hat sie gewissermaßen aus der Vergänglichkeit in die Unvergänglichkeit hinein gerettet, hat ihr Logos
zugesprochen. Gegen eine ausschließlich faktizistische Welt-
interpretation ist daher das Argument der Retorsion anzusetzen. Daß Wirklichkeit als zur Sprache gebrachte Wirklichkeit menschlichen Selbstverständnisses und menschlichen
Weltverhaltens gerade jenseits einer bloß faktischen Welt-
entgegennahme in purer Faktizität ist, ist gerade Bedingung
der Möglichkeit theoretischer und praktischer Distanznahme
zu Welt und Umwelt. In diesem Sinne kann man mit Biser sagen, "wer spricht, meint die Welt, auf die er sprechend eingeht, als Tatwelt, weil er sein Sprechen selbst schon als
Handlung versteht ... Wirklich ist dem Sprechenden die Welt,
sofern er mit seinem Wort in ein aktiv-kreatives Verhältnis
zu ihr tritt und sie von daher als das Feld der jederzeit
möglichen Konkretisierung dieses Verhältnisses erfährt" (44).

Mit dem Reden greift der Mensch gleichsam aktiv in die Wirklichkeit ein, in seinen Äußerungen wird eine aktive Stellungnahme zur Wirklichkeit manifest. Alle Differenzierungen der
Sprache sind immer schon mitfestgelegt in dem vorgängigen
Weltverhältnis des Menschen. Gerade kraft der Fähigkeit zu
objektivieren, sich die Wirklichkeit als etwas gegenüberzustellen, ist der Mensch in der Lage, diese Haltung zu reflektieren, zu kritisieren und zu korrigieren. Jedenfalls
zeigt sich allein schon an dem Verhältnis Sprache - Wirklichkeit, daß es eine adäquate Unterscheidung im Sinne der
Subjekt-Objekt-Differenz nicht gibt. Denn der objektive Sachverhalt ist immer eingebunden in das Engagement des Erkennenden. Wie die Auseinandersetzung im Positivismusstreit
zeigt (45), muß eben gerade gefragt werden, auf welche Weise
Wirklichkeit zur Sprache gebracht werden kann. Nur so lassen sich die jeweils entsprechenden Falsifizierungsmöglich-
keiten mitangeben. Wie sich die Welt als objektive Gegebenheit vorstellt, darüber ist immer vorentschieden in der
Weise des Bei-der-Welt-Seins der menschlichen Vernunft. Darüber führt auch der kartesianische Zweifel nicht hinaus,
der das Denken in reiner Gegenstandslosigkeit zum Ausgangspunkt der Weltgewißheit nimmt:dieses scheinbar unbezweifel-
bar Erste des Cogito ist in Wirklichkeit ein Trugschluß,
weil eine solche jedem Denkgehalt und damit jeder Sprachlichkeit vorgeordnete Größe nicht existiert. Es läßt sich
allenfalls als eine nachträgliche Abstraktion errechnen,

nie aber aus dem Zusammenhang von Erfahrung und Sprache
herausnehmen, weil und insofern immer nur die zur Sprache
gebrachte Welt und Wirklichkeit akzeptabel und erfahrbar
sein kann. Die "Welt an sich" ist ein szientifischer Ab-
straktionsbegriff, weil Welt immer nur in der sprachlichen
Vermitteltheit auftritt, auch und ebenso das eigene Selbst.
Nur die sprachliche Fähigkeit der Objektivation und Distanzierung läßt den Menschen Maß nehmen von sich selbst, läßt
ihn zu sich selbst vermitteln. Vielleicht liegt die scho-
lastische These von der "conversio ad phantasma" und der
"reditio in se ipsum" diesem Phänomen näher als die Selbstvermittlung der Freiheit durch das andere in der Fichte-
schen Identitätslehre. Wie dem auch sei, für eine theologische Hermeneutik ist ein zweifaches zu bedenken: Die Wirklichkeit, welche in der Aussage angezielt erscheint, und
der Mensch, welcher sich zugleich in dieser Aussage der
Wirklichkeit selber zur Sprache bringt. Darum läßt sich
eine hermeneutische Vermittlung nicht ohne diese beiden
Komponenten zu einem befriedigenden Ergebnis führen. So muß
hermeneutisch gefragt werden, ob sich eine Sache noch in
der überkommenen Weise zur Sprache bringen läßt. Dies immer
im Rückbezug auf den Sprecher, d.h. ob sich dieser in einer
Weise der Welt gegenüber vollzieht, daß die darin einge-
schlossene Wertstellungnahme zur Wirklichkeit im ganzen und
im besonderen sich als akzeptabel begreifen läßt. Damit ist
sowohl das Anliegen Schleiermachers (46), der die Rekonstruktion forderte, ebenso aufgehoben wie das existentiale
Interpretieren eines Bultmann (47). Dennoch muß der gängigen Auffassung widersprochen werden, daß der Interpret nur
in der Rolle der rezeptiven Hinnahme zu sehen sei. Blickt
man auf das im Text zur Sprache gebrachte Verhältnis des
Menschen zu seiner Wirklichkeit, wird einsichtig, daß das
Interpretationsgeschehen nur auch wieder von dieser Warte
aus vollzogen werden kann: vom aktiven Weltverhältnis des
Menschen. Stellungnehmende und wertende Akte sind damit
nicht schon eo ipso Verfälschung des Ergebnisses, sondern
vielmehr immer schon gemachte Voraussetzung möglicher Interpretation, weil sich der Mensch schlechterdings nicht um
ein Weltverhältnis herumdrücken kann. Was er vermag, ist
einzig dies, so zu tun, als befinde er sich in neutral
distanzierter Hinnahme. Der Mensch ist also gerade in seiner Selbstwerdung an das durch die Sprache zur Wirklichkeit
gebrachte personal und welthaft andere zu verweisen. Der
Unterschied zur scholastisch geforderten Verwiesenheit auf
das Seiende besteht   einzig darin, daß das andere nie
in reiner Objektivität entgegentreten kann, sondern immer
nur als die schon im aktiven Verhältnis erschlossene und so
von der konkreten Subjektivität her mitkonstituierte Wirklichkeit vorliegt, - als was sie dann dem Menschen begegnet.
Dieser Ansatz kann natürlich nicht ohne Folgen bleiben für
die Geschichte. Als zur Sprache gebrachte Wirklichkeit
fällt sie in genau dieselbe Beziehungseinheit von Wirklich-

keit und Sprache. Die betreffende Geschichte ist nicht nur
die immer schon beschriebene und interpretierte Geschichte
im Medium der Sprache (48), sie erscheint vielmehr nur als
das, als was ihre Ereignisse zur Sprache gebracht sind. Da
handelt es sich nicht nur um Beschreibung, sondern um die
Qualität des Geschichtlichen überhaupt, insofern Ereignisse
in ein Beziehungsnetz eingebettet sind und nur von dem vorgängigen Koordinatensystem der vorverstandenen Wirklichkeit
miterfaßt werden können. Der aktive Weltbezug des Menschen
entscheidet somit über die Ebene und das Wesen der geschichtlichen Ereignisse, indem er sie so oder so zur Sprache bringt.
Damit dürfen wir einen Zusammenhang von der Theorie der
Narrativität der Geschichte und den Überlegungen zur Sprache herstellen. Gleichzeitig muß hier schon auf ein noch näher zu behandelndes Mißverständnis hermeneutischen Denkens
eingegangen werden: die Wahrheit eines Ereignisses der Geschichte ist nicht das 'additive' Integral aller möglichen
Weisen, in denen eine Wirklichkeit zur Sprache gebracht werden kann. Die Wahrheit eines Ereignisses entscheidet sich
vielmehr darin, ob und wie es sich im gegenwärtigen Lebens-
prozeß noch sinnvoll, und das heißt, in der Einheit von Erkenntnis und Handlungsorientierung fassen läßt. Und je nach
Interesse kann es in der Tat verschiedene Ebenen geben, auf
denen ein Ereignis zur Sprache gebracht wird. Die Wahrheit
dieser Aussagen ist nicht gleichsam ihr semantisches Universum, d.h. die Summe aller möglichen Weisen ihrer Wirklichkeit, sondern die je und je vollzogene Setzung in Hinblick
auf die Aktualisierung und das Interesse der Gegenwart. Diese Einsicht hatte bereits Schiller in seiner Jenenser An-
trittsrede erwähnt, wenn er davon spricht, man müsse vom jeweils entwickeltsten Standpunkt aus versuchen, der Vergangenheit gewissermaßen Ordnung aufzuzwingen bzw. vom Innen
des Menschenheraus überzuwerfen.Damit ist das Problem natürlich bis an den Rand eines Zirkels vorangetrieben. Aus
dieser unaufhebbaren Zirkelstruktur ist diese Problematik
auch nicht zu entlassen, wie Heidegger immer wieder betont.
Von daher wird auch klar, daß es in allem Verstehen nicht
primär um die Information verlautbarender Zeichen oder um
ihren darstellenden Ausdruck geht, sondern um den sich mitteilenden und darstellenden Menschen in seinem aktiven Weltverhältnis. Darin dürfte wohl auch der Sinn der Dilthey-
schen Forderung liegen, daß sich das Ich im Du des anderen
wiederfinden müsse.

Dieses Vorverständnis von Sprache in ihrem Verhältnis zur
Wirklichkeit ist unabdingbare Voraussetzung dafür, daß die
Frage der Theologie nach Gott und Offenbarung in Geschichte
grundlegend gestellt werden kann. Wie schon im Zusammenhang mit dem Thema Heilsgeschichte gezeigt, ist es ja gerade die Frage, wie es möglich sein kann, daß Ereignisse in
der Geschichte als Heilsereignisse zur Sprache gebracht
werden können, insofern eben rational ausgewiesen werden
muß, unter welchen Voraussetzungen und Bedingungen solche

Rede von Offenbarung mehr ist als nur eine pure Behauptung.
Denn nur unter dieser Voraussetzung hat es Sinn, von einem
konstitutiven Bezogensein christlichen Offenbarungsglaubens
an ein historisches Ereignis zu sprechen. Und diese Voraussetzungen kommen nicht am Rande zum Zuge, sondern sind
Vollzugsmoment jeder Rede von Gott, insofern sich die Sinn-
bestimmung von Glauben fortgestaltet zu der Aufgabe, dem
"Theos" selber einen Ort, den Topos, die Möglichkeit und
die Eigenart seiner Erfahrbarkeit anzuweisen. In der Tat
ist diese Aufgabe identisch mit der Aufgabe absoluter Sinn-
begründung, d.h. "mit dem Versuch, die Wirklichkeit auf
ihren ontologischen wie sinnhaft absoluten (Glaubens-)Grund
– oder Abgrund wenn man so will - hin verständlich zu machen" (49). Wenn auch die auf dem idealistischen Ansatz
Fichtes versuchte Vermittlung durch Simons/Hecker nicht akzeptiert werden kann, bleibt deren Fragestellung ganz gewiß die unsere: "wie nämlich, in welchem Sinn und in welchem Wirklichkeitsbereich überhaupt die Wirklichkeit insgesamt theologisch verstanden, d.h. auf ihren absoluten
Sinn-Grund hin durchsichtig werden könnte, wie es, anders
ausgedrückt, möglich sei, 'Gott' zur Sprache zu bringen,
und unter welchen Bedingungen solches Beginnen wesentlich
steht, wenn überhaupt wirklich etwas verstanden und gesagt
werden soll" (50). Und in diesem Sinne betreibt Theologie
auch nicht nebenher Exegese von Schriften verschiedenster
Art, sondern ihr Thema ist ursprunghaft ein theologisches,
nämlich die Vermittlung und verstehende Aneignung der in
den Texten zur Sprache gebrachten Wirklichkeit. In den
Texten selber ist dieser Spannungsbogen von Weltwirklich-
keit, Selbstverständnis und Gotteserfahrung nicht einfachhin als gelöst vorauszusetzen. Im Sinne einer affirmativen
Theologie mit vorstellungsmäßigen Fixierungen von Gott und
seiner Offenbarung ist dieser Problemzusammenhang eben gerade nicht zu lösen. Wer das voraussetzen wollte, hat sich
von vornherein der Möglichkeit begeben, das mit Offenbarung Gemeinte und Angezielte je und je neu aktivieren und
realisieren zu lassen. Der grundlegende Wendepunkt neuzeitlicher Philosophie durch den kartesianischen Zweifel, der
seinen Niederschlag in der Metaphysikkritik Kants fand,
hat zumindest insoweit Geltung, als man nicht mehr naiv
von einem An-sich-sein der Offenbarung sprechen kann. Anderseits reicht der Rückzug in die rein praktische Vernunft
auf die Dauer nicht hin, weil dadurch der Widerspruch zwischen zufälliger Geschichtswahrheit und den Wahrheiten der
Vernunft nicht gelöst ist. Nur in einer Verkoppelung beider
ist eine verantwortete Rede von Gott möglich. Die Reflexion
auf die Funktion der Sprache kann eine solche Einigung
wieder als theoretisch mögliche und ausweisbare liefern.
Zudem ist nur auf diesem Weg eine Möglichkeit eröffnet, den
unheilvollen Zirkel aufzubrechen, wonach wissenschaftlich-
kritische historische Methode von der Voraussetzung ausge-
hen müsse, daß ein Eingreifen Gottes in die Geschichte

nicht akzeptiert werden könne, weil es andere Erklärungsmög-
lichkeiten gibt (51). Ebenso läßt sich, um nur einen Kern-
punkt des Problems anzureißen, der Sinn von Tod und Auferstehung nicht begreifen, wenn man den Zusammenhang der Ereignisse in der Zeit, auf die sich die Aussagen berufen,
und die Weise des Zur-Sprache-Bringens nicht in einer Einheit der Lebenspraxis der sie berichtenden Menschen sieht.
Wenn es nicht gelingt, Auferstehung als ein historisches
Interpretament, d.h. als eine auf ein tatsächliches Geschehen im Spannungsfeld von Weltverständnis und Selbstvollzug
bezogene Erfahrung aufzuzeigen, wird jeder noch so emphati-
sche Hinweis auf die Geschichtsgebundenheit des Christentums zur hohlen Phrase. Eine Aktualisierung dieses Tradi-
tionsgutes steht und fällt mit der historischen Inortsetzung
dieser Erzählung, insofern sie Niederschlag eines Weltverhältnisses und Selbstverständnisses der damaligen Zeugen
ist. Es muß die Ebene dieser Aussagen eruiert werden, wenn
man an das Faktum herankommen will. Denn das pure Faktum,
welches weithin unterstellt wird, gibt es nicht. Es ist nur
das auf anderer Ebene und unter anderen Voraussetzungen zur
Sprache gebrachte Ereignis in der Zeit.

7.2 Die Absolutheit der sprachlichen Erfahrung.

Die Rede von der Sprachlichkeit der Welt erfordert natürlich auch eine Auseinandersetzung mit der Frage nach dem
Verhältnis von Aussagen zur Sache, ebenso eine Klärung des
Verhältnisses von Sprache und Geschichte. Hans-Georg Gadamer hat die "Sprache als Horizont einer hermeneutischen Ontologie" angesetzt (52), welche die Überbrückung der historischen Differenz mittels der "Horizontverschmelzung" und
der Wirkungsgeschichte, die bekanntlich mehr Sein als Bewußtsein ist - Walter Schulz nennt es den "Glücksfund"
dieses Buches (53) - , ermöglicht und   Geschichte zum universalen Gespräch der Sprache selbst werden läßt.

Gadamer läßt zunächst einmal Sprache an das gebunden sein,
"was in dieser Sprache gesprochen bzw. überliefert ist" (54).
Im Anschluß an W.v. Humboldt zeigt er, daß die Welt für den
Menschen immer nur in der sprachlichen Verfaßtheit vorhanden ist. Darum darf die Sprache nicht abgelöst werden von
der Welt, so daß sie ein selbständiges Dasein führte. Dies
nicht zuletzt deshalb, weil Sprache haben bedeutet, sich
zur Welt zu verhalten. Dennoch muß hier Vorsicht walten,
weil Gadamer zwar ständig von der Sachlichkeit der Sprache
spricht, von dem, was in ihr zur Sprache gebracht ist, in
Wirklichkeit aber etwas anderes meint, als es die Aussagen
zunächst nahelegen. Dies deshalb, weil Gadamer die Sprache
vom aktuellen Gespräch her begreift, dessen Vollzugsgestalt
das Verstehen und die Verständigung ist. Es geht Gadamer
nicht eigentlich um den Inhalt von Aussagen, sondern um das
Verstehen im Gespräch. Damit interessiert ihn auch primär
nicht der semantische Gehalt dessen, was mittels Sprache

vorgestellt werden kann. Sein Interesse ist vielmehr auf die
sprachliche Verfaßtheit unserer Welterfahrung gerichtet, die
die mannigfaltigsten Lebensverhältnisse umfassen kann. Wenn
sich in der Sprache Welt selbst darstellt, die Sprache aber
erst in der Verständigung ihr eigenes Sein hat, ist der Sinn
von Welt eben auch Verstehen. Dann aber muß unsere Erfahrung von Welt im Grunde ein Verstehensverhältnis sein. Genau das kommt schließlich als Ergebnis des Weges jeder Interpretation heraus, insofern es von einer intuitiven Sinn-
gewahrung belohnt wird, "die ebenso sehr das Sich-Wiederfin-
den im Andern wie dessen verstehende Aneignung besagt und
in beiden jenes Einigungserlebnis vermittelt, das Gadamer
als 'Horizontverschmelzung' beschreibt" (55). Man kann in
der Tat sagen, daß Interpretation die praktizierte Form von
Erinnerung ist, indem der Interpret einen Sachverhalt aus
einem "konstitutionellen Gewesensein" (56) heraufholt. Die
Möglichkeit und die Bedingung der Horizontverschmelzung,
das Verstehen also, sind grundgelegt in der Endlichkeit
menschlicher Sprache, d.h. in der "Endlichkeit unserer geschichtlichen Erfahrung" (57). Das Geschehen der Sprache
entspricht der Endlichkeit unseres Menschseins. Die Endlichkeit ist die Mitte der Sprache, von der aus sich hermeneutische und Welterfahrung überhaupt entfalten. Die Erfahrung
der Sprachlichkeit des Seins ist die einzige unserer Endlichkeit angemessene Erfahrung der Wirklichkeit. Wenn aber in
der Sprache das Ganze der Wirklichkeit vorgestellt wird,
weil es keine Erfahrung jenseits der Sprachlichkeit gibt
(Die sprachliche Erfahrung ist 'absolut') (58), dann muß
konsequenterweise auch in jedem Wort das Ganze der Wirklichkeit mitschwingen. Jedes Wort läßt somit auch das Ungesagte
mitdasein, ohne das es gerade in seinem Sinn mißverstanden
wäre. Es wird in jedem Wort ein Ganzes von Sinn ins Spiel
gebracht, ohne dieses Ganze ganz sagen zu können. "Alles
menschliche Sprechen ist in der Weise endlich, daß eine Unendlichkeit des auszufaltenden und auszulegenden Sinnes in
ihm angelegt ist" (59). Damit ist auch schon der Weg gewiesen für das, was Gadamer unter Sachhaltigkeit einer Aussage versteht. Wer spricht, bildet nicht Seiendes ab, sondern die Worte bringen ein Verhältnis zum Ganzen des Seins
zum Ausdruck. Damit ist der Sinn der Aussage nicht die Mitteilung, sondern "gegenwärtige Teilhabe an Gesagtem" (60) .
Von daher will auch ein vergangener Text nicht als Lebens-
ausdruck verstanden sein, sondern in dem, was er sagt. Und
was er sagt, ist grundsätzlich wiederholbar; dies nicht im
strengen Sinne, sondern als verstehendes Wiederholen von
Vergangenem, als "Teilhabe an einem gegenwärtigen Sinn" (61).
Von daher versteht sich gleichsam von selbst, daß dort, wo
Welt als Gegenständlichkeit erfahren wird, die Sprache in
ihrem Sinn verfehlt ist. Die Erfahrung des Dinges, sagt
Gadamer in Anschluß an Heidegger, habe mit der Feststellbar-
keit des puren Vorhandenseins so wenig zu tun, wie mit der
Erfahrung der sogenannten Erfahrungswissenschaften (62).

Und hier ist Gadamer zu nicht mehr nachvollziehbaren Konsequenzen gekommen. Er kann dementsprechend nicht mehr die Frage nach der Wahrheit stellen, weil ja Wahrheit nicht in den verobjektivierenden Aussagen erfolgt, sondern allein im Vollzug des Gesprächs. Demgegenüber ist aber nun doch festzuhalten, daß die Frage nach der Wahrheit immer auch eine sachliche Frage bleibt, insofern eine Einzelaussage eben einen Sachverhalt trifft oder nicht (63). Diese Intention ist auch dann noch festzuhalten, wenn man die Formel der "adaequatio intellectus et rei" nicht mehr in ihrem scholastischen Kontext akzeptiert. Christliche Theologie muß daran interessiert sein, nach der Wahrheit von Aussagen zu fragen, wenn anders die Ereignisse der Geschichte etwas anderes sein sollen als eine recht merkwürdig zu nennende Weise der Konkretisierung der Weltsicht, welche den schon immer ungesagten Wissenshorizont aufzuholen versucht, ihn aber nie erreicht. Dadurch ist bei Gadamer zwar die Verstehensfrage immer schon von der Geschichte her begriffen, insofern Geschichtlichkeit "rückbezügliche Bewegtheit" bedeutet, d.h. ein unabschließbares Sinn- und Wahrheitsgeschehen, in dem der Mensch schon immer stehend sich vorfindet. Dabei bekommt aber die Geschichte einen merkwürdigen Stellenwert, insofern sie als Sichverstehen des Menschen in der Teilhabe am Geschick der Wahrheit begriffen wird. Geschichtliche Erkenntnis trägt nichts bei zu Sinn- oder Handlungsorientierung, auch nichts zur Erkenntnis von bestimmten Verläufen. Sie ist vielmehr einzig nützlich zu "einer Selbstverständigung des Verstehenden mit sich selbst durch unmittelbare Teilhabe an jener metaphysischen Ordnung, die ihm gesetzt ist" (64).

Trotz seiner Kritik an der deutschen Identitätsphilosophie bleibt Gadamer ihrem Ansatz verpflichtet, von der Subjektivität aus und für dieselbe die Objektivität der Erkenntnis zu begründen. Auf diesen Zusammenhang muß deshalb eingegangen werden, weil hier die entscheidende Differenz zu unserem eigenen Versuch besteht, insofern die Sprachlichkeit der Wirklichkeit zwar die Erfahrung eines Fremden, insbesondere auch der Vergangenheit ermöglicht, aber eben nicht als Selbsterfahrung, sondern als Erfahrung von anderer Wirklichkeit. Darum kann auch die romantische Vorstellung, an die Gadamer anknüpft, nicht übernommen werden, wonach Verstehen (welches immer schon Applikation ist) letzten Endes ein und dasselbe ist wie Auslegen (65). Die Sprachlichkeit der Wirklichkeit ist nicht auf einen umfassenden Sinn hin zu interpretieren, sondern vielmehr in ihrer Funktion zu werten, als welche sie ein inhaltliches Verhältnis des Menschen zur Wirklichkeit ermöglicht. Nicht als formal sprachlich bestimmte steht uns die Wirklichkeit primär gegenüber, sondern als so und so inhaltlich bestimmte. Die von Gadamer herangezogene Endlichkeitserfahrung menschlichen Geistes darf nicht einfach in ein Positivum umgesetzt werden, indem man die transzendentale Bedingung menschlicher Erkenntnis, wonach der Mensch einzelnes immer nur im Bezug auf ein umfassendes

Totum erfahren könne, dahingehend interpretiert, daß schon
immer ein ungesagter Horizont unendlichen Sinnes mitgesagt
und mitgemeint sei. Dieser universale Horizont, den man nie
einholen könne, ist schlechterdings nichts anderes als die
Tatsache, daß sich Wirklichkeit auf unbegrenzte Weise zur
Sprache bringen läßt. Nur unter identitätsphilosophischen
Voraussetzungen muß dieses eigenartige Verhältnis des Menschen zur Wirklichkeit als ein Reflexionsverhältnis absoluter Subjektivität begriffen und somit aus der Tatsache der
Sprachlichkeit ein schon immer zur Sprache Gebrachtes werden. Erkennen und Verstehen kann demnach nur Nachvollzug
sein, d.h. ins Bewußtsein gehobene Erinnerung. Die Einsicht
in die Endlichkeit menschlicher Erkenntnis, die in einem
unaufhebbaren Verhältnis zu Totalität steht, bewahrte Gadamer davor, diesen Weg der Rückerinnerung des Wahrheits-
geschehens linear im Sinne der Hegelschen "Phänomenologie
des Geistes" nachvollziehen zu müssen. Die konsitutive Bindung an die Fragestellung des deutschen Idealismus ist damit nicht aufgehoben. Sie zeigt sich bei Gadamer in der
Übernahme der spekulativen Interpretation des Urteilssatzes
durch Hegel (66). Gadamers Kritik an Hegel und Platon, wonach deren Dialektik eine Unterwerfung der Sprache unter die
Sache beinhalte, spiegelt dabei nur die paradoxe Situation
des an sein Ende gekommenen idealistischen Ansatzes wider,
der alle Subjektivität als Einheitsprinzip dadurch ausgeschieden hat, daß er die Geschichte selbst zum Subjekt
machte. Dieser Zusammenhang muß deshalb deutlich markiert
werden, weil bis heute die Hermeneutiker (auch marxistische
Geschichtsdenker) ausnahmslos diesen idealistischen Frage-
ansatz beibehalten haben. Man weiß im Grunde schon, was Ereignisse an den Tag bringen.

7.3 Hermeneutisches Bewußtsein und Identitätsphilosophie

Auf die Tatsache der unreflektierten idealistischen Voraussetzungen der Hermeneutiker hat in entschiedener Weise
Werner Becker aufmerksam gemacht (67). Beckers Anliegen
ist es, die dialektische Argumentationsfigur und ihre Prämissen zu erschüttern, indem er sie als Ergebnis eines
falsch gestellten Gewißheitsproblems bei Descartes und eines
von Kant eingeleiteten, von Fichte und Hegel zum Höhepunkt
geführten Lösungsversuchs im Sinne der Identitätsphilosophie
begreift, dessen Lösung gerade in der dialektischen Behandlung des idealistischen Grundverhältnisses identisch ist
mit dessen endgültiger Irrationalisierung (68). Aufgrund
der Theorie der Subjektbezogenheit jedes möglichen Erkennt-
nisgegenstandes mußte jede Erkenntnis in so etwas wie einem
transzendentalen Subjekt fundiert sein (69). Der entscheidende Zusammenhang der idealistischen Prämissen und des
hermeneutischen Denkens besteht gerade darin, daß die Lösung des Problems der historischen Erkenntnis wie jeder
Erkenntnis überhaupt unter der Voraussetzung anvisiert wird,

daß man schon immer um das wissen muß, was eigentlich erst
erkannt werden soll. Diese Prämisse wurde gerade zur theoretischen Basis der Hermeneutiker von Dilthey über Heidegger
zu Gadamer. Dieser so vielgerühmte hermeneutische Zirkel
hat seinen Ursprung in dem kartesianischen Zweifel. Indem
die Philosophen des deutschen Idealismus alle in diesem
Zweifel angelegten Konsequenzen zogen, kam man zu dem Ergebnis, daß das idealistische Ich zweierlei sein muß: "einmal ein sich selbst produzierendes und daher absolutes Ich,
zum zweiten ein sich selbst wissendes Ich, das heißt ein
Selbst<u>bewußtsein</u>, welches im Modus der Gedanklichkeit so
etwas wie seine 'Vergegenständlichung' erfährt" (70). Genau
darin hat die Umwandlung des klassischen Urteilssatzes in
den dialektischen Begriff seinen Grund. Und genau an dieser
Stelle läßt sich der Zusammenhang ausfindig machen: Die
Hermeneutik lebt von der Voraussetzung des dialektischen Begriffs.

Diesen Zusammenhang herausgestellt zu haben, ist das Verdienst von Walter Schulz. Für ihn resultiert auch noch die
Zuwendung zur Sprache aus einem 'Unglauben am Begriff' (71).
Will man daher die Grundstrukturen des hermeneutischen Ansatzes angemessen erfassen, muß gerade die Aufhebung des
traditionellen Urteilssatzes in der dialektischen Umbildung
bei Hegel begriffen werden. Die Explikation des spekulativen Satzes in der "Phänomenologie des Geistes" illustriert
diesen Sachverhalt. Der Sache nach dokumentiert die Interpretation von Schulz die von Becker indizierte identitäts-
philosophische Fragestellung, von der hermeneutisches Denken gelöst werden muß, soll mit dem Scheitern dieser Philosophie nicht auch der Untergang hermeneutischen Denkens be-
siegelt sein.

Weil es sich bei der Aufhebung des klassischen Urteilssatzes
im spekulativen Satz durch Hegel um das entscheidende Resul-
tat idealistischen Denkens handelt, muß gerade auch auf die
Genese dieses Zusammenhanges hingewiesen werden. Denn der
darin markierte Zusammenhang ist selbst dort noch wirksam,
wo man ihn nicht vermuten würde. Der 'Unglaube an der Begrifflichkeit' hat als innerste Konsequenz und zugleich als
Voraussetzung den Zweifel an der Sachhaltigkeit der Sprache.
Die an den späten Wittgenstein anschließende Sprachanalytik
(72) hat daher bei aller Gegensätzlichkeit zur Hermeneutik
eine verwandte Struktur: das erste und eigentlich einzige
Interesse kann nur noch die Sprache beanspruchen. Ihr theologisches Gegenstück findet sich in den beiderseitig unter-
nommenen Nachfolgeversuchen. Dabei verändert sich unter der
Hand die theologische Fragestellung: es geht nicht mehr
darum, wie Gott in Geschichte erfahren werden kann, sondern
wie in Sprache von Gott eine Erfahrung gemacht wird. Offenbarungsgeschehen wird "Sprachereignis" (Ebeling).

Nach Becker ist der Anfang dieser Entwicklung bei Descartes zu suchen. Dort wurde der Zweifel an der Erkenntnis zum ersten Mal zu einem Bezweifeln der Außenwelt überhaupt und damit zur Ablehnung der Wahrheitsfrage in der Bestimmung Objekt-Subjekt. An die Stelle des herkömmlichen Wahrheitsbegriffs als der Übereinstimmung von Begriff und Sache trat, weil Gegenständlichkeit zunächst nur als Bewußtseinsphänomen aufgefaßt wurde, die Gewißheit. Wo es keinen relationalen Wahrheitsbegriff mehr gibt, kann Wahrheit nur mehr in der Gestalt von (absoluter) Gewißheit auftreten. Und Gegenständlichkeit läßt sich auf dieser Basis eben nur mehr als Selbstbezüglichkeit denken. Das führt in einen logischen Zirkel: Wenn das wissende Ich der einzige Inhalt des Denkens ist, dann hebt sich die Differenz von ich und einem mir verschiedenen Inhalt auf. Was möglicher Wissensinhalt für mein Bewußtsein ist, muß so immer schon Gewußtes sein, weil es ja nichts anderes als Selbstbewußtsein geben kann. Man sieht: die Forderung nach Vergegenständlichung läßt sich nicht einlösen. Kant wußte um dieses Problem. Doch er löst es nicht dadurch, daß er den von Descartes eingeschlagenen Weg ablehnte, sondern dadurch, daß er verbietet, die Bestimmtheit des Bewußtseins zu denken. Kant nimmt jetzt ein transzendentales Subjekt im Rücken jedes einzelnen Subjektes an, das sich gleichsam im empirischen Subjekt denkt. Dadurch wird einsichtig, warum dieses empirische Subjekt des einzelnen Erkennenden nicht schon immer alles weiß, was Gegenstand seiner Erkenntnis sein kann. Das ihn übergreifende Subjekt darf und kann der einzelne Mensch in seiner Bestimmtheit nicht denken. Immerhin: es bleibt im Rücken des Menschen etwas wirksam, das die Einheit der Erkenntnis herstellt, das auch macht, daß ich Vergangenes erkennen kann. Und diese außerhalb des einzelnen Bewußtseins stehende Größe bleibt als Einheitsprinzip in der Philosophie des deutschen Idealismus erhalten und findet sich verändert und zunächst nicht als solches kenntlich in dem Universale der Sprache Gadamers wieder (73).

Dieses transzendentale Ich bei Kant, so demonstriert Becker einleuchtend, mußte sich notwendig aus seiner reinen Unbestimmtheit zu einem absoluten Ich weiterentwickeln. Bei Fichte und Hegel wird das eingelöst. Dabei bleibt es zunächst gleichgültig, ob es dies in einem Atemzug oder in der historischen Differenz tut. Ohne auf die verschlungenen Gedankengänge im einzelnen einzugehen, bleibt soviel festzuhalten, daß sich bei Hegel das transzendentale Bewußtsein Kants zum absoluten Geist als dem sich selbst wissenden Absoluten gemausert hat. Der geschichtliche Ablauf wird dabei in der "Phänomenologie des Geistes" als das Zu-sich-selbst-Kommen des absoluten Weltgeistes verstanden, und damit ist deutlich gemacht, warum alles Vergangene und Gegenwärtige vom einzelnen Bewußtsein verstanden werden kann. Dieser innere Zusammenhang der Wirklichkeit in einem absoluten Ich, das sich in der Geschichte aus seinem An-sich zu seinem An-und-für-sich umwandelt und so zu sich kommt, bleibt über Heidegger bis zu Gadamer wirksam, auch und gerade in dem Bemühen, diese metaphysische Rückendeckung im absoluten Ich zunehmend zu eliminieren. Das Ausscheiden der spekulativen Größe "absoluter Weltgeist" und der Versuch, die hermeneutischen Wissenschaften vom Seinsgeschick Heideggers (als einem solchen Subjekt) zu lösen, haben eben zum Ziel, die Anleihen der Geisteswissenschaften von der "Philosophie der Subjektivität" wieder zu eliminieren (74). Eine trotz aller Gebundenheit an die Subjektivitätsphilosophie gegenläufige Strömung in den Geisteswissenschaften hatte dies veranlaßt: Die Möglichkeit des Verstehens sei nicht allein vom Subjekt her zu begründen, weil das einzelne verstehende Subjekt schon immer in einer bestimmten Tradition steht und einbezogen ist in eine es umwaltende und es verfügende Einheit und Bewegtheit (75). Heidegger nimmt diese Erkenntnis auf und radikalisiert sie, indem er dieses geschichtliche Bewegtsein ontologisiert (76). Im Unterschied zu Heidegger, in dessen Spätphase das Sein sich nicht einfach mehr als eine umgreifende transzendente Größe denken läßt, welches aber dennoch die Funktion des absoluten Subjekts einlöst, kommt es schließlich bei Gadamer dazu, daß diese metaphysische Größe selbst ausgeschieden wird, indem er sie als konkrete Tradition identifiziert. Aber gerade darin bewährt sich noch immer der Ansatz der Identitätsphilosophie: die Tradition hat die Stelle des absoluten bzw. transzendentalen Subjekts übernommen. Bei Gadamer ebenso wie schon bei Dilthey ist gerade die Stärke der Konzeption auch ihre Schwäche: indem sie gegen Kant Geschichte und Erkenntnistheorie zusammendenken, bleiben sie doch an den Voraussetzungen des kartesianischen Zweifels haften, insofern sie als Bedingung der Möglichkeit von Erkenntnis ein universales Erkenntnisprinzip im Subjekt der Erkenntnis ansetzen. Es verschlägt wenig, daß sie dieses Subjekt selbst historisieren.

Um den Zusammenhang und damit die Problematik des hermeneutischen Ansatzes besser zu konturieren, sei auf die Umwandlung des klassischen Urteilssatzes in der deutschen Identitätsphilosophie durch Hegel verwiesen. Der klassische Urteilssatz ist dadurch bestimmt, daß das Satzsubjekt eine festgelegte Sache ist. Diesem Satzsubjekt werden nun verschiedene Prädikate zugeordnet, welche ihm äußerlich oder innerlich zukommen. Diese zweite Gruppe von Wesenssätzen thematisiert Hegel, und zwar wiederum nur die, welche spekulativen Charakter haben, d.h. welche philosophisch relevant sind, z.B. "Gott" oder "das Sein". Schulz betont, daß dieser Ansatz entscheidend ist, weil die innere Möglichkeit dieses spekulativen Satzes einzig darauf beruht, "daß das Satzsubjekt eine Gestalt des zu sich kommenden Geistes ist" (77). Nach Hegel verhält es sich im spekulativen Satz daher

so, daß Subjekt und Prädikat sich wechselseitig verändern.
Schulz beschreibt das folgend: "Das denkende Subjekt sucht
den Sinn des Satzsubjektes zu begreifen, indem es auf die
dieses Satzsubjekt bestimmenden Prädikate blickt. In und
durch diesen Vorgang aber wird das Satzsubjekt und der es
bedenkende Philosoph in Unruhe versetzt. Der Philosoph muß
zum Prädikat vorlaufen, denn in ihm wird erst das Subjekt
ausgesagt. Er muß aber zugleich vom Prädikat zum Subjekt
zurücklaufen: das Prädikat sagt das Subjekt aus. Geht er
aber zurück, so findet der das Subjekt nicht mehr vor: es
ist im Prädikat 'untergegangen'. Das denkende Subjekt gerät
also in eins mit dem Satzsubjekt in Bewegung und verliert
den festen Halt. Dies Haltloswerden aber ist gerade positiv,
denn die Bewegung ist die Wahrheit, das heißt 'das Ganze'...
Die Bewegung ist teleologisch. Sie geht vom Ansich zum An-
und-für-sich und schließt sich zum Kreis zusammen, denn nur
als Kreisgeschehen vermag sie das Ganze zu sein" (78). Hinter dieser Erkenntnisdialektik, in der sich das einzelne Ich
über ein ihm Vorliegendes erhebt und nachdenkt, steht also
die Bewegung des absoluten Geistes. Der absolute Geist wird
in dieser persönlichen Bewegung des einzelnen Denkers manifest. Dieser aber waltet nicht nur im einzelnen Denker,
sondern vollzieht sich im Ganzen der Geschichte. Und wie
die einzelne Denkbewegung sinnvoll ist als äußere Reflexion
einer immanenten Bewegung des Geistes, so ist es auch die
Geschichte als ganze. Wie die einzelne Denkbewegung des
Menschen auf ein Ende zuläuft, so auch der Weltgeist auf
sein abschließendes Zu-sich-selber-Kommen. Am Schluß erinnert er sich seines Weges als eines Fortschritts zur absoluten Selbstgewißheit.

Hier läßt sich nun der Zusammenhang und die eigene Problematik der Hermeneutik mit dem idealistischen Denken in
wesentlichen Punkten markieren. Mit Hegel ist sich die Hermeneutik darin einig, daß der klassische Urteilssatz zugunsten des spekulativen aufzugeben sei. Das Satzsubjekt, dem
Prädikate zugemessen werden, ist in seinem Inhalt nicht
mehr gänzlich zu trennen von dem Denksubjekt, das diese
Prädikate zumißt. Die wesenhafte Trennung von Satzinhalt
und redendem Denksubjekt fällt dahin. Die Differenz indes
liegt darin, daß sich bei Hegel die ganze Konstruktion dadurch erhält, daß es sich in der Geschichte im Grunde um
einen Monolog des Geistes mit sich selber handelt. Es ist
das zum absoluten Geist hochstilisierte transzendentale
Subjekt Kants, das im Rücken des Denkers die Einheit in
einer Subjektivität garantiert. Moderne Hermeneutik aber
kommt hier an ihre eigene Schwierigkeit: indem sie die geschichtliche Bewegung loslösen will von der spekulativen
Größe des absoluten Geistes, muß sie die Aufgabe lösen,
das jetzt fremd gewordene andere und Vergangene in die Möglichkeit eines Gesprächs miteinzubeziehen. Mit dieser neuen

Problemstellung kam zugleich auch eine neue Möglichkeit für die Hermeneutik in Sicht, welche Hegel unbekannt bleiben mußte: das andere muß sich gerade in seiner Andersheit zeigen, wenn es zu einem Gespräch kommen soll. Zugleich aber darf es nicht so fremd sein, daß jegliches Gespräch verhindert wird. Dabei ist das Problem nicht eigentlich die Fremdheit, denn diese manifestiert sich ohne langes Zutun allein schon in der Situation des Zeitenabstandes. Das Bedrängende ist der Zeitenabstand. Der Versuch, eine Einheit z.B. im abendländischen Geschichtsverlauf zu sehen, mißlingt, weil der Relativismus diese in verschiedene Weltsichten segmentiert und aufgelöst hat. Gerade hier setzt nun die eigenständige Leistung von Gadamer ein, indem er diese verschiedenen Weltsichten positiv uminterpretiert zu der Vielfalt der Welthorizonte. Und diese in sich wiederum relativierbaren Einheiten verknüpft er in eine notwendige und unrelativierbare, in die formale Einheit des Gesprächs. Denn es ist schließlich allen Inhalten eigen, daß man mit ihnen ins Gespräch kommen kann. Dabei ist genau zu unterscheiden. Zunächst bin ich es, der als einzelner das Gespräch in Gang setzt. Aus der bereits bei Dilthey namhaft gemachten Tatsache, daß ich immer schon in einer geschichtlichen Bewegtheit, einem überkommenen Denken stehe, zeigt sich aber sogleich, daß nicht eigentlich Ich es bin, der Akteur in diesem Geschehen ist, sondern es ist das Gespräch (79). Geschichte ist Gespräch, in dem ich selbst stehe und das ich für mich aktualisiere. Will ich die Wahrheit über mich erfahren, muß ich mir meine geschichtliche Bedingtheit zur Sprache bringen. Damit wird aber nur offenbar, was sowieso immer schon mit mir geschieht, nämlich das Gespräch der Geschichte - womit in geänderter Vorstellung und anderer Version wieder die Ebene des Idealismus und der Erkenntnisbegründung im universalen Subjekt erreicht wäre.

Dieser Punkt verdient deshalb besondere Beachtung, weil das Angebot von Gadamer an die Theologie sehr zweifelhaft ist. Wenn Geschichte eine gewissermaßen nur symbolische Ereignisfolge eines eigentlichen Geschehens ist, das hinter und jenseits des Menschen und der konkreten Ereignisse sich vollzieht, ist Offenbarung in Geschichte letztlich nicht mehr möglich. Offenbarung ist zu einem reinen Sprachgeschehen geworden, das an der Ganzheit des Geschehens - als Ausdruck und Niederschlag des spekulativen Satzes - und nicht an geschehenen Ereignissen als solchen interessiert ist. Zudem wird damit die Zeit für sich allein schon zur Offenbarungsqualität, und dies auch dann, wenn Gadamer vor der Abschließbarkeit in einem angezielten Endpunkt zurückschreckt (80).

Verstehen wird also zu einem Mitspielen des Menschen an diesem Spiel. Damit wird die Frage der Sachbezogenheit wieder akut, welche in der Aufhebung des klassischen Urteilssatzes ebenso wie im dialektischen Prozeß eines Hegel geklärt war. Dieses um so dringlicher, als im normalen Gespräch doch nicht über Sprache, sondern über welthaft Seiendes diskutiert wird. Gadamer behauptet nun, Sprache stelle ein Weltverhältnis her. Allerdings so, daß diese Aussage nicht in der Differenz von hergestellter Weltansicht und dem Ansichsein der Welt gelesen werden darf. Gadamer entflicht diese Schwierigkeit mit dem universalen Belang der Sprache. Zunächst meint diese Universalität der Sprache, daß es jenseits der Sprachlichkeit der Wirklichkeit keinen möglichen Standpunkt gibt. Auch die Welt an-sich ist nur im Modus der Sprachlichkeit antreffbar. Dabei ist das absolute Wissen des Geistes bei Hegel durch die Absolutheit der Sprache bei Gadamer substituiert worden. Die Sprache umfaßt jetzt alle nur denkbaren Relativitäten, weil sie alles Denkbare mitumfaßt. Sprache bringt also erst Sein zu verstehendem Sein. Gadamer formuliert dies folgend: "<u>Sein, das verstanden werden kann, ist Sprache</u>... Zur Sprache-kommen heißt nicht, ein zweites Dasein bekommen. Als was sich etwas darstellt, gehört vielmehr zu seinem eigenen Sein. Es handelt sich also bei all solchem, das Sprache ist, um eine spekulative Einheit: eine Unterscheidung in sich: zu sein und sich darzustellen, eine Unterscheidung, die doch auch gerade keine Unterscheidung sein soll" (81). In diesem Ansatz ist auch deutlich, warum Verstehen immer schon Applikation ist, ja, warum es Unverstandenes gewissermaßen nur im Modus der Vergessenheit gibt. Wenn daher Geschichte Gespräch ist, näherhin Wirkungsgeschichte, kann der Sinn der Zuwendung zu Geschichte nur darin bestehen, das immer schon im Rücken des Menschen Wirkende zum Vorschein, an die Helle zu bringen. Dementsprechend ist wirkungsgeschichtliches Bewußtsein uneinholbar immer mehr als Bewußtsein, womit prinzipiell die Aufgabe des Bewußtmachens nie an ein Ende kommt.

Doch gerade hier ist unser Bedenken gegen Gadamer zu formulieren. Das formale Universale der Sprachlichkeit ist in seinem Wert überschätzt, und dies gerade wegen der Herkünftigkeit dieses philosophischen Ansatzes aus dem deutschen Idealismus, wenn man es gleichsetzt mit inhaltlichem Verstehen als Akzeptieren im Sinne der Applikation. Wenn es nämlich so ist, daß Sprache ein Weltverhältnis realisiert, d.h. daß in der Weise des Erscheinens der Wirklichkeit immer schon das erkennende Subjekt mitengagiert ist, dann gibt es auch verschiedene Weisen, die Wirklichkeit zur Sprache zu bringen. Und zwar auch dergestalt, daß sie einander ausschließen können. Das läßt sich allein schon daran ablesen, daß ein Mensch mit der Sicht eines anderen bzw. eines früheren Menschen mithin nichts "anfangen" kann. Hier ist das Anliegen Schleiermachers in sein Recht zu setzen, das er in seinen Akademiereden vertrat, nämlich die Rekonstruktion. Die Leistung der Sprache beruht gerade darauf, daß sie so etwas wie eine Rekonstruktion des Vergangenen ermöglicht. Insofern in jeder zur Sprache gebrachten Wirklichkeit ein Weltverhältnis miteingeschlossen ist, verschiebt sich die Frage nach dem Verstehen im Sinne einer Applikation

dahingehend, ob ich die darin enthaltene und ausgedrückte Weltsicht akzeptieren kann. D.h., es gibt auch die Möglichkeit
der Ablehnung, ebenso wie die einer bewußten Aneignung. Dabei steht diese Möglichkeit der Aneignung wegen des immer involvierten Weltverhältnisses in einem unmittelbaren Zusammenhang zum gegenwärtigen Weltverhalten, d.h. zur Praxis im umfassenden Sinne. Es geht darum, ob in konkreter Tradition eine Weltsicht zur Sprache gebracht wird - denn das wird ja implizit auch mit jeder Weise der Wirklichkeitsschilderung -,
die auch noch heute akzeptabel ist, insofern sie handlungs-
und sinnorientierend ist. Damit aber kommt die Wahrheitsfrage wieder ins Spiel, und zwar Wahrheit nun nicht im Sinne
der scholastischen adaequatio-Formel, sondern der Akzeptabi-
lität einer Weltsicht im Hinblick auf den Sinnwillen des
Menschen in konkreter Gegenwart. Dann aber müßte der klassische Urteilssatz ebenfalls überwunden werden, wenn auch
nicht in Richtung auf Hegels spekulativen Satz, wohl aber
in Richtung auf die Verbindung des Urteilsinhalts mit dem
faktisch vorfindlichen Subjekt, das als konkretes Subjekt
und nicht als Subjektivität zu denken wäre. Der Vorteil des
idealistischen Ansatzes bestünde demnach darin, daß er zeigen konnte, daß Wirklichkeit nicht in einlinig ewig gleicher
und identischer Weise zur Sprache gebracht werden kann.
Nimmt man die hermeneutische Position der Sprachlichkeit von
ihrer Funktion des universalen Subjekts zurück, zerfällt zwar
die Fiktion eines kognitiven Sinnes schlechthin, den es
gleichsam als semantisches Universum der Verweisungszusammenhänge der Dinge aufzudecken gälte, dafür aber bleibt wieder
die Möglichkeit, dem einzelnen Faktum der Vergangenheit Raum
zu geben. So kann gerade eine bestimmte Weise der Überlieferung eines bestimmten Ereignisses in der Vergangenheit dazu dienen, eine einmalige und sonst nicht vorfindbare Weise
der Wirklichkeit zur Sprache zu bringen, welche gerade in
ihrer Einmaligkeit bleibende Norm von Wirklichkeit werden
kann, insofern gerade sie dem strukturellen Vollzug menschlicher Geistigkeit in adäquatester Weise entspricht. Theologisch gesprochen: ein Weltverhältnis kommt gerade in der
spezifischen Weise zur Sprache, wie ein Ereignis überliefert wird. Von daher ist das Weltverhältnis nie von dem Ereignis zu trennen. Bleibt nur die Frage, ob sich dieses an
solches Ereignis geknüpfte Weltverhältnis so zur Sprache
bringen läßt, daß es auch heute noch in derselben Weise Anspruch zu erheben vermag wie damals. Die theologische Frage
nach dem Geschehen z.B. der Auferstehung verlagerte sich
demnach dahingehend, ob - als was die zugrundeliegenden Ereignisse auch sonst noch berichtet sein mögen - sich die Ereignisse in einer solchen Weise zur Sprache bringen lassen,
daß das darin vorgestellte Weltverhältnis so aktualisiert
werden kann, daß die faktische 'Leistung' dieses überlieferten Ereignisses in Hinblick auf seinen Anspruch, Erlösung
zu sein, eingelöst wird. Ähnliches gilt natürlich vice versa
auch für alle theologischen Aussagen hinsichtlich der Offen-

barung.

7.4 Die Sachhaltigkeit von Aussagen und der Sinn des Verstehens.

Für theologisches Denken ist das Interesse an der Sachhaltigkeit von Aussagen unverzichtbar, weil nur so ein vergangenes Ereignis in seiner Eigenwertigkeit gesichert werden kann. Schließlich muß ein Ereignis anderes als nur Moment eines umfassenden Sinngeschehens sein, weil es sonst als Ereignis in seiner Konkretheit überflüssig würde. Pannenberg insistiert nun gerade auch aus theologischem Interesse auf der Sachhaltigkeit der Aussagen, weil er an konkreten geschichtlichen Ereignissen interessiert ist. Dadurch sieht er sich gezwungen, Traditionsgeschichte von einem realen Geschehenszusammenhang der Wirklichkeit überhaupt her zu entwerfen bzw. Traditionsgeschichte als den eigentlichen Kern des Geschehens selbst zu begreifen. Dies gewährleistet eine geschichtliche Vermittlung, die gerade an der Sachhaltigkeit konkreter Aussagen festhält und die durch sie ermöglich ist.

Obwohl Pannenbergs Geschichtsbegriff letztlich aus dem selben Grunde abgelehnt werden muß wie Gadamers Hermeneutik, nämlich der idealistischen Fragestellungen wegen, bleibt dabei dennoch seine sachliche Kritik an Gadamer bedenkenswert. Das Problematische der theologischen Situation ist kaum anderswo so gut gesehen. Die Kritik an Gadamers Verdächtigung der Aussagefunktion der Sprache bildet gleichsam den Angelpunkt der Differenz und zugleich die Brücke zum universalgeschichtlichen Denken.

Gadamer hatte seine Einsicht damit begründet, daß Aussagen nicht angemessen das wiedergeben, was sie meinen. Das zeige sich daran, daß die bloße Weitergabe von Gesagtem gerade den Sinn des Gesagten systematisch verstelle (82). Dem Gesagten stehe die "Unendlichkeit des Ungesagten" gegenüber, welches allein den Horizont für den Sinn und das situationsgemäße Verständnis des gesprochenen Wortes bilde. Pannenberg pflichtet dieser Einsicht insoweit bei, als damit die Forderung gestellt ist, den überlieferten Text in seinen ursprünglichen Sinnzusammenhang zurückzuversetzen (83). Die gegen Gadamer im gleichen Atemzug gemachte Einschränkung will gerade diesen Sachverhalt unterstützen, weil Pannenberg darauf hinweist, daß der Sinnhorizont immer nur mittels des faktisch Ausgesprochenen ermittelt werden kann. Ferner kann die Einheit des Sinnhintergrundes ja nur dadurch wirksam werden, daß man sie ihrerseits zum Inhalt von Aussagen macht. Dementsprechend ist die von Gadamer beschriebene hermeneutische Erfahrung nicht eigentlich in der Horizontverschmelzung als Leistung der Sprache begründet; vielmehr ist die neue Sprechweise nur Ausdruck der verstehend vollzogenen Horizontverschmelzung. "Nicht der Text 'redet', sondern der Ausleger findet einen sprachlichen Ausdruck, der die Sache des Textes

mit dem eigenen Gegenwartshorizont zusammenfaßt" (84). In
Anknüpfung an Michael Landmann, der in der Fähigkeit zur
Objektivierung die positive Auszeichnung des Menschen sieht,
und in Fortführung der Aussagen Gadamers zur eigentümlichen
Sachlichkeit der Sprache sieht Pannenberg gerade die Fähigkeit der Verständigung in der Distanzierungsmöglichkeit
durch Sprache, insofern mittels der Aussage ein Sachverhalt
zum Inhalt einer Aussage werden kann, die auch andere verstehen (85). Die damit in der Aussage geschehene Objektivierung
widerspricht nun nicht der Forderung, den ungesagten Sinnhorizont mitzubedenken. Das ändert indes nichts an dem Sachverhalt, daß alles sprachbezogene Verstehen nur von der Aussage anheben kann. Und auf dieser Ebene kann Pannenberg mit
Gadamer sagen, Verstehen bedeute ein 'Sich-in-der-Sache-
Verständigen' (86). Damit zeigt sich eine Tendenz zu Universalgeschichte, welche nach Pannenberg in den von Gadamer
beschriebenen Phänomenen angelegt ist. Der Pannenbergsche
Gedankengang ist ebenso einfach wie konsequent: Wenn die
Wahrheit nur in der Weise des Verstehens, d.h. der Horizontverschmelzung zu Tage tritt, die Aussagen aber ihre Wahrheit gerade in bezug auf ihre Sachhaltigkeit haben, dann
ist hermeneutisches Geschehen als Verschmelzung der sprachlichen Horizonte nur das vordergründige Ereignis des Verstehens. Denn der ungesagte universale Sinnhorizont muß
wegen der Sachbezogenheit der Aussagen in einem universalen
Sach-Prozeß beruhen (87). Daß Gadamer den spekulativen Anspruch einer Philosophie der Weltgeschichte umgehen kann,
liegt für Pannenberg in dessen fälschlicher Abwertung der
Aussage. Darum ist für Pannenberg die im hermeneutischen
Verstehen erfolgte Vermittlung von Vergangenheit und Gegenwart nicht eine des Textes, sondern eine der darin vermit-
telten Sache. Die Besinnung auf die Sprachlichkeit dieses
Verhältnisses kann die Überbrückung allein nicht leisten.
Daher sieht sich Pannenberg gerade auf der Linie Gadamers
genötigt, zu einem weltgeschichtlichen Ganzen zu gelangen,
denn nur dort ist die Einheit der Sache, die in jeder Sprach-
aussage angezielt ist, zu finden. So heißt es schließlich
bei Pannenberg: "Wenn es bei der Auslegung um das Verhältnis zwischen Damals und Heute geht, so daß die Differenz
zwischen ihnen beim hermeneutischen Brückenschlag zugleich
gewahrt bleibt, - wenn ferner hinter den Text zurückgefragt
werden muß in seinen ungesagten Sinnhorizont, in seine historische Situation, so daß der Ausleger als erstes den
historischen Horizont, in welchem der Text beheimatet ist,
zu entwerfen hat, dann läßt sich die historische Situation
des Textes mit der Gegenwart des Auslegers wohl nur auf die
Weise sachgerecht verbinden, daß der Geschichtszusammenhang
der Gegenwart mit der damaligen Situation, aus der der Text
stammt, erfragt wird. Das heißt, der Text kann nur verstanden werden im Zusammenhang der Gesamtgeschichte, die das
Damalige mit der Gegenwart verbindet, und zwar nicht nur mit
dem heute Vorhandenen, sondern mit dem Zukunftshorizont des

gegenwärtig Möglichen, weil der Sinn der Gegenwart erst im
Lichte der Zukunft hell wird. Nur eine Konzeption des die
damalige mit der heutigen Situation und ihrem Zukunftshorizont tatsächlich verbindenden Geschichtsverlaufes kann den
umfassenden Horizont bilden, in welchem der beschränkte Gegenwartshorizont des Auslegers und der historische Horizont
des Textes verschmelzen; denn nur so bleiben im umgreifenden Horizont das Damalige und das Heutige in ihrer geschichtlichen Eigenart und Differenz gegeneinander erhalten,
aber nur so, daß sie als Momente in die Einheit eines beide
umgreifenden Geschichtszusammenhanges eingehen (88). Und
auf dieser Voraussetzung kann Pannenberg weiter schreiben,
der Begriff der Wahrheit sei wesentlich als Geschichte zu
fassen.

Die von Gadamer festgestellte Endlichkeit menschlicher Erkenntnis und die in ihr immer schon ungesagt mitgemeinten
Verweisungszusammenhänge werden so zum Argument für die Notwendigkeit eines universalgeschichtlichen Zusammenhanges.
Zugleich und ineins damit ist die zeitliche Differenz in
ihrer Eigenständigkeit gewahrt, wie auch die Möglichkeit
der Überbrückung gegeben. Gegenüber der hermeneutischen Betrachtungsweise, die sich anscheinend nur zwischen dem damaligen Text und dem heutigen Ausleger bewegt, versucht universalgeschichtliche Betrachtungsweise hinter den Text und
das hinter ihm stehende Geschehen zurückzugehen, welches
gerade so in einen realen Bezug zur Gegenwart des Auslegers
führt (89). Die Endlichkeit menschlicher Erfahrung verweist
so in ihrer gegenwärtigen Sachperspektive auf die Vergangenheit, indem sie im Zusammenhang des universalen Geschehens das gegenwärtige Sachverständnis auf die Vergangenheit
zurückbindet. Über den Sachbezug wird nun ebenfalls Verstehen als "Erinnerung" wirksam. Ineins damit wird deutlich,
daß die endgültige Wahrheit einer Sache erst in der Zukunft
liegen kann. Die Vergangenheit aber macht schon die Tendenz
der Wahrheit einer Aussage deutlicher und erschließt ihren
Gehalt. Will man aber der Wahrheit der Wirklichkeit in un-
verstellter Richtung gewahr werden, ist allerdings eine pro-
leptische Vorwegnahme des Endes erfordert. Anderseits kann
dies wiederum nur geschehen, wenn dieses Ende gerade in seinem Sachbezug zur Wirklichkeit, wie sie bisher erfahrbar
ist, gesehen wird. Bedeutsam daran ist, daß die Endlichkeit
der Erfahrung und der in der Sprache gegebene Bezug zur
Sache einen Entwurf des Ganzen der Geschichte erfordert,
um überhaupt menschliches Verstehen möglich zu machen. Nur
in einem Entwurf des Ganzen der Geschichte sind die historisch bedingte Sachperspektive des Textes und die gegenwärtige Sachperspektive des Auslegers sachgerecht aufeinander
zu beziehen (90). Pannenberg glaubt damit den bei Dilthey
anhebenden und bei Bultmann und Gadamer weitergeführten Gedanken, daß die historische Differenz zwischen Text und
Ausleger in das hermeneutische Denken selbst mithineinzu-

nehmen sei, mit der Aufhebung der hermeneutischen Frage in
die Historie hinein zu dem einzig möglichen Schluß geführt
zu haben. Gadamers Verdienst würdigt er gerade gegen dessen
eigene Intention, insofern jener in "Wahrheit und Methode"
die Unentrinnbarkeit der universalgeschichtlichen Vermittlung für das hermeneutische Denken nachdrücklich vor Augen
geführt habe (91). Hermeneutische Thematik wird damit zu
einem untergeordneten Moment des historischen Fragens (92).
Theologische und historische Hermeneutik fallen jetzt zusammen.

Das ergibt eine Lösung des seit Martin Kähler in der Theologie virulent gemachten Problems von historischem Jesus und
biblischem Christus, weil jetzt historische und theologische
Hermeneutik an das Historisch-Faktische verwiesen sind, insofern es eben nur ein geschichtliches Geschehen gibt. Aus
dieser Einheit des Gegenstandes, der im Wort überliefert
wird, folgt die Notwendigkeit der Aufhebung unterschiedli-
cher hermeneutischer Prinzipien. Die partikularen Sachaspek-
te drängen zu einer Integration, zu einem Gesamtverständnis
der Sache. Ein solches ist allein schon von der theologischen Sachlage her erfordert, weil z.B. sonst nicht einzusehen wäre, wieso für den Inhalt der christlichen Botschaft
die wirkliche historische Person Jesu bedeutsam bleiben soll.
Schließlich könnte man die Berufung im NT auf Jesus als zufällige historische Entstehungsbedingung für ein darin auf-
gekommenes Daseinsverständnis halten. Insofern aber das Bekenntnis gerade die Berufung auf den Jesus von Nazareth ist,
kann der Inhalt wohl auch nicht in einem bloßen Daseinsverständnis zu sehen sein. Darin sieht Pannenberg die wichtigste theologische Anwendungsform der von ihm gehaltenen
These, im Bereich der Geschichte sei Sinn immer an Faktizität gebunden, wenngleich sie das Faktum als solches überschreitet (93). Eine Textauslegung des NT muß daher zwangs-
weise über den historischen Jesus erfolgen. Dies aber setzt
voraus, "daß die Bedeutsamkeit dieser Geschichte ihr historisches 'damals' überschreitet" (94). Nicht behauptet
soll damit werden, Wirkungsgeschichte sei einfachhin identisch mit der individuellen historischen Gestalt, wohl
aber, daß die "Wirkungsgeschichte" von der historischen Gestalt verstanden werden müsse, die ihren Ausgangspunkt
bildet. Ebenso ist die historische Gestalt nicht verstanden,
wenn man sie nicht als Ausgangspunkt der Wirkungsgeschichte sieht. Daran schließt sich die konsequente Folgerung
Pannenbergs, daß die historische Befragung ntl. Texte als
'Quellen' für die Geschichte Jesu und die theologische Befragung eben derselben Texte im Hinblick auf die in ihnen
zum Ausdruck gebrachten Möglichkeiten menschlichen Daseins,
sofern es von der Gottesfrage bewegt ist, nur einen Unterschied der Aspekte anzeigen. "Sollen sich also der historische und der theologische Aspekt nicht ausschließen, so muß

ihre Einheit von der Einheit der Geschichte Jesu her gegeben und verstehbar sein" (95). Damit kann Pannenberg entgegen allem positivistischen Drängen an der unaufhebbaren
Zweideutigkeit der Sache festhalten, zugleich aber auch zeigen, daß die Vielfalt der Auslegung gerade in einem Bedeu-
tungsüberschuß der Sache selbst liegt. Das für die Theologie
Mißliche liegt nun darin, daß es ihr um die Einheit und Selbigkeit der Botschaft geht, woran ihr eigentliches Interesse hängt. Pannenberg interpretiert die Vielfältigkeit der
Auslegung eines historischen Faktums wiederum positiv um,
indem er sie als Ausdruck dafür wertet, daß jede Faktizität schon immer einen Sinnvorgriff impliziert, der durch
keine einzelne Auslegung erschöpfend und abschließend zum
Ausdruck gebracht werden kann. Das aber heißt, "daß die
Kriterien, die die Auslegungen der Sache normieren sollen,
selbst nicht ein für allemal angebbar sind, sondern im Vollzug der Auslegung auch ihrerseits jedesmal aufs neue zur
Diskussion stehen" (96). Ein überliefertes Ereignis kommt
daher mit Verlauf der Zeit immer mehr in seine eigene Wahrheit. Und von der Voraussetzung eines universalen Geschehenszusammenhanges, der allerdings noch offen sein soll für die
Zukunft, läßt sich der ursprüngliche eschatologische Sinn
der Geschichte neu thematisieren. Als Antizipation des Endgeschehens wird im Grunde nur das vollzogen, woraufhin jede
hermeneutische Thematik bezogen ist, insofern sie an die Ereignisfolge der Geschichte zurückgebunden bleibt.

Damit ist auch schon das Problem der Applikation mithinein-
genommen. Historische Rekonstruktion ist identisch mit
Applikation, weil sie die Wahrheit der Dinge ans Licht bringt
Darum ist auch der Anspruch der ntl. Schriften in ihrer besonderen Autorität keine Formalautorität, sondern eine solche der Sache, die in der Person Jesu selber gründet. Wenn
die universale Bedeutung des Geschicks Jesu behauptet wird,
muß sich das an der jeweils zugänglichen Erfahrung der Wirklichkeit prüfen lassen, die nicht auf ethische Daseinserfah-
rung reduziert werden darf (97). Durch diese Rückbindung
der Applikation an den historischen Prozeß der Wirklichkeit
wird zugleich dem Dilemma bisheriger Applikationstheorie
entgangen: es ist keine naive Identifizierung mit dem Inhalt des ausgelegten Textes möglich und nötig, welche zudem
eine Wendung gegen eine als drückend empfundene Tradition
wie eine Wendung der Tradition gegen die Gegenwart des herrschenden Bewußtseins unmittelbar erlaubte.

Diese Konsequenz hinsichtlich der Applikation aber macht den
entscheidenden Zusammenhang des Ansatzes von Pannenberg mit
Gadamer deutlich: bei beiden erinnert sich der Mensch seines eigenen Seins in der Geschichte. Die Erinnerung als "Horizontverschmelzung" ist in beiden Fällen identisch mit Verstehen, mit Aufscheinen von Wahrheit. Gadamer wußte wohl,
warum er die Sachhaltigkeit der Aussagen in Frage stellte:

nur so konnte er einer absoluten Vermittlung im Sinne Hegels
entgehen. Pannenberg kann sich aber mit der Lösung Gadamers
nicht zufrieden geben, weil er als Theologie die Möglichkeit
der Theologie gefährdet sieht. Wenn das Ereignis immer nur
zum okkasionellen Anlaß für die Selbstvermittlung des Menschen zu Sinn überhaupt dient, kann für ein einzelnes Ereignis immer nur eine anderen Ereignissen gleichschichtige Bedeutung behauptet werden. Trotz der in der Kritik sich zei-
genden Differenzen glauben wir aber, daß Pannenberg ebenso
am Erbe des deutschen Idealismus krankt wie Gadamer. Die
richtigen Forderungen Pannenbergs werden auf der Ebene Gadamers gelöst. Beide stellen sie die Frage des Verstehens
einzig und allein unter subjektivitätsphilosophischen Prämissen, wonach Gegenständlichkeit nur erfahren und verstanden werden kann, wenn sie irgendwie immer schon Moment dessen ist, was ich bin. Die vergangenen Texte werden ebenso
wie alle andere Erfahrung immer nur unter der Perspektive
akzeptiert, daß sie das andere meiner selbst sind. Die These
Gadamers, wonach Wirkungsgeschichte immer mehr Sein als Bewußtsein ist, findet ihr Gegenstück in Pannenbergs universalem Prozeß. Verstehen und Applikation kann nur ans Tages-
licht bringen, was unter der Oberfläche des Bewußtseins immer schon geschieht. Erkennen und Verstehen ist immer Einsehen in die eigene Wirklichkeit, reflexiver Nachvollzug
längst geschehener und über das Bewußtsein von Geschehen
hinausgehender Wirklichkeit. Ob es sich um einen "universalen Sinnhorizont" oder einen entsprechenden Geschehensprozeß handelt, tangiert den Ansatzpunkt der Fragestellung
nicht.

Eine theologische Hermeneutik ist daher gezwungen, wenn sie
sich vom Erbe des deutschen Idealismus entlasten will, die
Frage nach der geschichtlichen Vermittlung neu zu stellen.
Im wesentlichen sind es zwei Punkte, die als Problem anste-
hen: die Sachhaltigkeit der Aussagen bzw. die Autonomie des
historischen Faktums und die Funktion der Zukunft bzw. der
Zeit für das Verstehen konkreten Geschehens. Wenn die idealistische Figur des Geschichtszusammenhanges inakzeptabel
geworden ist, muß gezeigt werden, wie Verstehen - als geschichtliches - so gedacht werden kann, daß man nicht wieder
in geschichtsphilosophische Aporien verfällt. Anderseits
müßte sich gerade in konkreter Hermeneutik die Theorie der
Narrativität implizit verwirklicht finden. Deshalb müssen
die von geistesgeschichtlicher Hermeneutik namhaft gemachten
und für idealistische Interpretation vindizierten Phänomene
auf ihre faktische Relevanz hin untersucht werden. Mithin
könnte es sein, daß ihre Beweiskraft einzig aus einer idealistischen Interpretation herrührt.

7.5 Die Autonomie des historischen Faktums im Spannungsfeld von Verstehen und Aktualisieren.

Nach den Überlegungen zu den philosophischen Voraussetzungen
der geistesgeschichtlichen Hermeneutik und deren Infragestellung der Sachhaltigkeit von Aussagen zugunsten eines
umfassenden Geschehens ist noch Stellung zu beziehen gegenüber Rudolf Bultmanns existentialer Interpretation der Geschichte und Emilio Betti's entgegengesetzter These von der
Objektivität der geschichtlichen Ereignisse jenseits und
fernab der verpflichtenden Hinwendung aus der Gegenwart.

Der Rechtshistoriker Betti sucht Anschluß an die hermeneutische Besinnung der Romantik, insbesondere an W.v. Humboldt
und Fr. Schleiermacher, um deren Ertrag in die gegenwärtige
Besinnung einzubringen (98). Dieser Hinweis zu Beginn seiner Schrift "Hermeneutik als Methode der Geisteswissenschaften" findet sein Gegenstück am Ende der Abhandlung, wenn
Betti davon spricht, daß er mit seiner Arbeit den "besinnli-
chen" Pflegern der Geisteswissenschaften "einen Wink über
ihre Möglichkeit gegeben zu haben" glaubt (99). Die Verwandtschaft zu den Romantikern verweist schon darauf, daß er
trotz seines energischen Verfechtens der Objektivität des
historischen Phänomens den Gefahren eines naiven historischen Objektivismus nicht erliegt. Sein Ziel ist es, zwischen
der fixen Objektivierung, die keine eigentliche Aktualisierung zuläßt, und der subjektiven Vereinnahmung des historischen Phänomens, das das Phänomen in seiner Objektivität
bedroht, eine goldene Mitte zu finden. Dies allerdings ganz
bewußt in Anknüpfung an die Romantiker. Darauf ist mit Nachdruck zu verweisen, weil er im Gegensatz zu Gadamer keine
philosophische Theorie von Hermeneutik anstrebt, insofern
er nicht danach fragt, warum letztlich Verstehen möglich ist.
Er setzt vielmehr die Tatsache des Verstehens voraus und ermittelt nur hinsichtlich des Problems, auf welche konkrete
Weise Verstehen sich vollzieht.

Betti geht von der Voraussetzung aus, daß alle uns begegnen-
den Spuren der Vergangenheit sinnhaltige Formen, d.h. Objektivationen des Geistes sind, weil Sinn nur vom Menschen her
der Natur zukomme (100). Dabei dürfen die verschiedenen
Ebenen, in denen sich Objektivationen des Geistes darbieten,
nicht konfundiert werden. Zum anderen darf man den Träger
nicht einfach mit dem Sinngehalt, dessen Niederschlag er
gerade durch seine Form ist, verwechseln. Form wird als
"einheitlicher Strukturzusammenhang" gesehen. Die Übermitt-
lung ist nun nicht im Sinne moderner Informatik gemeint,
insofern Zeichen dazu dienen, durch einfache Transformation
den gleichen Gedanken in der Gegenwart wieder hervorzurufen.
Vielmehr ist Verstehen primär dadurch ermöglicht, daß jeder von den beiden Partnern, der gegenwärtige und der vergangene, "wechselseitig das entsprechende Glied in der Kette

der eigenen Vorstellungs- und Begriffswelt in Bewegung setzt
und in jedem die gleiche Taste des eigenen geistigen In-
struments angeschlagen wird, um Gedanken zu erregen, die
denen des Redenden entsprechen. Denn nur von innen her und
aus eigenem spontanen Antrieb eröffnen sich die Pforten des
Geistes: was von außen aufgenommen wird, ist lediglich Anregung zum Mitschwingen und Zusammenstimmen" (101). Dies
ist deshalb möglich, weil durch "geistgeladene Materie hindurch" (102) der Sinn eines fremden Gebildes erkannt werden
kann. Dieses Erkennen gelingt aber nicht deshalb, weil es
gewissermaßen das andere meiner selbst ist, - denn dadurch
ginge das Anderssein verloren, sondern "weil er (scil. der
Sinn des fremden Gebildes) Geist vom menschlichen Geiste
ist und (mit Husserl zu reden) aus derselben transzendentalen Subjektivität geboren (ist)" (103). Alle Äußerungen,
auch wenn sie nicht zum Zwecke der Mitteilung gemacht wurden, haben einen "Ausdruckssinn", welcher auch jedem praktischen Verhalten immanent ist. Diese Voraussetzung ist
erheblich, wenn es gilt, auf die Auffassung der handelnden
Persönlichkeit zurückzuschließen. Daß dabei zwischen den
verschiedenen Quellen in ihrer Eigenart unterschieden werden muß, versteht sich von selbst. Betti glaubt nun gerade
vom Auslegungsprozeß selbst her das epistemologische Problem des Verstehens zu lösen, insofern Auslegen seiner Aufgabe nach "zum Verstehen bringen" soll. In der ansprechen-
den sinnhaltigen Form sieht er in Anschluß an W.v. Humboldt
eine Quelle der Anregung, "das Wahrgenommene zurückzuüber-
setzen, dessen Sinn von innen heraus nachzukonstruieren,
um mit unseren Denkkategorien den Gedankengang, wie ihn das
gesprochene Wort darstellt, durch einen gestaltenden, form-
gebenden Vorgang erneut zum Ausdruck zu bringen" (104).

Hier ist eine Abgrenzung zu Betti vorzunehmen, insofern
die dabei gemachte Voraussetzung der identischen Reprodukti-
onsmöglichkeit im Sinne W.v. Humboldts nicht akzeptiert
werden kann. Denn eine identische Rückversetzung, welche
ein Einfühlen in die Geistigkeit der Vergangenheit ermöglichen soll, gibt es nicht. Die Weise der Rekonstruktion verfällt auf dieser Ebene notwendig in die 'einfühlende Erahn-
dung'. Mit Recht moniert Gadamer, daß damit die von Betti
angezielte Überwindung des Psychologismus letztlich doch
nur durch "eine Art Analogie zur psychologischen Auslegung"
ersetzt wird. (105). Seinen Niederschlag findet dieser Ansatz Betti's in der ebenso romantischen Vorstellung der
Genieästhetik, also in der Voraussetzung, daß nur ein Geist
gleichen Niveaus einen anderen verstehen könne. Wenn wir
an der Forderung nach Rekonstruktion festhalten, so deshalb,
weil wir meinen, daß es nur ein Verstehen, und, davon ermöglicht, eine Applikation geben kann, wenn Rekonstruktion
eben nicht als identische Repristination aufgefaßt wird.
Der Hinweis Betti's auf die Herkunft jeder Sinnhaftigkeit
aus transzendentaler Subjektivität verfängt nämlich nicht
in diesem Punkt. Denn eine inhaltsleere Subjektivität gibt

es ebensowenig, wie es ein identisches Selbstverständnis der
Subjektivität geben kann. Nur die Tatsache, daß der Mensch
in einem bestimmten Weltverhältnis sich bewegt, kann vorausgesetzt werden; nicht aber, daß der Mensch in gleicher Weise
sein Weltverhältnis ordnet und orientierend zur Sprache
bringt. Die Transzendentalität ebenso wie die Subjektivität
ist eine verschleiernde Abbreviatur des viel komplexeren
Sachverhaltes, daß der Mensch je und je neu und auch anders
in Welt sich einrichten und Welt erfahren und erleben kann.
Die Erfahrungen und Verhaltensweisen im Sinne des normativen
Selbstverständnisses sind somit nicht einfachhin meine Möglichkeiten, die nach entsprechend richtiger Intonation meiner eigenen Register jederzeit und überall bei mir zum
Schwingen gebracht werden könnten, so daß jede Erfahrung
anderer Geistigkeit schon immer eine Bereicherung und Er-
höhung meines eigenen Weltverhältnisses sein müßte. Sie sind
es nur potentiell, insofern sie gegenwärtige eigene Vorstellungen auf ihre Voraussetzungen und Bedingungen hinterfragen
und damit diese konturieren helfen, ferner, insofern sie gegebenenfalls echte Alternativen zu meinem eigenen Weltverhältnis darstellen, das sich kraft der Distanzierungs- und
Objektivierungsmöglichkeit menschlicher Geistigkeit auch in
Frage stellen und beeinflussen läßt. Verstehen heißt, die
Intentionalität eines vorgefundenen Weltverhältnisses in
heutiger Situation rekonstruieren, und das meint bei geänderten Bedingungen und Voraussetzungen, sie schöpferisch
neu entwickeln. Das Problem der Geisteswissenschaften liegt
nun gerade darin, daß in all den sinnhaltigen Formen deren
eigentliche Intentionalität nicht eindeutig ablesbar erscheint, zum anderen, daß die Intentionalität des Weltverhaltens und Weltverstehens konstitutiv an das wechselnde
Selbstverständnis des Menschen gebunden ist, welches in einem inneren Konnex mit willentlich wertsetzenden Elementen
steht. Gerade an der Frage des Verstehens und des Sinnes
von Verstehen zeigt sich die tiefe Verwandtschaft und Verbundenheit alles neuzeitlichen Denkens mit der Subjektivitätsphilosophie. Verstehen wird immer zu einem Selbstver-
stehen, weil Sinn in letzter Subjektivität begründet wird.
Wenig tut es dabei zur Sache, ob die Einheit in einer Ausprägung höherer Ideen, also einem Niederschlag eines universalen Reiches der Ideen wie bei W.v. Humboldt zu sehen
ist, oder in der Ausdrucksvorstellung des Lebens wie bei
Dilthey, oder in dem universalen Sinngeschehen eines Gadamer
bzw. der universalen Prozeßhaftigkeit eines Hegel. Das Verhältnis des einzelnen zum Ganzen ist schon immer dergestalt
gelöst, daß das Ganze - in je entsprechender Modifizierung -
in einem Selbsterhellungsprinzip zum einzelnen Menschen zu
stehen kommt. Die hermeneutische Devise lautet für alle:
nicht durch Introspektion, sondern durch den Zusammenhang
mit dem Ganzen der Wirklichkeit erfährt der Mensch seine
Eigentlichkeit. Dadurch aber wird jede Welterkenntnis eine
Selbsterkenntnis. Diese Konsequenz muß gerade als Folge des

im Sinne der Identitätsphilosophie eingeschlagenen Weges der Subjektivität des Verstehens abgelehnt werden. Von daher verwundert es auch nicht, wenn am Ende des Weges der Subjektivitätsphilosophie die romantisch-historische Linie sich im Hegelschen spekulativen Satz wiederzuerkennen vermag. Ein Beleg für die Unmöglichkeit solcher Konstruktion scheint uns in der Tatsache zu liegen, daß hier ein Desinteresse an Geschichte zur unlösbaren Crux wird, und zwar gerade als Folge solchen Ansatzes. Dieses Problem wird überhaupt nicht ernsthaft in Angriff genommen, weil es angeblich so nicht auftritt. Das immer schon in-faktischer-Tradition-Stehen wird positiv uminterpretiert in notwendige Geschichtsbezogenheit.

Hier ist nun Gadamer ins Recht zu setzen, wenn ihm von Betti der Vorwurf gemacht wird, er enge das hermeneutische Problem auf eine quaestio facti ein, weil er nicht danach frage, wie Geisteswissenschaften zu verstehen hätten (106). Mit Recht sieht Gadamer darin eine sonderbare Beirrung hinsichtlich seiner Absicht, insofern es ihm doch gerade um die philosophische Frage nach der Möglichkeit des Verstehens, also der Frage nach dem Ontologischen und nicht dem Ontischen geht (107). Für Gadamer kann sich daher die Frage nach dem Verstehen nicht primär als Methodenfrage stellen, wie Betti es zu insinuieren scheint. Das Problem Gadamers tritt bei Betti mit Einschränkung deshalb nicht auf, weil er unbefragt die Voraussetzungen der romantischen Hermeneutik übernimmt. Unser Einwand gegen Gadamer richtete sich daher auch nicht gegen die Fragestellung als solche, sondern gegen die Voraussetzungen eines spekulativen Weltverständnisses auf dem Boden des identitätsphilosophischen Subjektivismus.

Die Diskussion von Betti's Voraussetzungen war deshalb vonnöten, weil dadurch dessen hermeneutische Kanones von der Autonomie des Objektes und der Aktualität des Verstehens einen anderen Sinn gewinnen, weil ferner das Verhältnis von Applikation und Auslegung sich verschiebt. Betti's Kritik an der existentialen Interpretation Bultmanns bleibt indes davon weithin unberührt, weil sie nur die Unzulänglichkeiten und Fragwürdigkeiten jenes Ansatzes offenlegt.

Nach Betti ist der Auslegungsprozeß ein dreigliedriger, in seinen wesentlichen Momenten aber stets ein einheitlicher und gleichartiger (108). Die drei Konstituenten dieses Prozesses sind: der Ausleger und der objektivierte Geist als die beiden Endpunkte, und als Mittelstück, die sinnhaltige Form, durch deren Vermittlung dem Interpreten der objektivierte Geist als ein unverrückbares "Anderssein" gegenübertritt (109). Rekonstruktion wird zu einer Verinnerlichung der Formen, wobei der Inhalt in eine fremde, d.h. in eine von der ursprünglichen verschiedene Subjektivität umgeformt wird. Der objektivierte Geist wird als Ausdruck eines Geistes verstanden, der zum Ausleger in einem bestimmten Ver-

hältnis steht, nämlich als ihm im gemeinsamen Menschentum
verwandter. Ein Gesichtspunkt, welcher offensichtlich von
Schleiermacher übernommen ist (110). Wenn das Verstehen die
Autonomie des Objektes wahren will, ergibt sich von selbst,
daß nur eine Nachkonstruktion dem Objekt seine Eigenständigkeit beläßt. Das Verstehen muß also eine Umkehrung des
Schaffensprozesses vornehmen, indem der Interpret dieses
Nachvollziehen in seiner Innerlichkeit durchzuführen hat.
Die Forderung nach Objektivität verlangt also folgendes:
"der Interpret ist dazu berufen, das fremde Gedankengut in
sich nachzubilden und von innen her, als etwas Eigenwerden-
des nachzuerzeugen, und trotzdem, obwohl es sein eigen
wird, soll er es sich gleichwohl als ein Anderssein, als
etwas Objektives und Fremdes gegenüberstellen" (111). Grundsätzlich kann dieser Forderung Zuspruch erteilt werden,
wenngleich offengehalten sein soll, ob Betti die Objektivität richtig faßt, ebenso ob die Bedingung der Möglichkeit
des Verstehens sich auf seinen Voraussetzungen zureichend
klären läßt. Die Forderung nach Autonomie des Objekts führt
indes unmittelbar an das Dilemma der Aktualität des Verstehens heran. Für Betti kommt aufgrund seiner Voraussetzungen weder ein Widerspruch zur Objektivität in Betracht,
noch tangiert die Aktualität des Verstehens die Autonomie
des Objekts. Kraft der einheitlichen Transzendentalität des
menschlichen Geistes kann der Ausleger den Text, besser den
in einem Stück der Vergangenheit festgehaltenen objektivierten Sinn aus eigener geistiger schöpferischer Potenz nachvollziehen. Durch das "von innen her" erfolgende Zurücküber-
setzen ist der Sinngehalt schon immer in die Aktualität der
Gegenwart hineinübersetzt, und zwar so sehr, daß es "durch
eine Art Anverwandlung ein mitlebendes Stück unseres geistigen Kosmos" wird (112). Dazu sei allerdings die ganze
Fähigkeit menschlicher Geistigkeit aufzubieten. Es handelt
sich dabei nicht einfach um einen mechanischen Umsetzungs-
prozeß. Dennoch bleibt deutlich, daß die menschliche Geistigkeit als solche dazu in der Lage ist. Abstufungen sind nur
in gradueller Hinsicht möglich, insofern eben Genialisches
von gleicher Genialität rückübersetzt werden muß.

Betti erkennt also die Notwendigkeit der Aktualität als
Moment des Verstehens an, will aber durch die Aktualisierung das Objekt in seiner Eigenständigkeit nicht affiziert
wissen. Und gerade hier setzt seine Auseinandersetzung mit
Bultmann ein, nach dessen Ansicht es keine eigentliche Objektivität in den Geisteswissenschaften geben kann (113).
Die Kernthese Bultmanns lautet: "Objektivität historischer
Erkenntnis ist nicht erreichbar im Sinne einer absoluten
en-dgültigen Erkenntnis, auch nicht in dem Sinne, daß die
Phänomene in ihrem eigentlichen Selbstsein, das der Historiker in reiner Rezeptivität aufnehmen könnte, erkannt werden könnten. Dieses 'Ansichsein' ist die Illusion eines
objektivierenden Denkens, das sein Recht in der Naturwissenschaft, aber nicht in der Geisteswissenschaft hat" (114).

Bultmanns Gedankengang, der dieser These voraufgeht, läßt sich in etwa so zusammenfassen. Der Mensch hat immer schon ein Lebensverhältnis zur Sache, ein "Vorverständnis", ein Woraufhin der Befragung. Dieses Woraufhin kann nun identisch sein mit der Intention des Textes. Dann wird die Sache durch den Text direkt vermittelt. So kann es ein Interesse psychologischer Art geben, ein ästhetisches oder auch ein Interesse an der Lebenssphäre, in der menschliches Dasein sich bewegt. Aus diesem Vorverständnis erwachsen schließlich erst die Kategorien, welche eine Befragung des Textes möglich machen (115). Die daraus von Bultmann gezogene Bezweiflung der Objektivität eines geschichtlichen Faktums läßt nun Betti auf eine kleine Sinnverwechslung raten, nämlich der Verwechslung von Bedeutsamkeit und Bedeutung. Betti will hinsichtlich der These Bultmanns, wonach geschichtliche Phänomene erst zu Tatsachen der Vergangenheit werden, wenn sie für ein in der Geschichte stehendes und an ihr beteiligtes Subjekt sinnvoll werden, d.h. daß zur Wahrheit des geschichtlichen Phänomens erst dessen eigene Zukunft führt, sein entschiedenes Veto einlegen. Natürlich gesteht er zu, daß über die Folgewirkungen eines geschichtlichen Ereignisses erst die Zukunft entscheidet. Etwas ganz anderes indes ist es, wenn Bultmann behauptet, daß die Existenz des betrachtenden Subjekts konstitutiv zum geschichtlichen Phänomen selber gehört (116).

Der Einwand Bultmanns, daß ein Geschichtsbild von der Perspektive des Historikers bestimmt ist und somit von verschiedenen Gesichtspunkten aus gesehen werden kann, überzieht nach Betti seine Schlüssigkeit, wenn dadurch auch schon ein Einwand gegen die Objektivität der historischen Auslegung gefolgert wird. Das so gewonnene historische Urteil ist nämlich gerade eine Stellungnahme des Historikers von der jeweiligen Situation aus. Sie ist solange als berechtigt anzusehen, als sie nicht mit dem Anspruch der Ausschließlichkeit auftritt.

Schwerwiegender als dieser Einwand ist der andere, den Bultmann aus der sogenannten "existentiellen Begegnung mit der Geschichte" gegen die Objektivität der historischen Auslegung vorbringt. Für Betti rührt das wiederum aus einer kleinen Sinnverschiebung her, die dadurch entsteht, daß man das erforderliche noetische Interesse und die dadurch bedingte verantwortungsvolle Teilnahme des Historikers an der Geschichte mit dem Gegenstand der Erkenntnis selbst verwechselt. Ferner glaubt Betti, es sei die Frage der Bedeutung eines geschichtlichen Phänomens hinsichtlich seiner Fern- und Folgewirkungen mit der ganz anderen, der Frage nach seiner heutigen Bedeutsamkeit und Relevanz im Wandel der Geschichtsepochen, durcheinander geworfen (117). Betti akzeptiert wohl die Behauptung Bultmanns, Objektivität der historischen Erkenntnis sei nicht erreichbar im Sinne einer absoluten Erkenntnis, und zwar wegen der Unvollendbarkeit der hermeneutischen Aufgabe. Entschieden lehnt er die daran

angelehnte Schlußfolgerung ab, geschichtliche Phänomene
könnten daher auch nicht in ihrem eigentlichen Selbstsein
erkannt werden. Denn, so argumentiert Betti, aus der Unvollendbarkeit der hermeneutischen Aufgabe folge noch nicht,
daß dadurch der Sinngehalt des geschichtlichen Phänomens
jetzt konstitutiv durch den Interpreten bedingt würde. Er
bleibt Objektivation einer fremden Schöpferkraft. Die These
Bultmanns, wonach die Zukunft etwas erst als das erscheinen
läßt, was es wirklich ist (118), kann Betti akzeptieren in
dem Sinn der Folgewirkung, insofern Zukunft diese erst zeigen könne. Wenn aber Bultmann hinzufügt, Zukunft erschließe
auch die Bedeutung (strenggenommen: die Bedeutsamkeit) historischer Ereignisse für die Gegenwart, so ist ihm das ein
"unvollziehbares Paradoxon" (119). Nach Bultmann würde eine
je größere Verantwortung für die Zukunft ein je größeres
Verstehen von Geschichte nach sich ziehen. In diesem Sinne
wäre dann die subjektivste Interpretation auch zugleich die
objektivste. Wenn Bultmann weiter behauptet, das eigentliche Wesen des Phänomens zeige sich erst dann, wenn die Geschichte ihr Ende erreicht habe (120), diagnostiziert Betti
darin eine "Verwechslung zwischen dem Gesichtspunkt der historischen Auslegung und dem Standpunkt einer eschatologischen Sinngebung" (121). Nur von diesem Gesichtspunkt eschatologischer Sinngebung aus ist einsichtig, daß die Bedeutsamkeit für unsere Gegenwart sich erst vom Ende her
einstellen könnte. Wird aber die in sich abgeschlossene, an
sich vorliegende und nur aufzufindende Bedeutung des historischen Phänomens (wie es eigentlich gewesen) mit der Bedeutsamkeit für den gegenwärtigen Betrachter identifiziert,
so transformiert sich der Dialog mit der Geschichte zu einem Monolog, weil, wie Betti zu Recht reklamiert, jetzt der
Gesprächspartner fehlt. Das Zwiegespräch mit der Geschichte
wird zu einem Selbstgespräch, in dem sich der Interpret von
den Texten befragen läßt, anstatt die Texte auf ihre Sinn-
haltigkeit hin zu untersuchen. Nach Bultmann würden sich
daher Erkenntnis der Geschichte und Selbsterkenntnis einander
in eigentümlicher Weise entsprechen. Indem Selbsterkenntnis
für ihn Bewußtsein der Verantwortung gegenüber der Zukunft
ist als Akt der Entscheidung, folgt stringent, daß die Geschichtlichkeit des menschlichen Seins erst dann begriffen
ist, wenn das menschliche Sein verstanden wird als Leben in
Verantwortung gegenüber der Zukunft. Geschichtlichkeit des
Menschen ist daher keine natürliche Eigenschaft - sie ist
erst durch den christlich-jüdischen Gottesglauben in die
Welt gekommen -, sondern eine angebotene Möglichkeit, die
ergriffen und verwirklicht werden soll. Wenn dem aber so
ist, folgt mit zwingender Logik die von Bultmann geforderte Aufhebung des traditionellen Gegensatzes von verstehendem Subjekt und zu verstehendem Objekt. "Denn nur als Be-
teiligter, als selbst Geschichtlicher, kann der Forscher die
Geschichte verstehen. In solchem Verstehen der Geschichte
versteht der Mensch sich selbst; denn nicht durch Intro-

spektion wird die menschliche Natur erfaßt, sondern, was der
Mensch ist, sagt nur die Geschichte, indem sie an der Fülle
der geschichtlichen Gestaltungen die Möglichkeiten menschlichen Seins offenbart" (122). Gegen diese Behauptung, die
die ganze Geschichtswissenschaft für christliche Eschatologie vereinnahmt, sieht sich Betti zum Einspruch gezwungen.
Denn, wie er immer wieder hervorhebt, diese subjektivisti-
sche Einstellung beruhe auf der illegitimen Identifizierung
des hermeneutischen Prozesses der historischen Auslegung
mit einer standortbedingten Sinngebung (wie sie der eschatologischen Selbstbesinnung eignet). Das Ergebnis ist die Ausschaltung des grundlegenden Kanons der hermeneutischen Autonomie des Objekts aus dem Erkenntnisprozeß. Den unserer Meinung nach entscheidenderen Einwand formuliert Betti ganz am
Schluß seiner Auseinandersetzung mit Bultmann, wenn er darauf zu sprechen kommt, daß doch die Texte entgegen der subjektivistischen Manier etwas zu sagen hätten, was wir nicht
immer schon wissen (123). Damit wollen wir die Kontroverse
Betti's mit Bultmann abbrechen, um Klärung für unser eigenes
Verständnis von Geschichte und Hermeneutik zu erlangen.

Bettis Einwand gegenüber der Auflösung der Autonomie des
Objekts ist zu teilen. Dennoch vermögen seine Argumente gegen Bultmann nicht immer zu überzeugen. Führt man sich nämlich die Dreiteilung der hermeneutischen Konstituenten vor
Augen, den Interpreten, die sinnhaltige Form und den objektivierten Geist, springt augenblicklich der "objektivierte
Geist" in die Augen. Dieser "objektivierte Geist" ist offen-
sichtlich Niederschlag und Ausdruck eines immer schon von
Wertsetzung durchdrungenen Lebensverhältnisses. Dann aber
müßte bei einer Rekonstruktion gerade dieser darin unterschwellig liegende Anspruch und Appell zum Ausdruck kommen.
D.h., es muß - wenigstens hypothetisch - der Wertgesichts-
punkt, der diesen Objektivationen bezüglich des Selbst- und
Weltverständnisses des Menschen immanent ist, wieder zum
Konstruktionsprinzip der historischen bzw. hermeneutischen
Rekonstruktion gemacht werden. Die Ebene der Sinn- und Handlungsorientierung, zu deren Zweck oder als deren Niederschlag
solche Objektivationen entstanden sind, muß eruiert werden.
Wenn etwas auf der Ebene rein politischer Natur geschrieben
ist, muß es auch im Zusammenhang heutigen politischen Selbstverständnisses zur Sprache gebracht werden. Immerhin ist
selbst hier Vorsicht geboten, weil z.B. die Sinnorientierung
des Menschen bezüglich seiner Existenz nie und nimmer unabhängig von dem Lebensverhältnis zu Politik und Krieg sich
darstellen kann. Es gibt also ein recht komplexes Gebilde.
Die von Betti geforderte Trennung von Sinngebung und Verstehen ist demnach nicht durchzuhalten, weil gerade die Objektivation des Geistes von faktischer Entscheidung hinsichtlich
der Sinngebung getragen ist. Denn sie entscheidet wesentlich
immer schon mit darüber, als was ein Sachverhalt in geisti-

ger Objektivation erscheint. Bedenkt man dies, kann es überhaupt keine Aktualisierung vergangener Geistesobjektivationen ohne eine Wertung geben. Weil ein Sachverhalt immer schon ein wertgerichteter ist, muß er auch als solcher vorgestellt werden, insbesondere dann, wenn man selber offensichtlich in einem anderen Wertverhältnis zur Wirklichkeit sich befindet. Die Darstellung z.b. eines Krieges mag mithin recht verschiedene Formen annehmen, mit recht eigenwilligen Auswahlkriterien vorgenommen sein; sie hängt immer davon ab, ob man im Krieg Zufälligkeit oder Notwendigkeit am Werk sieht. Dies gilt auch z.b. für alle Kulturdenkmäler. Sie sind nur dann als objektivierte Geistigkeit zu der ihnen eigenen Sachlichkeit gebracht, wenn man ihren spezifisch lebenformenden und bedeutungstragenden Sinn wertend rekonstruiert. Wenn Betti diese Objektivationen als Erscheinung menschlicher Geistigkeit betrachtet, hat er selber schon eine Wertung vollzogen. Er hat nämlich angegeben, unter welcher Rücksicht sie bedeutungsvoll sein können, als was sie für den Menschen der Gegenwart bedeutungsvoll sind. Sein Argument gegen Bultmann, wonach der Mensch in der existentialen Interpretation immer nur das aus der Vergangenheit herauslese, was sich der Mensch von Hause aus als Existenzmöglichkeiten zugemutet hat, trifft auf ihn selber zu. Ebenso richtet sich sein Vorwurf gegen Bultmann, er mache das geschichtliche Phänomen abhängig von der Zuwendung eines sich der Zukunft verpflichtenden Subjekts, gegen ihn selbst. Denn auch bei ihm wird erst das geschichtliche Phänomen für den gegenwärtigen Menschen bedeutsam unter der romantischen Voraussetzung, daß alle Menschen wesenhaft eine große Gemeinschaft bilden, deren Teilnehmer ich bin. Das heißt aber nichts anderes, als daß die Ereignisse der Vergangenheit immer schon abhängig sind von einem von gegenwärtigem Interesse aus konstruierten Zusammenhang. Wer z.B. den Menschen als von totaler Ideologie und Herrschaft geknechtet sieht, wird in den "Objektivationen" des Geistes der Vergangenheit schwerlich anderes als Ideologeme und Sublimierungen von undurchschauten Herrschaftssystemen sehen. Dazu wird er gerade für sich die Objektivität der Ereignisse bzw. der Phänomene in Anspruch nehmen. Eine an Sinn- und Handlungsorientierung gebundene Gegenwart vermag sich zudem nur dann der Geschichte in dieser Absicht zuzuwenden, wenn sie schon davon überzeugt ist, daß dem einzelnen Menschen über bloße Faktizität hinaus ein auf das Ganze bezogener Sinn zugetraut werden kann. Wer z.B. im Menschen das Wesen sieht, das gegen seine wahre Wirklichkeit immer versucht ist, Sinn in das Geschehen hineinzulegen, wird gerade die Vergangenheit dazu benutzen, die Absurdität dieses Unterfangens an überholten und gescheiterten Sinnorientierungen zu demonstrieren.

Diese Einsicht führt aber auch den Gedankengang Bultmanns ad absurdum: natürlich und selbstverständlich stimmt es, daß das Vorverständnis einer Sache, näherhin das vorgefaßte Verhältnis zur Vergangenheit bestimmend wird für die Interpretation des historischen Faktums, ja konstitutiv bedeutsam ist für dieses selbst. Nur gibt es eben nicht nur eine Weise des Vorverständnisses einer Sache, auch auf derselben Ebene, sondern mehrere. Nur wenn der Mensch als Dasein begriffen wird, das in freier Entscheidung seine Existenz zu vollziehen hat, zugleich dieses Selbstverständnis als Existential menschlicher Geistigkeit begriffen und so zur Maßgabe für jedes Verständnis von Wirklichkeit gemacht ist, stimmt die Schlußfolgerung, daß nur das existentiellste Engagement die Wahrheit der Vergangenheit an den Tag bringe. Und nur unter dieser Prämisse gilt, daß vergangene Zeugnisse der Geschichte als Möglichkeiten der menschlichen Existenz im Sinne der Existentialanalytik gelesen werden müssen.

Jedenfalls kann man mit Betti sagen, daß aus der prinzipiell beinahe unendlichen Perspektivität, unter der ein geschichtliches Datum zur Darstellung gebracht werden kann, noch nicht die Objektivität des Ereignisses selbst in Frage gestellt ist. Nicht hingegen können wir Betti zustimmen, daß dies auf einer Verwechslung der Bedeutung mit den Fern- und Folgewirkungen eines Ereignisses beruhe, die wiederum daraus resultiere, daß eschatologische Sinngebung mit historischer Auslegung konfundiert werde. Dies bedarf natürlich einer Erläuterung unseres eigenen Verständnisses, soll es nicht auf einen billigen und allzu wohlfeilen Kompromiß unsererseits hinauslaufen.

Der Hebel unserer Kritik ist das historische Faktum als überliefertes Zeugnis der Vergangenheit. Zunächst ist zu sagen, daß solche Überlieferung eines Sachverhaltes immer schon in sich eine Entscheidung verschiedenster Art involviert, insofern es sich dabei nicht um die einzige und normative Überlieferung des Sachverhaltes handeln kann. Ein Ereignis kann prinzipiell unendlich verschieden zur Sprache gebracht werden. Die Wahrheit kann allenfalls darin liegen, daß eine bestimmte Weise der Darstellung für einen bestimmten Kreis von Hörern unter ihren eigenen Lebensvorstellungen ein sinnvolles Verhalten ermöglicht. Aber wie es eine bestimmte Weise der Darstellung gibt, gibt es auch eine bestimmte entsprechende Weise der Erwartung und auch des Verhaltens gegenüber einem berichteten Ereignis. Nehmen wir als Beispiel den Fall Konstantinopels. Für eine westliche Christenheit, die sich als Christenheit behaupten will, muß es notwendig als die entscheidende Zäsur politischer, kultureller und religiöser Verbindung von Abendland und Morgenland angesehen werden. (In ähnlicher Weise gilt dies hinsichtlich z.B. der Kirchengeschichtsschreibung für die Trennung des Ostens vom Westen oder auch hinsichtlich der Reformation.) Voraussetzung für diese Darstellung ist aber eben zumindest für den Westen der Wille und die Entschlossenheit, christlich bleiben zu wollen. Die objektive Darstellung ist also schon immer von einem wertgesetzten und damit über die reine Sphäre der Noetik hinausgehenden Moment mitkonstituiert. Es ist immer auch in der Darstellung

schon der Reflex des Selbstverständnisses und wertbestimmten
Selbstbehauptungswillens der Menschen konstitutiv miteingegangen. Dies gilt auch, und das sei nur in Parenthese einge-
fügt, für das Wahrnehmen in der Gegenwart. Man nimmt nicht
einfach Werte im deiktischen Sinne wahr, sondern nur unter
bestimmten Voraussetzungen. Nur wer bereit ist, z.B. Ehe
als Wert anzusehen, und sich von daher versteht, wird solche
Werte phänomenologisch auch identifizieren können. Nimmt
man diese Einsicht zur Kenntnis, kann mit Einschränkung
nicht mehr die von Betti getroffene Trennung von Bedeutung
und faktischen Folgen nachvollzogen werden, welche gerade
zu einer Beanstandung der Bultmannschen Vorstellung führte.
Denn daß sich das Abendland vom Morgenland völlig trennte,
ist ja gerade Folge und Inhalt solcher geschichtlicher Darstellung. Die existentielle Betroffenheit, um mit Bultmann
zu sprechen, ist also immer schon Implikat der objektiven
Darstellung selbst. In diesem Sinne ist Bultmann recht zu
geben, daß es das 'Ansichsein' des historischen Ereignisses
nicht gibt. Daraus aber nun anderseits zu folgern, die Zukunft bringe erst die Wahrheit an den Tag, ist eine ver-
fehlte Hoffnung. Was die Zukunft an den Tag bringen kann,
ist allenfalls, nebst der trivialen Tatsache besserer Einsicht in Quellen und historische Überlieferungen, die Tatsache, daß ein bestimmtes Ereignis anders zur Sprache gebracht werden muß, weil bestimmte Prämissen sich gewandelt
haben: nämlich die Prämissen des Selbstverständnisses. So
wäre es z.B. gerade unter politischer Rücksicht denkbar,
daß der Mittelmeerraum zu einer neuen faktischen Lebensein-
heit zusammenwächst, der die wertstellungnehmenden Voraussetzungen von Morgenland und Abendland verändern könnte.
Damit ist das historische Faktum des Untergangs Konstantinopels nicht hinfällig geworden, die jahrhundertlange Darstellung nicht überflüssig oder falsch, sondern allenfalls
anders. Daher ist die Trennung Betti's zwischen Sinngebung
und historischer Auslegung inakzeptabel. Wenn man sich Vergangenheit zuwendet, hat man schon immer die Entscheidung
getroffen, daß Ereignisse der Vergangenheit für Gegenwart
auf dieser oder jener Ebene bedeutsam sind. Dabei muß natürlich die Ebene der Bedeutsamkeit immer streng angegeben
werden, wenngleich es mithin eine Vergrößerung des Horizonts
wie eine Verkleinerung geben kann, ebenso ein Verschieben
der Ebenen. So kann es gerade auch eine Trennung geben, insofern man z.B. den Fall Konstantinopel heute in politischer
Geschichte nicht als religiöses, sondern politisches Ereignis zur Sprache bringt, weil es keine sinnvolle Orientierungs-
möglichkeit auf religiös-politischer Ebene mehr gibt. Dies
setzt aber voraus, daß in den herrschenden Gesellschaften zumindest ein religiös plurales Selbstverständnis wirksam ist,
welches aus religiösen Gründen keine politische Konsequenz
der Absonderung und Verteidigung nötig macht. Gerade an dieser Stelle zeit sich, daß Betti von etwas anderem redet als
Bultmann. Bultmann interessiert das Ereignis in der Zeit,

welches durch jene Interpretation zur Sprache gebracht wurde,
näherhin das durch sie ermittelte und vermittelte Lebensverhältnis. Dies geht so weit, daß Bultmann schließlich auf
das Ereignis in der Zeit wieder verzichten zu können glaubt,
weil ja nur eines interessant sei, das sich darin ausspre-
chende Lebensverhältnis. Als "was" etwas zur Sprache gebracht wurde, interessiert ihn, weil nur so ein Ereignis
eine eigene Daseinsmöglichkeit vorstellt. Seine existentiale
Analytik verführte ihn dazu, dieses "Was" nur soweit ernst
zu nehmen, als es sich als eine heutige Lebensmöglichkeit
herausstellte. Wenn aber nun ein Ereignis hinsichtlich seiner existentiellen Nachvollziehbarkeit im Sinne des entschlos-
senen Ergreifens des eigenen Daseins bedeutsam ist, interessiert letztlich nicht das konkrete Ereignis, sondern nur
die Washeit als solche. Damit interessiert auch nicht die
Geschichte überhaupt. Sie kann nämlich nur Möglichkeiten
menschlichen Seins zur Eigentlichkeit offerieren. Darum
zieht Bultmann die zunächst recht merkwürdige Konsequenz,
der Mensch solle in der Weltgeschichte nicht nach Sinn suchen (124). Weil sie nur in ihren Einzelmomenten als Washeit bedeutsam werden kann, wird sie als Geschichte selbst
uninteressant. Dagegen ist festzuhalten, daß Wirklichkeit
Widerfahrnis ist, der gegenüber der Mensch sein Lebensverhältnis zu ordnen und zu rechtfertigen hat. Wiewohl richtig
ist, daß ein historisches Faktum immer in seinem Lebensbezug
genommen und verstanden sein will, muß man wissen, daß es
sich immer als das anbietet, als was es ursprünglich zur
Sprache gebracht wurde. Man darf nicht x-beliebige Weisen
der Interpretation hineinlesen, sondern nur solche, welche
die überlieferte Weise mitaufnehmen. Andernfalls kann man
sich nicht auf Geschichte berufen, d.h. man kann sich nicht
konstitutiv auf ein Ereignis beziehen, sondern muß es nur
als okkasionelle Bedingung von Selbstverständnis hinnehmen.
Dann kann mir aber Geschichte praktisch kein Mehr von dem
zur Erfahrung bringen, was ich nicht schon immer unausge-
sprochen wüßte. Der Sachverhalt liegt aber anders: man muß
versuchen, die Ebene, auf der ein Ereignis zur Sprache gebracht wurde, zu eruieren. In diesem Sinne ist Betti zuzustimmen, der offensichtlich nichts anderes im Auge hat.
Aufgrund derselben transzendentalen Subjektivität, wie er
sagt, kann in der Tat der Mensch die Überlieferung rekonstruieren. Er muß sie sogar in dieser Weise rekonstruieren.
Es müssen die Bedingungen in heutiger Situation zur Sprache
gebracht werden, die konstitutiv eingegangen sind in die
Phänomenbeschreibung. Insofern es sich aber nicht um eine
neutrale Phänomenanalyse handelt, sondern um ein geschichtliches Beschreiben, muß gefragt werden, ob sich ein "In-
Beziehung-Setzen" dergestalt ermöglicht, daß heute derselbe
Effekt erzielt wird, der damals mit der Beschreibung erreicht
wurde: ein auf je verschiedener Ebene mögliches Sinn- und
Handlungsorientieren für den einzelnen Menschen in seiner
konkreten Gesellschaft und in seiner veränderten Umwelt.

So muß ich, um gerade den Fall Konstantinopels geschichtlich in seiner Objektivität zu begreifen, solche Rekonstruktion im Sinne einer Neu-in-Beziehungsetzung versuchen. Die Wahrheit entscheidet sich daran, ob es sich um eine sinnvolle Orientierung unter heutigen Prämissen handelt. Damit ist in die historische Rekonstruktion auf die eine oder andere Weise die Wertstellungnahme des gegenwärtigen Menschen schon miteingegangen. Wer in allen religiösen Differenzen und Glaubenskriegen nur Epiphänomene von Herrschaft und Unterdrückung zu erkennen vermag, dessen Motivationsanalyse wird z.B. für dieses Auseinanderleben durch den exemplarischen Fall Konstantinopels nur einen wie immer gearteten Reflex ganz anderer Wertigkeit entdecken. Hier sind wir genau bei Betti und den Romantikern angelangt, ebenso bei der Historischen Schule und Gadamer. Wer von der Voraussetzung überzeugt ist, daß alles, was in Vergangenheit geschehen ist, gewordene und einmalige Möglichkeit menschlicher Geistigkeit ist, für den ist allein die Primärrekonstruktion im Sinne des "wie es eigentlich gewesen ist" schon hermeneutische Umsetzung, Wertung und Applikation: es ist unter der gemachten Voraussetzung die einzig mögliche und für den Geist entscheidende Weise der Aneignung. Solchem Vorverständnis entspricht die These, daß der eigene Horizont sich mit der quantitativen Vermehrung und umfänglichen Anreicherung von Wissen stetig vergrößert, weil ja nur die historische Perspektive und nicht die Introspektion dem Menschen sagt, was er ist. Jene sagt es ihm aber nur, und das muß gegen diese Versuche festgehalten werden, weil er schon immer weiß, als "was" der Mensch sich verstehen soll, als Individualität. In diesem Punkte treffen sich Bultmann und Betti, wenigstens formal: sie wissen beide schon, was der Mensch ist. Auch Gadamer weiß es bereits. Das von uns angesteuerte Problem historischen Verstehens beruht aber gerade darauf, daß es diese Einsicht nie und nimmer als ausschließlich noetische gibt, sondern nur als eine von Wertstellungnahme konstitutiv mitbedingte. Dann aber kann vergangenes Selbstverständnis allenfalls dazu dienen, eine Entsprechung oder Alternative oder völlig unzumutbare Andersheit von menschlichem Welt- und Selbstverständnis zur Gegebenheit werden zu lassen, und das an konkreten Ereignissen der Vergangenheit. Daher muß der Erwartungshorizont und der Hörerkreis des Berichtenden u.a.m. miteinbezogen werden, - als notwendige Voraussetzung. Will man aber die Autonomie des objektivierten Geistes wirklich ernst nehmen, verlangt dies, daß man sich seinem Anspruch unterzieht, daß man ihn auf die Ebene, auf der der Inhalt eines Textes oder einer Überlieferung Sinn- oder Handlungsorientierung sein wolle, stellt. So gesehen ist eine Überlieferung von sich aus immer Anspruch und nicht nur Darstellung.

Gleiches gilt für die Theologie. Bultmanns Verdienst ist es

wohl, in seinem berühmten Aufsatz von 1925: Welchen Sinn
hat es von Gott zu reden? (125) darauf aufmerksam gemacht
zu haben, daß der Text des NT gerade auf der Ebene zur
Sprache gebracht werden muß, auf der er eine Antwort geben
will, auf die Frage nach Gott. Das ist keine theologische
Umdeutung des historischen Ereignisses Jesus von Nazareth,
sondern die auf theologische Frage einzig mögliche historische Rekonstruktion. Es gilt im Umgang mit dem NT der
Frage nachzugehen, ob sich die zur Sprache gebrachte Sache
Jesu in der dort vorgestellten Weise so wiedergeben lasse,
daß sie mich heute noch zum Glauben rufen kann. D.h. aber,
daß ich mit heutigem Vorverständnis von Gott an den Text
herangehen muß, von der Warte eines Menschen von heute, der
sich in seiner konkreten Situation Sinnsicherung als Heil
und Erlösung erhofft, welche nur Gott geben kann. Mit diesem Vorverständnis ist der Text anzugehen und zu fragen, ob
sich das im Kerygma enthaltene Ereignis auch noch heute so
zur Sprache bringen läßt, daß es wieder soteriologische
Funktion für mich erreicht, also das, was objektiviert mit
den christologischen Hoheitstiteln ausgesagt ist.

7.6 Die Bedeutung der Zukunft für das Offenbarwerden des
Wesens der Wirklichkeit und das wertende Selbstverständnis der Gegenwart.

Wie zu zeigen versucht wurde, beruht die innere Möglichkeit
des idealistischen Denkens auf dem Zweifel am Begriff. Dieser Zweifel am Begriff, der sich in der Philosophie Hegels
zum spekulativen Satz fortentwickelte, dessen konstitutive
Voraussetzung darin besteht, daß das Satzsubjekt eine Gestalt des absoluten Geistes ist, wird gerade deutlich in
der Funktion, welche der Zukunft bzw. dem Ende der Geschichte für die Erkenntnis der Wirklichkeit in der Gegenwart
supponiert wird. Warum Pannenberg in der Kritik an Gadamers
Vorstellung des Zusammenhangs von Begriff und Wirklichkeit
zu einer Universalgeschichte genötigt wird, sollte sich gerade daran aufweisen lassen.

Indem Pannenberg auf derselben idealistischen Figur wie
Gadamer basiert, muß notwendig eine Universalgeschichte
als Prozeß mit einem aufschließenden Ende präsupponiert
werden. Von diesem Hintergrund ist Pannenberg zu verstehen,
wenn er davon spricht, daß das Gegenwärtige in seiner Erscheinung wesentlich Antizipation der Zukunft ist (126).
Seine eigene Herleitung dieser Theorie aus zu überholenden
Einsichten Diltheys und Heideggers wird nur verständlich,
wenn man die vorher getroffene Denkweise mit in Betracht
zieht. Seine Konsequenzen fußen auf den nur scheinbar von
Dilthey und Heidegger herausgearbeiteten Zusammenhängen
von Gegenwart und Zukunft (127). Bekanntlich hat Heidegger
das Diltheysche Theorem, wonach das Einzelne immer nur vom
Ganzen her begriffen werden könne, wonach ferner das Leben

in seinen Einzelaspekten nur von dem es abschließenden und
zur Ganzheit abrundenden Tod her voll verstanden werde, um-
gearbeitet in die Theorie von der Erschlossenheit des Daseins durch das Vorlaufen zum Tode. Heidegger hat der Frage
nach der Zukunft eine neue Antwort ermöglicht in der Frage
nach der Ganzheit des Daseins. Der Mensch muß nicht erst
den Tod abwarten, um seines Daseins - da ein Sein zum Tode -
teilhaftig werden, sondern nach Heidegger ist es eben das
Auszeichnende des menschlichen Seins, daß es durch das Wissen von der Zukunft des eigenen Todes schon immer bei dieser
äußersten Möglichkeit ist: "Weil das Vorlaufen in die unüber-
holbare Möglichkeit alle ihr vorgelagerten Möglichkeiten mit
erschließt, liegt in ihm die Möglichkeit eines existentiellen Vorwegnehmens des ganzen Daseins, das heißt die Möglichkeit, als ganzes Seinkönnen zu existieren" (128). Dem hält
nun Pannenberg entgegen, daß im Wissen um die Unentrinnbarkeit des eigenen Todes keineswegs die inhaltliche Vielfalt
der dem Tode vorangegangenen Lebensmöglichkeiten mitgegeben
ist. Dieses vorlaufende Erschlossensein des Daseins bleibt
abstrakt. Insbesondere zielt diese Vorwegnahme insofern zu
kurz, als sie den Verlauf unseres Daseins nicht adäquat
vorwegnehmen kann, fallen uns doch die Ereignisse nicht
erst vom Tode zu. Erst vom eintretenden Ende her werde rück-
blickend der Verlauf unseres Daseins zugänglich. Dies sei
im Hinblick auf und mit Zustimmung zu Dilthey zu sehen. Gegen Dilthey und Heidegger argumentiert nun Pannenberg dahingehend, daß deren Behauptung, der Tod sei das Abschlies-
sende des menschlichen Daseins, nicht stimmen könne. Vielmehr müsse man den Tod als das Fragmentarische hinsichtlich
des menschlichen Daseins schlechthin ansehen (129). Die
menschliche Intention ziele dagegen gerade über den Tod
hinaus, wenn sie nach Heil als Ganzheit Ausschau hält. Damit kann die Ermöglichung von Ganzheit als Heil nicht vom
Tode her kommen. Vielmehr muß die menschliche Intentionalität, die auf Ganzheit aus ist, gerade von einem den Tod integrierenden und ihn übersteigenden Ganzen her verstanden
werden. Dies ist aber nun nicht einfach durch den Hinweis
abzutun, es könne ja diese Ganzheit auch von der Rolle des
Menschen für ein bestimmtes Ganzes - sei es Familie oder
Gesellschaft - befriedigt werden. Pannenberg fragt bewußt
weiter nach der Bedeutung der Ganzheit der Menschheit als
solcher (130). Ist dieser Übergang zur Menschheit für sich
gesehen an dieser Stelle schon recht merkwürdig, so manifestiert sich darin doch etwas anderes, als es zunächst
den Anschein hat. Es ist die idealistische Figur, welche
eben im einzelnen Moment der Geschichte, so auch im Leben des Menschen, nur Sinn zu sehen vermag, sofern und soweit es Moment am Selbstvollzug des Ganzen der Wirklichkeit ist. Darum kann Pannenberg einerseits an der vorlaufenden Erschlossenheit des Daseins Kritik üben, anderseits aber
gerade diese Figur, die Zukunft werde es an den Tag bringen,
beibehalten. Wenn auch das Wissen um den eigenen Tod zu-

nächst nur die Unausweichlichkeit desselben und allenfalls dessen Dringlichkeit nahebringen kann, findet er dennoch – konsequenterweise – den Einwand Heideggers gegen Dilthey überzeugend, wonach alles Reden vom Leben kurzsichtig sei, wenn es nicht im Vorgriff auf seine Zukunft als ein Ganzes gedacht werde. Pannenberg verallgemeinert nun diesen Sachverhalt, insofern er behauptet, daß Wesensaussagen und damit Sachbenennungen überhaupt auf Antizipationen beruhen, d.h. daß man das Wesen des Erscheinenden im Vorgriff auf seine Zukunft benennt (131). Indem Pannenberg die Verkürzung der existentialen Analytik beseitigt, glaubt er gerade die im Sinne der ursprünglich intendierten allgemeinen ontologischen Tragweite der Beschreibungen von "Sein und Zeit" aufgedeckte Verwiesenheit alles Seienden auf Zukunft hin einzubringen. Stimmt aber seine Voraussetzung, dann impliziert der antizipatorische Charakter der Wesensbenennungen eine Übereinstimmung von Sein und Denken, "die freilich konkret inhaltlich wieder nur in Gestalt von Antizipation auftritt und deren endgültige Wahrheit ein Thema der Eschatologie bleibt" (132). Damit ist der Konnex zu seiner Theologie in lupenreiner Identität wieder hergestellt.

Pannenberg weiß natürlich auch, daß diese Vorwegnahmen einer endgültigen Gestalt der Wirklichkeit je immer wieder aufs neue fraglich werden. Dennoch aber kann die immer in einer Antizipation einbeschlossene Möglichkeit der Nichtbewährung nur die Möglichkeit einer Überholung, nicht die einer gleichgültig sie ablösenden Ersetzung durch eine andere bedeuten. Das Maß der Integration entscheidet dabei über das Maß der Teilhabe an der antizipierten Bestimmung der Menschheit (133).

Pannenberg hat den von Dilthey herrührenden Gedanken des Todes als der äußersten Möglichkeit des Daseins gewissermaßen spekulativ uminterpretiert und damit über die Aporie des historischen Relativismus hinausgeführt. So wird es dann möglich, die Gegenwart des Ganzen inmitten unbeschränkter historischer Relativität zu denken: "Wie das Leben des einzelnen Menschen für sein verstehendes Verhalten zu sich selbst, so ist auch das Ganze der Universalgeschichte nicht abgeschlossen, wohl aber antizipierbar. Die beiden Fragen sind dabei nicht nur parallel, sondern indem der einzelne Mensch sich zur offenen Ganzheit seines eigenen Daseins verhält, verhält er sich zum Ganzen der Welt und ihrer Geschichte. Und damit verhält er sich immer schon zu Gott als der geheimnisvollen Macht, die diese – unvorhandene – Ganzheit konstituiert. Jede solche Antizipation ist standpunktbedingt, an ihren historischen Ort gebunden. Insofern ist sie bloße Antizipation, nicht das Ganze selbst. Dennoch ist sie, sofern sie Antizipation ist, des von der Zukunft her konstituierenden Ganzen   gewärtig" (134).

Es läßt sich unschwer erkennen, welche unmittelbare Struktur-
gleichheit zwischen Gadamers Horizontverschmelzungen und
Pannenbergs Überholungen der universalen Konzeptionen vorliegt. Zum anderen sind die Folgerungen Pannenbergs, die er
aus seiner kritischen Diskussion mit Dilthey und Heidegger
zieht, nur konsequent auf den Voraussetzungen des spekulativen Satzes, und nur mittels desselben führt eine Vorwegnahme des Endes über einen Relativismus hinaus. Einzig unter der Vorgabe, daß im Lebensvollzug des einzelnen Menschen,
im Vorentwurf des eigenen Daseins, das Ganze der Wirklichkeit schon immer mitgemeint und mitgesagt ist, läßt sich
ein totaler Relativismus in seinem Sinne überwinden. Aber
dies beruht ebenso wie die an das Ende gebundenen Wesensaussagen auf der Hegelschen Prämisse, das Satzsubjekt sei
immer schon eine Gestalt des absoluten Geistes, die Wirklichkeit als Geschichte sei der Prozeß von einem An-sich zu
einem An-und-für-sich in teleologischer Stufenfolge. Und
nur unter dieser Voraussetzung ist die Konsequenz der Kritik an Heideggers Erschlossenheit des Daseins durch das
Vorlaufen zum Tode als rein abstrakter Möglichkeit verstehbar, wenn Pannenberg daraus den Schluß zieht, daß somit
wohl nicht der Tod, sondern etwas ganz anderes angezielt
sei, nämlich die Ganzheit der Wirklichkeit, welche Heil
zu bieten vermag. Schließlich ist es nicht alltäglich, aus
der Einsicht der totalen Fragmentarität des Daseins durch
den Tod zu schließen, die Ganzheit müsse eben dann jenseits des Todes gesucht werden. Auch hier wiederum zeigt
sich, daß trotz aller Sachhaltigkeit der Aussagen, welche
Einsicht Pannenberg gegen Gadamer ins Feld führt, das idealistische Denken beibehalten bleibt: das Wesen und damit
die Wahrheit der Dinge wird zu einer Funktion des Geschichtsprozesses. Insofern er noch nicht abgeschlossen ist, zu
einer Funktion der eschatologischen Ereignisse. Zeit bekommt
gemäß dem spekulativen Satz einer Identitätsphilosophie die
Funktion der Offenbarung. In Hinblick auf die philosophie-
geschichtliche Entwicklung demonstriert Pannenberg einen
geradezu kuriosen Versuch: er liest Dilthey, Heidegger und
Gadamer gegen deren eigene Intention, aber auf den ihm mit
ihnen gemeinsamen Voraussetzungen. Die geistesgeschichtliche
Entwicklung von Hegel zu Gadamer war von einer konsequenten
Historisierung des Geschichtssubjekts gekennzeichnet als
einer paradoxen Selbstauflösung der Philosophie der Subjektivität auf dem Gang zu ihrer Vollendung (Schulz), indem
man durch einen Verzicht auf außergeschichtliche Gewißhei-
ten und durch die Erhebung dieses Verzichts zum Prinzip
der geschichtlichen Wirklichkeit überhaupt den relativi-
renden Konsequenzen des identitätsphilosophischen Denkens
zu entgehen trachtete. Pannenberg stellt nun insbesondere
in seiner Kritik an Gadamer und Heidegger fest, daß diese
Konzeption der Geschichtlichkeit als Surrogat der sie zu
ihrer Fragestellung erst ermächtigenden Geschichtsphilosophie eines Hegel zu unhaltbaren Konsequenzen hinsichtlich

der Sachhaltigkeit von Aussagen, der Endlichkeit des Bewußtseins und des Begreifens von Zukunft usf. genötigt sei.
Pannenberg rechnet ihnen gleichsam ihr idealistisches Erbe
vor, allerdings nicht - wie man annehmen möchte - zu dem
Zweck, sie zur Preisgabe ihres idealistischen Ansatzes zu
zwingen. War man den Weg von Hegel zu Gadamer gegangen, um
sich der unhaltbar gewordenen Voraussetzung eines absoluten
Subjekts mittels dessen eigener Historisierung zu entledi-
gen, um gerade so den in Anschluß an Descartes eingeschlagenen Weg der Subjektivitätsphilosophie beibehalten zu können, dreht nun Pannenberg diese Entwicklung in ihren eigenen
Höhepunkt zurück. Er weist Heidegger und Gadamer auf ihre
fälschliche Reduktion in ihrer Phänomenologie hin und versucht sie aus dieser freiwilligen Reduktion zu befreien.
Weil er aber nicht bemerkt, daß diese Reduktion notwendige
Folgen idealistischer Prämissen sind, denen diese Philosophen entgehen wollen, ohne selbst die Denkfigur des Idealismus aufgeben zu müssen, interpretiert er die nun wieder
aufgeforsteten Phänomene spekulativ zurück. Dies ist für
Pannenberg deshalb möglich, weil er das absolute Subjekt
durch den eschatologischen Einschlag anders zu fassen versteht. Hegels einziger Irrtum beruhe nach ihm auf der Tatsache, daß er von Eschatologie nichts wußte. Zunächst sieht
diese thoologische Überhöhung Hegels recht konsequent und
stichhaltig aus. Sieht man näher zu, wird der Gedankengang
recht fragwürdig. Denn die eigentliche Konsequenz hätte
nämlich die Infragestellung der spekulativen Denkfigur und
der sie ermöglichenden Subjektivitätsphilosophie sein
müssen. Denn dieser Weg, Wahrheit und Wirklichkeit in Subjektivität sichern zu wollen, den man in Anschluß an Descartes und Kant eingeschlagen hatte, ist der Grund für die
Notwendigkeit eines absoluten Subjekts wie auch noch für
die Mängel der Philosophie am Ende ihrer Selbstauflösung
als Gang zu ihrer Vollendung. Pannenberg scheint diesen Zusammenhang nicht wahrhaben zu wollen und macht aus der Not
des spekulativen Denkens eine Tugend, indem er deren unhaltbare Konsequenzen zu konstitutiven Momenten eines Gottes-
beweises umfunktioniert. In Wirklichkeit stellt sich ein
anderes Ergebnis von Pannenbergs Bemühen ein, als er selbst
behauptet. Die spekulative Interpretation der Wirklickkeit
beweist nicht das Dasein Gottes, vielmehr ist seine Vorstellung von Gott nur eine Möglichkeitsbedingung des spekulativen Satzes. Der eschatologisch handelnde Gott dient
dazu, den spekulativen Satz zu retten. Deshalb war schon
die absolute Subjektivität eingeführt worden, und diese
Funktion bleibt ihr auch erhalten in der Pannenbergschen
Uminterpretation. Die Vorstellung Gottes als eines Gottes
der Geschichte dient im Pannenbergschen Denken genau demselben Zweck: der Aufrechterhaltung des idealistischen Denkens mittels der Irrationalisierung ihrer Voraussetzungen.
Denn der Ausweis des spekulativen Satzes kann und darf nicht
von Gott her erfolgen, denn von dort her ist er nicht nach-

prüfbar.

Doch wie verhält es sich nun mit der Zukunft in Hinblick
auf das Wesen der Dinge, wenn wir zum einen dem Zeitverlauf
die Qualifikation als Offenbarer des Wesens der Dinge ab-
sprechen, zum anderen aber auch an der Sachhaltigkeit der
Aussagen festhalten, ohne dabei vom Strudel des Relativismus erfaßt werden zu wollen? Wenn die Zukunft in Hinblick
auf die Wahrheit der Aussagen und deren Sachgehalt im Sinne
des spekulativen Satzes ausfällt, muß die Vorstellung von
der Sachhaltigkeit und der Begrifflichkeit von Aussagen anders gefaßt werden. Anderseits läßt sich die Zukunft und
damit der Zeitverlauf überhaupt nicht als gänzlich irrelevant dafür ansehen, was als Wesen eines Dinges oder der Ereignisse ausgegeben wird. Gleichzeitig bleibt aber gültig,
daß der Mensch in seinen Aussagen immer eine Geltung "einfachhin" beansprucht: Dies ist doch der Gehalt dessen, daß
eine Aussage wahr sein soll. Daß in der Zukunft auch noch
dies und jenes über einen Gegenstand gesagt werden kann,
muß also eine andere Funktion haben, jedenfalls nicht die,
daß sich die Wahrheit gewissermaßen erst progressiv an den
Tag bringt. Die Wahrheit einer Aussage kann nicht erst dort
eintreten, wo alle Möglichkeiten der Aussagen über ein Ereignis erschöpft wären. Wahrheit einer Aussage ist eben
nicht identisch mit dem diachronen semantischen Universum
eines Dinges. Der immer wieder hervorgehobene Bedeutungs-
überschuß eines Ereignisses, insofern es sich nie in allen
seinen möglichen Beziehungen aussagen läßt, liegt demnach
nicht darin, daß - wegen des spekulativen Satzes - sich
seine Wahrheit nicht auf einmal erheben läßt. Wäre dem so,
dann fiele entweder die Sachhaltigkeit der Aussagen dahin,
oder wir müßten schon immer am Ende sein. Daß der Mensch
schon immer einen Vorgriff, eine Antizipation des Endes
trifft, muß anders als gewohnt in seiner Bedeutung noch näher aufgeschlüsselt werden. Schließlich kann doch schlechterdings nicht behauptet werden, der Mensch wolle mit seinen Aussagen, die ja primär ein Weltverhältnis und Gegen-
standsverhältnis in einer menschlichen Umwelt konstituieren,
einen Vorgriff auf die ganze Fülle und Weite einer angesag-
ten Wirklichkeit geben. Die Wahrheit hinge dann davon ab,
ob die Zukunft einen bestätigt oder nicht, und das würde
heißen: erst vom Ende der Wirklichkeit her ließe sich eine
Wertung vornehmen. Vielmehr vollzieht der Mensch etwas ganz
anderes: er will unbedingt, daß das, was er in bestimmter
Weise zur Sprache bringt, gilt. Um ein Beispiel zu geben:
wenn ich jemand meinen Freund nenne, kann diesen Satz, sofern er hier und heute auf das tatsächliche Verhältnis zu
meinem Bekannten zutrifft, die Zukunft schlechterdings nicht
widerlegen. Die Zukunft kann allenfalls an den Tag bringen,
daß ich mich jetzt getäuscht habe. Denn das Entscheidende
dieser Aussage hängt vielmehr daran, ob diese Qualifizierung

meines Bekannten dem jetzt bestehenden Verhältnis in der
konkreten Situation entspricht. Die Wahrheit erweist sich
also daran, ob ein dieser Aussage entsprechendes Verhalten
wirklichkeitsgerecht ist oder nicht. Der Begriff Wahrheit
läßt sich also nicht auf rein theoretischer Ebene einlösen,
noch mittels der Zukunft auf seinen Gehalt hin prüfen. Um
dieses Verhältnis präziser und konkreter fassen zu können,
sei noch einmal auf Heidegger eingegangen.

Heidegger hatte die von Dilthey herausgestellte Einsicht,
die Bedeutungszusammenhänge des sogenannten Lebenslaufes
würden erst von der Zukunft her konstituiert, näherhin vom
Ende des Lebens her, welche Einsicht bei Dilthey noch von
der historischen Vorstellung eines geschichtlichen Kräftekonnexes und seiner eigenen Ausdruckspsychologie durchsetzt
war, gerade von der Vorstellung des Kräftekonnexes befreien
wollen. Dilthey hatte gesehen, daß sich eben erst vom Ende
her, wenn es sich um einen Geschehenszusammenhang handelt,
das geschichtliche Bewußtsein beschreiben lasse. Diese Un-
erträglichkeit, auf sein Ende warten zu müssen, hat Heidegger durch die Einsicht, daß der Mensch zu seinem Tode vorlaufen könne, beseitigt. Indem er damit die Geschichte zur
Geschichtlichkeit verinnerlichte, blieb dabei dennoch die
spekulative Figur des Denkens gewahrt: erst das Ende erschließt die Wirklichkeit. So konnte Heidegger schließlich
in "Sein und Zeit" sagen, daß die Gewesenheit in gewisser
Weise der Zukunft entspringe (135). Pannenberg sieht nun
die Schwierigkeit, daß sich dieses Vorlaufen zum Tode des
eigenen Daseins nicht eigentlich dahingehend auswirken dürfte, daß sich damit die Ganzheit menschlichen Seins erschlösse, eine Ganzheit, welche den Menschen zu echtem Handeln in
der Gegenwart bereit machte. Denn für sich gesehen runde
der Tod eben nicht das Dasein zu einer Ganzheit ab, sondern
imprägniere es vielmehr mit dem Stempel des total Fragmentarischen.

Pannenberg setzt nun nicht seine Kritik an dem Verhältnis
von Zukunft und Wesen der Dinge an, sondern interpretiert
das Übel wiederum positiv um, indem er das Ende des menschlichen Daseins als Moment eines einzigen letzten Endes begreift, das diese erhoffte Ganzheit als Heil herstellt.
Der Gedankengang ist auch hier relativ einfach zu fassen.
Wenn die Aussagen des Menschen tatsächlich sachhaltig sind,
zugleich aber die spekulative Figur des Denkens beibehalten
wird, muß es dieses alles aufschließende und einheitgebende
Ende als Integrationsganzes geben. Dann aber muß es auch
die Geschichte als realen Prozeß geben, insofern von einem
Einheitsprinzip immer schon alles Sein und Verstehen inte-
grierend zusammengehalten ist.

Die eigentliche Kritik an Heidegger hätte hingegen dort einzusetzen, wo deutlich wird, daß nur eine bestimmte Vorstellung vom Tod solchen zu eigentlicher Existenz aufschließenden Wert besitzt. Tod und Ende müssen in ihrem Korrelations-

verhältnis zum Selbstverständnis in der Gegenwart verstanden werden. Nimmt man das ernst, wird schon gleich die vielgerühmte Vokabel von der "Verantwortung für die Zukunft" brüchig, insofern man nicht einfachhin für Zukunft Verantwortung trägt, sondern allenfalls für das, was man als Zukunft erwartet, erhofft oder befürchtet. Wenn nun Zukunft in einem korrelativen Verhältnis zum Selbstverständnis der Gegenwart steht, muß dieses Korrelationsverhältnis als solches thematisiert werden. Dementsprechend ist, wie im Zusammenhang mit Eschatologie gezeigt, auch das als "Eschaton" erwartete Ende in seinem Korrelationsverhältnis zu Gegenwart und Vergangenheit ins Bild zu setzen. Diesen Sachverhalt erstmals aufgegriffen und problematisiert zu haben, ist das Verdienst Karl Löwiths. Seine Untersuchung war als Anfrage an die Theologie gedacht, die ihm in Anschluß an Bultmann eine allzu eilfertige Übereinkunft von neutraler Existenzanalytik und theologischen Gehalten traf (136). Insofern Löwith auf das Phänomen des Todes in der Analytik Heideggers abhebt, soll an seiner Kritik der Zusammenhang von Zukunft und Gegenwart deutlich werden. Löwith fragt nach der "Wahrheit und Evidenz des maßgebenden Existenzideals der Auslegung menschlichen Lebens" in der Untersuchung Heideggers (137). Dies deshalb, weil das, was Heidegger vernehmend erhebt, nach Löwiths Ansicht schon immer von einem bestimmten Existenzideal geleitet ist, und zwar so sehr, daß es andernfalls gar nicht hätte vernommen werden können. So steht für Löwith die Unterscheidung Heideggers in eigentliches und uneigentliches Existieren schon in einer Parallele zu himmlischer und irdischer Sorge, womit diese Unterscheidung nicht weniger voraussetzungsvoll als Kierkegaards Entweder-Oder ist.

Uns interessiert indes nicht eigentlich die Zielfrage Löwiths, so wichtig sie für Theologie auch ist, ob sich Theologie eine voraussetzungslose Philosophie zum Partner machen könne. Wohl aber geht es uns darum zu sehen, wie die Bestimmung der Indifferenz der Alltäglichkeit des Daseins bereits vorgängig die Differenz von eigentlichem und uneigentlichem Existieren getroffen hat. Somit wäre eine Indifferenz als Ausgangspunkt um nichts voraussetzungsloser als die nachher entworfene Differenz. Eine Alltäglichkeit läßt sich nämlich nur dann ausmachen, wenn man schon weiß, welcher der Standpunkt des Existierens ist. Das aber würde heißen, daß für die Interpretation der Eigentlichkeit und Ganzheit des Daseins schon eine ontische Auffassung von Existenz zugrunde liegt.

Den Beweis dafür tritt Löwith mit der Untersuchung des "Todes" an, den Heidegger als die oberste Instanz des Daseins enthüllt hatte ("Hat das In-der-Welt-sein eine höhere Instanz seines Seinkönnens als den Tod?") (138). Gerade an diesem Punkte müsse man sich gegen Heidegger wehren, betont Löwith, wenn anders man sich nicht selber aller Gegeninstan-

zen entschlagen wolle. So ist eben bereits zu Anfang festzustellen, daß eine bestimmte Idee von der eigensten Möglichkeit des Daseins vorausgesetzt ist, unter der der Tod
"oberste Instanz" sein kann. Zu dieser Bedeutung gelangt
der Tod jedoch nur dadurch, daß man ihn schon immer als die
äußerste Möglichkeit des Daseins versteht, und unter dieser
wiederum die Möglichkeit seines eigenen Sein-Könnens. Was
hingegen die ontische Möglichkeit des Todes betrifft, ist
sie bei Heidegger konsequenterweise so wenig bedeutsam, daß
sie ausdrücklich aus dem Begriff des Todes ausgespart wird.
Dagegen verficht Löwith, daß der Tod doch dem Menschen zunächst keine eigenste Möglichkeit ist, weil er den Menschen
trifft, insofern er am Leben ist und nicht insofern er
"existiert". Gerade diese ontische Wirklichkeit müßte daher
doch auch ontologisch bedeutsam sein. Daß Heidegger in der
existenzial-ontologischen Analyse den faktischen Tod a limine
ausschaltet und daß das mögliche "Sein-zum-Ende" sich unabhängig vom lebensmäßigen "Zu-Ende-sein" abspielt, resultiert für Löwith daraus, daß vorgängig Dasein schon und nur
als eigenes Sein-können begriffen wird. Bloßes Ableben wird
daher logischerweise bedeutungslos. Löwith resümiert das
folgend: "Die...Interpretation des menschlichen Lebens und
Sterbens setzt also faktisch schon einen ganz bestimmten Begriff von der Natur des menschlichen Lebens voraus, nämlich
einen solchen, wonach die 'Substanz' des Menschen seine
'Existenz' ist und der 'Bestand' des menschlichen Lebens
die 'Selbständigkeit des existierenden Selbst'.(...). Nur
wenn die Substanz des Menschen ausschließlich in seine Existenz gesetzt wird, d.h. aber allgemein: in das, was das
Dasein, sich selbst verstehend und überantwortet, sein kann,
und insbesondere, in das, was das Dasein gerade auch noch
aus seinem Zu-Ende-sein, seinem Ablebenmüssen für sich selbst
mit Wille und Verstand machen kann - nämlich eine existentielle Vorwegnahme des Ablebens in einer vorlaufenden Entschlossenheit - nur dann ist dieser bestimmte Begriff vom
Tode der dem Menschen natürliche und sachgemäße" (139).

Die von Heidegger vorgegebene Natürlichkeit ist für Löwith
so viel und so wenig natürlich wie z.B. der christliche
Glaube an die Auferstehung für den, der nicht an sie glaubt.
Die zum Tode vorlaufende Entschlossenheit ist es, die den
Tod allererst als Seinkönnen erschließt. Nur deshalb, weil
das "Sterben" ontologisch-existenzial ein existierendes
Sich-zum-Ende-Verhalten-Können ist, also kein zu-Ende-Sein,
sondern ein Sein-zum-Ende, gründet schließlich der Tod in
der Sorge des existierenden Daseins um sich selbst und sein
mögliches Ganzseinkönnen. Dieses Verhalten zum Tode ist für
Löwith nur deshalb sachgemäß, weil ein entsprechendes Existenzideal voraufgeht, von dem her das Verhältnis seinen
sachgemäßen Bezug erfährt. Löwith setzt diesem Existenzverständnis allerorts vorfindliche andere faktische Todeser-
fahrungen gegenüber. So kann man den Tod als eine natürliche
Erscheinung sehen, der jedes Lebenwesen seinen Tribut zu

zollen hat. Man kann auch dem Tode heroisch begegnen und sich erst im Augenblick des Eintretens zu ihm verhalten. Schließlich kann man auch ein Verhältnis zum Tode haben, das um die Freiheit ihm gegenüber weiß, insofern der Mensch freiwillig aus dem Leben scheiden kann. Ferner kann man sein Verhältnis zum Tode einzig im Problem des Scheidens von den Angehörigen begreifen. Nicht zuletzt kann der Tod als ein Abschied vom Leben begriffen werden, den man in "Ergebung" hinnimmt.

Damit kommen wir auf den vorher augezeigten Zusammenhang des Verhältnisses von Ende bzw. Zukunft und Gegenwart zurück. Löwith zeigt gerade in seiner Kritik an Heidegger, daß sich das Verhältnis des Menschen zum Tode ermißt an der vorgängigen Beantwortung dessen, was als Natur des Menschen gilt. Das Ende hat also nicht den aufschließenden Wert für jetzige Erkenntnis, insofern man zu ihm vorläuft oder es vorwegnimmt. Das faktische Ende, dessen wir aber lebend nicht habhaft werden, kann allenfalls die Bestätigung der Richtigkeit unseres Vorverständnisses post festum liefern. Niemals aber wird von der Zukunft her das Wesen des Menschen und der Dinge gewahr, weil eben die Zukunft als noch ausständige Wirklichkeit nur als das vernommen wird, als was der Mensch sich schon vorgängig zu ihr begreift. Das Ende ist in seiner Bedeutsamkeit immer schon vorprogrammiert von der Erfahrung der Wirklichkeit in der Gegenwart, von der Tatsache, wie der Mensch Wirklichkeit überhaupt verstehen will. In besonderer Markanz wird dieser Zusammenhang schon bei Kant deutlich. Den Ausgleich von Glückswürdigkeit und Glückseligkeit muß er deshalb fordern, weil und insofern er nur so verständlich machen kann, warum es sinnvoll ist, daß sich der Mensch als sittliches Subjekt unter einem kategorischen Imperativ begreifen soll.

Damit aber wird unser Einwand gegen idealistisches Denken deutlich. Die Zukunft bzw. das Ende der Geschichte kann nicht das Integral des Wesens Mensch liefern, ebensowenig das der Dinge. Darauf ist auch der Mensch in seinem Verhältnis zur Wirklichkeit ganz und gar nicht aus. Was Pannenberg mit seiner Antizipation des Endes dem Menschen zubringen will, danach fragt der Mensch wenigstens nicht so. Der Gesamtentwurf, den der Mensch immer schon macht, ist primär einer der absoluten Geltung dessen, als was er sich verstehen will. Und in diesem Sinne erwartet er vom Ende die Bestätigung seines Selbstentwurfes und des sich daraus ableitenden Handelns. So wie ich vom anderen Menschen nicht die Summe seiner Eigenschaften, Möglichkeiten usf. wissen will, wenn ich ihn Freund nenne, sondern nur darauf bedacht bin zu wissen, ob ein dem Prädikat Freund entsprechendes Verhalten das in der gegenwärtigen Situation angemessene ist, so ist auch in der Sachlichkeit der Aussagen nicht das semantische Universum des Prädizierten mitgemeint. Die Sachhaltigkeit und die Wahrheit entscheidet sich daran, ob etwas auf der Ebene, auf der es zur Sprache gebracht wird, in der vorgestellten Weise ein sinnvolles Verhalten ermöglicht oder nicht.

Dementsprechend haben also Aussagen über die Zukunft nur den Sinn von Wertstellungnahmen zu Gegenwart und Vergangenheit. Sie bringen nichts für den kognitiven Gehalt einer Aussage bei, sondern geben nur explizit an, als was die entsprechenden Wirklichkeiten und die Wirklichkeit überhaupt betrachtet werden. Unmittelbar einsichtig wird dann, daß Hermeneutik zu unterscheiden hat zwischen Applikation und Verstehen. Ich kann sehr wohl das Weltverhältnis eines Menschen mithin verstehen; damit ist es aber noch lange nicht eine Horizontverschmelzung dergestalt, daß ich in meinem mir vorgestellten und vollzogenen Weltverhältnis modifiziert oder bereichert sein müßte. Andere Traditionen können allenfalls den Rang von möglichen Weltverhältnissen haben, die mithin sogar veranlassen können, sich diesem oder jenem zuzuwenden, weil es einem sinnvolleres und akzeptableres Verhalten ermöglicht. Dies gilt auch der eigenen Tradition gegenüber. Natürlich steht jeder, insofern er immer schon faktisch mit Welt und Mensch in einer bestimmten Weise umgeht, in einer Tradition. Die explizit schriftliche Tradition, worauf das faktische Verhalten bezogen wird, ist gewissermaßen nur die verobjektivierte Form dieser implizit immer anwesenden Wertsetzung. Gerade diese Möglichkeit der Verobjektivierung, wiewohl sie wohl faktisch nicht ganz eingeholt werden kann, ermöglicht aber auch, sich bewußt von ihr abzusetzen.

Ein andere Form des Absetzens von faktischer Tradition zeigt sich in der sogenannten Entfremdung von der eigenen Herkünftigkeit durch Technik. Sie ist zunächst nichts anderes als die Tatsache, daß man sich in veränderter Umwelt anders verhält, als es einer bestimmten Wertsetzung gemäß war. Das scheinbare Existential Heideggers und Bultmanns ist daher eine rein formale Aussage, dergestalt, daß der Mensch immer schon und überhaupt ein Weltverhältnis hat, indem er in der Welt lebt und handelt. Vielleicht könnte man dies mit Karl Otto Apel sinnvollerweise "Leibapriori" nennen (140). Ein sogenanntes natürliches und damit neutrales Existential, dem man das christliche Selbstverständnis als adäquate inhaltliche Entsprechung zuordnen könnte, gibt es daher nicht. Der Zusammenhang von Gegenwart und Zukunft darf keinesfalls in wie auch immer verstandener operationalisierter Theologie gesehen werden. Denn die Zukunft entschlüsselt als noch ausständige und damit auch als antizipierbare Zukünftigkeit nicht einfachhin Gegenwart und Vergangenheit.

Anderseits manifestiert sich aber in der Tatsache, daß die Vorstellung von Zukunft entscheidend in die Erfahrung von Wirklichkeit überhaupt eingeht, insofern darin Entscheidungen getroffen werden über die Möglichkeit der Erfahrung und des Vernehmens von Wirklichkeit, über das Verstehen von Vergangenheit, daß es einen engen Konnex mit dem Selbstverständnis gibt. Weil und insofern sich der Mensch in jeder Situation immer schon in einem Weltverhältnis befindet, ist gerade die zugrundeliegende Vorstellung vom Ende für eine echte Konfrontation und Aneignung von vergangenen Weltvorstellungsmustern notwendige Bedingung. Zugleich wird daran die historische Differenz deutlich.

Da die Aussagemöglichkeit von Weltverhältnissen immer an die jeweiligen Bedingungen der gegebenen Situation gebunden ist, insofern sich Wertstellungnahmen nur in Beziehungs- und Verweisungszusammenhängen ausdrücklich machen können, spiegelt gerade der in jedem Weltverhältnis mitenthaltene Ausblick auf das Ende als Option des Gegenwartsverständnisses die Bedingungen wider, unter denen sich ein gegenwärtiges Weltverhältnis zur Sprache bringen läßt. Von dieser Sicht aus muß daher die Entmythologisierungsthese Bultmanns, die auf einem vorausgesetzten gleichbleibenden Charakter menschlichen Daseinsvollzugs basiert, entschieden abgelehnt werden. Denn theonomes Weltverständnis kann sich, wie jedes andere auch, immer nur unter konkreten Bedingungen zur Sprache bringen. Mittels dieser zu erhebenden Bedingungen muß gerade das Wesensverständnis des Menschen, das sich darin anspricht, also das, als was sich der Mensch verstehen will, erhoben werden. So können gerade die veränderten Bedingungen und eine geänderte Vorstellung von Wirklichkeit dazu dienen, dieses vormals vorgestellte Wertverhältnis des Menschen zur Wirklichkeit in die Gegenwart zu transponieren. Das von Bultmann mit Heidegger vermeintlich herausgestellte Existential gibt es in Wirklichkeit nicht. Was es gibt, ist ein je und je faktisch vollzogenes Wirklichkeitsverhältnis. Und weil der Mensch die Fähigkeit des Objektivierens besitzt, ist er grundsätzlich in der Lage, jedes Wirklichkeitsverständnis, sofern es sprachlich artikuliert ist, nachzuvollziehen und damit zu verstehen. Verstehen als hermeneutische Rekonstruktion ist somit zu trennen von der Applikation als der bejahenden Übernahme eines rekonstruierten Verhältnisses.

Damit soll nicht geleugnet werden, daß nur der, der sich auf ein bestimmtes Weltverhältnis einläßt, in der Lage ist, die Wahrheit dieser Aussagen letztlich festzustellen. Dies deshalb, weil ein Aussageinhalt als Lebensverhältnisbestimmung eigentlich erst im faktischen Lebensvollzug seine volle Gültigkeit erhält. Das aber gehört in den Bereich der willentlich-wertstellungnehmenden Bejahung der eigenen Existenz und der Wirklichkeit im ganzen, und dies hat nichts zu tun mit der schöpferischen Rekonstruktion, die im Verstehen geschieht. Ein Zusammenhang besteht einzig insofern, als das Selbstverständnis des Menschen mithin dahingehend wirken kann, daß es auf bestimmte Traditionen verzichtet, bzw. an

Vergangenheit in einzelnen Punkten oder überhaupt uninter-
essiert ist.

Das Selbstverständnis ist daher relevant als Motivation der
Hinneigung zur Vergangenheit, nicht aber ist sie Bedingung
der Erkenntnis bzw. des Verstehens als solchem. Da es sich
bei allen Aussagen um kein reines Objekt-Subjekt Verhältnis
handelt, sondern beide immer schon und ausschließlich von
der faktischen Vorentscheidung darüber, als was etwas zur
Sprache gebracht werden soll, betroffen sind, kann es mithin scheinen, als handelte es sich bei der Applikation um
eine Erkenntnisbedingung. Dem ist aber nicht so. Erkannt
und verstanden werden kann ein Weltverhältnis immer, sofern
und soweit es sich verobjektivieren, d.h. zur Sprache bringen läßt. Applikation hingegen geschieht dort, wo ein Verhältnis zur Wirklichkeit als eine sinnvolle Möglichkeit
des Selbstverständnisses in der Gegenwart bejaht wird. Dennoch heißt gerade ein Vorlegen solchen Weltverhältnisses
immer auch, daß es sich unter den Bedingungen der Gegenwart
aussprechen und realisieren läßt. Das aber beinhaltet, daß
ein echtes Verstehen nur eine Nachkonstruktion im Sinne
der Neuschöpfung sein kann. Ein unvermitteltes Adaptieren
als Übernehmen der sprachlichen Vorgestelltheit kann im
Grunde nicht zum Kern der Sache vorstoßen. Sollte dies stimmen, wird auch verständlich, daß sich Aussagen über das Ende der Geschichte, weil als Aussagen über Zukunft, nicht
einfach affirmativ übernehmen lassen. Solche Aneignung würde
sich gerade gegen die Intention des Ausgesagten stellen.

Mit diesen Überlegungen sind wir genau dort angelangt, wo
narrative Theorie ihren Ansatzpunkt hat. Mit der Diskussion
um die Sachhaltigkeit der Aussagen und des Zusammenhanges
von Erfahrung und Wertstellungnahme ebenso wie mit dem Funk-
tionsverhältnis von Zukunft und Erfahrung konnte von völlig
eigenständigen Überlegungen zu Sprache und Hermeneutik die
innere Möglichkeit der narrativen Theorie einsichtig gemacht werden. Historische Ereignisse sind wie alle anderen
Erfahrungen immer von dem Erfahrungshorizont des Menschen
bedingt und ermöglicht (141). Da der Gehalt von Aussagen
immer auf das darin einbezogene Lebensverhältnis bezogen
werden muß, gibt es weder die Möglichkeit der schlechthinni-
gen Identifikation im Sinne des einfachen Identisch-Setzens
mit der Vergangenheit, noch sind die Aussagen über die Ereignisse der Vergangenheit in ihre Wahrheit gesetzt, wenn
man sie im Sinn der verobjektivierten Wirklichkeit des positiven Faktums versteht, das ein für allemal so und nicht
anders zu sehen wäre. Eine objektive Hinwendung zur Geschichte kann es sich daher nicht leisten, auf eine Wertung
zu verzichten, weil immer schon Wertung vollzogen wurde.
Will man ein vergangenes Ereignis oder einen vergangenen
Text in seiner Sachhaltigkeit begreifen, muß man sie gerade
auf <u>der</u> Ebene der Wertstellungnahme wiedergeben, auf der

sie wahrgenommen und geschrieben wurden. Nach dem ersten
Schritt der Textsicherung erfordert dies eine Nachkonstruktion im Sinne der Neuschöpfung, weil sich die Wahrheit einer Sache eben heute nur in der Neuinterpretation aussagen
läßt. Denn die Aussagebedingungen sind andere geworden. Als
Beispiel sei die Vorstellung von Freiheit herangezogen.
Mithin wird der Eindruck erweckt, als hätte heutige Vorstellung von Freiheit ein überbietendes Maß gegenüber früher
erreicht. Wenn Freiheit des Menschen heißt: Recht auf Selbstentfaltung, um nur eine fundamentale Bestimmung zu nennen,
kann mithin dort gegenüber der Vergangenheit kein Mehr an
Freiheitseinsicht und Vollzug beansprucht werden, wo sich
faktisch materiale und offensichtlich - von heutigem Standpunkt aus - auch qualitative Unterschiede aufzählen lassen,
wenn in der früheren Situation wirklich ernst mit dieser
Vorstellung gemacht wurde. Indem heute Freiheit neue Bereiche inhaltlich mitumfaßt, ist das dennoch nichts anderes
als eben eine in gegenwärtiger Bedingung zur Sprache gebrachte Wertung des Menschen. Diese scheinbare Neuinterpretation ist nichts anderes, als gerade die einzige Möglichkeit der identischen Beibehaltung des ursprünglichen Wertes.
Und darum kann heute Freiheit verschiedene Dimensionen und
Bereiche umfassen. Sie ist immer eingebunden in die Möglichkeiten der Selbstverwirklichung und der Welterfahrung. Darum
ist es auch unmöglich, definitiv und umfassend zu proklamie-
ren, wenigstens was den kognitiven Gehalt anbelangt, was
Freiheit positiv im Idealbegriff ist.

Ebenso verhält es sich mit dem Gottesverständnis. Als was
Gott für den Menschen zur Sprache gebracht werden kann,
läßt sich immer nur und je neu im faktischen Weltverhältnis
eruieren. Gleich bleibt einzig die Ebene, auf der die Wirklichkeit Gottes zur Sprache gebracht werden kann und muß.
Eine transzendentaltheologische Lösung verschleiert diesen
Sachverhalt, wenn sie Gott als den umfassenden Horizont begreift. Denn auch der umfassende Horizont von Wirklichkeit
konstituiert sich immer und je neu im faktischen Weltverhältnis des Menschen, das nicht absehen kann von der Veränderung der Welt. Weil es nun so ist, daß heute kein homo-
genes Weltverhältnis und Selbstverständnis des Menschen
mehr vorhanden ist, muß gerade auch diesem Sachverhalt Rechnung getragen werden. Ein Pluralismus in der Theologie ist
kein Zugeständnis, wie es vielleicht noch früher einmal
denkbar war, sondern die Existenzbedingung für Theologie
überhaupt.

8. THEOLOGISCHE AUSBLICKE

Am Ende unserer Untersuchung stellte sich eine Konvergenz
des hermeneutischen Prozesses mit historischer Rekonstruktion ein, ja noch viel mehr: Hermeneutik ist immer Moment
historischen Denkens, - und historisches Denken hat auf die
eine oder andere Weise immer schon das Problem der Hermeneutik entschieden. Geschichte, welche immer vorgestellte
Geschichte ist, erweist sich stets als schon aus Interessen
und Wertungen entsprungene Konstruktion. Ihr Bezugsrahmen
ist konstitutiv gebunden an das kommunikative Interesse der
Gegenwart. Die Erfahrung der Geschichtslosigkeit, so viel
sie auch beklagt sein mag, setzt immer schon das Interesse
an Geschichte voraus, ist selbst eine meta-geschichtliche
Kategorie. Sie signalisiert allenfalls einen bestimmten
Traditionsverlust, d.h. einen aus bestimmten Voraussetzungen entworfenen neuen Konstruktionszusammenhang, weil dessen alte Voraussetzungen so nicht mehr akzeptabel sind.
Dies kann darauf beruhen, daß die Wertsetzungen, welche
alten Voraussetzungen immanent sind, nicht mehr akzeptiert
werden, es kann aber auch daher rühren, daß die Aussagebedingungen nicht die der Gegenwart sind, d.h., daß die kommunikative Basis verlorengegangen ist. Mithin bedeutet Geschichtslosigkeit zunächst einmal nichts anderes, als daß
sich aus vorgestellter Tradition keine Sinn- oder Handlungsorientierung mehr gewinnen läßt. Will man aber die Verbindung zu Vergangenheit wieder restituieren, muß eine Rekonstruktion im Sinne der Neuschöpfung unternommen werden,
was ineins damit immer auch schon eine faktische Lösung des
hermeneutischen Problems beinhaltet.

Insofern nach narrativer Theorie die Hinwendung zur Vergangenheit eine vorgängige, transzendental bedingte Wertung
der Vergangenheit impliziert, diese Hinwendung aber in freier Entscheidung getroffen werden muß, werden Aussagen über
die Zukunft und damit über die Eschatologie als wertstellungnehmende Option gegenwärtigen Selbstverständnisses zum
Index und zugleich zum Motivationsgrund für eine bestimmte
Konstruktion von Vergangenheit. Nach diesem Maßstab organisieren sich die Ereignisse der Vergangenheit zu einem sinnvollen "temporal whole". Da der Mensch aber in Gegenwart
auf verschiedenste Weise Sinn- und Handlungsorientierung
sucht, rechtfertigt sich auch eine je und je verschiedene
Rekonstruktion von Vergangenheit. Weil aber allen Hinwen-
dungen zu Vergangenheit eine wie immer geartete Wertzumu-
tung für das vergängliche Faktum, für die Vergänglichkeit
des Menschen immanent ist, zeigt sich gerade eine letzte
Identität - nicht nur formaler Art - aller Geschichtsentwürfe: das vergängliche und vergangene historische Ereignis
wird in irgendeiner Weise immer schon in Unvergänglichkeit
im Sinne absoluter Geltung akzeptiert und zur Sprache ge-

bracht. Der transzendentale Strukturvollzug geistiger Erkenntnis, der sich auch allein schon in der Sprache zeigt, insofern sie die Wirklichkeit zum Gesagtsein und damit zur absoluten Geltung im Wahrheitsanspruch bringt, wird somit in jeder Geschichtskonstruktion bejaht und anerkannt. So kommt es nicht von ungefähr, daß es ein Gefälle von Geschichte hin zu expliziter Heilsgeschichte gibt, weil in jedem Geschichtsentwurf das Anliegen der Heilsgeschichte immer schon gewahrt ist. Zielt doch Heilsgeschichte gerade darauf ab, den Menschen sub specie aeternitatis bzw. coram Deo, d.h. in seiner absoluten Geltung zu verstehen. Der Mensch wird in der Heilsgeschichte als Kind Gottes - um es biblisch zu nennen - angesagt, was nichts anderes meint, als daß er nicht in diesem und jenem Punkt auf Unvergänglichkeit hin ausgelegt wird, sondern in der Ganzheit und Fülle seiner Existenz. In diesem Sinne sind auch die Aussagen über Auferstehung des Fleisches, Unsterblichkeit der Seele, Gericht und Erlösung zu lesen. Christlich gesprochen wird also der Mensch ernst genommen in seiner ganzen Existenz, nicht nur hinsichtlich seiner möglichen Schaffenskraft bezüglich der aktiven Weltgestaltung, sondern auch in Hinblick auf sein Versagen und sein Leiden, auf seine Hinfälligkeit und sein Sterben. Diese inhaltliche Wertsetzung des Menschen steht somit in einer elementaren Entsprechung zu seinen Strukturvollzügen des Erkennens und Wollens, die immer schon eine Absolutsetzung involvieren, sollen sie sinnvoll sein. Insofern biblischer Glaube den Menschen durch dieses Ernstnehmen seiner Wirklichkeit als ganzer zu seiner wahren und unverfälschten Existenz, die nichts zu verbergen und wegzuschaffen hat, frei macht und erlöst, belegt er die strukturelle Adäquanz zwischen Selbstvollzug des Menschen und christlicher Deutung. Darin ist gerade in der Theorie einer Narrativität der Geschichte das Verhältnis von natürlicher Offenbarung und christlicher Botschaft bewahrt. Zum anderen läßt sich damit zeigen, wie dem Einwand gegen christliches Offenbarungsverständnis gewehrt werden kann, wonach es sich hier um irrationales und nicht verifizierbares Geschehen handle, um Sinngebung, die jenseits rationaler Rechtfertigung stehe. Weil narrative Theorie das "brutum factum" der Geschichte selbst als Fiktion aufweisen konnte, wurde gerade aufgrund dieser Verflüssigung des historischen Ereignisses eine Rechtfertigung ebenso wie eine Möglichkeit der Vermittlung von Offenbarung in die Gegenwart möglich. Auch im Interesse von Theologie selbst und ihres Bemühens zur Treue ihres "Gegenstandes" ist dieser Ausweis zu erbringen. Allerdings, und das sollte deutlich geworden sein, nur unter den Bedingungen, unter denen überhaupt Wahrheitsaussagen vom Menschen zu rechtfertigen sind, im erfahrenen Lebenszusammenhang menschlicher Sinn- und Handlungsorientierung.

Dies schließt von vornherein mit ein, daß der Mensch Gotteserfahrung wie auch Selbst- und Welterfahrung nur in Gemein-

schaft haben kann. Das solipsistische Ich transzendentaler
Spekulation allein erfährt den Lebenszusammenhang nicht.
Wer Gott als Heil erfahren will, kann dies nur unter den
konkreten Bedingungen, in denen sich des Menschen Selbsterfahrung vollzieht und Sinnerwartungen gebiert. Damit
wird die Glaubensgemeinschaft wie die praktische Sinnvermittlung in der Weise des Umgangs mit Welt und Mitmenschen
zum konstitutiven Terminus für die Erfahrung Gottes.

Will man daher Geschichte als Heilsgeschichte schreiben,
müssen die konkreten Bedingungen und Anforderungen der Gegenwart mit in die Konstruktion hineingenommen werden.
Christliche Sinnversicherung ist immer auch schon Handlungsorientierung. In einer Welt, in der dem Menschen durch technische Möglichkeiten und politische Einflußbereiche ein
Wirken an der Welt eröffnet ist, wird sich - dies ist die
nächste Konsequenz - die aus christlicher Wertsetzung und
Hoffnung auf Gottes erlösendes und vollendendes Wirken ergebende Forderung des sittlichen Imperativs notwendig auch
zu einer politischen und universalen Aufgabendimension wei-
ten. Universalgeschichte ist weder für den Profanhistoriker
noch für den Heilsgeschichtler eine unter anderen Möglichkeiten, sondern unter den gegenwärtigen universalen Bezügen
eine conditio sine qua non historischen Denkens. Konkret:
Wer Gott als das personale, letzte, sinngebende Prinzip
begreift, das dem Menschen in seiner Existenz Heil und Erlösung bringen wird, kann nicht umhin, sich als Bruder auch
des entferntesten Erdenbürgers zu begreifen. Das "tum tua
res agitur" erfordert eine über den personalen Kontakt der
heimischen Situation hinausgehende Verbindlichkeit: eine
universale Verantwortung ebenso wie eine Ansage Gottes als
Heil der Menschen überhaupt. Denn nur so ist Gott die inhaltliche Überhöhung dessen, was der Mensch in seiner Struktur vollzieht. Die Sinnadäquanz der Vorstellung Gottes erfordert dies.

Wenn Geschichte nach narrativer Theorie materiale Explikation menschlichen Selbstverständnisses zum Zwecke der Handlungsorientierung ist, wird damit Geschichte nicht schon
zum immer Gewußten. Vielmehr gilt, daß eben solches Selbst-
interpretament des Menschen herkünftig ist aus einer gemachten Erfahrung. Die Erfahrung selbst hat zu dieser Selbstexplikation als "Kind Gottes" geführt. Ist sie aber wahr,
dann muß sich auch heute noch, in geänderter Umwelt, an dem
erfahrenen Ereignis diese Erfahrung neu machen lassen, insofern es sich sinnvoll in eine Geschichtserzählung integrie-
ren läßt, und zwar so, daß es denselben Ansprüchen genügt,
denen die Überlieferung ihre Existenz verdankt. Es muß nicht
die Absolutheit des Christentums bewiesen, sondern einzig
und allein aufgezeigt werden, wie sich an der überlieferten
Interpretation des Geschehens um Jesus von Nazareth und
seiner Lehre eine in bezug auf die letzte Sinnversicherung

des Menschen adäquate Form des menschlichen Selbstverständnisses aufweisen läßt, die gerade darin ihre Pointe hat, daß sie im Verstehen des Menschen von einem Gott der Liebe her ihre aufschließende und befreiende Effizienz erreicht. Man könnte auch sagen, Jesus muß so in einer Heilsgeschichte zur Sprache gebracht werden, daß er für mich der Christus wird. Die christologischen Hoheitstitel geben gleichsam die Ebene an, auf der Jesus zur Sprache gebracht werden muß. Vielleicht müßten wir heute andere Titel dafür erfinden, wenn man bedenkt, daß heutige Menschen, wie Paul Tillich einmal sagte, nicht in erster Linie ihre Sündenlast bedrückt, sondern die bedrängende Not der Sinnlosigkeit.

Vielleicht, und das sei nur als Hinweis angemerkt, wäre auch eine solche Neufassung bezüglich der Auferstehung nötig. Sicher indes scheint uns zu sein, daß man, um nur zwei theologische Topoi herauszugreifen, Kirche und Erbsündenlehre gerade um ihrer eigenen Intention und notwendigen Bedeutung von diesem Aspekt und unter der Rücksicht narrativer Theorie und der Not hermeneutischer Vermittlung neu schreiben muß. Von hier aus würde wohl auch ein neues Licht auf die Sakramente und ihre Bedeutung fallen. Zuerst aber muß man die Kirche als das Ursakrament theologisch so verorten, daß sie als zu christlichem Handeln ermöglichende Gemeinschaft wieder unmittelbaren Lebensbezug erhält, und zwar jenseits von formalem Autoritätsanspruch. Kirchengeschichtsschreibung böte sich ein Aufgabenfeld, besser ein dringendes Desiderat zur Bewältigung an. Kirche in ihren Institutionen und Vollzügen, in ihrer Herkünftigkeit und Legitimität, müßte konsequent theologisch gesehen werden, und zwar im unmittelbaren Zusammenhang mit der Frage nach der Möglichkeit der Erfahrung von Offenbarung.

ANMERKUNGEN ZUR EINLEITUNG

1) Danto(1965).

2) Die narrative Struktur historischer Aussagen meint prinzipiell anderes als nur eine spezifische Form historischer Darstellung. Eine Theorie der Narrativität der Geschichte ist daher auch streng zu unterscheiden von den
besonders durch J.B.Metz in die theologische Diskussion
gebrachten Vorschlägen zu einer "narrativen Theologie".

3) Baumgartner(1972)

4) Vgl. North(1973). Diese Bibliographie umfaßt den Zeitraum von 1900-1972.- Im übrigen sei auf die
Beihefte der Zeitschrift "History and Theory" verwiesen,
die eine Bibliographie der Arbeiten zum Thema "Philosophy of History" bringen. Sie decken besonders den Zeitraum von 1945-1972.-Vgl.auch: Kosellek/Stempel(1973).

5) Benjamin(1971) 15.

6) Rohrmoser(1970) 58.

ANMERKUNGEN ZU KAPITEL 1.

1) Wir stellen den Ansatz von Danto nach Baumgartner(1972)
   dar. Dies legt sich deshalb nahe, weil es uns wesentlic
   um die weiterführenden Vorstellungen Baumgartners geht.

2) Vgl.Baumgartner(1972) 271-274.

3) Ebd. 281.

4) Ebd.

5) Ebd. 282.

6) Ebd. 281.

7) Ebd. 282.

8) Vgl.ebd.

9) Ebd. 283.

10) Ebd.

11) Ebd.

12) Vgl.ebd. 284.

13) Ebd. 285.

14) Ebd. 286f.

15) Vgl.ebd. 288.

16) Ebd. 289.

17) Ebd. 292.

18) Ebd. 295.

19) Ebd.

20) Ebd. 297.

21) Ebd. 298.

22) Ebd.

23) Ebd. 300.

24) Ebd.

25) Vgl.ebd. 301f.

26) Ebd. 302.

27) Ebd.

28) Ebd. 303.

29) Ebd. 304.

30) Ebd.

31) Ebd. 304f.

32) Ebd. 306.

33) Ebd. 307.

34) Ebd. 316.

35) Ebd. 317.

36) Ebd. 319.

37) Vgl.ebd. 320.

38) Ebd. 323.

39) Ebd. 324.

40) Ebd. 326.

41) Vgl.ebd. 328f.

42) Offenbarung läßt sich demnach auch nicht unmittelbar
aus einer Struktur der Geschichtszeit begreifen, auch
nicht aus der zeitlichen An-wesenheit von Mensch und
Seiendem. Entsprechende Versuche leiden daran, daß sie
weder den konstruktiven Charakter von Geschichte noch
das Faktum einer wirklichen Geschichtslosigkeit begreifen können: vgl. Hünermann(1967), Schaeffler(1963),
Müller(1971).

43) Vgl. Warkotsch(1973).

44) Vgl. Pannenberg(1972a).

ANMERKUNGEN ZU KAPITEL 2.

1) Vgl. Heuß(1959).

2) Vgl. Mommsen(1961a) 94-96.

3) Alfred Weber(1953).

4) Hans Freyer(1955).

5) Vgl. Mommsen(1961a) 95.

6) Max Weber(1952).

7) Vgl. Marcuse(1970) 139-213.

8) Vgl. Habermas(1968).

9) Vgl. Mommsen(1961a) 95f.; Gadamer(1972) 1-8; ders.(1965 Krüger(1958).

10) Vgl. Heuß(1959) 52f. und 56f.

11) Vgl. Mann(1961) 13: Nach Mann entspringe in aufgewühlter Zeiten gerade deshalb Geschichtsphilosophie, weil die Geschichtsphilosophie dem Axiom Schillers huldige, wonach die Weltgeschichte das Weltgericht sei.- Vgl. auch Moltmann(1965) 54.

12) Vgl. Gadamer(1965b) 48.

13) Ebd. 46.

14) Ebd.; vgl. dazu Heimpel(1956) und ders.(1957) 1-17. Hie wird ganz offenkundig, daß hinter der betroffenen Feststellung einer "schmerzlichen Koinzidenz von wissenscha licher Sublimierung und Abschwächung des geschichtlichen Sinnes" und in dem Namhaftmachen der Anzeichen einer "geschichtlichen Entwurzelung" die Angst steht, es könn damit auch wieder die Menschlichkeit verlorengehen. Wenn historischer Sinn die Verpflichtung des Menschen gegenüber der Vergangenheit meint, die "wissenschaftlich gefaßte Form der Dankbarkeit"(13) ist, bedeutet das "Ausrinnen der Geschichte aus den Wissenschaften"(2) in der Tat eine Bedrohung der Menschlichkeit.

15) Vgl. Baumgartner(1972) 48f.

16) Vgl.ebd. 262-269.

17) Ebd. 262.

18) Ebd. 263.

19) Vgl.ebd. 264.

20) Ebd.

21) Ebd. 266.

ANMERKUNGEN ZU KAPITEL 3.

1) Vgl. Mommsen, Wolfgang(1961a) 97. Friedrich Meinecke hat
den Terminus "Historismus" einmal ein vieldeutiges und
schlüpfriges Wort genannt. Zu dem vom Historismus vermeintlich hervorgetriebenen Konsequenzen vgl. Heussi(1932)
6-15 und Fülling(1956) 7-12.

2) Mommsen, Wolfgang(1961a) 97.- Eine bessere Erfassung des
Zusammenhanges von gegenwärtiger Krise der Geschichtswissenschaft und der Geisteswissenschaften mit dem Historismus findet sich bei Kosellek(1970) 1-18: "Offensichtlich hängt die Krise der Historie von der Krise des
Historismus so sehr ab, wie die Geschichtswissenschaft
im Historismus gründet"(1). Spezifizierend ließe sich
hinzufügen, Geschichtswissenschaft sei insoweit in einer
Krise, als sie an den sich auflösenden metaphysischen
Voraussetzungen der historischen Forschung der vergangenen Jahrhunderte partizipiert.

3) Vgl. Wittram(1958) 67.

4) Vgl. Arendt(1957c) 8f.: Sie verweist auf die Feststellung
Meineckes, daß man im 18. und 19.Jahrhundert im Unterschied zu allen früheren Renaissancen begann, "zu lesen
wie nie zuvor gelesen worden war, nämlich so, als könne
die Geschichte selbst und nicht dieses oder jenes Buch
die letzte göttliche Wahrheit offenbaren. Kein einziges
oder einzelnes Buch zwar ersetzte die Bibel, aber die
Geschichte, die Herder das 'Buch der menschlichen Seele
in Zeiten und Völkern' genannt hatte, wurde zu einer Art
Bibel".

5) Wie sehr dieser philosophische Optimismus des 19.Jahr-
hunderts - vor allem in England - mit der wirtschaft-
lichen Entwicklung Hand in Hand ging und sich gegenseitig unterstützte, zeigt sehr eindrucksvoll Carr(1961)
19f. Und wenn man meint, die Historiker des vorigen
Jahrhunderts wären generell der Geschichtsphilosophie
gleichgültig gegenübergestanden, so trügt diese Sicht,
und zwar auch, wie Carr betont, für die englischen
Historiker. Nicht weil sie an keinen Sinn der Geschichte
glaubten, lehnten sie Geschichtsphilosophie ab, sondern
weil er ihnen offenkundig einsehbar schien. Heute jedenfalls habe die Vergangenheit diese ihre Unschuld eingebüßt. Daß geschichtliche Fakten Ausdruck einer wohl-
tätigen Wirksamkeit eines höheren Prinzips seien, kann
nicht mehr wie im 19.Jahrhundert angenommen werden:"Das
war das Alter der Unschuld; im Angesicht des Gottes der
Geschichte ergingen sich die Historiker im Garten Eden
ohne jeden Fetzen Philosophie zu ihrer Bedeckung und
schämten sich ihrer Blöße nicht. Inzwischen sind wir
gefallen, wir haben die Sünde kennengelernt; und jene

Historiker, die heutzutage vorgeben, ohne Geschichtsphilosophie auszukommen, versuchen nur, eitel und selbst
bewußt wie die Anhänger der Nacktkultur, den Garten Eden
in ihren Schrebergärten wieder erstehen zu lassen"(20).

6) Vgl. Besson(1961) 102-116.

7) Vgl. Mommsen, Wolfgang(1961a) 102.Anders Koselleck(1970)
der der Geschichtswissenschaft eine Theorie der historischen Zeiten vorschlägt, welche die "Temporalstrukturen"
freizulegen hätte, "die den mannigfachen geschichtlichen
Bewegungsweisen angemessen sind. Die Temporalität geschichtlicher Ereignisse und die Ablaufstrukturen geschichtlicher Prozesse könnten dann - gleichsam von selb
aus - die Geschichte gliedern"(15). Hier wie dort wird
aber nicht klar gesehen, daß der Historiker diese Ereignisse als geschichtliche gerade selbst mitkonstituiert.
Darum gilt auch für Koselleck noch das Verdikt von Carr
(1961) 12: "Der Glaube an einen festen Kern historischer
Fakten, die objektiv und unabhängig von der Interpretation des Historikers bestehen, ist ein lächerlicher,
aber nur schwer zu beseitigender Trugschluß".

8) Vgl. Besson(1961) 103; Heussi(1932) 6-15.

9) Besson(1961) 103f.

10) Vgl. Iggers(1971).

11) Vgl.ebd. 62-85.

12) Vgl. Gadamer(1958) Sp.1491.-Heimpel(1957) 15 bestätigt
unsere These, wenn er schreibt: "Der 'historische Sinn
seit Herder' ist Reflexion über bedrohte Ordnungen...
Geschichtswissenschaft und ihre Impulse leben in Bejahung und Verneinung letzten Endes jeweils von der
letzten Revolution".- Vgl.auch Fetscher(1961) 76-95.

13) Vgl. Besson(1961) 106.

14) Nach Heimpel(1957) 2 ist die dialektische Theologie deutlichstes Indiz dafür, wie man im 20.Jahrhundert versuchte, durch ein "Ausrinnen der Geschichte aus den
Wissenschaften" der Not des Historismus zu wehren. So
konnte schließlich die protestantische Theologie in
ihrer zugleich antiliberalen wie antihistorischen Bewegung mit Karl Barth gegen Adolf von Harnack den Triump
von David Fr.Strauß und die Not von Ernst Troeltsch überwinden.

15) Vgl. Müller-Lauter(1962) 226-255.

16) Vgl. Besson(1961) 115; in ähnlicher Weise analysiert
Wittram(1958) 58-62 den Historismus als Wertrelativismus. Anders dagegen bereits Heussi(1932) 74:"Die Ent-
rechtung der Normen und Werte vollzieht sich ebenso
wenig auf dem Boden der rein historischen Erörterung,
wie das bei der Begründung der Normen und Werte der

Fall ist".

17) Vgl. Albert(1968).

18) Vgl. Topitsch(1972).

19) Wittram(1958) 61.

20) Arendt(1957d) 14 sieht die Gegenwart nach dem Bankrott
    aller höheren Sinnzusammenhänge auf jene Fragen zurück-
    geworfen, die am Beginn der Neuzeit standen, ohne daß
    dafür Antworten aus der Vergangenheit zur Verfügung
    stünden.

21) Vgl. Fetscher(1961) 77.- Auch Mann(1961) 30 bestreitet
    für heute die Möglichkeit einer Geschichtsphilosophie,
    sofern sie eine Gesamtschau der Wirklichkeit bieten
    wolle:"Wir glauben nicht mehr an seine Möglichkeit,
    noch an seine Nützlichkeit. Was immer das Schicksal
    des Menschen sein möge, ein Ding, das der einzelne
    Denker ganz ergreifen und in der Hand halten könnte,
    ist es nicht. Wohl uns, daß es ein solches Ding nicht
    ist".

22) Vgl. Fetscher(1961) 77.- Für die Aufhebung der geschichts-
    philosophischen Fragestellung selbst plädieren hingegen
    Autoren wie Blumenberg(1965), Kamlah(1969) und Marquard
    (1973). Nach ihnen habe der faktische Geschehensver-
    lauf den Sinn der geschichtsphilosophischen Frage als
    heillose Selbstüberziehung der menschlichen Vernunft
    entlarvt. Man müsse redlicherweise daher auf sie ver-
    zichten.

23) Vgl. Arendt(1957b) 9; Rossmann(1969) 23f.

24) Blumenberg(1965) 148; vgl. Krüger(1973) 38-58.

25) Arendt(1957b) 9. Ähnlich Rossmann(1969). Aus dem Zweifel
    an der Realität der Außenwelt folgte, daß die Wahrheit
    selbst unerkennbar geworden war, weil die Gewißheit an
    den Bedingungen unserer vernünftigen Subjektivität ihre
    Grenzen hat.

26) Vgl. Diemer(1961).

27) Arendt(1957b) 9f.

28) Arendt(1957c) 10.

29) Vgl. Arendt(1957b) 10f.; ferner Löwith(1968).

30) Arendt(1957d) 12.

31) Rossmann(1969) 46.

32) Vgl. Fetscher(1961) 79:"Geschichtsphilosophie ist alle-
    mal auch Sinndeutung der Krise. Die bekanntesten ge-
    schichtsphilosophischen Systeme sind deshalb auch nicht
    zufällig im Zeitalter nach der Französischen Revolution
    entstanden. Für die Art und Weise der Sinndeutung ist
    es dabei nicht ausschlaggebend, wie der betreffende

Denker sich das Bild der Zukunft ausmalt: als eine
weitere Steigerung der an der Gegenwart als bedrohlich
empfundenen Züge - oder als eine Vollendung des in ihr
aufgehenden und begrüßten Neuen. Diese Zukunft selbst
kann daher als gemußte(mit naturgesetzlicher Notwendigkeit heraufziehende), als gewollte(aus freiem Entschluß
bejahte) oder gesollte(ethisch geforderte) verstanden
werden. Der Akzent liegt bei dem einen mehr hier, beim
anderen mehr dort, aber selbst diejenigen, die an die
Naturnotwendigkeit der Entwicklung glauben, pflegen sie
doch meist auch als sittlich zu begrüßen und zu ihrer
Beförderung aus freiem Willen aufzurufen, ohne hierin
einen Widerspruch zu erblicken".

33) Rossmann(1969) 64.

34) Fetscher(1961) 80; vgl. ders.(1971) 106-113, bes.106:
"Hegel wie Marx war es klar, daß ihre Geschichtsdeutung
erst in ihrer Gegenwart möglich geworden war. Sie
führten ihre eigenen Erkenntnisse keineswegs primär auf
die eigne überragende Einsicht zurück, sondern in erster
Linie auf die priveligierte historische Position".

35) Wilhelm von Humboldt, Über die Aufgabe des Geschichtsschreibers. Abgedruckt in: Rossmann(1969) 195-212, hier:
208.

36) Ebd. 211f.

37) Ebd. 199.

38) Topitsch(1972) 282ff.

39) Vgl.ebd. 394, 364ff.

40) Vgl.ebd. 374.

41) Ebd. 377.

42) Vgl.ebd. 356.

43) Vgl.ebd. 357f.

44) Vgl. Fetscher(1961) 81.

45) Vgl. Topitsch(1972) 335.

46) W. Nestle(1940): Vom Mythos zum Logos. Stuttgart, 515,
zitiert nach Topitsch(1972) 335f.

47) Topitsch(1972) 336f.

48) Vgl. Adorno(1967) 29f.

49) Wenn Topitsch metaphysisches Denken auf ein System bio-
und technomorpher Denkhaltungen reduziert wissen will,
kann seine Schlußfolgerung nicht akzeptiert werden. Denn
metaphysisches Denken unterscheidet sich durchaus von
einer naiven Projektion menschlicher Vorstellungen auf
die Wirklichkeit unmittelbar. Indem metaphysische Tradition die Unterscheidung von Sein und Seiendem trifft,

zielt die Argumentation von Topitsch am Sachverhalt metaphysischen Denkens vorbei. Richtungweisend dürfte indes seine Kritik an der unmittelbar wertintentionalen Weltauffassung sein. Nur das kann die Formel von der 'Entzauberung der Welt' bedeuten.

50) Adorno(1967) 35.

51) Vgl. Arendt(1957b) 9.

52) Diese Einsicht verwirkt damit auch jede Form von speku-lativer Theodizee. Der Versuch einer objektiv-theoreti-schen Erklärung der Wirklichkeit mit Hilfe des Gottes-gedankens muß als prinzipiell aporetisch angesehen werden. Diesem Dilemma können auch die prozeßtheologischen Unternehmungen nicht entgehen, wie sie neuerdings in Amerika von J.B.Cobb jr. im Anschluß an Ch.Hartshorne und A.N.Whitehead vertreten werden.- Anderseits ent-lastet diese Einsicht die Theologie von dem Druck derer, die um der Freiheit des Menschen willen - von N.Hartmann bis J.-P. Sartre -·einem postulatorischen Atheismus das Wort reden.

ANMERKUNGEN ZU KAPITEL 4.

1) Vgl. Pieper(1950) 13f.

2) Vgl. Wagner(1965) 10.

3) Vgl. Wittram(1958) 134f.

4) Vgl. Arendt(1957a) 6.

5) Vgl. Arendt(1957c) 7.

6) Ebd.

7) Vgl.ebd. 7f.

8) Vgl.ebd. 8.

9) Ebd. 9.

10) Ebd. 10.

11) Vgl.ebd.- Ähnlich auch Blumenbergs grundsätzliche Interpretation menschlicher Heilshoffnungen.

12) Arendt(1957d) 10.

13) Arendt(1957c) 8.

14) Arendt(1957d) 10.

15) Ebd. 11.

16) Vgl.ebd. 12f.

17) Landgrebe(1968). Wesentlich für unsere Überlegungen sind die Abschnitte III(Die Geschichte im Denken Kants) und IX(Das philosophische Problem des Endes der Geschichte).

18) Ebd. 182.

19) Ebd. 183.

20) Vgl.ebd. 190.

21) Vgl.ebd. 46; Bauer(1963) 15f.

22) Landgrebe(1968) 55.

23) Vgl.ebd. 56f.

24) Vgl.ebd. 63:"Daß Kants Leitfaden durch die Geschichte ein teleologischer ist, ist also keine zufällige Grenze seiner Betrachtung, sondern es folgt aus seinen systematischen Prinzipien, daß es für ihn gar keinen anderen geben kann".

25) Ebd. 191.

26) Ebd. 191f.

27) Vgl.ebd. 192f.

28) Vgl.ebd. 200: "Was Zeit ist, erschließt sich primär

nicht im denkend-vorstellenden Verhalten, sondern nur sofern dieses das Denken eines handelnden Wesens ist".

29) Vgl.ebd. sowie 163.

30) Ebd. 195.

31) Ebd.

32) Ebd.

33) Vgl.ebd. 196.

34) Vgl.ebd. 198.

35) Ebd. 199.

36) Vgl.ebd. 199f.

37) Ebd. 201.

38) Ebd. 200.

39) Vgl. Baumgartner(1972) 202-216.

40) Vgl.ebd. 209.- Bei Landgrebe wird also das Handeln zum geschichtsphilosophischen Integrationspunkt. Das Sittengesetz ist bei Landgrebe im Anschluß an Kant an die Stelle getreten, wo vormals die 'List der Vernunft' bzw. das Absolute ihren Platz hatten. Damit wird Geschichte als Geschehenszusammenhang nicht mehr bedeutsam. Einheit und Erfahrung von Geschichte sind in die verantwortliche Freiheit des Menschen verlegt. Insofern nun aber der Mensch mit Notwendigkeit aus Freiheit handelt, ist Geschichte konstitutiv für menschliche Selbsterfahrung. Der Mensch ist immer schon geschichtlich. Und geschichtlich leben heißt, die überantwortete Freiheit bejahend übernehmen.

41) Vgl.ebd. 209.

42) Ebd. 212.

43) Baumgartner(1972) 215.

44) Rahner(1971). Das besondere Verdienst Rahners dürfte es sein, daß er in seiner Theologie nie den Zusammenhang von innertheologischer Kategorienbildung und anthropologischer Vermittlung aus den Augen verlor.

45) Vgl.ebd. 210. Wenn Rahner von dem irreduktiblen Faktum der Seinsfrage anhebt, meint er - und dies auch schon in "Hörer des Wortes" - nicht einfach die Frage nach dem absoluten Sein, sondern die Frage nach dem Vollzug der Frage, insofern all das, was als unthematisches Vorwissen im Vollzug der Frage selbst vorausgesetzt ist, thematisch reflex zu erheben ist. Nicht eigentlich die Seinsfrage, sondern der faktisch diese Frage vollziehende Mensch ist sein Ausgangspunkt.

46) Vgl.ebd. 210f.

47) Ebd. 211.

48) Ebd. 211.

49) Ebd. 132.

50) Ebd. 215.

51) Ebd. 216.

52) Ebd. 217.

53) Vgl.ebd. 218f. Rahner argumentiert hier kurzschlüssig, wenn er den Menschen als auf die unerschlossene Zukunft, die letztlich Gott selber sein soll, ontologisch verwiesen sehen will. Es läßt sich m.E. nur aufweisen, daß der Mensch in seinem Vollzug notwendig sich auf eine letzte Utopie hin entwirft,und dies so, als wäre diese Utopie schon immer Realwirklichkeit. Dennoch kann es sich eben nicht um ein real ausweisbares Faktum handeln, sondern eben nur um eine Sinnutopie. Erst in der wertstellungnehmenden Haltung der Bejahung dieses Vorgriffs erscheint das Sinntotum als real ausständig und schon immer zukommendes Heil. Und nur in diesem Sinne muß das Sinntotum als sich selbst mitteilend und gerade so menschliche Transzendenz ermöglichend verstanden werde: Und nur von dieser Voraussetzung verlohnt es sich dann, nach der eigenen geschichtlichen Herkunft zu fragen. Geschichtlichkeit ist also durch praktische Wertstellung nahme vermittelt und nicht schon transzendental gsetzt.

54) Ebd. 137.

55) Am Begriff des Geheimnisses Gottes läßt sich dieser Standpunkt Rahners deutlich ausweisen, wie Weß(1970) und neuerdings umfassend Fischer(1974) zeigen konnten. Für Rahner ist also Gott nicht nur vom Standpunkt der Gnoseologie aus verborgen. Vielmehr ist die Position Gottes vom Menschen nie in affirmativer Form begrifflich besetzbar, auch nicht durch eine konkret geschichtlich ergangene Offenbarung. Dies widerspräche dem Sinn des Gottesgedankens selbst.

56) Rahner(1971) 39.

57) Vgl.ebd. 36.

58) Vgl.ebd. 32f.

59) Ebd. 36.

60) Ebd. 37.- Dieses Verschränktsein der Zukunft im Selbst-Verständnis des handelnden Menschen hat, ganz im Sinne Rahners, Tillich(1963) in der Frage nach dem Eschaton herausgearbeitet. So heißt für Tillich Geschichte "Entscheidung gegen die sinnwidrige Zurücknahme der Zeit in den Raum, eine Entscheidung für den Sinn gegen die letzte, wenn auch noch so verhüllte Sinnlosigkeit des Seienden"(86)."Alle eschatologischen Begriffe werden sinnlos, wenn die strenge Korrelation zur Geschichte auf hört, wenn sie eine selbständige Objektsphäre darstellen

sollen, die ihren realen Grund verloren hat und an lauter
unlöslichen Widersprüchen diese ihre Realitätslosigkeit
zeigt"(82). Solche eschatologischen Vorstellungen heben
den Sinn des Geschehens auf. Nur aus dem im Geschehen
selbst liegenden transzendenten Geschehenssinn läßt sich
ein Verweis auf das Eschaton finden. Das Eschaton als
Erfüllung muß daher als diejenige Seite des echten Geschehens begriffen werden, nach der im Geschehen Sinn
des Seins verwirklicht ist. Wenn aber Seinssinn nicht
durch einfache Entfaltung des Geschehens als Prozeß sich
ereignet, sondern einzig durch Freiheit zu stehen kommt,
dann bedeutet dies, "daß die Sinnverwirklichung getragen
sein muß von Freiheit und sich darstellen muß in Entscheidungen... Das Entschiedene im Entscheidungsprozeß und
das Erfüllte im Erfüllungsprozeß ist das Eschaton: der
unbedingte Erfüllungsort, der unbedingte Entscheidungs-
ort"(79). "Im Eschaton ist nichts, was nicht in der Geschichte ist. In ihm ist keine Erfüllung, die nicht durch
das Geschehen zur Erfüllung kommt, und in ihm ist keine
Entscheidung, die sich nicht im Entscheidungsgeschehen
vollzieht"(80). Von hier aus ist das Verhältnis von Ende
der Geschichte und Eschaton zu bestimmen. "Der Begriff
eines Endes der Geschichte im zeitlichen Sinn ist unvoll-
ziehbar. Es wäre kein Ende, sondern ein Abbruch. Der Gedanke eines Abbruchs der Zeit aber ist selbst ein zeit-
bestimmter Gedanke und hebt sich darum selbst auf. Das
Ende jedes Geschehens ist sein Stehen im Eschaton, denn
in diesem kommt es zu seinem Ziel. Das Eschaton steht
also jedem Geschichtsmoment gleich nahe und gleich fern".
"Wir wissen von der Geschichte immer nur so weit, als wir
handelnd in ihr stehen, als wir das, was als Geschichte
an uns kommt, zu eigener Geschichte machen können, als
es uns zu Entscheidungen treibt"(80).

61) Von daher müßte die bildliche Rede von der Allwissen-
heit Gottes, bei der alles verzeichnet und ernst genommen wird, als spezifische Kategorie der Hoffnung des
Menschen eingebracht werden. Erst in abgeleiteter Form
darf sich diese Vorstellung mit Gericht verbinden.

62) Rahner(1971) 151f.

63) Die Problematik des Konkurrierens innerweltlicher Zu-
kunftshoffnungen und christlicher Eschatologie beschreibt sehr präzise Zeltner(1968), wenn er zum Schluß
Paul Tillich zitiert:"...daß eine Religion, deren Utopie
ausschließlich transzendent ist, nicht Ausdruck eines
neuen Seins sein kann, von dem die christliche Botschaft
das Zeugnis ist". Auch Rahner weiß darum, weil ihm bewußt
ist, daß Offenbarung nur in Welt gehabt werden kann.

64) Rahner(1971) 213.

65) Ebd. 215.

66) Ebd. 151.

67) Vgl.ebd. 156.

68) Ebd. 203.

69) Eine solche Alternative verkännte, daß der Mensch als Geschöpf immer schon von Gott als der absoluten Zukunft ermöglicht und getragen ist. Zudem würde die Welt nur zum Schauplatz und puren Schauspiel für eine transzendente Vollendung.

70) Welcher Zusammenhang zwischen der Selbsterfahrung des Menschen in der jeweiligen Gegenwart und der Vorstellung einer Vollendung obwaltet, läßt sich an Augustinus demonstrieren, der aus der Einsicht in die soziale Verfaßthei des Menschen die Vollendung des Menschen in der "communi sanctorum" erwartet.

71) Vgl. Rahner(1971) 39-45.

72) Vgl. Arendt(1960) 231-243.

ANMERKUNGEN ZU KAPITEL 5.

1) Vgl. Gründer(1971) 112.
2) Heimsoeth(1948) 581.
3) Burckhardt(1969) 4.
4) Vgl.ebd. 260.
5) Vgl.ebd. 25f.
6) Vgl. Rothacker(1930) 144f.
7) Vgl. Lübbe(1971) 113.
8) Vgl.ebd. 119.
9) Ebd.
10) Vgl. Marquard(1973)
11) Ebd. 19.
12) Ebd. 29.
13) Ebd. 77.
14) Vgl.ebd. 29:"wenn die Menschen anthropologisch unver-
    hältnismäßig unter ihrer Würde leben, so leben sie ge-
    schichtsphilosophisch unwürdig über ihre Verhältnisse".
15) Vgl. Köhler(1968) 22-26.- Vergleicht man damit die in
    "Wege der Universalgeschichte"(1963) abgedruckten Vor-
    träge und Diskussionen des Duisburger Historikerkon-
    gresses von 1962, wundert man sich darüber, wie naiv
    man dort noch glaubte Geschichte schreiben zu können.
    Eine löbliche Ausnahme stellte in Duisburg lediglich
    der Beitrag von Wagner(1963) über "Die Europazentrik
    des klassischen deutschen Geschichtsbildes und ihre
    Problematik" dar.
16) Heuß(1968).
17) Vgl.ebd. 49f.
18) Ebd. 51.
19) Ebd. 52.
20) Ebd. 53.
21) Von der Theorie der Narrativität der Geschichte her
    wird einsichtig, warum Erinnerung als geschichtliche
    Konstruktion immer mehr weiß, als die 'Fakten' für sich
    allein hergeben können. Historische Konstruktion bewirkt
    durch Auswahl und Verknüpfung genau den Sinnüberhang,
    den Erinnerung als naiv-kollektive Selbstvergewisser-
    ung verobjektivierend hinzufügt.
22) Heuß(1968) 55.

23) Ebd. 56.

24) Ebd. 58.

25) Ebd. 60.

26) Vgl.ebd. 56-64.

27) Vgl.ebd. 75.

28) Ebd. 78.

29) Vgl.ebd. 81.

30) Vgl.ebd. 82.

31) Ebd. 79.

32) Vgl.ebd.

33) Vgl.ebd. 1.

34) Ebd.

35) Vgl.ebd. 2.

36) Ebd.

37) Ebd. 3.

38) Ebd.

39) Vgl.ebd. 27-48.

40) Ebd. 27.

41) Ebd. 29.

42) Vgl.ebd. 30.

43) Ebd.

44) Vgl.ebd.

45) Vgl.ebd. 35.

46) Ebd.

47) Vgl.ebd.

48) Ebd. 36.

49) Vgl.ebd. 35.

50) Ebd. 36.

51) Diesen Zusammenhang stellt besonders Kesting(1959) heraus, indem er nachweist, wie mit Hilfe der Geschichtsphilosophie im 18.Jahrhundert ein Sinn der Menschheitsgeschichte ebenso geliefert werden sollte wie eine Diagnose der Gegenwart und eine Prognose für die Zukunft.

52) Hier sei eigens auf die Unmöglichkeit der Vorstellung einer Einheit des Menschengeschlechtes hingewiesen. Es könnte sich nämlich eine Fehldeutung - von der Sicht narrativer Geschichtstheorie - einschleichen, indem man sich eben begnügte zu sagen, Weltgeschichte sei nichts

anderes als das Thema einer bestimmten Geschichte, der
es um das Handeln und Leiden der Menschen in den verschiedensten Zeiten ginge. Insofern könnte man dann, wie
Pannenberg(1971)352ff. es in seiner Kritik an Heuß anstrebt, die Einheit der Menschheit als thematischen
Horizont aufrechterhalten, ohne diese Einheit in das
Universale eines Subjekts überführen zu müssen.

53) Vgl. Wittram(1958) 12f.

54) Vgl. Wittram(1969) 59.

55) Vgl. Wittram(1958) 156.

56) Wittram(1966) 57.

57) Wittram(1958) 127.

58) Wittram(1966) 77.

59) Wittram(1958) 136.

60) Ebd.

61) Vgl.ebd. 68.

62) Ebd. 31.

63) Ebd. 31f.

64) Vgl.ebd. 159.

65) Ebd. 159.

66) Vgl.ebd. 160.

67) Ebd. 147f.

68) Wittram(1966) 56.

69) Wittram(1969) 68f.

70) Ebd. 69.

71) Vgl. Wittram(1958) 148.

72) Vgl. Pannenberg(1972d).

73) Vgl. Pannenberg(1967a)11.

74) Ebd. 138.

75) Ebd.

76) Ebd.

77) Pannenberg(1967c) 309.

78) Vgl.ebd. 309f.

79) Vgl.ebd. 321f.(Anm.).

80) Ebd. 305.

81) Pannenberg(1967a) 20.

82) Ebd. 12.

83) Vgl.Pannenberg(1961b).

84) Vgl.Pannenberg(1967a) 67.

85) Vgl.ebd. 70(Anm.).

86) Ebd. 71.

87) Ebd. 73f.

88) Vgl.ebd. 75(Anm.).

89) Vgl. Pannenberg(1967b) 157.

90) Vgl. Pannenberg(1961c) 142(Anm. 25).

91) Pannenberg(1967c) 324f.(Anm.).

92) Pannenberg(1961b) 106.

93) Vgl.ebd. 96f.

94) Vgl. Pannenberg(1967b) 167.

95) Pannenberg(1967a) 43.

96) Ebd. 140.

97) Ebd. 77.

98) Vgl.ebd. 59.

99) Ebd. 53.

100) Vgl.ebd. 158.

101) Vgl.ebd. 63.

102) Vgl.ebd. 22.

103) Ebd. 149.

104) Vgl.Pannenberg(1971) 354f.

105) Vgl.Pannenberg(1967c) 302.

106) Vgl.Pannenberg(1972b) 33f.

107) Vgl.Pannenberg(1967c) 293.

108) Vgl.ebd. 294f.

109) Vgl. Pannenberg(1967a) 121f.

110) Ebd. 18.

111) Ebd. 116f.

112) Vgl.ebd. 93.

113) Vgl. Habermas(1971d) 55f.(Anm.).

114) Vgl. Pannenberg(1967c) 331f.

115) Vgl. Pannenberg(1967b) 162f; vgl. auch Trutz Rendtorff
(1965) Sp.81-98, der die Konsequenzen für systematische
Theologie festzumachen versucht, die sich aus dem Begriff der Geschichte als Überlieferungsgeschichte einstellen.

116) Vgl. Pannenberg(1967a) 16.

117) Ebd. 54.

118) Ebd. 56.

119) So Steiger(1962).

120) Vgl. Pannenberg(1961c) 137f.(Anm. 14).

121) Abgedruckt in: Pannenberg(1972c) 78-113.

122) Philosophiegeschichtlich betrachtet hat sich Pannenberg
strukturell dem Problem der "Phänomenologie des Geistes"
zu stellen, also der Frage, wie sich das Bewußtsein
seines Selbstbewußtseins bewußt wird, bzw. wie dem Bewußtsein bewußt wird, daß es Selbstbewußtsein ist.
Theologisch gesehen heißt dies: Wie wird sich das Selbstbewußtsein, das als Selbst- und Weltbewußtsein immer
schon Gottesbewußtsein ist, dieses ihres Gottesverhält-
nisses bewußt und gewiß? Dies ist die Erblast des
idealistischen Denkens, das Bewußtsein immer nur als
Selbstbewußtsein zu denken vermag.

123) Vgl. Bröcker(1958) 30f.

124) Flückinger(1970) bes. 94ff.

125) Klein(1964).

126) Vgl. Flückinger(1970) 97ff.

127) Vgl. Klein(1964) 41.

128) Vgl.ebd. 46-50.

129) Vgl. Flückinger(1970) 97.

130) Becker(1972).

ANMERKUNGEN ZU KAPITEL 6.

1) Zur noch nicht gelösten Rezeption von Heilsgeschichte
    innerhalb der katholischen Theologie siehe den Beitrag
    von Ratzinger(1967). Eindrückliches Beispiel für die
    Schwierigkeit, metaphysisches Denken mit geschichtlichem
    auszugleichen,ist "Mysterium Salutis". Diese heilsge-
    schichtlich orientierte Dogmatik bestätigt im nachhinein
    genau das, was Kasper(1965) 1-6 in einer ersten Rezension
    - süffisant genug - zur Ankündigung des Werkes orakelte
    es sei ihm schlechthin unvorstellbar, wie ein Werk aus-
    sehen müsse, wenn es heilsgeschichtlich angelegt, Hans
    Urs von Balthasar gewidmet und dem Denken Rahners ver-
    pflichtet sein solle.

2) Vgl. Ratzinger(1967) 87ff., der sich mit dem Hinweis auf
    die weltgeschichtlich bezogene Aporetik des Christen-
    tums behelfen will. Es bleibt bei einer solchen Grund-
    annahme aber uneinsichtig, welchen über das Metaphorische
    hinausgehenden Bezug zur Geschichte ein Heilsereignis
    noch haben kann, wenn es ex definitione in seiner Heils-
    haftigkeit als geschichtliches gar nicht identifiziert
    und konkret anthropologisch vermittelt werden kann.

3) Cullmann(1965).

4) Ebd. 77.

5) Vgl.ebd. 112 und 56f. Gegen die Ablehnung des Begriffes
    Heilsgeschichte durch verschiedene Theologen, die gleich-
    sam mit dessen Verwendung in schlechte Gesellschaft zu
    geraten befürchten, stellt Cullmann die Frage, ob es der
    überhaupt eine andere Möglichkeit gibt, christliche
    Theologie zu treiben. Für eine Distanzierung zur Philo-
    sophie Hegels votiert auch er selbst.

6) Ebd. 133.

7) Ebd. 58.

8) Ebd. 59.

9) Ebd. 135.

10) Ebd.

11) Vgl.ebd. 136.

12) Vgl.ebd. 141.

13) Ebd. 142.

14) Ebd. 141.

15) Vgl.ebd. 58.

16) Vgl.ebd. 59f.

17) Ebd. 134.

18) Ebd. 146. - Pannenberg(1971) 359f. moniert mit Recht
diesen nachträglich eingeführten Zusammenhang von Profangeschichte und Heilsgeschichte, hatte doch Cullmann Heilsgeschichte ursprünglich gerade durch Ausgrenzung aus dem
menschheitsgeschichtlichen Zusammenhang gewonnen. Hielte
Cullmann das "Einmünden" und den darin angezielten Zusammenhang von Weltgeschichte und Heilsgeschichte fest,
müßte gerade dieser Bezug von Anfang an zu einer Bestimmung von Heilsgeschichte führen.

19) Cullmann(1965) 139f.

20) Vgl.ebd. 143, wo Cullmann darauf hinweist, wie z.B. heid-
nische Herrscher indirekt zu ausführenden Organen des
göttlichen Heilsplanes werden, - entweder als Zuchtruten
Jahwes(so in der Sicht der Propheten) oder als unbewußte
Heilsvermittler(wie bei Kyros nach der Sicht des Deutero-
jesaia).

21) Ebd. 117f.

22) Ebd. 104.

23) Vgl. Pannenberg(1971) 360.

24) Cullmann(1965) 80.

25) Ebd. 71.

26) Ebd.

27) Vgl.ebd. 75.

28) Ebd. 35.

29) Ebd. 81.

30) Vgl.ebd. 82.

31) Vgl.ebd. 101.

32) Vgl.ebd. 90.

33) Ebd. 81.

34) Vgl.ebd. 120.

35) Ebd. 129.

36) Ebd.

37) Ebd. 131.

38) Ebd. 124.

39) Ebd.

40) Vgl.ebd. 77.

41) Vgl.ebd. 53f.

42) Vgl.ebd. 54 und 50.

43) Vgl. Pannenberg(1971) 351.

44) Vgl.ebd. 352.

45) Vgl.ebd. 352.

46) Ebd. 354.

47) Vgl.ebd. 357.

48) Vgl.ebd. 359.

49) Vgl.ebd. 361.

50) Ebd. 364.

51) Ebd. 365.

52) Wir stützen uns vornehmlich auf den Artikel "Weltgeschichte und Heilsgeschichte" in Rahner(1971) 9-27.
Wenn Rahner hier wie anderswo immer den Eindruck erweckt, als nehme er nur die Voraussetzungen überkommener
katholischer Theologie auf, suggeriert er wohl einen
etwas falschen Tatbestand. Man vergleiche nebst den eingeführten fundamentaltheologischen Lehrbüchern den Beitrag von Gutwenger(1966), der die Differenz deutlich
macht.

53) Rahner(1971) 9.

54) Vgl.ebd. -Damit ist bereits eine Differenz zu Pannenberg
indiziert, der Weltgeschichte und Heilsgeschichte als
eine letztlich identische Einheit zu begreifen sucht
und so Heil wesentlich als Geschichte konjugiert.

55) Vgl.ebd. 10.

56) Ebd. 10f.

57) Ebd. 12.

58) Ebd.

59) Vgl.ebd. 13.

60) Vgl.ebd. 14.

61) Ebd. 14f.

62) Vgl.ebd.

63) Vgl.ebd. 17.

64) Ebd. 18. Dieser Vorstellung Rahners sei bereits hier
widersprochen, weil die Geschichtsvorstellung des AT
in einem engeren Verhältnis zur Offenbarung in Christus
zu sehen ist. Denn nur eine bestimmte Vorstellung von
Gott ermundert den Menschen, auf die Möglichkeit von
Offenbarung in der Zeit zu warten bzw. mit einem Ergan-
gensein von Offenbarung zu rechnen. Somit ist auch konkrete geschichtliche Offenbarung nicht in jeder religiösen Tradition zu erwarten. In diesem Punkte sollte sich
bewahrheiten, daß Christentum nicht einfach eine Religion
unter anderen ist, auch nicht einfach deren exemplari-
scher Fall.

65) Vgl.ebd. 19.

66) Ebd.
67) Vgl.ebd. 21f.
68) Vgl.ebd. 22 und 26f.
69) Vgl. Pannenberg(1971) 363.
70) Rahner(1941) 178.
71) Vgl. Ratzinger(1970) 9ff.
72) Vgl. Rahner/Thüsing(1972) 35-50.
73) Vgl.ebd. 44.
74) Vgl.ebd. 49f.
75) Tillich(1963) 83.
76) Zitiert nach Wittram(1958) 143.
77) Bultmann(1958) 184.
78) Vgl.ebd. 1.
79) Baumgartner(1972) 45f.
80) Schulz(1972) 532-541.
81) Vgl.dazu Ogiermann(1969) 514ff.

ANMERKUNGEN ZU KAPITEL 7.

1) Vgl. Albert(1968) 1-28 und 104-149; ders.(1971) 106-149.
   Von Albert werden alle verstehenden Wissenschaften auf
   ihre angeblichen theologischen Erkenntnisvoraussetzungen
   zurückgeführt, welche ihrerseits seinem Verdikt über
   alle Letztbegründungen anheimfallen.

2) Zur Problematik und Entwicklung der hermeneutischen Frage
   stellung vgl. Pöggeler(1972) 7-71.

3) Stegmüller(1969).

4) Vgl.ebd. 359.

5) Vgl.ebd. 365.

6) Ebd.

7) Vgl.ebd. 368.

8) Vgl. Schulz(1972) 623.

9) Lay(1973) 73-181, 288-388, 531-544.

10) Vgl.ebd. 53.

11) Ebd. 362.

12) Ebd.

13) Vgl.ebd. 535f.

14) Ebd. 535.

15) Ebd. 381.

16) Vgl.ebd. 281f. und 360f.

17) Ebd. 363.

18) Vgl. Krakauer(1973) 223-234.

19) Vgl. Hauff/u.a.(1971) Bd.1, 1f.

20) Vgl. Weimann(1972).

21) Ebd. 29.

22) Ebd.

23) Vgl.ebd. 27.

24) Ebd. 87.

25) Vgl.ebd. 13.

26) Vgl.ebd. 37.

27) Dieses Problem steht insbesondere auch der systematischen Theologie ins Haus, auch wenn es bis heute kaum
   angerührt wurde. So hat Grillmeier(1972) als wohl einer
   der ersten Theologen dogmengeschichtliche Fragen in den
   Zusammenhang heutiger Theoriediskussion gestellt und

sich ausdrücklich dazu bekannt, daß Dogmengeschichte
und Dogmatik an dieser Auseinandersetzung nicht vorbei-
gehen dürfen. Eine konkrete Vermittlung ist Grillmeier
allerdings nicht gelungen. Zweifel-haft erscheint auch,
ob er das Problem in seiner vollen Tragweite überhaupt
zu Gesicht bekommt.- Einen Versuch der Vermittlung von
dogmatischer Denkform und Hermeneutik hat Lehmann(1970)
vorgelegt. Fraglich bleibt in diesem Ansatz, ob die
Problemlösung richtig anvisiert ist, wenn - in Anschluß
und Übernahme der Rehabilitierung der Tradition durch
Gadamer - nach dem hermeneutischen Grundsinn dogmatischer Denkformen gefragt wird. Daß Gadamers Hermeneutik
ein ganz spezifisches Geschichtsverständnis korreliert,
welches nicht einfachhin schon kompatibel mit christlichem Weltverständnis sein muß, wird offensichtlich
nicht bemerkt. Oder anders formuliert: Müßte man nicht
vielmehr danach fragen, ob der in dogmatischer Denkform angezielte Sinn sich auf die Übernahme der Geschichtsvorstellung einlassen kann, der Gadamers Hermeneutik
verpflichtet ist?

28) Ebeling(1959/1966/1971).

29) Fuchs(1954). Obwohl sich Ebeling und Fuchs an Bultmann
     anschließen, bleibt doch zu notieren, daß sich Bultmann
     an Heideggers "Sein und Zeit" orientiert, während Fuchs
     und Ebeling den 'späten' Heidegger zur Voraussetzung
     haben. - Zur Situation auf protestantischer Seite vgl.
     Sauter(1970).

30) Simons/Hecker(1969).

31) Biser(1970).

32) Coreth(1969).

33) In diesem Zusammenhang sei auf die Theorie des "sprach-
     lichen Feldes" verwiesen, die innerhalb der Germanistik
     vor allem von Jost Trier und Leo Weisgerber ausgear-
     beitet wurde. Diese Theorie stellt nicht nur eine Her-
     ausforderung für die gängige Wort- und Begriffsforschung
     in Exegese und Dogmatik dar; sie müßte auch längst in
     die hermeneutische Diskussion ebenso wie in die er-
     kenntnistheoretische Frage nach geschichtlichen Erfah-
     rungen hineingenommen werden. Nach dieser Theorie ist
     Sprache nie bloßes Hilfsmittel zum Festhalten ander-
     weitig erzielter Ergebnisse. Sprache ist vielmehr der
     Ort, an dem sich der Aufbau der gedanklichen Zwischen-
     welt vollzieht - man spricht vom "Erworten" der Welt -,
     der Weg, auf dem die Welt des Seins in eine solche des
     Bewußtseins übergeführt wird. Und Bedeuten gibt es
     überhaupt nur innerhalb eines sprachlichen Feldes. Ver-
     lust oder Verschiebung eines solchen Feldes haben damit
     konstitutive Bedeutung für die Vermittlung von geistigen
     Sachverhalten. - Zur Einführung siehe Schmidt(1973).

34) Biser(1970) 19. Mit Schrey(1970) 423 muß man wohl sagen,

daß die Krise der Autorität der Schrift nicht darin lieg
daß man die Texte nicht mehr versteht. Vielmehr ist der
Grund darin zu suchen, daß "sich die Wirklichkeit <u>unsere</u>
<u>Bewußtsein entzogen</u> hat, von der dort die Rede ist".

35) Vgl. Biser(1970) 19.

36) Vgl.ebd. 343.

37) Vgl.ebd. 333-342.

38) Vgl. Pannenberg(1967a) 123.

39) Sprache ist hier im weitesten Sinne zu verstehen. Es
    sind alle Weisen der Vorstellung und Begegnung von Wirk-
    lichkeit(auch die non-verbal utterances) mitgemeint.

40) Vgl. Biser(1970) 246f.

41) Vgl. Habermas(1973) 193-203.

42) Vgl. Schillebeeckx(1971) 68-82. Wenn auch zu fragen
    bleibt, ob die von Schillebeeckx vorgenommene Verklam-
    merung von Orthodoxie und Orthopraxie nicht eine zu eng
    gefaßte theologische Alternative darstellt, verdient
    seine Intention auf jeden Fall Unterstützung.- Anders
    Schiffers(1971) 62-97. Er versucht eine Vermittlung von
    einer Hermeneutik des Sprachgeschehens mit einer des
    Tatgeschehens, weil keine von beiden einen Universalan-
    spruch hinsichtlich der Sinnfrage stellen kann. Proble-
    matisch erscheint, ob sich eine Trennung dergestalt
    voraussetzen und durchhalten läßt, daß die Hermeneutik
    des Sprachgeschehens nach dem Sinn für den Menschen im
    Bereich der Sprache, die Hermeneutik des Tatgeschehens
    nach dem Sinn im Bereich des Handelns fragt. Wenn Sprach
    Welt immer schon als Tat-Welt konstituiert bzw. zur Er-
    scheinung bringt, fallen beide Bereiche ineins. Was
    bleibt, sind verschiedene Weisen, in denen Welt zur
    Sprache gebracht wird, - und damit auch verschiedene
    Erwartungshorizonte, die sich in verschiedene Erwartungs
    bereiche strukturieren.

43) Biser(1971) 98.

44) Biser(1970) 272.

45) Vgl. Adorno/u.a.(1972).

46) Vgl. Kimmerle(1959); Schultz(1953/1968).

47) Vgl. Bultmann(1952) 211-235 und 79-104.

48) Vgl. Biser(1971) 35.

49) Simons/Hecker(1969) 189.

50) Ebd. 193.

51) Zur Geschichte dieses Problems siehe:Coreth(1969) 12-26.

52) Gadamer(1960) 415-465.

53) Schulz(1972) 541.

54) Gadamer(1960) 417.

55) Biser(1970) 294.

56) Ebd.

57) Gadamer(1960) 433.

58) Ebd. 426.

59) Ebd. 434.

60) Ebd. 369.

61) Ebd. 370.

62) Vgl.ebd. 432.

63) Zur Problematik der Wahrheitsfrage bei Gadamer siehe:
Coreth(1969) 166-176.

64) Baumgartner(1972) 181. Für ihn ist Gadamers Geschichtsvorstellung nichts anderes als eine "romantisierende Fiktion"(167-202).

65) Vgl. Gadamer(1960) 366.

66) Vgl.ebd. 442.

67) Becker(1972).

68) Vgl.ebd. 24.

69) Vgl.ebd. 21.

70) Ebd. 51.

71) Vgl. Schulz(1972) 534.

72) Vgl. Apel(1964/65) und (1966).

73) Sowohl Walter Schulz als auch Odo Marquard sehen nicht
nur im Universale der Sprache, sondern auch noch im
Strukturalismus eine Schwundstufe der Geschichtsphilosophie.

74) Vgl. Schulz(1972) 534.

75) Vgl. Riedel(1970) 9-79. Für Riedel ist die "Entdogmati-
sierung des Erkenntnissubjekts"(44) die folgenreiche
Voraussetzung Diltheys.

76) Vgl. Heidegger(1927) 397-404.

77) Schulz(1972) 535.

78) Ebd.

79) Vgl. Gadamer(1960) 274f.

80) Vgl. Bormann(1971) 91-94. Im Unterschied zu Dilthey,
dem Abstand Vorbedingung des Verstehens war, ist bei
Gadamer die Zugehörigkeit zum Verstandenen Ermöglichungsgrund des Verstehens.

81) Gadamer(1960) 450.

82) Vgl.ebd. 444.

83) Vgl. Pannenberg(1967a) 113f.

84) Ebd. 112.

85) Vgl.ebd. 115.

86) Gadamer(1960) 361.

87) Ob dabei Pannenberg und Habermas, der jenem in diesem
    Punkte beipflichtet und in Gadamers Weigerung zu einer
    Totalvermittlung nur ein neukantianisches Relikt aus
    dessen Marburger Zeit sieht, Gadamer gerecht werden,
    darf füglich bezweifelt werden.- Bormann weist dagegen
    darauf hin, daß der Zeitbegriff Gadamers in der Traditic
    von Aristoteles und Heidegger stehe: Zeit ist, was Ver-
    stehen ermöglicht.

88) Pannenberg(1967a) 116f.

89) Vgl.ebd. 93.

90) Vgl.ebd. 118.

91) Vgl.ebd. 122.

92) Vgl.ebd. 92 und 96. Allerdings erfordert dies, daß die
    Historie das Thema der Universalgeschichte, wenigstens
    im Sinne von Pannenberg, nicht als ein Randproblem be-
    trachtet.

93) Vgl.ebd. 132.

94) Ebd. 133.

95) Ebd. 134.

96) Ebd. 125.

97) **Vgl.ebd. 126.**

98) Betti(1962).

99) Ebd. 64.

100) Vgl.ebd. 7.

101) Ebd. 9.

102) Ebd. 29.

103) Ebd.

104) Ebd. 11.

105) Gadamer(1960) 483.

106) Vgl. Betti(1962) 51f.

107) Vgl. Gadamer(1960) 484.

108) Vgl. Betti(1962) 11.

109) Vgl.ebd. 12.

110) Niebuhr(1960) konnte nachweisen, daß Schleiermachers

Hermeneutik auf der Überzeugung von einem gemeinsamen Menschengeschlecht als Voraussetzung basiert.

111) Betti(1962) 13.

112) Ebd. 20.

113) Vgl. Bultmann(1958) 129-137.

114) Ebd. 136.

115) Vgl. Bultmann(1952) 227-230.

116) Vgl. Betti(1962) 28f.

117) Vgl.ebd. 27f.

118) Vgl. Bultmann(1958) 134f.

119) Betti(1962) 29.

120) Vgl. Bultmann(1958) 135.

121) Betti(1962) 30f.

122) Bultmann(1958) 139.

123) Vgl. Betti(1962) 35.

124) Vgl. Bultmann(1958) 184.

125) Bultmann(1933) 26-37.

126) Vgl. Pannenberg(1967a) 147.

127) Vgl. Kohls(1970).

128) Heidegger(1927) 264.

129) Vgl. Pannenberg(1971) 354-358.

130) Vgl. Pannenberg(1967a) 146.

131) Vgl.ebd. 147.

132) Ebd.

133) Vgl.ebd. 149.

134) Ebd.

135) Heidegger(1927) 326.

136) Vgl. Löwith(1967) und Jonas(1963) 5-25; ders.(1967) 316-340.

137) Vgl. Löwith(1967) 97.

138) Heidegger(1927) 313.

139) Löwith(1967) 103f.

140) Apel(1971) 11.

141) Die These von der Unentbehrlichkeit der engagierten Erkenntnis meint daher nichst anderes, als daß in den überlieferten Texten immer schon ein Lebensverhältnis eingelagert ist, und zwar als Bedingung von Erfahrung überhaupt.

LITERATURNACHWEIS

ACHAM, Karl (1974): Analytische Geschichtsphilosophie. Eine kritische Einführung. Freiburg.

ADORNO, Theodor W.(1963): Drei Studien zu Hegel. Frankfurt/M.

-- (1966): Negative Dialektik. Frankfurt/M.

-- (1967): Ohne Leitbild. Parva Aesthetica. Frankfurt/M.

--/ u.a. (ed.) (1972): Der Positivismusstreit in der deutschen Soziologie. Neuwied.

ALBERT, Hans (1968): Traktat über kritische Vernunft. Tübingen ²1969.

-- (1971): Plädoyer für kritischen Rationalismus. München.

APEL, Karl-Otto (1964/65): Die Entfaltung der sprachanalytischen Philosophie und das Problem der Geisteswissenschaften. In: PhJ 72 (1964/65) 239-289.

-- (1966): Wittgenstein und das Problem des hermeneutischen Verstehens. In: ZThK 63 (1966) 49-87.

-- (1971): Szientistik, Hermeneutik, Ideologiekritik. Entwurf einer Wissenschaftslehre in erkenntnisanthropologischer Sicht. In: HABERMAS/u.a. (ed.) (1971 c) 7-44.

ARENDT, Hannah (1957 a): Natur und Geschichte. Die Anfänge der griechischen Geschichtsschreibung. In: DUZ XII/8 (1957) 6-9.

-- (1957 b): Natur und Geschichte. Irreversibilität der Prozesse in der Neuzeit. In: DUZ XII/9 (1957) 9-14

-- (1957 c): Geschichte kann nicht gemacht werden. Die Entstehung des historischen Bewußtseins. In: DUZ XII/20 (1957) 7-11.

-- (1957 d): Geschichte kann nicht gemacht werden. Die Entstehung des historischen Bewußtseins. In: DUZ XII/21 (1957) 10-14.

-- (1960): Vita activa oder Vom tätigen Leben. Stuttgart.

BALTHASAR, Hans Urs von (1956): Die Gottesfrage des heutigen Menschen. München.

-- (1959): Theologie der Geschichte. Ein Grundriß. Neue
   Fassung. Einsiedeln ⁴1959.

-- (1963): Das Ganze im Fragment. Aspekte der Geschichtstheologie. Einsiedeln.

BAUER, Gerhard (1963): 'Geschichtlichkeit'. Wege und Irrwege
   eines Begriffs. Berlin.

BAUMGARTNER, Hans Michael (1972): Kontinuität und Geschichte.
   Zur Kritik und Metakritik der historischen Vernunft.
   Frankfurt/M.

BECKER, Werner (1972): Selbstbewußtsein und Spekulation.
   Zur Kritik der Transzendentalphilosophie. Freiburg.

BENJAMIN, Walter (1971): Zur Kritik der Gewalt und andere
   Aufsätze. Mit einem Nachwort von Herbert Marcus.
   Frankfurt/M.

BERTEN, Ignace (1970): Geschichte - Offenbarung - Glaube.
   Eine Einführung in die Theologie Wolfhart Pannenbergs.
   München.

BESSON, Waldemar (ed.) (1961): Geschichte. (Das Fischer
   Lexikon).

-- (1961): Historismus. In: ders.(ed.) (1961) 102-116.

BETTI, Emilio (1962): Die Hermeneutik als Methodik der Geisteswissenschaften. Tübingen. 1962.

-- (1967): Allgemeine Auslegungslehre als Methodik der Geisteswissenschaften (aus dem Ital.). Tübingen.

BEYSCHLAG, Karlmann/ u.a. (ed.) (1968): Humanitas - Christia-
   nitas (Festschrift Walther von Loewenich). Witten.

BISER, Eugen (1970): Theologische Sprachtheorie und Hermeneutik. München.

-- (1971): Gott verstehen. Erwägungen zum Verhältnis Mensch
   und Offenbarung. München 1971.

BLUMENBERG, Hans (1965): Die kopernikanische Wende. Frank-
   furt/M.

-- (1966): Die Legitimität der Neuzeit. Frankfurt/M.

BOLLHAGEN, Peter (1966): Soziologie und Geschichte.
   Berlin/Ost.

BORMANN, Claus von (1971): Die Zweideutigkeit der hermeneutischen Erfahrung. In: HABERMAS/u.a. (ed.) (1971 c)
83-119.

BRAUN, Dieter (1967): Heil als Geschichte. In: EvTh 27
(1967) 57-76.

BRÖCKER , Walter (1958): Dialektik, Positivismus, Mythologie
Frankfurt/M.

BRUNNER, August (1961): Geschichtlichkeit. Bern.

BUBNER, Rüdiger/u.a. (ed.) (1970): Hermeneutik und Dialektik
Aufsätze I. Methode und Wissenschaft, Lebenswelt und
Geschichte. (Festschrift Gadamer). Tübingen.

BÜHLER, Karl (1934): Sprachtheorie. Die Darstellungsfunktion
der Sprache. Stuttgart ²1965.

BULTMANN, Rudolf (1933): Glauben und Verstehen. Ges. Aufsätze Bd. 1. Tübingen.⁶1966.

-- (1952): Glauben und Verstehen. Ges. Aufsätze Bd. 2.
Tübingen ⁵1968.

-- (1958): Geschichte und Eschatologie. Tübingen ²1964.

BURCKHARDT, Jakob (1969): Weltgeschichtliche Betrachtungen.
(Erläuterte Ausgabe von Rudolf Marx). Stuttgart.

CARR, Edward Hallet (1961): Was ist Geschichte? Stuttgart
³1972.

COLLINGWOOD, Robin George (1955): Philosophie der Geschichte
Stuttgart.

CORETH, Emerich (1969): Grundfragen der Hermeneutik. Ein
philosophischer Beitrag. Freiburg.

CULLMANN, Oscar (1946): Christus und die Zeit. Die ur-
christliche Zeit- und Geschichtsauffassung. Zollikon-
Zürich.

-- (1965): Heil als Geschichte. Heilsgeschichtliche Existenz
im Neuen Testament. Tübingen.

DANTO, Arthur C (1965): Analytical Philosophy of History.
Cambridge ²1968 (dt. Frankfurt/M 1974).

DIEMER, Alwin, FRENZEL, Ivo (ed.) (1972): Philosophie
(Das Fischer Lexikon).

DIEMER, Alwin (1961): Existenzphilosophie. In: ders./FRENZEL (1972) 64-76

DIWALD, Helmut (1955): Das historische Erkennen. Untersuchungen zum Geschichtsrealismus im 19. Jahrhundert. Berlin.

DRÖSSER, Gerhard (1974): Das Desinteresse an der Geschichte. Reinhard Wittrams aporetischer Versuch einer christlichen Handlungs- und Geschichtstheorie. In: PhJ 81 (1974) 391-398.

EBELING, Gerhard (1959): Wort Gottes und Hermeneutik. In: ZThK 56 (1959) 224-251.

-- (1966): Gott und Wort. Tübingen.

-- (1971): Einführungen in theologische Sprachlehre. Tübingen.

ELIADE, Mircea (1966): Kosmos und Geschichte. Der Mythos der ewigen Wiederkehr. Hamburg.

FABER, Karl-Georg (1971): Theorie der Geschichtswissenschaft. München.

FAIN, Haskell (1970): Between Philosophy and History. The Resurrection of Speculative Philosophy of History Within the Analytic Tradition. Princeton.

FEINER, Johannes/LÖHRER, Magnus (ed.) (1965/67): Mysterium Salutis. Grundriß heilsgeschichtlicher Dogmatik. Bd. 1 und 2. Zürich.

FETSCHER, Iring (1961): Geschichtsphilosophie. In: DIEMER/ FRENZEL (ed.) (1972) 76-95.

-- (1971): Hegel - Größe und Grenzen. Stuttgart.

FISCHER, Klaus P. (1974): Der Mensch als Geheimnis. Die Anthropologie Karl Rahners. Freiburg.

FLEISCHER, Helmut (1969): Marxismus und Geschichte. Frankfurt/M.

FLÜCKINGER, Felix (1970): Theologie der Geschichte. Die biblische Rede von Gott und die neuere Geschichtstheologie. Wuppertal.

FOHRER, Georg (1960): Die Struktur der alttestamentlichen Eschatologie. In: ThLZ 85 (1960) Sp. 401-420

FREYER, Hans (1955): Theorie des gegenwärtigen Zeitalters. Stuttgart.

FÜLLING, Erich (1956): Geschichte als Offenbarung. Studien zur Frage Historismus und Glaube von Herder bis Troeltsch. Berlin.

FUCHS, Ernst (1954): Hermeneutik. Bad Cannstatt.

GADAMER, Hans-Georg (1958): "Geschichtsphilosophie". In: ³RGG. Bd. 2. Sp. 1488-1496.

-- (1960): Wahrheit und Methode. Grundzüge einer philosophischen Hermeneutik. Tübingen ²1965.

-- (1965 a): Die Grundlagen des zwanzigsten Jahrhunderts. In: STEFFEN (ed.) (1965) 77-100.

-- (1965 b): Die Kontinuität der Geschichte und der Augenblick der Existenz. In (1965): Geschichte - Element der Zukunft. 33-49.

-- (ed.) (1972): Truth and Historicity. Martinus Nijhoff/ La Haye.

Geschichte - Element der Zukunft. Vorträge an den Hochschultagen 1965 der evangelischen Studentengemeinde Tübingen. Tübingen 1965.

GOOCH, George P. (1964): Geschichte und Geschichtsschreiber im 19. Jahrhundert. Frankfurt/M.

GRILLMEIER, Alois (1972): Die altkirchliche Christologie und die moderne Hermeneutik. In: PFAMMATTER/FURGER (ed.) (1972) 69-169.

GRÜNDER, Karlfried (1971): Perspektiven für eine Theorie der Geschichtswissenschaft. In: Saeculum XXII (1971) 101-113.

GUTWENGER, Engelbert (1966): Offenbarung und Geschichte. In: ZkTh 88 (1966) 257-282.

HABERMAS, Jürgen (1968): Technik und Wissenschaft als 'Ideologie'. Frankfurt/M.

-- (1970): Zur Logik der Sozialwissenschaften. Materialien. Frankfurt/M.

-- (1971 a): Philosophisch-politische Profile. Frankfurt/M.

-- (1971 b): Theorie und Praxis. Sozialphilosophische Studien. Frankfurt/M.

-- /u.a. (ed.) (1971 c): Hermeneutik und Ideologiekritik. Frankfurt/M.

-- (1971 d): Zu Gadamers 'Wahrheit und Methode'. In: ders./ u.a. (ed.) (1971c) 45-56.

-- (1973): Erkenntnis und Interesse. Frankfurt/M.

HARTWIG, Wolfgang (1974): Geschichtsprozeß oder konstruierte Geschichte. Eine Auseinandersetzung mit H.M. Baumgartner, "Kontinuität und Geschichte". In: PhJ 81 (1974) 381-390.

HAUFF, Jürgen/u.a. (ed.) (1971): Methodendiskussion. Arbeitsbuch zur Literaturwissenschaft. Bd. 1 und 2. Frankfurt/M. ²1972.

HEDINGER, Hans-Walter (1969): Subjektivität und Geschichtswissenschaft. Grundzüge einer Historik. Berlin.

HEIDEGGER, Martin (1927): Sein und Zeit. Tübingen ¹¹1967.

HEIMPEL, Hermann (1956): Kapitulation vor der Geschichte? Gedanken zur Zeit. Göttingen ³1960.

-- (1957): Geschichte und Geschichtswissenschaft. In: Vierteljahreshefte für Zeitgeschichte 5 (1957) 1-17.

HEIMSOETH, Heinz (1948): Geschichtsphilosophie. Bonn.

HENRICHS, Norbert (1968): Bibliographie der Hermeneutik und ihrer Anwendungsbereiche seit Schleiermacher. Düsseldorf.

HEUSS, Alfred (1959): Verlust der Geschichte. Göttingen.

-- (1968): Zur Theorie der Weltgeschichte. Berlin.

HEUSSI, Karl (1932): Die Krisis des Historismus. Tübingen.

HINRICHS, Carl (1954): Ranke und die Geschichtstheologie der Goethezeit. Göttingen.

HUENERMANN, Peter (1967): Der Durchbruch des geschichtlichen Denkens im 19. Jahrhundert. Johann Gustav Droysen, Wilhelm Dilthey, Graf Paul Yorck von Wartenburg. Ihr Weg und ihre Weisung für die Theologie. Freiburg.

IGGERS, Georg G. (1971): Deutsche Geschichtswissenschaft. Eine Kritik der traditionellen Geschichtsauffassung von Herder bis zur Gegenwart. München.

JONAS, Hans (1963): Zwischen Nichts und Ewigkeit. Drei
    Aufsätze zur Lehre vom Menschen, Göttingen.

-- (1967): Heidegger und die Theologie. In: NOLLER (ed.)
    (1967) 316-340.

KAMLAH, Wilhelm (1969): Utopie, Eschatologie, Geschichtstheo-
    logie. Kritische Untersuchungen zum Ursprung und
    zum futurischen Denken der Neuzeit. Mannheim.

KASPER, Walter (1965): Rezension von Mysterium Salutis. In:
    ThRv 65 (1969) 1-6.

-- (1967): Die Methoden der Dogmatik. Einheit und Vielheit.
    München.

-- (1970): Glaube und Geschichte. Mainz.

KESTING, Hanno (1959): Geschichtsphilosophie und Weltbürger-
    krieg. Deutung der Geschichte von der Französischen
    Revolution bis zum Ost-West-Konflikt. Heidelberg.

KIMMERLE, Heinz (ed.) (1959): Friedrich D.E. Schleiermacher.
    Hermeneutik.

-- (1962): Hermeneutische Theorie oder ontologische Herme-
    neutik. In: ZThK 59 (1962) 114-130.

KLEIN, Günter (1964): Theologie des Wortes Gottes und die
    Hypothese der Universalgeschichte. Zur Auseinander-
    setzung mit Wolfhart Pannenberg. München.

KLEMPT, Adalbert (1960): Die Säkularisierung der universal-
    historischen Auffassung. Zum Wandel des Geschichts-
    denkens im 16. und 17. Jahrhundert. Göttingen.

KÖHLER, Oskar (1968): Möglichkeiten einer Weltgeschichte
    heute. In: Saeculum XIX (1968) 22-26.

KOHLS, Ernst Wilhelm (1970): Einen Autor besser verstehen,
    als er sich selbst verstanden hat. Zur Problematik
    der neueren Hermeneutik und Methodik am Beispiel
    von Wilhelm Dilthey, Adolf von Harnack und Ernst
    Troeltsch. ThZ 26 (1970) 312-337.

KOSELLEK, Reinhart (1970): Wozu noch Historie? In: Hist.
    Zeitschrift 212 (1970) 1-18.

-- /STEMPEL, Wolf-Dieter (ed.) (1973): Ereignis und Erzäh-
    lung. (Poetik und Hermeneutik) München.

KRAKAUER, Siegfried (1973): Geschichte - Vor den letzten
    Dingen. Frankfurt/M.

KRÜGER, Gerhard (1958): Freiheit und Weltverwaltung. Aufsätze zur Philosophie der Geschichte. Freiburg.

-- (1973): Religiöse und profane Welterfahrung. Frankfurt/M.

KUHN, Helmut/WIEDMANN, Franz (ed.) (1964): Die Philosophie und die Frage nach dem Fortschritt (Verhandlungen des 7. dt. Kongresses für Philosophie, Münster i.W. 1962). München.

LANDGREBE, Ludwig (1968): Phänomenologie und Geschichte. Darmstadt.

-- (ed.) (1972): Philosophie und Wissenschaft (9. Deutscher Kongreß für Philosophie. Düsseldorf 1969). Meisenheim.

LAY, Rupert (1973): Grundzüge einer komplexen Wissenschaftstheorie II. Wissenschaftsmethodik und spezielle Wissenschaftstheorie. Frankfurt/M.

LEHMANN, Karl (1970): Die dogmatische Denkform als hermeneutisches Problem. Prolegomena zu einer Kritik der dogmatischen Vernunft. In: EvTh 30 (1970) 469-487.

LÖWITH, Karl (1953a): Weltgeschichte und Heilsgeschehen. Die theologischen Voraussetzungen der Geschichtsphilosophie. Stuttgart ⁵1967.

-- (1953 b): Heidegger. Denker in dürftiger Zeit. Göttingen ³1965.

-- (1967): Phänomenologische Ontologie und protestantische Theologie. In: NOLLER (ed.) (1967) 95-124.

-- (1968): Vicos Grundsatz: verum et factum convertuntur. Seine theologische Prämisse und deren säkulare Konsequenzen. Heidelberg.

LÜBBE, Hermann (1971): Theorie und Entscheidung. Studien zum Primat der praktischen Vernunft. Freiburg.

MAAG, Victor (1961): Eschatologie als Funktion des Geschichtserlebnisses. In: Saeculum XII (1961) 123-130.

MARALDO, John C. (1974): Der hermeneutische Zirkel. Untersuchungen zu Schleiermacher, Dilthey und Heidegger. Freiburg.

MANN, Golo (1961): Die Grundprobleme der Geschichtsphilosophie von Plato bis Hegel. In: REINISCH (ed.) (1961) 11-30.

MARCUSE, Herbert (1970): Der eindimensionale Mensch. Studien
    zur Ideologie der fortgeschrittenen Industriegesell-
    schaft. Neuwied.

MARQUARD, Odo (1973): Schwierigkeiten mit der Geschichts-
    philosophie. Aufsätze. Frankfurt/M.

MEINECKE, Friedrich (1936): Die Entstehung des Historismus
    (herausgegeben und eingeleitet von Carl Henrichs).
    Werke Bd. II. 4 1965.

MEINHOLD, Peter (1958): Weltgeschichte - Kirchengeschichte -
    ·Heilsgeschichte. In: Saeculum IX (1958) 261-281.

METZ, Johann-Baptist (1972): Erinnerung des Leidens als Kri-
    tik eines teleologisch-technologischen Zukunfstbe-
    griffs. In: EvTh 32 (1972) 338-352.·

MOLTMANN, Jürgen (1965): Das Ende der Geschichte. In (1965):
    Geschichte - Element der Zukunft 50-74.

-- (1968): Existenzgeschichte und Weltgeschichte. In: EvKom-
    mentare 1 (1968) 13-20.

MOMMSEN, Wolfgang (1961 a): Historisches Denken der Gegen-
    wart. In: BESSON (ed.) (1961) 92-102.

-- (1961 b): Universalgeschichte. In: BESSON (ed.) (1961)
    322-332.

MÜLLER, Max (1971): Erfahrung und Geschichte. Grundzüge einer
    Philosophie der Freiheit als transzendentale Erfahrung
    München.

MÜLLER-LAUTER, Wolfgang (1962): Konsequenzen des Historismus
    in der Philosophie der Gegenwart. In: ZThK 59 (1962)
    226-255.

NIEBUHR, Reinhold R. (1960): Schleiermacher on Language and
    Feeling. In: ThoT 17 (1960) 150-167.

NOACK, Hermann (1960): Sprache und Offenbarung. Zur Grenzbe-
    stimmung von Sprachphilosophie und Sprachtheologie.
    Gütersloh.

NOLLER, Gerhard (ed.) (1967): Heidegger und die Theologie.
    Beginn und Fortgang der Diskussion. München.

NORTH, Robert (1973): Bibliography of Works in Theology and
    History. In: History and Theory XII (1973) 55-133.

OELMÜLLER, Willi (1969): Die unbefriedigte Aufklärung. Beiträge zu einer Theorie der Moderne von Lessing, Kant und Hegel. Frankfurt.

-- (1972): Was ist heute Aufklärung? Düsseldorf.

OGIERMANN, Helmut (1969): Anthropologie und Gottesaufweis. In: ThPh 44 (1969) 506-530.

PANNENBERG, Wolfhart (ed.) (1961 a): Offenbarung als Geschichte. Göttingen ⁴1970.

-- (1961 b): Dogmatische Thesen zur Lehre von der Offenbarung. In: ders. (ed.) (1961 a) 91-114.

-- (1961 c): Nachwort zur zweiten Auflage. In: ders. (ed.) (1961 a) 132-148.

-- (1967 a): Grundfragen systematischer Theologie. Ges. Aufsätze. Göttingen.

--(1967 b): Die Offenbarung Gottes in Jesus von Nazareth. In: ROBINSON/COBB (ed.) (1967) 135-169.

-- (1967 c): Stellungnahme zur Diskussion. In: ROBINSON/COBB (ed.) (1967) 285-351.

-- (1971): Weltgeschichte und Heilsgeschichte. In: WOLFF (ed.) (1971) 349-366.

-- (1972 a): Christentum und Mythos. Späthorizonte des Mythos in biblischer und christlicher Überlieferung. Gütersloh.

-- (1972 b): Die Geschichtlichkeit der Wahrheit und die ökumenische Diskussion. In: SECKLER/u.a. (ed.) (1972) 31-43.

-- (1972 c): Gottesgedanke und menschliche Freiheit. Göttingen.

-- (1972 d): Zukunft und Einheit der Menschheit. In: EvTh 32 (1972) 384-402.

-- (1973 a): Eschatologie und Sinnerfahrung. In: KuD 19 (1973) 39-52.

-- (1973 b): Wissenschaftstheorie und Theologie. Frankfurt/M.

PFAMMATTER, Josef/FURGER Franz (ed.) (1972): Theologische Berichte. Bd. 1 Einsiedeln.

PIEPER, Josef (1950): Über das Ende der Zeit. Eine geschichts
philosophische Meditation. München ²1953.

PÖGGELER, Otto (ed.) (1969): Heidegger. Perspektiven zur
Deutung seines Werkes. Köln ²1970.

-- (ed.) (1972): Hermeneutische Philosophie. München.

POPPER, Karl R. (1965): Das Elend des Historizismus.
Tübingen ³1971.

PUNTEL, L. Bruno (1968/69): Philosophie der Offenbarung.
Kritische Überlegungen zum gleichnamigen Buch von
E. Simons. In: PhJ 76 (1968/69) 203-205.

RAD, Gerhard von (1960): Theologie des Alten Testaments.
Bd. 2. Die Theologie der prophetischen Überlieferungen Israels. München ⁴1968.

RADKAU, Joachim/RADKAU, Orlinde (1972): Praxis der Geschichts
wissenschaft. Die Desorientiertheit des historischen
Interesses. Düsseldorf.

RAHNER, Karl (1939): Geist in Welt. Zur Metaphysik der endlichen Erkenntnis bei Thomas von Aquin. München ²1964.

-- (1941): Hörer des Wortes. Zur Grundlegung einer Religions-
philosophie. München ²1963.

-- (1960 ff): Schriften zur Theologie. Bd. IV-X. Einsiedeln.

-- (1967 a): Der dreifaltige Gott als transzendenter Urgrund
der Heilsgeschichte. In: FEINER/LÖHRER (ed.) (1967)
317-347.

-- (1967 b): Grundsätzliche Überlegungen zur Anthropologie
und Protologie im Rahmen der Theologie. In:FEINER/
LÖHRER (ed.) (1967) 406-420.

-- (1971): Zur Theologie der Zukunft (Beiträge aus den Bän-
den IV, V, VI, VIII und IX der 'Schriften zur Theologie' von Karl Rahner). München.

--/THÜSING, Wilhelm (1972): Christologie - systematisch und
exegetisch. Freiburg.

RANDA, Alexander (ed.) (1969): Mensch und Weltgeschichte.
Zur Geschichte der Universalgeschichtsschreibung.
Salzburg.

RATZINGER, Joseph (1967): Heilsgeschichte und Eschatologie.
In (1967): Theologie im Wandel. München 68-89.

-- (1970): Heil und Geschichte. In: Wort und·Wahrheit 25 (1970) 3-14.

RENDTORFF, Trutz (1965): Überlieferungsgeschichte als Problem systematischer Theologie. Anmerkungen zu den Möglichkeiten und Grenzen der Theologie. In: ThLZ 90 (1965) Sp. 81-98.

REINISCH, Leonhard (ed.) (1961): Der Sinn der Geschichte. München ⁴1970.

RIEDEL, Manfred (1969): Glauben und moderne Wissenschaft im Denken Hegels. In: ZThK 66 (1969) 71-191.

-- (ed.) (1970): Wilhelm Dilthey. Der Aufbau der geschichtlichen Welt in den Geisteswissenschaften. Frankfurt/M.

ROBINSON, James M./COBB, John B. jr. (ed.) (1967): Theologie als Geschichte (Neuland in der Theologie. Bd. 3). Stuttgart.

ROHLFES, Joachim (1971): Umrisse einer Didaktik der Geschichte. Göttingen.

ROHRMOSER, Günter (1970): Emanzipation und Freiheit. München.

ROSSMANN, Kurt (ed.) (1969): Deutsche Geschichtsphilosophie. Ausgewählte Texte von Lessing bis Jaspers. München.

ROTHACKER, Erich (1930): Geschichtsphilosophie. (Reprographischer Nachdruck) Oldenburg 1971.

-- (1944): Mensch und Geschichte. Studien zur Anthropologie und Wissenschaftsgeschichte. Bonn ²1950.

-- (1954): Die dogmatische Denkform in den Geisteswissenschaften und das Problem des Historismus. Mainz.

RÜSEN, Jörn (ed.) (1975): Historische Objektivität. Aufsätze zur Geschichtstheorie. Göttingen.

SAUTER, Gerhard (1970): Vor einem neuen Methodenstreit in der Theologie? München.

SCHAEFFLER, Richard (1963): Die Struktur der Geschichtszeit. Frankfurt/M.

-- (1973): Einführung in die Geschichtsphilosophie. Darmstadt.

SCHIFFERS, Norbert (1971): Befreiung zur Freiheit. Regensburg.

SCHILLEBEECKX, Edward (1971): Glaubensinterpretationen.

Beiträge zu einer hermeneutischen und kritischen
Theologie. Mainz.

SCHMIDT, Lothar (ed.) (1973): Wortfeldforschung. Zur Geschichte und Theorie des sprachlichen Feldes.
Darmstadt.

SCHREY, Heinz-Horst (1970): Die Autorität der Heiligen
Schrift unter dem Gesichtspunkt der Wirkungsgeschichte. In: ThZ 26 (1970) 419-433.

SCHÜTTE, Hans-Walter (1971): Erkenntnis und Interesse in
der Theologie. In:NZsystTh 13 (1971) 335-350.

SCHULTZ, Werner (1953): Die Grundlagen der Hermeneutik
Schleiermachers, ihre Auswirkungen und ihre Grenzen.
In: ZThK 50 (1953) 159-184.

-- (1968): Die unendliche Bewegung in der Hermeneutik
Schleiermachers und ihre Auswirkungen auf die hermeneutische Situation der Gegenwart. In: ZThK 65 (1968)
23-52.

SCHULZ, Walter (1972): Philosophie in der veränderten Welt.
Pfullingen.

SECKLER, Max/u.a. (ed.) (1972): Begegnung. Beiträge zu einer
Hermeneutik des theologischen Gesprächs (Festschrift
Heinrich Fries). Graz.

SEIFFERT, Helmut (1970): Einführung in die Wissenschaftstheorie II. Geisteswissenschaftliche Methoden. Phänomenologie - Hermeneutik und historische Methode -
Dialektik. München.

SIMONS, Eberhard/HECKER, Konrad (1969): Theologisches Verstehen. Philosophische Prolegomena zu einer theologischen Hermeneutik. Düsseldorf.

STECK, Karl Gerhard (1959): Die Idee der Heilsgeschichte.
Hofmann-Schlatter-Cullmann. Zürich-Zollikon.

STEFFEN, Hans (ed.) (1965): Aspekte der Modernität.
Göttingen.

STEGMÜLLER, Wolfgang (1969): Historische, psychologische
und rationale Erklärung. Kausalitätsprobleme, Deter-
minismus und Indeterminismus. Berlin.

STEIGER, Lothar (1962): Offenbarungsgeschichte und theologische Vernunft. Zur Theologie Pannenbergs. In:
ZThK 59 (1962) 88-113.

STERN, Alfred (1967): Geschichtsphilosophie und Wertproblem. München.

STERN, Fritz (ed.) (1966): Geschichte und Geschichtsschreibung. Möglichkeiten, Aufgaben, Methoden. München.

Theologie im Wandel. München 1967.

THEUNISSEN, Michael (1969): Gesellschaft und Geschichte. Zur Kritik der kritischen Theorie. Berlin.

TILLICH, Paul (1963): Der Widerstreit von Raum und Zeit. Ges. Werke Bd. VI. Stuttgart.

TIMM, Hermann (1967): Karl Löwith und die protestantische Theologie. In: EvTh 27 (1967) 573-594.

TOPITSCH, Ernst (1952): Der Historismus und seine Überwindung. In: Wiener Zeitschrift für Philosophie, Psychologie, Pädagogik IV/2 (1952)117 ff.

-- (1972): Vom Ursprung und Ende der Metaphysik. München.

TRILLHAAS, Wolfgang (1955): Vom geschichtlichen Denken in der Theologie. In: ThLZ 80 (1955) 513-522.

TROELTSCH, Ernst (1922): Der Historismus und seine Probleme. Buch 1: Das logische Problem der Geschichtsphilosophie. Ges. Werke Bd. 3 (Reprographischer Abdruck der Ausgabe von 1922) Aalen 1961.

-- (1924):Der Historismus und seine Überwindung. Fünf Vorträge (eingeleitet von Friedrich von Hügel). Berlin.

VERWEYEN, Hansjürgen (1969): Ontologische Voraussetzungen des Glaubensaktes. Zur transzendentalen Frage nach der Möglichkeit von Offenbarung. Düsseldorf.

WACH, Joachim (1926-33): Das Verstehen. Grundzüge einer Geschichte der hermeneutischen Theorie im 19. Jahrhundert. Bd. 1-3 (Nachdruck) Hildesheim 1966.

WAGNER, Fritz (1965): Die Historiker und die Weltgeschichte. Freiburg.

WALDENFELS, Hans (1969): Offenbarung. Das Zweite Vatikanische Konzil auf dem Hintergrund der neueren Theologie. München.

WARKOTSCH, Albert (1973): Antike Philosophie im Urteil der Kirchenväter. Christlicher Glaube im Widerstreit der Philosophien. Texte in Übersetzungen. München.

WEBER, Alfred (1953): Der dritte oder der vierte Mensch. Vom Sinn des geschichtlichen Daseins. München.

WEBER, Max (1952): Die drei reinen Typen der legitimen Herrschaft. Tübingen.

Wege der Universalgeschichte. Kolloquium (gehalten am 19.10. 1962 bei der 25. Versammlung deutscher Historiker in Duisburg) mit Beiträgen von J. Vogt, F. Wagner, T. Grimm, H. Neubauer. Abgedruckt in: Saeculum XIV (1963) 41-59.

WEIMANN, Robert (1972): Literaturgeschichte und Mythologie. Methodologische und historische Studien. Berlin/Ost ²1972.

WELTE, Bernhard (1966): Heilsverständnis. Philosophische Untersuchung einiger Voraussetzungen zum Verständnis des Christentums. Freiburg.

WESS, Paul (1970): Wie von Gott sprechen? Eine Auseinandersetzung mit Karl Rahner. Graz.

WETZEL, Paul (1953): Vom Wesen und Sinn der Geschichte. Eine Auswahl aus den Geschichtstheorien des 19. und 20. Jahrhunderts. Frankfurt/M.

WEYMAR, Ernst (1973): Ein Literaturbericht. Universalgeschichte. Darstellungen - Theorien - Theoretiker. In: Geschichte in Wissenschaft und Unterricht 24 (1973) 248-260.

WITTRAM, Reinhard (1958): Das Interesse an der Geschichte. Zwölf Vorlesungen über Fragen des zeitgenössischen Geschichtsverständnisses. Göttingen ³1968.

-- (1965): Möglichkeit und Grenzen der Geschichtswissenschaft in der Gegenwart. In: ZThK 62 (1965) 430-457.

-- (1966): Zukunft in der Geschichte. Zu Grenzfragen der Geschichtswissenschaft und Theologie. Göttingen.

-- (1969): Anspruch und Fragwürdigkeit der Geschichte. Sechs Vorlesungen zur Methodik der Geschichtswissenschaft und zur Ortsbestimmung der Historie. Göttingen.

WOLFF, Hans Walter (ed.) (1971): Probleme biblischer Theologie (Festschrift v. Rad). München.

ZELTNER, Hermann (1968): Kritische Bemerkungen zum Begriff "Säkularisierung". In:BEYSCHLAG/u.a. (ed.) (1968) 349-361.